刑法实务与案例评析

韩锦霞　王金垒　著

中国检察出版社

图书在版编目（CIP）数据

刑法实务与案例评析 / 韩锦霞，王金垒著. —北京：中国检察出版社，2024. 9. —ISBN 978 - 7 - 5102 - 3134 - 6

Ⅰ. D924.05

中国国家版本馆 CIP 数据核字第 2024LN8470 号

刑法实务与案例评析

韩锦霞　王金垒　著

责任编辑：杜英琴

技术编辑：王英英

封面设计：徐嘉武

出版发行：中国检察出版社

社　　址：北京市石景山区香山南路 109 号（100144）

网　　址：中国检察出版社（www.zgjccbs.com）

编辑电话：（010）86423766

发行电话：（010）86423726　86423727　86423728

（010）86423730　86423732

经　　销：新华书店

印　　刷：唐山玺诚印务有限公司

开　　本：710 mm×960 mm　16 开

印　　张：21.75

字　　数：397 千字

版　　次：2024 年 9 月第一版　2024 年 9 月第一次印刷

书　　号：ISBN 978 - 7 - 5102 - 3134 - 6

定　　价：68.00 元

编写说明

习近平总书记指出，“一个案例胜过一打文件”。案例，尤其是最高人民法院和最高人民检察院颁布的指导性案例，在司法实践中发挥着越来越重要的作用，以案例为中心展开的刑法理论同样占据着重要地位。本书以案例为线索，根据刑法、刑法修正案及最高人民法院、最高人民检察院等最新的司法解释，对刑法分则的基本问题与重点罪名进行理论分析。在案例的选择上，尽可能收入最高人民法院和最高人民检察院的指导性案例。此外，还从《最高人民法院公报》《刑事审判参考》《人民法院案例选》以及中国裁判文书网、法律文书裁判网等权威刊物及网站刊登的案例中选取一批具有一定代表性的案例。对这些案例进行理论阐释和规范分析，不仅可以加深对刑法基本原理的理解和把握，提高刑法理论水平，而且有助于增强司法工作人员运用刑法理论解决实务问题的能力，同时对企事业单位和公民个人起到法治教育和警示作用。

本书在编写过程中得到了领导和各位同仁的大力支持与帮助，在此谨致深深的谢忱！

由于水平和学识有限，加之时间匆促，书中难免存在缺点和错误，敬希读者赐教和批评指正。

编者

2024 年 8 月

目　　录

第一章　危害国家安全罪

危害国家安全罪，是指故意危害中华人民共和国国家安全的行为。所谓"国家安全"，是指国家政权、主权、统一和领土完整、人民福祉、经济社会可持续发展和国家其他重大利益相对处于没有危险和不受内外威胁的状态，以及保障持续安全状态的能力。① 国家安全是国家赖以生存、运行和发展之政治基础和物质基础。2014 年 4 月，习近平总书记在主持召开中央国家安全委员会第一次会议时，首次提出了总体国家安全观。② 总体国家安全观的重点领域包括政治安全、国土安全、军事安全、经济安全、文化安全、社会安全、科技安全、网络安全、生态安全、资源安全、核安全、海外利益安全、生物安全、太空安全、极地安全和深海安全。

一、叛逃罪

案　　例

（一）案情简介

王某军，男，蒙古族，1959 年 12 月生，内蒙古阿尔山人。曾任某市人民政府副市长，市公安局局长、党委书记。2012 年 2 月 6 日，王某军以洽谈工作为由，于当日 14 时 31 分私自进入美国驻成都总领事馆。在美国驻成都总领事馆内，王某军称因查办案件人身安全受到威胁，请求美方提供庇护，并提出政治避难申请。后经我有关方面劝导，王某军于 2 月 7 日离开美国驻成都总领事馆。（其他犯罪略）

（二）问题

什么是叛逃罪？王某军的行为应当如何定罪与处罚？

---

① 参见 2015 年《中华人民共和国国家安全法》第 2 条的规定。

② 习近平：《坚持总体国家安全观 走中国特色国家安全道路》，载《人民日报》2014 年 4 月 16 日，第 1 版。

（三）法律规定

《中华人民共和国刑法》[①]

第56条　对于危害国家安全的犯罪分子应当附加剥夺政治权利；对于故意杀人、强奸、放火、爆炸、投毒、抢劫等严重破坏社会秩序的犯罪分子，可以附加剥夺政治权利。

独立适用剥夺政治权利的，依照本法分则的规定。

第109条　国家机关工作人员在履行公务期间，擅离岗位，叛逃境外或者在境外叛逃的，处5年以下有期徒刑、拘役、管制或者剥夺政治权利；情节严重的，处5年以上10年以下有期徒刑。

掌握国家秘密的国家工作人员叛逃境外或者在境外叛逃的，依照前款的规定从重处罚。

（四）法理分析

叛逃罪，是指国家机关工作人员在履行公务期间，擅离岗位，叛逃境外或者在境外叛逃，或者是掌握国家秘密的国家工作人员叛逃境外或者在境外叛逃的行为。本罪的构成特征是：

1. 本罪侵犯的客体是中华人民共和国的国家安全。所谓“国家安全”，是指国家政权、主权、统一和领土完整与安全以及人民民主专政的政权和社会主义制度的安全。

2. 本罪在客观方面表现为在履行公务期间，擅离岗位，叛逃境外或者在境外叛逃的行为。具体而言，包括以下两方面内容：

第一，必须是在履行公务期间，擅离岗位的行为。所谓“履行公务期间”，一般是指国家机关工作人员依照法律规定或职权担任职务，按照一定权限行使职务、行使管理职能的期间，不论是常驻机构还是临时任命的，不论是有报酬的还是无报酬的，不论是编内的还是编外的，只要是依法或依特别授权、委派的公务均可。所谓“擅离岗位”，就是未向有权批准的机关或人员汇报或者虽向有权批准的机关或人员汇报却没有得到允许，或者未得到批准机关或人员的决定或命令而私自脱离其所在的工作岗位，或者行为人虽然经过批准在一定时间内离开自己的工作岗位，但是超过该时间却仍未归岗，且无正当理由的，也可认定为“擅离岗位”。

第二，必须实施了叛逃境外或者在境外叛逃的行为。所谓“叛逃境外”，

---

① 本书所引刑法条文，凡未特殊注明的，均指1997年修订的刑法（后经12次修正）的规定。

是指在境内执行公务期间，由境内逃到境外的行为。所谓“在境外叛逃”，是指在境外执行公务期间，擅自不归国，投靠境外的机构、组织的行为。如出访的国家机关代表团、我国驻外使领馆的外交人员以及国家派驻国外进行公务活动或执行某项工作任务的人员擅离岗位，投奔境外机构或者组织。对于那些国家机关工作人员离境探亲旅游或者离职到境外学习就读学位的，则不属于履行公务。由于历史的原因，考虑到中国台湾、香港、澳门地区这一特殊国情，法律对叛逃行为没有限定在“国境外”，而是规定“境外”，即中华人民共和国大陆边境以外的地域。

本罪是行为犯，只要行为人实施了叛逃行为，就成立犯罪既遂，不要求危害结果实际发生。

3. 本罪的主体是特殊主体，即国家机关工作人员和掌握国家秘密的国家工作人员。

国家秘密关系到国家安全和利益，刑法对掌握国家秘密的国家工作人员犯叛逃罪的，规定了更严厉的处罚，而且不以在履行公务期间擅离岗位为必要。因为国家秘密是关系到国家安全和利益，依照法定程序确定的，在一定期限内只限一定范围内的人员知悉的事项，包括绝密、机密和秘密三种。因此，必须予以特殊保护。

4. 本罪的主观方面是故意。至于行为人实施该行为的动机如何，不影响本罪的成立。

司法实践中，认定本罪时应注意本罪的罪数问题。国家机关工作人员或掌握国家秘密的国家工作人员，为了叛逃境外实施偷越国（边）境的行为，同时触犯偷越国（边）境罪的，此时属于手段行为与目的行为的牵连关系，应以本罪和偷越国（边）境罪从一重罪论处。行为人实施贪污、受贿等犯罪后，为逃避法律追究而叛逃境外或者在境外叛逃而构成叛逃罪的，因为叛逃前实施的犯罪行为与叛逃罪之间并无牵连关系，应以贪污罪、受贿罪和本罪进行数罪并罚。行为人叛逃后又实施了危害国家安全的行为或其他刑事犯罪行为，构成犯罪的，应当以本罪和其他犯罪实行数罪并罚。

本案在审理过程中，公诉人指出，叛逃罪属于行为犯，一经实施，就属于既遂，被告人王某军经过事先预谋，以洽谈工作为由进入美国驻成都总领事馆，滞留馆内并书写政治避难申请，属于犯罪既遂。法院经审理证实，王某军担任某市副市长、公安局局长期间，市委、市政府没有任何公务活动安排需要副市长到成都开展工作，没有任何公务活动需要副市长到美国驻成都总领事馆进行外贸、外事接洽，也没有安排包括王某军在内的副市长到美国驻成都总领事馆开展外事活动。因此，王某军作为掌握国家秘密的国家机关工作人员，在履行公务期间，擅离岗位，叛逃外国驻华领事馆，情节严重，其行为已触犯《中华人民共和国刑法》第109条之规定，构成叛逃罪。2012年，成都市中级人民法院一审判决王某军犯叛逃罪，判处有期徒刑2年，剥夺政治权利1年。

二、间谍罪

案　例

（一）案情简介

赵某军，男，我国某科研院所科研人员，属于重要涉密人员。2009年，在赴国外大学做访问学者期间，被境外间谍情报机关人员一步步拉拢策反，出卖科研进展情况，严重危害了国家安全。起初，对方只是约他吃饭出游、赠送礼物。随着双方关系拉近，对方不时向他询问一些敏感问题，并支付不菲的咨询费用。赵某军临近回国前，对方向他亮明了间谍情报机关人员身份，将赵某军策反。随后，该国间谍情报机关为赵某军配备了专用U盘和网站，用于下达任务指令和回传情报信息。赵某军访学结束回国后，在国内多地继续与该国间谍情报机关人员多次见面，通过当面交谈及专用网站传递等方式向对方提供了大量涉密资料，并以现金形式收受间谍经费。

（二）问题

什么是间谍罪？赵某军的行为应当如何定罪与处罚？

（三）法律规定

《中华人民共和国刑法》

第56条　对于危害国家安全的犯罪分子应当附加剥夺政治权利；对于故意杀人、强奸、放火、爆炸、投毒、抢劫等严重破坏社会秩序的犯罪分子，可以附加剥夺政治权利。

独立适用剥夺政治权利的，依照本法分则的规定。

第110条　有下列间谍行为之一，危害国家安全的，处10年以上有期徒刑或者无期徒刑；情节较轻的，处3年以上10年以下有期徒刑：（1）参加间谍组织或者接受间谍组织及其代理人的任务的；（2）为敌人指示轰击目标的。

第113条　本章上述危害国家安全罪行中，除第103条第2款、第105条、第107条、第109条外，对国家和人民危害特别严重、情节特别恶劣的，可以判处死刑。

犯本章之罪的，可以并处没收财产。

（四）法理分析

间谍罪，是指参加间谍组织或者接受间谍组织及其代理人的任务，或者为敌人指示轰击目标，危害国家安全的行为。本罪的构成特征是：

1. 本罪侵犯的客体是中华人民共和国的国家安全。

2. 本罪在客观方面表现为参加间谍组织或接受间谍组织及其代理人的任务，或者为敌人指示轰击目标的行为。根据《刑法》第 110 条的规定，有以下三种情形：

（1）参加间谍组织，成为间谍组织的成员，充当间谍。所谓“间谍组织”，主要是指外国政府或者境外的敌对势力建立的旨在策反我国公职人员、人民群众、商业组织等向我国国家机构和各种组织进行渗透、窃取、刺探、收买、非法提供国家秘密和情报，进行颠覆和破坏活动的组织。“参加间谍组织”，是指行为人履行一定的加入手续（如挑选、登记、专门训练等），或者在非常情况下虽未按常规正式加入，但事实上已作为该间谍组织的成员进行活动。如果不知是间谍组织而加入，在知道实情后退出间谍组织，不构成本罪。

（2）接受间谍组织及其代理人的任务的。根据《反间谍法》的规定，间谍组织代理人，是指受间谍组织或者其成员的指使、委托、资助，进行或者授意、指使他人进行危害中华人民共和国国家安全活动的人。所谓“接受间谍组织及其代理人的任务”，是指虽然没有加入间谍组织，但接受间谍组织及其代理人指使、命令或者委托，窃取、刺探我国秘密或情报，建立间谍组织或者网络，或者进行颠覆破坏等任务。

（3）为敌人指示轰击目标。所谓“敌人”，主要是指战时与我方交战的敌对国或敌方，也包括平时采用轰击方式袭击我国领土的敌国、敌方。所谓“指示”，包括用各种手段向敌人明示所要轰击的目标，如发电报、写信、点火堆、放信号弹等，以使敌人能够准确地打击我方目标。所谓“轰击”，包括各类武器轰炸、炮击、爆炸以及导弹袭击等。

行为人只要实施了上述三种行为之一，即可构成本罪，不要求三者同时具备。本罪是行为犯，并不以实际上发生法定的危害结果作为犯罪成立的要件，只要实施了间谍行为，即构成本罪。

3. 本罪的主体是一般主体，即已满 16 周岁、具备刑事责任能力的自然人。

4. 本罪的主观方面是故意，即行为人明知是间谍组织而参加，或者明知是间谍组织及其代理人的任务而接受，或者明知是敌人而为其指示轰击目标。

司法实践中，行为人参加间谍组织或者接受间谍组织及其代理人的任务后，进一步实施了其他危害国家安全的犯罪的，应以本罪论处。如果行为人在实施本罪的过程中，又实施了其他超出间谍组织及其代理人任务之外的其他犯罪活动，应以本罪和其他犯罪实行数罪并罚。

本案中，行为人赵某军在国外做访问学者期间被策反，访学结束回国后，在国内多地继续与该国间谍情报机关人员多次见面，通过当面交谈及专用网站传递等方式向对方提供了大量涉密资料，并以现金形式收受间谍经费，其行为构成间谍罪。2019 年 6 月，北京市国家安全机关依法对赵某军采取强制措施。2022 年 8 月，法院以间谍罪判处赵某军有期徒刑 7 年，剥夺政治权利 3 年，并处没收个人财产人民币 20 万元。

三、为境外窃取、刺探、收买、非法提供国家秘密、情报罪

案　例

（一）案情简介

案例 1：常某某，男，哈尔滨某高校研究生。2012 年 10 月，为减轻家庭经济压力，常某某在网上找兼职家教工作，并留下联系方式。有人主动与常某某联系，要他帮助搜集一些半公开的资料，常某某表示同意，每次都是对方先付款，且动辄数千元。几次交往后，对方开始要求他利用学习期间搜集情报及内部资料。常某某明知是犯罪行为，却没抵挡住金钱诱惑。其间，对方曾一次给常某某 20 万元。在对方资助下，常某某曾带女友去国外旅游。常某某还利用到海南旅行的机会，拍摄敏感军事图片传到境外。2012 年 10 月至 2014 年 6 月，常某某共向境外人员发送情报资料 54 次共计 60 余份，接受境外人员提供的“经费”20 余万元，给国家安全带来严重威胁。

案例 2：成某，女，1975 年 6 月生，澳大利亚籍，原系境内媒体聘用人员。2020 年 5 月，成某受某境外机构人员攀拉，违反与聘用单位签署的保密条款，非法将工作中掌握的国家秘密内容通过手机提供给该境外机构。北京市国家安全局经立案侦查，于 2020 年 8 月对成某依法采取刑事强制措施。

（二）问题

什么是为境外窃取、刺探、收买、非法提供国家秘密、情报罪？常某某和成某的行为应当如何定罪与处罚？

（三）法律规定

《中华人民共和国刑法》

第 56 条　对于危害国家安全的犯罪分子应当附加剥夺政治权利；对于故

意杀人、强奸、放火、爆炸、投毒、抢劫等严重破坏社会秩序的犯罪分子，可以附加剥夺政治权利。

独立适用剥夺政治权利的，依照本法分则的规定。

第111条　为境外的机构、组织、人员窃取、刺探、收买、非法提供国家秘密或者情报的，处5年以上10年以下有期徒刑；情节特别严重的，处10年以上有期徒刑或者无期徒刑；情节较轻的，处5年以下有期徒刑、拘役、管制或者剥夺政治权利。

第113条　本章上述危害国家安全罪行中，除第103条第2款、第105条、第107条、第109条外，对国家和人民危害特别严重、情节特别恶劣的，可以判处死刑。

犯本章之罪的，可以并处没收财产。

（四）法理分析

为境外窃取、刺探、收买、非法提供国家秘密、情报罪，是指为境外的机构、组织、人员窃取、刺探、收买、非法提供国家秘密或情报的行为。本罪的构成特征是：

1. 本罪侵犯的客体是中华人民共和国的国家安全。

2. 本罪在客观方面表现为为境外的机构、组织或人员窃取、刺探、收买、非法提供国家秘密或者情报的行为。具体而言，包括以下三方面内容：

第一，必须为境外的机构、组织或者人员窃取、刺探、收买、非法提供国家秘密或者情报。法律没有对境外的机构、组织、人员的性质进行限制，因此，只要是为境外的机构、组织、人员窃取、刺探、收买、非法提供国家秘密或者情报，不管该机构、组织、人员是否与我国为敌，不影响本罪的成立。境外的机构、组织、人员，既包括设置在境外的机构、组织和居住在境外的人员，也包括境外机构、组织设置在境内的分支机构和居住在境内的人员。

第二，行为的方式有窃取、刺探、收买、非法提供四种。所谓“窃取”，是指通过盗取文件、秘密复制文件或者利用计算机、窃听、窃照等器械秘密取得国家秘密或者情报的行为。所谓“刺探”，是指探听国家秘密或者情报的行为。所谓“收买”，是指利用金钱、物质或者其他利益换取国家秘密或者情报的行为。所谓“非法提供”，是指违反国家法律规定，将国家秘密直接或者间接提供给境外机构、组织、人员的行为。

第三，行为的对象必须是国家的秘密或者情报。根据2001年最高人民法院《关于审理为境外窃取、刺探、收买、非法提供国家秘密、情报案件具体应用法律若干问题的解释》第1条的规定，“国家秘密”，是指《保守国家秘密法》第2条、第8条确定的事项。国家秘密是关系国家安全和利益，依照法定程序确定，在一定时间内只限一定范围的人员知悉的事项，具体包括：(1) 国家事务重大决策中的秘密事项；(2) 国防建设和武装力量活动的秘密事项；(3) 外交和外事活动中的秘密事项；(4) 国民经济和社会发展中的秘密事项；(5) 科学技术中的秘密事项；(6) 维护国家安全活动和追查刑事犯罪中的秘密事项；(7) 经国家保密行政管理部门确定的其他秘密事项。国家秘密分为绝密、秘密与机密三个密级。三个密级的国家秘密均能成为本罪的对象。所谓“情报”，是指关系国家安全和利益、尚未公开或者依照有关规定不应公开的事项。

本罪是选择性罪名，只要行为人实施窃取、刺探、收买、非法提供四种行为之一，即构成犯罪。实施上述两种或两种以上行为的，也认定为一罪，不实行数罪并罚。

3. 本罪的主体是一般主体，即已满 16 周岁、具备刑事责任能力的自然人。

4. 本罪的主观方面是故意，即明知是国家的秘密或者情报，而故意为境外的机构、组织、人员窃取、刺探、收买或者非法提供的。

本罪的成立，首先要求行为人具备对“国家秘密或者情报”和“境外的机构、组织、人员”的明知，如果行为人主观上并不明知是国家秘密或者情报，或者不明知对方是境外机构、组织和人员，而误将国家秘密或者情报非法提供给境外机构、组织和人员，不构成本罪。其次，关于所窃取、刺探、收买、非法提供的秘密或者情报是否属于国家秘密或者情报的范围，不能把一切未公开的情报、信息都列入国家秘密或者情报的范围。最后，应与正常的信息、情报交流区别开。根据《保守国家秘密法》的规定，在对外交往与合作中经国家有关部门依照法定程序审批，与境外机构、组织、人员互换情报、交流资料和信息，是合法行为，不能以犯罪论处。

根据 2001 年最高人民法院《关于审理为境外窃取、刺探、收买、非法提供国家秘密、情报案件具体应用法律若干问题的解释》第 5 条、第 6 条的规定，行为人知道或者应当知道没有标明密级的事项关系国家安全和利益，而为境外窃取、刺探、收买、非法提供的，依照本罪定罪处罚。通过互联网将国家秘密或者情报非法发送给境外的机构、组织、个人的，依照本罪定罪处罚。

司法实践中，认定本罪时应注意与间谍罪的界限。间谍罪是指参加间谍组织或者接受间谍组织及其代理人的任务，或者为敌人指示轰击目标，危害国家安全的行为。两罪的主要区别在于：(1) 犯罪明知的内容不同。本罪要求行为人明知对方是境外机构、组织或个人，不是间谍机构或其代理人；而间谍罪则要求行为人明知对方是间谍组织及其代理人或者战时状态下的敌人。(2) 客观方面表现不同。本罪的行为方式表现为为境外的机构、组织、人员窃取国家秘密或者情报；而间谍罪的行为方式为参加间谍组织或者接受间谍组织及其代理人的任务，或者为敌人指示轰击目标。如果行为人接受间谍组织及其代理人的任务而实施本罪的行为的，应以间谍罪论处，不实行数罪并罚。如果行为人不是接受间谍组织及其代理人的任务而为境外机构、组织、人员窃取、刺探、收买、非法提供国家秘密或者情报的，则构成本罪。

案例1中，2012年10月至2014年6月，常某某共向境外人员发送情报资料54次共计60余份，接受境外人员提供的经费20余万元，给国家安全带来严重威胁，其行为已构成为境外的机构、组织、人员窃取、刺探、收买、非法提供国家秘密或情报罪，法院依法判处其有期徒刑5年。

案例2中，2020年5月，受境外机构人员的攀拉，成某违反了与单位签署的保密条款，非法将工作中掌握的国家秘密内容通过手机提供给境外机构。北京市第二中级人民法院经开庭审理，以为境外非法提供国家秘密罪判处成某有期徒刑2年11个月，附加驱逐出境。

第二章　危害公共安全罪

危害公共安全罪，是指故意或过失实施危害不特定多数人的生命、健康或重大公私财产安全的行为。所谓“公共安全”，是指不特定多数人的生命、健康或重大公私财产安全。公共安全事关人民安居乐业、社会安定有序、国家长治久安。党的十八大以来，以习近平同志为核心的党中央高度重视公共安全问题，把维护公共安全摆在更加突出的位置，作出了一系列重要部署。

一、放火罪

案　例

（一）案情简介

被告人莫某晶因长期沉迷赌博而身负高额债务，为躲债于2015年外出打工。2016年9月，莫某晶经中介应聘到朱某贞、林某斌夫妇位于杭州市上城区某公寓家中从事住家保姆工作。2017年3月至同年6月21日，莫某晶为筹集赌资，多次窃取朱某贞家中的金器、手表等物品进行典当、抵押，得款18万余元，至案发时，尚有价值19.8万余元的物品未被赎回。其间，莫某晶还以老家买房为借口向朱某贞借款11.4万元。上述款项均被莫某晶用于赌博挥霍一空。2017年6月21日晚至次日凌晨，被告人莫某晶用手机上网赌博，输光了6万余元钱款，包括当晚偷窃朱某贞家一块手表典当所得赃款3.75万元。为继续筹集赌资，其决意采取放火再灭火的方式骗取朱某贞的感激以便再向朱某贞借钱。6月22日凌晨2时至4时许，莫某晶使用手机上网查询“打火机自动爆炸”“家里突然着火什么原因”“沙发突然着火”“家里窗帘突然着火”“放火要坐牢吗”“火容易慢燃吗”“发生火灾火怎样才能燃烧慢点”“起火原因鉴定”“火灾起点原因容易查吗”等与放火有关的关键词信息。凌晨4时55分许，莫某晶用打火机点燃书本引燃客厅沙发、窗帘等易燃物品，导致火势迅速蔓延，造成屋内的被害人朱某贞及其3名未成年子女被困火场吸入一氧化碳中毒死亡，并造成该室室内精装修及家具和邻近房屋部分设施损毁。经鉴定，损失共计257万余元。火灾发生后，莫某晶即逃至室外，报警并向他人求助，后在公寓楼下被公安机关带走调查。

（二）问题

什么是放火罪？如何认定莫某晶放火的主观故意？

（三）法律规定

《中华人民共和国刑法》

第17条第2款 已满14周岁不满16周岁的人，犯故意杀人、故意伤害致人重伤或者死亡、强奸、抢劫、贩卖毒品、放火、爆炸、投放危险物质罪的，应当负刑事责任。

第114条 放火、决水、爆炸以及投放毒害性、放射性、传染病病原体等物质或者以其他危险方法危害公共安全，尚未造成严重后果的，处3年以上10年以下有期徒刑。

第115条第1款 放火、决水、爆炸以及投放毒害性、放射性、传染病病原体等物质或者以其他危险方法致人重伤、死亡或者使公私财产遭受重大损失的，处10年以上有期徒刑、无期徒刑或者死刑。

（四）法理分析

放火罪，是指故意放火焚烧公私财物，足以危害公共安全的行为。本罪的构成特征是：

1. 本罪侵犯的客体是公共安全，即不特定多数人的生命、健康或重大公私财产安全。放火焚烧的对象通常是国家的、集体的或者他人的财物。刑法没有明文规定放火焚烧本人财物是否构成放火罪，但以是否危及公共安全为标准，烧毁个人或家庭所有的房屋或财物，不可能危及公共安全的，一般不能构成本罪；若行为人明知可能危及公共安全而放火，应以本罪论处。

2. 本罪在客观方面表现为实施放火焚烧公私财物的行为。放火行为可以作为方式实施，也可以不作为的方式实施。如森林防火员发现起火，在能扑灭时为了发泄对单位的不满而不予扑救，放任森林火灾发生的，就是以不作为实施的放火罪。

本罪是危险犯，只要放火行为足以危害公共安全，不管是否发生了实际后果，都构成放火罪的既遂。

3. 本罪的主体是一般主体，即已满14周岁、具备刑事责任能力的自然人。

4. 本罪的主观方面是故意，即行为人明知自己的行为会造成火灾的结果而希望或放任该危害结果发生。

司法实践中，认定本罪时应注意与以放火方法实施其他犯罪的界限。实务中，有些行为人常常采用放火的方法达到其他犯罪目的，如为杀人而对他人住宅放火、为破坏生产经营而放火等。对此，区分是本罪还是其他犯罪的关键是看放火行为是否足以危害公共安全。如为其他目的的实现而实施了放火行为足以危害到公共安全的，应认定为本罪；反之，如果放火行为不足以危及公共安全，则应按相应的犯罪处理。至于是否足以危害公共安全，应综合考查对象的性质、特点、作案的时间、地点等具体情况。在行为人实施其他犯罪之后，为湮灭罪迹而故意放火的，应数罪并罚。以放火为手段杀害他人的场合，以骗取保险金为目的放火烧毁投保财物的，应以本罪和保险诈骗罪并罚。以放火的故意进入他人住宅并放火的，构成本罪和非法侵入住宅罪的牵连犯，应从一重罪处断。

本案中，关于莫某晶有无放火的主观故意？首先，莫某晶在案发当晚赌博输光钱款后，自身经济状况已陷入无法自救的困境，结合其通过放火再救火以博得感激再次借款的供述，足以证明莫某晶有故意放火的犯罪意图。其次，手机电子物证检验报告证明，莫某晶使用的手机在案发前一日中午、午后及案发当日凌晨2时11分至4时18分，多次搜索有关打火机燃烧、爆炸，家中窗帘或电线起火以及火灾原因、火灾图片、火燃烧速度、火灾刑事责任等关键词信息。前述手机搜索记录，足以证明莫某晶有放火预谋。再次，莫某晶故意用打火机点火，引燃书本及客厅窗帘、沙发等易燃物，最终引发严重火灾，其点火行为明显属于故意的放火行为。最后，根据消防部门认定，现场起火点位于客厅南部中间偏西位置，该处即被烧毁的靠阳台一侧沙发、靠主卧一侧窗帘的位置，在案证据可以认定该处沙发、窗帘系最早起火的屋内物品，而按照莫某晶关于先用打火机点书本，以为书未被点着，再寻找报纸点火的过程中发现窗帘起火的辩解，反映出其具有放火的坚定意志。

关于莫某晶主观上对本案后果的发生是否有认知？本案中，莫某晶在凌晨4时55分许故意放火，一般来说，这个时间人们正处于安睡之中，放火的地点是居民楼，其危害结果造成屋内的4人吸入一氧化碳中毒死亡，并造成室内装修、家具和邻近房屋部分设施损毁，也就是说，对不特定多数人的生命和重大公私财产造成了危害。其对本案造成的严重后果并非没有预见，而是明知会造成严重后果却仍听之任之，故莫某晶对本案造成的严重后果主观上并非过失，而是持放任态度。因此，莫某晶的行为构成放火罪。

2018年2月9日，杭州市中级人民法院依法对被告人莫某晶一审公开宣判，被告人莫某晶犯放火罪，判处死刑，剥夺政治权利终身；犯盗窃罪，判处有期徒刑5年，并处罚金人民币1万元；二罪并罚，决定执行死刑，剥夺政治权利终身，并处罚金人民币 1 万元。

二、爆炸罪

案　　例

（一）案情简介

靳某超，男，汉族，原籍江苏省宿迁市。一直对其邻居、继母、前妻及亲属怀恨在心，蓄意报复。2001 年 3 月 16 日凌晨，靳某超乘车到建设北大街市建一公司宿舍楼旁，将事先存放于此处的 4 袋炸药（100 公斤），分别放于 3 单元的 2、4 层平台处。后又乘车将存放在棉三宿舍花池边的炸药，分两次运至棉三宿舍 16 号楼 2 单元的门口两侧。靳某超分别在棉三宿舍 16 号楼 2 单元 1 层楼梯旁、2 单元 1 层楼道南墙下、2 单元西侧 1 楼窗户下，各摆放两袋炸药（每袋 50 公斤），在 15 号楼西墙外侧下放置 1 袋炸药（25 公斤），并用随身携带的剪刀，分别在炸药上扎洞插入引爆装置。按 16 号楼 1 单元、2 单元、2 单元门口西侧、15 号楼西墙外侧的顺序依次将引爆装置点燃。之后，又乘车依次到建设北大街、市建一公司宿舍、电大街 13 号市五金公司宿舍、民进街 12 号院，用同样的方法，将事先放好的炸药一一引爆后，逃离现场。凌晨 4 时 16 分，育才街棉三宿舍 16 号楼发生爆炸，致使 16 号楼整体坍塌；4 时 30 分，建设北大街市建一公司宿舍楼发生爆炸，致使该楼 3 单元坍塌；4 时 45 分，电大街 13 号市五金公司宿舍发生爆炸，致使该楼 1 单元坍塌；5 时，民进街 12 号院发生爆炸，致使该院部分房屋倒塌。共造成 108 人死亡，多人受伤，其中重伤 5 人、轻伤 8 人。

（二）问题

什么是爆炸罪？靳某超以爆炸的方式杀害不特定个人的行为应当如何定罪与处罚？

（三）法律规定

《中华人民共和国刑法》

第 17 条第 2 款　已满 14 周岁不满 16 周岁的人，犯故意杀人、故意伤害致人重伤或者死亡、强奸、抢劫、贩卖毒品、放火、爆炸、投放危险物质罪的，应当负刑事责任。

第 114 条　放火、决水、爆炸以及投放毒害性、放射性、传染病病原体等物质或者以其他危险方法危害公共安全，尚未造成严重后果的，处 3 年以上

10 年以下有期徒刑。

第 115 条第 1 款　放火、决水、爆炸以及投放毒害性、放射性、传染病病原体等物质或者以其他危险方法致人重伤、死亡或者使公私财产遭受重大损失的，处 10 年以上有期徒刑、无期徒刑或者死刑。

（四）法理分析

爆炸罪，是指故意用爆炸的方法，杀伤不特定多数人或者破坏公私财产，足以危害公共安全的行为。本罪的构成特征是：

1. 本罪侵犯的客体是公共安全。

2. 本罪在客观方面表现为实施爆炸，危害不特定多数人的生命、健康和重大公私财产安全的行为。爆炸所使用的爆炸物品和采用的爆炸方法是多种多样的，发生的时间、空间也可能各有不同。但无论怎样，只要故意进行爆炸，足以危害公共安全，即构成本罪。

3. 本罪的主体是一般主体，即已满 14 周岁、具备刑事责任能力的自然人。

4. 本罪的主观方面是故意。不论行为人出于什么动机，均不影响本罪的成立。

司法实践中，认定本罪时应注意与以爆炸的方法实施其他犯罪的界限。实务中，有些行为人常常用爆炸的方法达到其他犯罪目的，如为杀人而对他人住宅实施爆炸、为泄私愤而炸毁他人的汽车。对此，区分是爆炸罪还是其他犯罪，关键是看爆炸行为是否足以危害到公共安全。如为其他目的的实现而实施的爆炸行为足以危及公共安全，行为人主观上对此也是明知的，应认定为爆炸罪；反之，如果爆炸行为不足以危及不特定多数人生命、健康或者重大公私财产安全的，不成立本罪。至于是否足以危害公共安全，则应综合考查行为的性质、特点、作案时间、地点、后果等具体情况。

本案中，被告人靳某超虽然因怀疑邻居张某某夫妇等人挑拨其与继母苑某某的关系而怀恨在心，并因家庭琐事分别与苑某某、前妻尚某某、儿子靳某某、姐姐靳某 1 等人产生矛盾，以泄私愤，但其采用了爆炸的方法，其结果造成了不特定多数人的伤亡以及重大公私财产的损失，危害了公共安全。被告人靳某超尽管以杀害特定个人为目的，但其作案选择的方式、时间和地点、危害结果危害了不特定多数人的生命、健康及重大公私财产安全，所以构成爆炸罪。2001 年 4 月 17 日，河北省石家庄市中级人民法院开庭审理此案。认定被告人靳某超为泄私愤持刀行凶，并致死人命；又以极其残忍的手段，连续在居民楼内实施爆炸行为，造成人员重大伤亡和财产巨大损失，其行为已构成故意杀人罪、爆炸罪。情节和后果均特别严重，且在刑满释放 5 年内又故意犯罪，系累犯。依法判处靳某超死刑，剥夺政治权利终身。

三、投放危险物质罪

案 例

（一）案情简介

被告人林某浩，男，汉族，广东汕头市人。因日常琐事对被害人黄某不满，决意采用投放毒物的方式加害黄某。2013 年 3 月 31 日下午，林某浩以取物为借口，从他人处借得钥匙后，进入某医院影像医学实验室，取出其于 2011 年参与医学动物实验后存放于此处的、内装有剩余剧毒化学品二甲基亚硝胺原液的试剂瓶和注射器，并装入 1 个黄色医疗废弃物袋中带离该室。当日 17 时 50 分许，林某浩携带上述物品回到 421 室，趁无人之机，将试剂瓶和注射器内的二甲基亚硝胺原液投入该室饮水机内，后将试剂瓶等物装入黄色医疗废弃物袋，丢弃于宿舍楼外的垃圾桶内。4 月 1 日 9 时许，黄某在 421 室从该饮水机接水饮用后，出现呕吐等症状，即于当日中午到医院就诊。4 月 16 日，黄某经抢救无效死亡。经法医鉴定，黄某系因二甲基亚硝胺中毒致急性重型肝炎引起急性肝功能衰竭，继发多器官功能衰竭死亡。

（二）问题

被告人林某浩在学生宿舍的饮水机内投毒的行为应当如何定罪与处罚？司法实践中如何区分投放危险物质罪和故意杀人罪的界限？

（三）法律规定

《中华人民共和国刑法》

第 17 条第 2 款　已满 14 周岁不满 16 周岁的人，犯故意杀人、故意伤害致人重伤或者死亡、强奸、抢劫、贩卖毒品、放火、爆炸、投放危险物质罪的，应当负刑事责任。

第 114 条　放火、决水、爆炸以及投放毒害性、放射性、传染病病原体等物质或者以其他危险方法危害公共安全，尚未造成严重后果的，处 3 年以上 10 年以下有期徒刑。

第 115 条第 1 款　放火、决水、爆炸以及投放毒害性、放射性、传染病病原体等物质或者以其他危险方法致人重伤、死亡或者使公私财产遭受重大损失的，处 10 年以上有期徒刑、无期徒刑或者死刑。

第 232 条　故意杀人的，处死刑、无期徒刑或者 10 年以上有期徒刑；情节较轻的，处3年以上10年以下有期徒刑。

（四）法理分析

投放危险物质罪，是指故意投放毒害性、放射性、传染病病原体等物质，危害公共安全的行为。本罪的构成特征是：

1. 本罪侵犯的客体是公共安全。犯罪对象主要是不特定多数人的人身，以及危险物质能够发生毒害作用、数量比较大的财物，如牲畜、家禽、人工饲养的水产资源和野生的水产资源等。投放的物质必须是毒害性、放射性、传染病病原体等危险物质，包括危险气体、液体、固体。

2. 本罪在客观方面表现为行为人实施了投放危险物质，危害公共安全的行为。例如，将危险物质投放于供不特定多数人饮用的食品或饮料中；将危险物质投放于供人、畜等使用的河流、池塘、水井等中；释放危险物质，如将放射性物质、传染病病原体释放于不特定或者多数人通行、生活的场所等。投放危险物质不限于将危险物质放置于固定的容器、场所内，还包括将危险物质投放（释放）于土地、大气中。因此，非法开启装有放射性物质的容器，危害公共安全的，也属于"投放"危险物质（将放射性物质投放于大气中）。投放危险物质的行为必须危害公共安全（具体危险犯）。故意使用危险物质杀害特定个人或特定牲畜的，不可能危害公共安全的，不构成本罪。

3. 本罪的主体是一般主体，即已满14周岁、具备刑事责任能力的自然人。

4. 本罪的主观方面是故意。即明知自己的行为会引起不特定多数人中毒、致病或者公私财产遭受重大损害，并且希望或放任这种结果发生。

司法实践中，认定本罪时应注意与以投毒方法实施的故意杀人罪的界限。故意杀人罪是指故意非法剥夺他人生命的行为。在一般情况下，二者的界限是分明的。两罪的主要区别在于：（1）侵犯的客体不同。本罪侵犯的客体是公共安全；而故意杀人罪侵犯的客体是他人的生命权。（2）客观方面表现不同。本罪在客观方面表现为实施了投放危险物质，危害公共安全的行为；而故意杀人罪在客观方面表现为非法剥夺他人生命的行为。当行为人以投毒的方法实施杀人行为，区别的关键是看行为人的投毒行为是否危及公共安全，如果行为人采用投毒的方法杀害特定的个人但并不危及公共安全的，属于故意杀人罪；如果投毒行为危及公共安全的，则应以本罪论处。

本案中，经法院审理查明，被告人林某浩和被害人黄某均系某大学某医学院2010级硕士研究生，分属不同的医学专业。2011年8月，黄某、林某浩、葛某三人同住（林某浩实施投毒行为时，葛某不在宿舍住）。之后，林某浩因琐事对黄某不满，逐渐对黄某怀恨在心，决意采用投毒的方法加害黄某。法院经审理认为，被告人林某浩为泄愤采用投放毒物的方法故意杀人，致被害人黄某死亡，其行为已构成故意杀人罪，依法应予惩处。被告人系医学专业的研究生，又曾参与用二甲基亚硝胺进行有关的动物实验和研究，明知二甲基亚硝胺系剧毒物品，仍故意将明显超过致死量的该毒物投入饮水机中，致使黄某饮用后中毒。在黄某就医期间，被告人又故意隐瞒黄某的病因，最终导致黄某中毒死亡。法院以被告人林某浩犯故意杀人罪，判处死刑，剥夺政治权利终身。

四、以危险方法危害公共安全罪

案　例

（一）案情简介

案例1：张某钢，男，52岁，安顺市西秀区人，执A1驾照。2020年7月7日12时许，张某钢驾驶一辆车牌号为贵G02××××的2路公交车从安顺火车站驶向客车东站，在途经虹山水库大坝中段时，突然左转加速，横穿对向车道，冲破石护栏坠入湖中。经全力搜救，截至7月7日22时，共搜救出37人，其中受伤16人，无生命体征20人，送医抢救无效死亡1人。

案例2：2023年5月底至6月初，郭某为获取非法利益，先后多次流窜到万柏林区建北一巷小区、建北二巷小区盗窃窨井盖。短短几天时间，郭某共偷得井盖27块，并销赃给废品收购站，获利1600元。

（二）问题

1. 张某钢的行为该如何定罪？

2. 被告人郭某盗窃某小区的窨井盖，其行为是盗窃罪还是以危险方法危害公共安全罪？

（三）法律规定

《中华人民共和国刑法》

第114条　放火、决水、爆炸以及投放毒害性、放射性、传染病病原体等物质或者以其他危险方法危害公共安全，尚未造成严重后果的，处3年以上10年以下有期徒刑。

第115条第1款　放火、决水、爆炸以及投放毒害性、放射性、传染病病原体等物质或者以其他危险方法致人重伤、死亡或者使公私财产遭受重大损失的，处10年以上有期徒刑、无期徒刑或者死刑。

第264条　盗窃公私财物，数额较大的，或者多次盗窃、入户盗窃、携带凶器盗窃、扒窃的，处3年以下有期徒刑、拘役或者管制，并处或者单处罚金；数额巨大或者有其他严重情节的，处3年以上10年以下有期徒刑，并处罚金；数额特别巨大或者有其他特别严重情节的，处10年以上有期徒刑或者无期徒刑，并处罚金或者没收财产。

（四）法理分析

以危险方法危害公共安全罪，是指故意使用放火、决水、爆炸、投放危险物质以外的具有类似危险程度的方法，危害公共安全的行为。本罪的构成特征是：

1. 本罪侵犯的客体是公共安全，即不特定多数人的生命、健康或者重大公私财产的安全。其中，重大公私财产的损害，应是涉及人身安全的重大财产损害。

2. 本罪在客观方面表现为以放火、决水、爆炸、投放危险物质之外的其他类型的危险方法危害公共安全的行为。“其他危险方法”是一种概括性规定，刑法不可能也无必要一一列举出来。具体而言，包括以下三方面内容：

第一，“以其他危险方法”仅限于与放火、决水、爆炸、投放危险物质相当的方法，而不是泛指任何具有危害公共安全性质的方法。

第二，要具有危害公共安全的现实危险性，而非仅仅有危险可能性。司法实践中，认定的“其他危险方法”主要有：故意传播突发传染病病原体，危害公共安全的；故意驾驶机动车辆冲撞人群的；盗窃交通要道或公共场所的窨井盖的；在公共场所或多人出入场所私拉电网而不采取安全措施的；肇事后继续驾车冲撞，放任危害结果的发生；以制、输坏血、病毒血的方法致众人感染；向人群开枪；驾驶人员与人打闹而任由机动车处于失控状态的；等等。

第三，必须是危害了公共安全，有处罚必要性，但又不构成放火、决水、爆炸、投放危险物质等犯罪的行为。近年来，从最高人民法院和最高人民检察院发布的指导性案例来看，醉酒驾车、肇事后继续驾车冲撞，放任危害结果的发生，造成重大伤亡的；极端主义分子为了制造恐怖氛围而使用砍刀、匕首、枪支等在车站、广场、商店等公共场所故意砍杀射击无辜群众，被定性为“暴力恐怖”事件的，均认定为本罪。

3. 本罪的主体是一般主体，即已满16周岁、具备刑事责任能力的自然人。

4. 本罪的主观方面是故意，即明知自己的行为足以危害公共安全，并且希望或放任这种结果发生。

本罪是《刑法》第114条、第115条的“兜底”条款，即刑法将这两条中没有包括的，难以包括的或者目前预测不到的各种与已有规定的危险方法相当的危害公共安全的犯罪，都包括在“以其他危险方法危害公共安全罪”的规定中，以防止法律漏洞，适应社会形势变化。值得注意的是：（1）使用刑法已有专门规定之方法危害公共安全的，则排除本罪的适用。如《刑法》第114条的放火、决水、爆炸、投放危险物质的方法；如《刑法》第144条的生产、销售有毒、有害食品等。（2）应适度扩张本罪的适用，以适应保护公共安全的需要。如暴力恐怖分子使用砍刀、匕首、枪支等在车站、广场、商店等公共场所行凶，在高速公路驾车高速逆行，均以本罪定罪处罚。当然，根据罪刑法定原则，适用本罪，应适当限制“危险方法”的适用范围，“手段是否具有与放火、决水、爆炸、投放危险物质行为的相当性，才是认定以危险方法危害公共安全罪的关键所在。”①

案例1中，经调查走访，张某钢常感叹家庭不幸福，生活不如意。张某钢在西秀区某厂工作时分到一套40平方米自管公房，为自管公房承租人，该房于2016年列入棚户区改造。根据《国有土地上房屋征收与补偿条例》规定，2020年6月8日，张某钢与西秀区住建局签订了《自管公房搬迁补助协议》，协议补偿72542.94元，未领取。张某钢还申请了一套公租房，未获得。7月7日上午8时30分许，张某钢来到他所承租的公房处，看到该公房将被拆除。8时38分，张某钢拨打政务服务热线，对申请公租房未获得且所承租公房被拆除表示不满。11时39分，张某钢通过微信语音联系其女友，流露出厌世情绪。12时12分，张某钢驾驶公交车行驶至西秀区虹山水库大坝时，先是降低车速，躲避来往车辆，后突然转向加速，横穿5个车道，撞毁护栏，冲入水库。经全力搜救，截至7月7日22时，共搜救出37人，其中受伤16人，无生命体征20人，送医抢救无效死亡1人。

经调查，张某钢驾驶过程中未受到其他人员肢体和语言的干扰。张某钢因生活不如意和对拆除其承租公房不满，为制造影响，针对不特定人群实施的危害公共安全的个人极端行为，造成21人死亡，16人受伤，公共财产遭受重大损失。根据《刑法》第115条之规定，张某钢的行为构成以危险方法危害公共安全罪。

案例2中，被告人郭某盗窃某小区的窨井盖，其行为应属于盗窃罪还是属于以危险方法危害公共安全罪？盗窃罪是指以非法占有为目的，秘密窃取数额较大的公私财物或者多次盗窃、入户盗窃、携带凶器盗窃、扒窃的行为。本案中被告人郭某盗窃某小区的窨井盖，其目的是非法占有公私财产，但由于所盗对象是正在使用中的小区窨井盖，而且案发地是老旧小区，且大多窨井都在单

① 陈兴良：《口袋罪的法教义学分析：以以危险方法危害公共安全罪为例》，载《政治与法律》2013年第3期。

元楼门口。窨井盖被盗后，虽小区工作人员及时在窨井旁设置了警示牌，但由于夜晚视线不佳，曾造成居民跌入窨井的事故。井盖虽小，一旦丢失，轻则伤人，重则害人性命，此行为危害了不特定多数人的生命和重大公私财产的安全。根据2020年3月16日最高人民法院、最高人民检察院、公安部《关于办理涉窨井盖相关刑事案件的指导意见》第2条的规定，盗窃、破坏人员密集往来的非机动车道、人行道以及车站、码头、公园、广场、学校、商业中心、厂区、社区、院落等生产生活、人员聚集场所的窨井盖，足以危害公共安全，尚未造成严重后果的，可以以危险方法危害公共安全罪定罪处罚；致人重伤、死亡或者使公私财产遭受重大损失的，依照《刑法》第115条第1款的规定处罚。本案中，郭某盗窃井盖虽获利不大，但却在路上“造了个陷阱”，极易引发人员伤亡事故，严重危害公共安全和人民群众生命财产安全。因此，郭某多次盗窃小区窨井盖，足以危害公共安全，构成以危险方法危害公共安全罪。

五、破坏电力设备罪

案　例

（一）案情简介

被告人胡某，曾因盗窃罪先后4次被判刑。2018年12月刑满释放后，面对经济压力，没有收入来源的胡某决定重操旧业。2019年7月的一天上午，胡某来到某小区居民楼附近，悄悄打开管道井门，并用螺丝刀打开线路保护盖后，采用剪断电线并抽离的手段，将该居民楼1单元管道井内部分接地电线盗走，后以每公斤28元的价格销赃得款600元。作案后，胡某观望了几天，见风平浪静，再次来到该小区，采用同样的手段，将该居民楼1单元管道井内剩余接地电线及2单元所有接地电线全部盗走，后以每公斤28元的价格销赃得款700元。2019年8月15日，胡某被公安机关抓获到案，如实供述了自己的罪行。经认定，涉案被盗电线价值2032元。

（二）问题

偷剪居民楼管道井内接地电线并贩卖的行为应当如何定罪与处罚？

（三）法律规定

《中华人民共和国刑法》

第118条　破坏电力、燃气或者其他易燃易爆设备，危害公共安全，尚未造成严重后果的，处 3 年以上 10 年以下有期徒刑。

第 119 条第 1 款 破坏交通工具、交通设施、电力设备、燃气设备、易燃易爆设备，造成严重后果的，处 10 年以上有期徒刑、无期徒刑或者死刑。

（四）法理分析

破坏电力设备罪，是指故意破坏电力设备，足以造成严重后果，危害公共安全的行为。本罪的构成特征是：

1. 本罪侵犯的客体是公共供电中的公共安全。犯罪对象是正在使用中的电力设备。所谓“正在使用”，是指电力设备经过验收后，正式交付使用或者投入使用。处于生产过程中的电力设备或库存的未投入使用的电力设备以及报废、废置不用的电力设备，不属于正在使用的电力设备。所谓“电力设备”，是指水力发电设备、火力发电设备、风力发电设备、核能发电设备等供电设备和输变电设备，包括上述设备必需的建筑物。如火力发电厂热力设备如燃气机、锅炉，供电系统的供电设备如发电机、变波机、变压器、变压线路等。

2. 本罪在客观方面表现为破坏电力设备，足以造成严重后果，危害公共安全的行为。包括作为和不作为。破坏方法一般不影响犯罪的成立。如果行为人使用放火、爆炸等方法破坏电力设备危害公共安全的，属于想象竞合犯，从一重罪论处。本罪是危险犯，只要破坏电力设备的行为足以引起不特定多数人伤亡或大量公私财产遭受损失，就构成犯罪既遂，而不以实际上已经造成严重的后果为犯罪构成的必要条件。根据 2007 年 8 月最高人民法院《关于审理破坏电力设备刑事案件具体应用法律若干问题的解释》第 1 条的规定，破坏电力设备，具有下列情形之一的，属于《刑法》第 119 条第 1 款规定的“造成严重后果”：（1）造成 1 人以上死亡、3 人以上重伤或者 10 人以上轻伤的；（2）造成 1 万以上用户电力供应中断 6 小时以上，致使生产、生活受到严重影响的；（3）造成直接经济损失 100 万元以上的；（4）造成其他危害公共安全严重后果的。

3. 本罪的主体是一般主体，即已满 16 周岁、具备刑事责任能力的自然人。

4. 本罪的主观方面是故意。至于何种动机，不影响本罪的成立。

司法实践中，认定本罪时应注意本罪与其他罪的界限。根据司法解释，尚未安装完毕的农用低压照明电线路，不属于正在使用中的电力设备，行为人即使盗走其中架设好的部分电线，也不致对公共安全造成危害，其行为应以盗窃罪定性。已经通电使用，只是由于枯水季节或电力不足等原因，而暂停供电的线路，仍应认为是正在使用的线路，行为人偷割这类线路中的电线，如果构成犯罪，应按本罪追究其刑事责任。对偷割已经安装完毕，但还未供电的电力线路的行为，应根据不同情况处理。如果偷割的是未正式交付电力部门使用的线路，应按盗窃罪论处；如果行为人明知线路已交付电力部门使用而偷割电线的，应按本罪论处。对拆盗某些排灌站、加工厂等生产单位正在使用中的电机设备等，没有危及社会公共安全，但应当追究刑事责任的，可以根据案件的不同情况，按盗窃罪、破坏生产经营罪或者故意毁坏财物罪处理。

本案中，法院经审理认为，被告人胡某为牟利，采用剪断电线并抽离的手段，将居民楼管道井内部分正在使用的接地电线盗走并贩卖的行为，构成破坏电力设备罪。综合被告人胡某具有坦白、累犯、前科等量刑情节，法院遂以被告人胡某犯破坏电力设备罪判处其有期徒刑3年3个月，其销赃所得1300元予以没收，上缴国库，同时责令被告人退赔被害人损失2032元。

六、非法持有枪支罪

案　例

（一）案情简介

2016年8月至10月，赵某华在天津市河北区李公祠大街海河亲水平台附近摆设射击摊位进行营利活动。同年10月12日22时许，赵某华被公安机关巡查人员查获，当场收缴枪形物9支及相关枪支配件、塑料弹。经天津市公安局物证鉴定中心鉴定，涉案9支枪形物中的6支为能正常发射、以压缩气体为动力的枪支。

（二）问题

刑法意义上枪支认定的标准是什么？赵某华的行为应当如何定罪与处罚？

（三）法律规定

《中华人民共和国刑法》

第67条第3款　犯罪嫌疑人虽不具有前两款规定的自首情节，但是如实供述自己罪行的，可以从轻处罚；因其如实供述自己罪行，避免特别严重后果发生的，可以减轻处罚。

第72条第1款　对于被判处拘役、3年以下有期徒刑的犯罪分子，同时符合下列条件的，可以宣告缓刑，对其中不满18周岁的人、怀孕的妇女和已满75周岁的人，应当宣告缓刑：（1）犯罪情节较轻；（2）有悔罪表现；（3）没有再犯罪的危险；（4）宣告缓刑对所居住社区没有重大不良影响。

第128条第1款　违反枪支管理规定，非法持有、私藏枪支、弹药的，处

3 年以下有期徒刑、拘役或者管制；情节严重的，处 3 年以上 7 年以下有期徒刑。

（四）法理分析

非法持有枪支罪，是指违反枪支管理规定，非法持有枪支的行为。本罪的构成特征是：

1. 本罪侵犯的客体是公共安全和国家对枪支的管理制度。犯罪对象是枪支。2015 年修订的《枪支管理法》第 46 条明确规定："本法所称枪支，是指以火药或者压缩气体等为动力，利用管状器具发射金属弹丸或者其他物质，足以致人伤亡或者丧失知觉的各种枪支。"因此，作为本罪犯罪对象的枪支，包括军用枪、射击运动枪支、狩猎枪支、麻醉动物枪支以及可以发射金属弹丸威力较大的气枪，还包括自制的具有一定杀伤力的土枪、火药枪、钢珠枪等。枪支包括成套枪支散件和非成套枪支散件。《枪支管理法》第 47 条第 1 款规定，单位和个人为开展游艺活动，可以配置口径不超过 4.5 毫米的气步枪。有关枪支的鉴定标准，2010 年公安部发布了《公安机关涉案枪支弹药性能鉴定工作规定》，主要内容包括：（1）凡是制式枪支、弹药，无论是否能够完成击发动作，一律认定为枪支、弹药。（2）凡是能发射制式弹药的非制式枪支（包括自制、改制枪支），一律认定为枪支。对能够装填制式弹药，但因缺少个别零件或锈蚀不能完成击发，经加装相关零件或除锈后能够发射制式弹药的非制式枪支，一律认定为枪支。（3）对不能发射制式弹药的非制式枪支，按照《枪支致伤力的法庭科学鉴定判据》（GA/T 718—2007）的规定，当所发射弹丸的枪口比动能大于等于 1.8 焦耳/平方厘米时，一律认定为枪支。（4）对制式枪支、弹药专用散件（零部件），能够由制造厂家提供相关零部件图样（复印件）和件号的，一律认定为枪支、弹药散件（零部件）。（5）对非制式枪支、弹药散件（零部件），如具备与制式枪支、弹药专用散件（零部件）相同功能的，一律认定为枪支、弹药散件（零部件）。

2. 本罪在客观方面表现为行为人违反枪支管理规定，非法持有枪支的行为。所谓"非法持有"，是指不符合配备、配置枪支条件的人员，违反枪支管理法律法规的规定，擅自持有枪支的行为。

3. 本罪的主体是一般主体，即已满 16 周岁、具备刑事责任能力的自然人。

4. 本罪的主观方面是直接故意。

司法实践中，涉枪案件呈现出多样性、复杂性的特点。2018 年 3 月，最高人民法院、最高人民检察院联合发布《关于涉以压缩气体为动力的枪支、气枪铅弹刑事案件定罪量刑问题的批复》规定，对涉以压缩气体为动力的枪支、气枪铅弹刑事案件定罪量刑时，不仅要充分考虑枪支铅弹的数量，还要充分考虑用途、致伤力大小、行为人的动机目的、违法所得、是否规避调查等情节，综合评估社会危害性，确保罪责刑相适应。

本案中，一审法院经审理认为，被告人赵某华违反国家对枪支的管制制度，非法持有枪支，情节严重，其行为已构成非法持有枪支罪，应依法予以处罚。赵某华自愿认罪，可酌情从轻处罚。依照《刑法》第128条第1款及最高人民法院《关于审理非法制造、买卖、运输枪支、弹药、爆炸物等刑事案件具体应用法律若干问题的解释》第5条第2款第（2）项之规定，以非法持有枪支罪判处被告人赵某华有期徒刑3年6个月。二审法院经审理认为，赵某华明知其用于摆摊经营的枪形物具有一定致伤力和危险性，无法通过正常途径购买获得而擅自持有，具有主观故意。赵某华非法持有以压缩气体为动力的非军用枪支6支，依照刑法及相关司法解释的规定，属情节严重，应判处3年以上7年以下有期徒刑。考虑到赵某华非法持有的枪支均刚刚达到枪支认定标准，其非法持有枪支的目的是从事经营，主观恶性程度相对较低，犯罪行为的社会危害性相对较小，二审庭审期间，其能够深刻认识自己行为的性质和社会危害，认罪态度较好，有悔罪表现等情节；天津市人民检察院第一分院也建议对赵某华适用缓刑，故酌情对赵某华予以从宽处罚。综合考虑赵某华的各种情节，对其量刑依法予以改判，以非法持有枪支罪判处上诉人赵某华有期徒刑3年，缓刑3年。

七、交通肇事罪

案　　例

（一）案情简介

案例1：2010年10月16日晚，被告人李某铭在河北省保定市某酒楼宴请孟某超、盖某龙等人时大量饮酒，后李某铭驾驶车牌号为冀FW××××的黑色汽车前往河北大学新校区接人，并顺路将盖某龙等人送回该校。李某铭驾车驶入该校生活区南门后，停车让盖某龙等人下车。因李某铭酒后驾驶，随后驾车到达的孟某超提醒其慢速行驶，盖某龙下车后又坐回到副驾驶位置，亦提醒其慢行。李某铭称没事，继续驾车超速行驶（该校生活区内限速5公里/小时）。当日21时30分许，李某铭驾车行至该校生活区某超市门前时，将前面正在练习轮滑的陈某凤撞到车前机盖上后落地，亦将扶助陈某凤练习轮滑的张某晶撞倒在地。肇事后，李某铭继续驾车行至该校某楼宿舍，接上其朋友杜某宇，并催促盖某龙下车。李某铭驾车返回，途经事发地点仍未停车，行至生活区南门时被校保安人员拦停，后被带至公安机关。陈某凤因颅脑损伤，经抢救无效死亡；张某晶受轻伤。经鉴定，李某铭所驾汽车碰撞前的行驶速度为45—59公里/小时，李某铭血液酒精含量为151毫克/100毫升，系醉酒超速驾驶。经交通管理部门认定，李某铭负事故全部责任。

案例2：被告人周某杰于2000年10月24日19时许，驾驶“太脱拉”大货车为本单位某工地清运渣土。当其驾车经过北京市海淀区阜石路阜永路口，在由南向东右转弯时，刮倒了骑自行车的鲁某富，右后侧车轮碾轧鲁的身体，致鲁当场死亡。周当时虽已感觉车身颠了一下，但其没有停车，而是驾车离开事故地点，继续到工地拉渣土。当其返回再次经过该事故地点时，见有交通民警正在勘查现场，即向单位领导报告自己可能撞了人了，并于当日向公安交通管理部门投案。经海淀交通支队认定，周对此次事故负全部责任。

（二）问题

1. 校园道路是否属于道路交通安全法规定的“道路”？被告人李某铭的行为构成交通肇事罪还是危险驾驶罪？

2. 如何认定交通肇事后逃逸？周某杰的行为应当如何定罪与处罚？

（三）法律规定

《中华人民共和国刑法》

第67条第1款　犯罪以后自动投案，如实供述自己的罪行的，是自首。对于自首的犯罪分子，可以从轻或者减轻处罚。其中，犯罪较轻的，可以免除处罚。

第133条　违反交通运输管理法规，因而发生重大事故，致人重伤、死亡或者使公私财产遭受重大损失的，处3年以下有期徒刑或者拘役；交通运输肇事后逃逸或者有其他特别恶劣情节的，处3年以上7年以下有期徒刑；因逃逸致人死亡的，处7年以上有期徒刑。

（四）法理分析

交通肇事罪，是指违反交通运输管理法规，因而发生重大事故，致人重伤、死亡或者使公私财产遭受重大损失的行为。本罪的构成特征是：

1. 本罪侵犯的客体是交通运输安全。所谓“交通运输”，包括铁路、公路、水上、航空、管道（天然气、石油）运输。因为刑法将发生在航空、铁路运输中的由特殊主体违规而发生的重大责任事故，单独规定了犯罪。因此，本罪的犯罪客体主要是指航空、铁路运输以外的公路交通运输和水路交通运输安全。

2. 本罪在客观方面表现为违反交通运输管理法规，因而发生重大事故，致人重伤、死亡或者使公私财产遭受重大损失的行为。具体而言，包括以下四方面内容：

第一，必须有违反交通运输管理法规的行为。所谓“交通运输管理法规”，是指国家交通运输主管部门为了保障交通运输的安全作出的各种行政法规，包括交通规则、操作规程等。违反规章制度的行为可以表现为作为，如酒后、吸食毒品后开车、超载行车、闯红灯等；也可以表现为不作为，如通过交叉道口不鸣笛示警、岔路口不减速等。

第二，必须发生重大事故，致人重伤、死亡或者使公私财产遭受重大损失的严重后果。根据2000年11月最高人民法院《关于审理交通肇事刑事案件具体应用法律若干问题的解释》第2条的规定，交通肇事具有下列情形之一的，处3年以下有期徒刑或者拘役：（1）死亡1人或者重伤3人以上，负事故全部或者主要责任的；（2）死亡3人以上，负事故同等责任的；（3）造成公共财产或者他人财产直接损失，负事故全部或者主要责任，无能力赔偿数额在30万元以上的。

第三，严重后果必须是由违反交通运输管理法规行为引起的，二者之间存在因果关系。虽有违章行为，但未造成严重后果的，或虽发生了严重后果，但不是由违章行为引起的，均不构成本罪。如行为人未携带驾驶证在高速公路上驾驶车辆但没有其他违章行为也没有发生严重后果的，不构成本罪。

第四，危害结果，必须发生在公共交通管理范围内的公路、城镇道路和水路上。根据《道路交通安全法》第119条规定，“道路”，是指公路、城市道路和虽在单位管辖范围但允许社会机动车通行的地方，包括广场、公共停车场等用于公众通行的场所。因此，对机关、企事业单位、厂矿、校园、居民小区等单位管辖范围内的路段是否认定为“道路”，应当以其是否具有“公共性”，是否“允许社会机动车通行”作为判断标准。只允许单位内部机动车、特定来访机动车通行的，可以不认定为“道路”。

3. 本罪的主体是一般主体，即已满16周岁、具备刑事责任能力的自然人。在实践中，主要是从事公路、水上交通运输的人员。行人和非机动车主违反交通法规，造成机动车辆肇事的，也可构成本罪。例如，由于自行车主乱闯红灯，机动车辆为防止车祸而紧急刹车，导致车辆追尾事故的情形。

4. 本罪的主观方面是过失。即行为人应当预见自己的违反交通运输管理法规的行为，可能发生重大事故，致人重伤、死亡或者使公私财产遭受重大损失，由于疏忽大意而没有预见，或者虽然已经预见到，但轻信能够避免的心理态度。

司法实践中，认定本罪时应准确把握“交通肇事后逃逸”和“因逃逸致人死亡”的法律内涵。《刑法》第133条规定，违反交通运输管理法规，因而发生重大事故，致人重伤、死亡或者使公私财产遭受重大损失的，处3年以下有期徒刑或者拘役；交通运输肇事后逃逸或者有其他特别恶劣情节的，处3年以上7年以下有期徒刑；因逃逸致人死亡的，处7年以上有期徒刑。“因逃逸致人死亡”是1997年刑法增加的相对于原交通肇事罪加重处罚的一个量刑情节。如何理解这一加重结果的犯罪，如何诠释“逃逸致人死亡”的含义，在刑法理论和司法实践中都认识不一。刑法理论中存在两种较大的分歧意见：一种观点认为，因逃逸致人死亡的就是行为人在交通肇事后畏罪潜逃，致使被害人因流血过多或因延缓抢救时机而死亡。① 另一种观点认为，“因逃逸致人死亡”应仅限于过失致人死亡，即事实上发生二次交通事故。已经发生了交通事故后，行为人在逃逸过程中又发生了交通事故，致使第二起交通事故中被害人死亡。如果在逃逸过程中对致人死亡持故意，则成立另一种犯罪，不能适用上述规定以一罪论处，而应该数罪并罚②。司法实践中，在处理具体案件时，据以定罪量刑的情形也是大相径庭。如在全国有较大影响的河南省张某柱交通肇事一案中，张某柱就是在交通肇事后因逃逸致一死一伤，法院分别以交通肇事罪和故意伤害罪数罪并罚，判处其死刑③。同样是交通肇事后因逃逸致人死亡的湖北省咸宁市张某（交通肇事后熄灭车灯逃逸又撞死一人），被咸宁市人民检察分院以交通肇事罪和间接故意杀人罪提起公诉④。北京市丰台区人民法院对司机刘某交通肇事后为逃逸又撞伤5人、撞死1人定为交通肇事罪，判处有期徒刑15年⑤，成为1997年刑法实施以来对交通肇事罪判处有期徒刑最为严重的一个案例。不难看出，对于同一犯罪情节，理论上和司法实践中都互相渗透着矛盾的观点，这就会在一定程度上影响法制运行的统一性和严肃性。因此，科学诠释《刑法》第133条规定的“因逃逸致人死亡”这一犯罪情节，是当前司法实践正确处理交通肇事罪疑难问题的重要一环。

那么何谓“交通运输肇事后逃逸”？根据最高人民法院《关于审理交通肇事刑事案件具体应用法律若干问题的解释》第3条的规定：“交通运输肇事后

---

① 赵秉志主编：《新刑法教程》，中国人民大学出版社1997年版，第447页。

② 张明楷：《刑法学》（下册），法律出版社1997年版，第568页。

③ 参见《法制日报》1998年4月13日。

④ 参见《检察日报》1998年5月9日。

⑤ 郭立新、杨迎泽主编：《刑法分则适用与疑难问题》，中国检察出版社2000年版，第31页。

逃逸”，是指行为人具有本解释第2条第1款规定和第2款第（1）至（5）项规定的情形之一，在发生交通事故后，为逃避法律追究而逃跑的行为。因此，构成“交通肇事后逃逸”应当同时具备以下三个条件：（1）行为必须齐备交通肇事罪的基本犯罪构成要件，这是认定“交通肇事后逃逸”情节的基础条件。同时，还要考察行为人是否明知自己造成了交通事故。所谓“明知”，是指行为人“知道”或者“应当知道”。如果行为人“应当知道”自己造成了交通事故而装作不知道，逃离事故现场的，仍应认定为“交通肇事后逃逸”。判断行为人是否明知，应坚持主客观相统一的原则，不仅要看行为人的供述，还应从肇事当时的时间、地点、路况、行为人具备的知识、经验等方面客观地评判其是否明知，从而确定其是否构成逃逸。（2）行为人主观上具有“逃避法律追究”的目的，这是认定“交通肇事后逃逸”的主观条件。逃避法律追究，包括逃避刑事责任、民事责任、行政责任追究。具体而言，就是不履行相关法定义务，如保护现场、抢救伤者、迅速报案、听候处理等义务，逃避承担相应的法律责任，如民事赔偿、行政处罚、刑事定罪处刑等责任。实践中，行为人如果没有正当的理由离开事故现场（包括但不限于事故现场），应当认定行为人具有逃逸法律追究之主观目的。（3）客观上有逃离的行为，且逃离行为可能影响到对被害人的救助、导致事故损失的扩大、妨害民警对事故的查处。如果行为人的“逃离”没有影响其对道路交通安全法规定之法定义务的履行，则不应认定其“逃离”行为构成“交通肇事后逃逸”情节，从而不应承担交通肇事罪加重之刑罚。

那么什么是“逃逸致人死亡”？根据最高人民法院《关于审理交通肇事刑事案件具体应用法律若干问题的解释》第5条的规定，“因逃逸致人死亡”，是指行为人在交通肇事后为逃避法律追究而逃跑，致使被害人因得不到救助而死亡的情形。因此，“因逃逸致人死亡”的要件包括：（1）被害人受伤当场未死亡；（2）有逃逸行为，指行为人在发生交通事故后，为逃避法律追究而逃跑的行为；（3）逃逸行为延误救治，与死亡有因果关系；（4）行为人至少有过失。

案例1中的肇事地点位于某大学新校区生活区，属于典型的单位管辖范围。该生活区虽设有围墙、大门，相对封闭，但系开放式园区，具有比较完善的社会服务功能，社会车辆只需登记车号就可以进出生活区南门，门口也设有限速5公里的交通标志，说明该大学对其新校区生活区的路段是按照“道路”进行管理的。公安机关收集的车辆监控录像和门卫的证言等证据显示，社会车辆实际上不经登记也可通行。故该生活区内的道路属于《道路交通安全法》规定的“虽在单位管辖范围但允许社会机动车通行的地方”。被告人李某铭违反交通运输管理法规，在校园道路醉驾并发生重大交通事故，致 1 人死亡、1 人轻伤，负事故全部责任，其行为构成交通肇事罪。据此，法院以交通肇事罪判处被告人李某铭有期徒刑 6 年。

案例 2 中，纵观全案案情，被告人周某杰在其所驾车辆肇事时，根据其专业司机的经验和已感知到车身一颠的情况判断，理应知道可能撞着行人了，但周某杰没有停车，而是驾车离开事故地点，继续到工地拉渣土。当周某杰拉渣土返回事故地点时，见有交警在现场勘查，即向单位领导报告自己可能撞了人了，并随后于当日向公安交通管理部门主动投案。法院经审理认为，被告人驾驶大型货车，在行驶过程中发现情况不及时，处理不当，造成 1 人死亡的重大交通事故，且在发生交通事故后没有立即停车保护现场，而是肇事逃逸，其行为已构成交通肇事罪。考虑周某杰案发后能主动投案自首，积极赔偿被害人亲属的经济损失，可予减轻处罚。依照《刑法》第 133 条、第 67 条第 1 款的规定，判决被告人犯交通肇事罪，判处有期徒刑 1 年 6 个月。

八、危险驾驶罪

案　　例

（一）案情简介

案例 1：高某松，男，2011 年 5 月 9 日晚 10 时，驾车在北京东直门十字坡附近发生交通事故，导致 4 车追尾，4 人受伤。经过交警检测，高某松每 100 毫升血液中酒精含量为 243.04 毫克。

案例 2：黄某，在未取得相应从业资格的情况下，按照老板洪某的安排，开车到金华市婺城区汤溪镇金华市某化工产品有限公司，每次装载若干桶“香蕉水”之后，途经金华市婺城区、金东区、兰溪市至浦江县黄宅镇海塘村，再配送到某企业，运输共计十几次，数量达 50 吨。2016 年 5 月，被金华市安监、公安、运管等部门联合查处。

案例 3：被告人臧某于 2011 年 9 月与仪征市某幼儿园达成协议，用其所有的中巴车从事校车业务，负责接送 15 名幼儿。因校车核载 9 人，平日均分两批接送。2015 年 12 月 7 日，臧某为了提前赶回家送生病的母亲到医院诊疗，便一次性接载幼儿园学生 15 人及随车教师 1 人，在沿仪征市汽车工业园明岐路由南向北行驶至与中江路交叉路口（无交通信号灯）左转弯时，因注意力不够集中，疏于观察路口其他来车，与陈某驾驶的轿车发生碰撞。事故致两车损坏、被告人臧某右髌骨骨折，乘坐校车的 15 名幼儿园学生及随车教师均未受伤。仪征市公安局交巡警大队出具道路交通事故责任认定书，认定臧某负此次事故的主要责任，陈某负次要责任。

（二）问题

1. 被告人高某松的行为应当如何定罪与处罚？危险驾驶罪与交通肇事罪的界限是什么？

2. 被告人黄某的行为应当如何定罪与处罚？机动车所有人对非法运输危险化学品行为负有直接责任，其行为应当如何定罪与处罚？

3. 被告人臧某的行为应当如何定罪与处罚？

（三）法律规定

《中华人民共和国刑法》

第72条第1款　对于被判处拘役、3年以下有期徒刑的犯罪分子，同时符合下列条件的，可以宣告缓刑，对其中不满18周岁的人、怀孕的妇女和已满75周岁的人，应当宣告缓刑：（1）犯罪情节较轻；（2）有悔罪表现；（3）没有再犯罪的危险；（4）宣告缓刑对所居住社区没有重大不良影响。

第133条之一　在道路上驾驶机动车，有下列情形之一的，处拘役，并处罚金：（1）追逐竞驶，情节恶劣的；（2）醉酒驾驶机动车的；（3）从事校车业务或者旅客运输，严重超过额定乘员载客，或者严重超过规定时速行驶的；（4）违反危险化学品安全管理规定运输危险化学品，危及公共安全的。①

机动车所有人、管理人对前款第（3）项、第（4）项行为负有直接责任的，依照前款的规定处罚。

有前两款行为，同时构成其他犯罪的，依照处罚较重的规定定罪处罚。

（四）法理分析

危险驾驶罪，是指在道路上驾驶机动车追逐竞驶，情节恶劣，或者在道路上醉酒驾驶机动车的；从事校车业务或者旅客运输，严重超过额定乘员载客，或者严重超过规定时速行驶的；以及违反危险化学品安全管理规定运输危险化学品，危及公共安全等行为。

醉酒驾驶、飙车、超载等行为造成的重大交通事故案件频频发生，造成了恶劣的社会影响。为有效打击此类犯罪行为，保障公民的生命、财产安全，《刑法修正案（八）》《刑法修正案（九）》将此类危险驾驶行为纳入刑法规制。本罪的构成特征是：

1. 本罪侵犯的客体是道路交通安全管理制度。

① 2011年《刑法修正案（八）》增加、2015年《刑法修正案（九）》修订。

2. 本罪在客观方面表现为以下四种情形：

（1）在道路上驾驶机动车追逐竞驶，情节恶劣。根据《道路交通安全法》第 119 条的规定："道路"，是指公路、城市道路和虽在单位管辖范围但允许社会机动车通行的地方。2023 年 12 月，最高人民法院、最高人民检察院、公安部、司法部联合下发的《关于办理醉酒危险驾驶刑事案件的意见》第 5 条规定，醉驾案件中"道路""机动车"的认定适用道路交通安全法有关"道路""机动车"的规定。对机关、企事业单位、厂矿、校园、居民小区等单位管辖范围内的路段是否认定为"道路"，应当以其是否具有"公共性"，是否"允许社会机动车通行"作为判断标准。只允许单位内部机动车、特定来访机动车通行的，可以不认定为"道路"。根据《道路交通安全法》第 119 条的规定，"机动车"，是指以动力装置驱动或者牵引，上道路行驶的供人员乘用或用于运送物品以及进行工程专项作业的轮式车辆。《关于办理醉酒危险驾驶刑事案件的意见》第 5 条第 1 款规定危险驾驶罪中的"机动车"适用这一规定。实践中，对有动力装置驱动且设计最高时速、空车质量、外形尺寸接近或等同于机动车的电动自行车等交通工具（即超标车），是否属于机动车存在争议。

所谓"追逐竞驶"，俗称"飙车"。是指行为人在道路上高速、超速行驶，随意追逐、超越其他车辆，频繁、突然并线，近距离驶入其他车辆之前的危险驾驶行为。"飙车"是以行驶速度和驾驶技术标识"胆识"和技术的另类体现自己能力的危险行为，是自我价值的变相体现，是以自身和他人生命安全为代价的危险行为。此种类型的危险驾驶罪，不属于具体危险犯，而属于情节犯。值得注意的是：第一，本罪行为不要求发生在公共交通领域内，只需要发生在道路上。在校园内、大型厂矿内等道路上，以及在人行道上追逐竞驶的，因为对不特定多数人的生命、健康产生危险，依然可以成立本罪。第二，追逐竞驶以具有一定危险性的高速、超速驾驶为前提，在某些环境中并不要求超速驾驶，但低速驾驶的行为一般不具有公共危险从而不成立本罪。第三，追逐竞驶要求以产生交通危险的方式驾驶，行为的基本方式是随意追逐、超载其他车辆，频繁并线、突然并线，或者近距离驶入其他车辆之前。第四，追逐竞驶既可能是 2 人以上基于意思联络而实施，也可能是单个人实施。第五，成立本罪要求情节恶劣。情节恶劣的基本判断标准，是追逐竞驶行为的公共危险性。对此，应以道路上车辆与行人的多少、驾驶的路段与时间、驾驶的速度与方式、驾驶的次数等进行综合判断。在没有其他车辆与行人的荒野道路上追逐竞驶的行为，不应认定为情节恶劣。追逐竞驶的罪过形式为故意，不要求行为人以赌博竞技或者追求刺激为目的。

（2）在道路上醉酒驾驶机动车的。所谓"醉酒驾驶"，俗称"醉驾"，是指在醉酒状态下在道路上驾驶机动车的行为。《车辆驾驶人员血液、呼气酒精含量阈值与检验》规定，车辆驾驶人员血液中的酒精含量大于或者等于80mg/100ml的属于醉酒驾驶。对醉酒驾驶这种行为持故意心态，对危害公共安全的结果持过失心态。司法实践中，行为人被查获后，在呼气酒精测试或者提取血样前又饮酒，经检验其血液酒精含量达到醉酒驾驶机动车标准，除确有证据证实行为人没有醉酒驾车的，以危险驾驶罪论处，并可以酌情从重处罚。本罪是抽象的危险犯，不需要司法人员具体判断醉酒行为是否具有公共危险。

（3）从事校车业务或者旅客运输，严重超过额定乘员载客，或者严重超过规定时速行驶的。所谓“校车”，是指依照《校车安全管理条例》取得使用许可，用于接送接受义务教育的学生上下学的7座以上的载客汽车。所谓“客运”，系“旅客运输”的简称，是指以旅客为运输对象，以汽车、轮船、飞机为主要运输工具实施的有目的的旅客空间位移的运输活动。由于修正后的《刑法》第133条之一限于在公路上从事客运业务，故仅适用于以机动车为运输工具的道路客运业务。关于“严重超过额定乘员载客”，《道路运输条例》第34条规定“道路运输车辆运输旅客的，不得超过核定的人数，不得违反规定载货”。将“严重超过额定乘客载客”限制为超过额定乘员20%以上的适当标准。关于“严重超过规定时速行驶”，《道路交通安全法》第99条规定：“有下列行为之一的，由公安机关交通管理部门处200元以上2000元以下罚款……机动车行驶超过规定时速50%的……”。《刑法修正案（九）》只对校车和旅客客运的超载、超速行为规定为违法犯罪行为，但对具体情形没有作出规定，所以具体情形要等相关司法解释出台。

（4）违反危险化学品安全管理规定运输危险化学品，危及公共安全。所谓“危险化学品”，是指具有毒害、腐蚀、爆炸、燃烧、助燃等性质，对人体、设施、环境具有危害的剧毒化学品和其他化学品。所谓“违反规定运输”，是指根据《危险化学品安全管理条例》的规定，没有取得危险货物运输许可证；没有配备专职安全管理人员；没有配备必要的防护用品和应急救援器材；没有按照运输车辆的核定载质量装载危险化学品；未经公安机关批准，运输危险化学品的车辆进入危险化学品运输车辆限制通行的区域等。

3. 本罪的主体是一般主体，即已满16周岁、具备刑事责任能力的自然人。校车、危险化学品运输车辆的所有人、管理人可以成为本罪的主体。

4. 本罪的主观方面是故意。无论何种动机目的，不影响本罪的成立。

司法实践中，认定本罪时应注意以下两个问题：

一是罪与非罪的界限。在道路上醉酒驾驶机动车是否一律定罪？2023年12月，最高人民法院、最高人民检察院、公安部、司法部联合下发的《关于办理醉酒危险驾驶刑事案件的意见》第 12 条规定，醉驾具有下列情形之一，且不具有本意见第 10 条规定情形的，可以认定为情节显著轻微、危害不大，依照《刑法》第 13 条、《刑事诉讼法》第 16 条的规定处理：（1）血液酒精含量不满 150 毫克/100 毫升的；（2）出于急救伤病人员等紧急情况驾驶机动车，且不构成紧急避险的；（3）在居民小区、停车场等场所因挪车、停车入位等短距离驾驶机动车的；（4）由他人驾驶至居民小区、停车场等场所短距离接替驾驶停放机动车的，或者为了交由他人驾驶，自居民小区、停车场等场所短距离驶出的；（5）其他情节显著轻微的情形。醉酒后出于急救伤病人员等紧急情况，不得已驾驶机动车，构成紧急避险的，依照《刑法》第 21 条的规定处理。

二是本罪的罪数问题。危险驾驶致人死伤同时构成其他犯罪的，应依照处罚较重的规定定罪处罚。通常是造成重大交通事故致人重伤、死亡或者造成重大财产损失的，同时构成交通肇事罪的，应当择一重罪，以交通肇事罪定罪处罚。

案例 1 中，高某松每 100 毫升血液中酒精含量为 243. 04 毫克，达到醉驾标准。2011 年 5 月 17 日，北京市东城区人民法院开庭审理高某松醉驾案。最终，高某松以危险驾驶罪被判拘役 6 个月，并处罚金人民币 4000 元。

案例 2 是《刑法修正案（九）》实施后，浙江省首起立案调查的违反危险化学品安全管理规定运输危险化学品的刑事案件。本案中黄某在未取得相应从业资格的情况下，无证运输危险化学品。老板洪某在明知他所管理的车牌号为浙 G 牌照的轻型厢式货车未取得危险货物道路运输许可，也知道黄某没有取得危险货物驾驶员从业资格的情况下，让黄某多次驾驶这辆货车运载疑似危险化学品“香蕉水”。法院审理认为，黄某违反危险化学品安全管理规定，在道路上多次运输危险化学品，危及公共安全，其行为已构成危险驾驶罪；洪某作为机动车管理人对非法运输危险化学品行为负有直接责任，其行为也构成危险驾驶罪。法院依法判决洪某和黄某犯危险驾驶罪，分别判处拘役 2 个月，缓刑 3 个月，并处罚金人民币 4000 元。

案例 3 中，被告人臧某在道路上驾驶机动车，从事校车业务。明知该校车核载 9 人，但为了提前赶回家送生病的母亲到医院诊疗，便一次性接载幼儿园学生 15 人及随车教师 1 人，严重超过额定乘员载客，其行为已构成危险驾驶罪，依法判处拘役 2 个月，并处罚金人民币 2000 元。

九、重大责任事故罪

案　例

（一）案情简介

被告人祁某华投资经营山西省襄汾县陶寺乡某村某公路边的饭店。2020年8月29日，有村民在该饭店举办寿宴，预定了25桌宴席。按照当地习俗，寿宴安排早、午两餐。早餐后，数10名村民在饭店宴会厅内打牌、聊天或者在北楼后院看戏，等候午宴。当日9时40分许，因建筑结构整体性差，承重砖柱及北楼二层屋面荷载严重超载，饭店宴会厅、北楼二层南半部分和钢结构采光顶棚突然发生坍塌，造成29人死亡、28人受伤，直接经济损失1164.35万元。

（二）问题

什么是重大责任事故罪？祁某华的行为应当如何定罪与处罚？

（三）法律规定

《中华人民共和国刑法》

第134条第1款　在生产、作业中违反有关安全管理的规定，因而发生重大伤亡事故或者造成其他严重后果的，处3年以下有期徒刑或者拘役；情节特别恶劣的，处3年以上7年以下有期徒刑。

（四）法理分析

重大责任事故罪，是指在生产、作业中违反有关安全管理的规定，因而发生重大伤亡事故或者造成其他严重后果的行为。本罪的构成特征是：

1. 本罪侵犯的客体是生产、作业的安全。即从事生产、作业的不特定多数人的生命、健康和重大公私财产的安全。

2. 本罪在客观方面表现为在生产、作业中违反有关安全管理的规定，因而发生重大伤亡事故或者造成其他严重后果的行为。具体而言，包括以下四方面内容：

第一，必须有违反有关安全管理的规定的行为。这是造成事故的直接原因，也是构成本罪的必要条件。所谓“有关安全管理的规定”，一是国家颁发的各种有关安全生产、作业的法律法规的明文规定；二是企业、事业单位及其上级管理机关所制定的规程、规则、章程等明文规定；三是虽无法律法规等明文规定，但反映了生产、科研、设计、施工中安全操作的客观规律、公认的在企业事业单位中通行的行之有效的正确的操作习惯与惯例。

第二，必须发生重大伤亡事故或者造成其他严重后果。所谓“重大伤亡事故或者其他严重后果”，根据 2015 年 12 月最高人民法院、最高人民检察院《关于办理危害生产安全刑事案件适用法律若干问题的解释》第 6 条第 1 款的规定，是指具有下列情形之一的：（1）造成死亡 1 人以上，或者重伤 3 人以上的；（2）造成直接经济损失 100 万元以上的；（3）其他造成严重后果或者重大安全事故的情形。

第三，违反安全管理规定的行为与严重后果之间存在因果关系，即严重后果是由于违反规章制度的行为引起的，否则不构成本罪。

第四，重大事故必须发生在生产、作业过程中。如果事故的发生与生产、作业没有关系，则不构成本罪。

3. 本罪的主体是一般主体，即已满 16 周岁、具备刑事责任能力的自然人。主要包括对生产、作业负有组织、指挥或者管理职责的负责人、管理人员、实际控制人等，以及直接从事生产、作业的人员。

4. 本罪的主观方面是过失，即应当预见到自己的违反有关安全管理的规定行为，可能发生重大伤亡事故或者造成其他严重后果，因为疏忽大意，没有预见，或者虽已预见，但轻信能够避免。至于违反有关安全管理的规定，则可能是明知故犯。

司法实践中，认定本罪时应注意以下三个问题：

一是本罪与自然事故、技术事故及技术革新和科学实验失败的界限。通常讲，自然事故往往是指由于不能预见，不能抗拒的自然力引起的事故；技术事故是指由于技术条件或设备条件的局限性，使得有关人员无法避免的事故。而技术革新的科学实验本身就包含着失败的可能，是允许失败、准许冒险的。区分本罪与这三种情况的关键，是看行为人主观上是否存在过失以及是否有违反规章制度的行为发生。如果事故的发生是由违反规章制度引起的，行为人主观上具有过失，则成立本罪；否则，要视为自然事故、技术事故或科研失败，不构成犯罪。

二是本罪与一般责任事故的界限。二者的相同点是行为人在生产、作业过程中都有违反规章制度的行为，而且都造成了一定的损害后果。二者的根本区别在于，违反有关安全管理规定的行为是否造成重大伤亡事故或者其他严重后果。造成重大伤亡或其他严重后果的，构成本罪；否则，属于一般责任事故，不构成犯罪，而应给予批评教育或行政处分。

三是重大责任事故罪与失火罪、过失爆炸罪的界限。三个罪名的共同点是行为人主观方面均出自过失，客观方面都造成重大伤亡或重大财产损失。三个罪名的主要区别在于是否属于业务过失。本罪必须发生在生产、作业过程中，行为人违反规章制度而发生重大伤亡事故或其他严重后果，属于业务过失犯罪；而失火罪、过失爆炸罪，一般是在日常生活中由于忽视用火、用电安全，行为不慎而发生火灾、爆炸事故，与生产、作业活动无关，属普通过失犯罪。

本案中，经山西省人民政府批准组成事故调查组调查认定，“8·29”坍塌事故是一起因违法违规占地建设，且在无专业设计、无资质施工的情形下，多次盲目改造扩建，建筑物工程质量存在严重缺陷，导致在经营活动中部分建筑物坍塌的重大生产安全责任事故。事故直接原因为，饭店建筑结构整体性差，经多次加建后，使宴会厅东北角承重砖柱Ⅲ长期处于高应力状态；北楼二层 A 区屋面预制板长期处于超荷载状态，在其上部高炉水渣保温层的持续压力下，发生脆性断裂，形成对宴会厅顶板的猛烈冲击，导致东北角承重砖柱Ⅲ崩塌，最终造成北楼二层南半部分和宴会厅整体坍塌。事故发生时，不排除当地 8 月份强降雨的影响。

法院审理认为，被告人祁某华作为饭店的实际投资人和经营者，长期违规占地，多次违章扩建，且拒不执行国土资源管理部门的处罚决定，在饭店建筑存在事故隐患的状态下，未采取有效措施而经营使用，导致饭店建筑坍塌并造成重大事故后果，对事故发生负主要责任和首要责任，属于情节特别恶劣。据此，以重大责任事故罪判处被告人祁某华有期徒刑 7 年。

十、消防责任事故罪

案　　例

（一）案情简介

被告人郑某某，青岛某纺织有限公司的法定代表人、实际管理人。2018 年至 2019 年，当地派出所在消防监督检查中，发现该公司存在疏散通道堵塞、安全出口堵塞、疏散指示标志缺少、应急照明缺少、未设置室内消火栓、灭火器缺少、无消防审核验收备案手续等消防安全违法行为，分别于 2018 年 6 月 4 日、2019 年 1 月 17 日、2019 年 4 月 16 日向该公司送达责令改正通知书，责令其改正，该公司拒绝执行。

2019 年 6 月 23 日 12 时许，该公司车间内发生火灾，发现起火后，郑某某、公司员工被害人郑某、刘某 1 等人进行初期扑救，发现未起到作用后，郑某某组织人员进行撤离，被害人郑某、刘某 2、刘某 1 未能及时撤离。火灾造成郑某、刘某 2、刘某 1 死亡，郑某某、公司员工被害人郝某受伤，该公司织布车间、整理车间和倒纱车间等建（构）筑物及车间内生产设备、产品等不同程度受损。经青岛市消防救援支队认定，起火原因为在生产期间，该公司2号生产车间织布车间西侧自北至南第2排自西向东第3台剑杆织布机中轴传动组件运转中摩擦产生的火花或高温引燃积聚棉尘。

（二）问题

被告人郑某某的行为应当如何定罪与处罚？

（三）法律规定

《中华人民共和国刑法》

第139条　违反消防管理法规，经消防监督机构通知采取改正措施而拒绝执行，造成严重后果的，对直接责任人员，处3年以下有期徒刑或者拘役；后果特别严重的，处3年以上7年以下有期徒刑。

（四）法理分析

消防责任事故罪，是指违反消防管理法规，经消防监督机构通知采取改正措施而拒绝执行，造成严重后果的行为。本罪的构成特征是：

1. 本罪侵犯的客体是公共安全和国家消防监督管理制度。

2. 本罪在客观方面表现为违反消防管理法规，经消防监督机构通知采取改正措施而拒绝执行，造成严重后果的行为。具体而言，包括以下四方面内容：

第一，必须有违反消防管理法规的行为。所谓“消防管理法规”，是指国家有关消防安全管理的法律法规以及有关主管部门为保障消防安全所作的有关规定。我国对消防工作实行严格的监督管制，专门制定了《消防法》等消防法规。

第二，必须是经消防监督机构通知采取改正措施而拒绝执行。如行为人只是违反了消防管理法规，但没有接到过消防监督机构采取改正措施的通知，则即使造成了严重后果，也不构成本罪。消防监督机构，是指根据有关法律法规建立的专门负责消防监督检查工作的机构。

第三，必须造成严重后果。根据2015年12月最高人民法院、最高人民检察院《关于办理危害生产安全刑事案件适用法律若干问题的解释》第6条第1款的规定，是指具有下列情形之一：（1）造成死亡1人以上，或者重伤3人以上的；（2）造成直接经济损失100万元以上的；（3）其他造成严重后果或者重大安全事故的情形。

第四，严重后果必须发生在消防监督机构监督管理的过程中。拒绝执行的行为必须与严重后果之间具有法律上的因果关系。如果违反消防管理法规的行为与严重后果之间没有因果联系，则不构成本罪。

3. 本罪的主体是一般主体，即已满16周岁、具备刑事责任能力的人和单位。主要指负有防火安全职责的单位负责人员。

4. 本罪的主观方面是过失。

司法实践中，认定本罪时应注意与玩忽职守罪的界限。玩忽职守罪是指国家机关工作人员对工作严重不负责任，致使公共财产、国家和人民的利益遭受重大损失的行为。二者在客观方面都造成了严重的危害后果。两罪的主要区别在于：(1) 侵犯的客体不同。本罪侵犯的客体是公共安全和国家消防监督管理制度；而玩忽职守罪侵犯的客体是国家机关的正常管理活动。(2) 客观方面表现不同。本罪客观方面表现为违反消防管理法规，经消防监督机构通知采取改正措施而拒绝执行，造成严重后果的行为；而玩忽职守罪客观方面表现为国家机关工作人员对工作严重不负责任，致使公共财产、国家和人民的利益遭受重大损失的行为。(3) 犯罪主体不同。本罪的犯罪主体是一般主体；而玩忽职守罪的犯罪主体是特殊主体，即国家机关工作人员。如果单位的负责人或有关人员是国家机关工作人员，违反消防管理法规，经消防监督机构通知采取改正措施而拒绝执行，致使发生火灾事故，造成严重后果的，则属于法条竞合，按照《刑法》第397条第1款“本法另有规定的，依照规定”，即以本罪定罪处罚。

本案中，法院经审理认为，被告人郑某某作为某纺织有限公司的直接责任人员，违反消防管理法规，经消防监督机构通知采取改正措施而拒绝执行，因而发生较大生产安全责任事故，造成3人死亡，后果特别严重，其行为构成消防责任事故罪，依法应予惩处。判决郑某某犯消防责任事故罪，判处有期徒刑3年，缓刑5年；禁止被告人郑某某在缓刑考验期限内从事与安全生产相关联的特定活动。

第三章　破坏社会主义市场经济秩序罪

破坏社会主义市场经济秩序罪，是指违反我国市场经济管理法规，破坏和扰乱市场经济秩序，妨害国民经济正常发展的行为。所谓“社会主义市场经济秩序”，是国家通过法律对由市场资源配置的经济运行过程进行调节和实行管理所形成的正常、有序的状态。为了促进社会主义市场经济的发展，保证市场经济的正常运行，全国人大及其常委会和国务院制定了一系列的经济法律、行政法规。破坏社会主义市场经济秩序罪的行为，直接违反国家经济管理法规，为了谋取个人或者单位的局部非法利益，扰乱市场经济秩序，破坏社会生产、社会交换、社会分配和社会消费诸种经济关系，致使国家和人民利益遭受重大的经济损失。刑事立法规定这类犯罪，目的在于用刑罚手段惩治对社会主义市场经济秩序的破坏，以保护社会主义市场经济的正常发展。

一、生产、销售、提供假药罪

案　　例

（一）案情简介

案例1：2023年1月初，被告人武某某与宁某某预谋共同制作假阿兹夫定药品。武某某负责购买药品标签、药品说明书及药盒外包装，并在网上购买光板药瓶、热熔打码机等制假工具，宁某某与被告人王某某至诊所及药店等处购买大量的碳酸氢钠片和少量的维生素片作为替代药品。3人伙同他人先在一居民楼内将假冒的阿兹夫定片剂装瓶，后又转移至武某某岳母魏某家中，对药瓶标注“某安”注册商标及装盒。其间，魏某和武某某妻弟张某某也断续参与贴标、装盒等。2023年1月至案发，武某某通过在微信朋友圈宣传或者在河南某科技有限公司（系阿兹夫定药品生产企业，“某安”注册商标权利人）门口现场联系客户等途径，销售自制假阿兹夫定片药品2700余盒，获利共计74.9万元。经河南省平顶山市食品药品检验所检验，涉案药品未检出阿兹夫定成分。经河南省平顶山市市场监督管理局认定，涉案药品为假药。

案例2：被告人孟某超，男，高中文化程度，河南省睢县范洼乡人。孟某超系个体医生，具有行医资格和执业许可证，在本村开设一卫生室。1995年至1997年，孟某超在开封医专学习期间，从一副教授处得到一张治疗腰、腿疼等风湿病的民间验方，用于临床有一定疗效。孟某超在以后的行医过程中，未经国家卫生行政部门批准，按该验方配制成胶囊，让患者服用，未出现不良反应。2004年6月7日上午，本村村民孟某义、王某海因腰、腿疼先后到孟某超处治疗，孟某超便给2人开具了自己配制的胶囊，2人服用后自述有效，孟某超遂加大了剂量，2人服用后均中毒。孟某超闻讯后，采取了相应的抢救措施。王某海经抢救脱险，孟某义经抢救无效死亡。经鉴定，孟某义生前患有高血压、冠心病，因服用含有超标准乌头碱的胶囊后中毒，未能及时抢救而死亡。案发后，孟某超投案自首，并与被害人一方达成赔偿协议，已赔付15000元。

（二）问题

1. 什么是假药？被告人武某某、宁某某和王某某的行为应当如何定罪与处罚？

2. 被告人孟某超根据民间偏方自制药品的行为应当如何定罪与处罚？

（三）法律规定

《中华人民共和国刑法》

第141条　生产、销售假药的，处3年以下有期徒刑或者拘役，并处罚金；对人体健康造成严重危害或者有其他严重情节的，处3年以上10年以下有期徒刑，并处罚金；致人死亡或者有其他特别严重情节的，处10年以上有期徒刑、无期徒刑或者死刑，并处罚金或者没收财产。

药品使用单位的人员明知是假药而提供给他人使用的，依照前款的规定处罚。

第150条　单位犯本节第140条至第148条规定之罪的，对单位判处罚金，并对其直接负责的主管人员和其他直接责任人员，依照各该条的规定处罚。

第335条　医务人员由于严重不负责任，造成就诊人死亡或者严重损害就诊人身体健康的，处3年以下有期徒刑或者拘役。

（四）法理分析

生产、销售、提供假药罪，是指违反国家药品管理法规，生产、销售假药的行为，以及药品使用单位的人员明知是假药而提供给他人使用的行为。本罪的构成特征是：

1. 本罪侵犯的客体是复杂客体，即国家对药品的管理制度和不特定多数人的身体健康、生命安全。本罪的对象限于假药。所谓“假药”，是指依照《药品管理法》第98条第2款规定，有下列情形之一的，为假药：（1）药品所含成分与国家药品标准规定的成分不符；（2）以非药品冒充药品或者以他种药品冒充此种药品；（3）变质的药品；（4）药品所标明的适应症或者功能主治超出规定范围。

2. 本罪在客观方面表现为违反国家药品管理法规，生产、销售、提供假药的行为。具体而言，包括以下两方面的内容：

第一，必须违反国家药品管理法律法规。主要是指违反《药品管理法》等法律法规。为了保障人民用药安全，维护人民身体健康，国家制定了一系列有关的法律法规，规定了对药品生产、经营的管理和监督，从而建立起一套严格的药品管理制度。

第二，必须实施生产、销售、提供假药的行为。根据 2022 年最高人民法院、最高人民检察院《关于办理危害药品安全刑事案件适用法律若干问题的解释》第 6 条的规定，以生产、销售、提供假药为目的，合成、精制、提取、储存、加工炮制药品原料，或者在将药品原料、辅料、包装材料制成成品过程中，进行配料、混合、制剂、储存、包装的，应当认定为《刑法》第 141 条规定的“生产”。药品使用单位及其工作人员明知是假药而有偿提供给他人使用的，应当认定为《刑法》第 141 条规定的“销售”；无偿提供给他人使用的，应当认定为《刑法》第 141 条规定的“提供”。2011 年《刑法修正案（八）》将本罪由危险犯修改为行为犯，构成本罪，不需要药品足以严重危害人体健康。例如，个别医院违反国家药品管理法的规定，长期公开销售明知是无批号、无包装、未经检验的药品，即使不足以危害公共安全，也可构成本罪；医疗机构知道或者应当知道是假药而使用或者销售的，以销售假药罪追究刑事责任。

本罪是选择性罪名。只要生产、销售、提供具备其一，即可构成本罪。如果行为人既生产假药又销售或提供假药的，则构成生产、销售、提供假药罪，不实行数罪并罚。

3. 本罪的主体是一般主体，即已满 16 周岁、具备刑事责任能力的自然人和单位。

4. 本罪的主观方面是故意，即行为人明知自己生产、销售、提供的是假药，而仍然生产、销售、提供。尽管行为人实施本罪的目的是非法营利，但刑法并未规定营利目的为构成本罪的要件。不要求行为人对人身伤亡结果持故意，明知是假药而生产、销售、提供，即使误认为不足以造成人身伤亡结果的，也构成本罪。

司法实践中，认定本罪时应当注意与民间偏方的界限。所谓“民间偏方”，是指未经有关部门同意上市出售，或不是正统的药方，其来源不为人知，也不见历代的药学典籍记载，只是在民间流传。偏方因其用药简单、价廉、疗效独特而受百姓的欢迎。根据民间偏方自制药品或者出售民间偏方的行为，能否以本罪论处？2022 年 3 月，最高人民法院、最高人民检察院《关于办理危害药品安全刑事案件适用法律若干问题的解释》第 18 条规定，根据民间传统配方私自加工药品或者销售上述药品，数量不大，且未造成他人伤害后果或者延误诊治的，或者不以营利为目的实施带有自救、互助性质的生产、进口、销售药品的行为，不应当认定为犯罪。对于是否属于民间传统配方难以确定的，根据地市级以上药品监督管理部门或者有关部门出具的认定意见，结合其他证据作出认定。因此，对于根据民间偏方自制药品或者出售民间偏方的行为必须具体案件具体分析。一般来讲，从外观层面上考量，民间偏方不属于假药。根据《药品管理法》的规定，外观意义上的假药包括“以他种药品冒充此种药品、所标明的适应症或功能主治超出规定范围”等情形。民间偏方体现着民间流传、来源不明的特征，并没有去冒充市场上销售的特定品牌药品；民间偏方没有包装，也就不存在标明超范围功能及适应症的可能。从成分层面上考量，民间偏方需专门鉴定。根据《药品管理法》的规定，成分意义上的假药包括“药品所含成分与国家药品标准规定的成分不符、使用依照本法必须取得批准文号而未取得批准文号的原料药生产、变质、被污染”等情形。民间偏方所含成分是否符合国家法律规定的标准，需要严格依据专门鉴定机构所出具的鉴定结论，而不能依靠办案人员的主观臆断。

案例 1 中，武某某等人未经权利人许可，冒用河南某科技有限公司的注册商标，使用碳酸氢钠片等冒充阿兹夫定片，涉案药品也未检出阿兹夫定成分，被认定为假药，同时构成生产、销售假药罪和假冒注册商标罪，应从一重处。本案销售金额达 74 万余元，适用生产、销售假药罪的法定刑更重，应当认定为生产、销售假药罪。2023 年 7 月 30 日，平顶山市湛河区人民法院作出一审判决，以生产、销售假药罪分别判处被告人武某某有期徒刑 11 年，并处罚金人民币 115 万元；判处被告人宁某某有期徒刑 10 年，并处罚金人民币 35 万元；判处被告人王某某有期徒刑 4 年，并处罚金人民币 2 万元；并判处刑事附带民事公益诉讼，被告武某某、宁某某支付惩罚性赔偿金。一审宣判后，检察机关以部分被告人量刑畸轻为由提出抗诉。2023 年 9 月 25 日，平顶山市中级人民法院作出二审判决，采纳抗诉意见，改判原审被告人王某某有期徒刑 6 年，罚金不变。

案例 2 中，被告人孟某超根据民间偏方自制药品的行为，能否以生产、销售假药罪论，关键在于对主客观方面的认定。首先，从主观方面来看，孟某超是否明知自己生产、销售的是假药。就我国现状来看，民间偏方还具有一定的存在基础，在民间有“偏方治大病”和“小小偏方，气死名医”的说法。“民间偏方”在其民间流传的特定环境中，往往被解读成“秘方”，很多人还会出于各种原因在未经任何科学验证和有关机构认可的情况下信任、使用或向他人传授这类东西，使它在相当广泛的领域里传播、应用，并占有一定的市场，特别是在广大的农村和缺医少药的贫困地区，这种情况更为普遍。很多人，无论是行医者还是患者，都没有把这类偏方、验方视为假药，这是一个无法回避的现状。本案中，被告人孟某超是从一副教授处得到治疗腰、腿疼等风湿病的民间验方，在其行医过程中，按该验方配制成胶囊，让患者服用，未出现过不良反应，孟某超不认为按此验方配制成的胶囊是假药。其次，从客观方面来看，孟某超根据他人传授的验方，配制少量药品，用于就诊中的患者，而不是向社会公开出售，该行为不是刑法意义上的生产行为，虽然其在医疗过程中开出药品收取了一定的费用，但这只是医疗行为的一部分，其开出的药品是用于医疗本身，而不是单纯销售的商业行为。最后，从侵犯的客体来看，孟某超配制的药品只是在医疗中用于特定的患者，并未进入市场流通领域，孟某超的行为侵犯的是医疗规章制度，而不是公平竞争、公平交易的社会主义市场经济秩序。因此，孟某超的行为不能以本罪论处。结合本案进行分析，被告人孟某超的行为符合医疗事故罪的基本特征。《刑法》第 335 条规定，医疗事故罪，是指医务人员由于严重不负责任，造成就诊人死亡或者严重损害就诊人身体健康的行为。医疗事故罪的构成特征如下：（1）本罪侵犯的客体不仅是医疗管理制度，还有就诊人的生命、健康权利。本案中，孟某超作为一名医师，在其合法诊疗过程中，没有经过国家卫生行政部门批准私自配制药品用于诊疗，严重违反医疗规章，造成就诊患者死亡的后果。（2）本罪的主体是特殊主体，即医务人员。孟某超作为一名个体医师，具有医师的行医资格和执业许可证，是依法取得执业医师资格并经注册执业的专业医务人员。（3）本罪的主观方面是过失。行为人对造成就诊人死亡或者严重损害就诊人身体健康的后果是由于疏忽大意而没有预见到，或者虽已经预见到但基于对自身技术水平或其他客观条件的信赖而轻信能够避免。孟某超从一副教授处获得验方，曾用于临床实验，没有造成不良后果，其轻信能够医好患者，且在造成患者中毒后采取了积极抢救措施，而不是放任死伤结果的发生，孟某超在主观上是过于自信的过失而不是故意。因此，孟某超身为医务人员，未经国家卫生行政部门批准，私自配制药品用于医疗，违反医疗规章制度，并造成患者死亡的严重后果，其行为符合医疗事故罪的构成要件，故本案应定为医疗事故罪。案发后，孟某超积极抢救患者，主动投案自首，又赔偿被害人的经济损失，可依法从轻处罚。法院依法判处其有期徒刑 1 年。

二、生产、销售有毒、有害食品罪

案　例

（一）案情简介

2014 年起，被告人张某某在未取得食品生产许可证的情况下，在山东省日照市经济技术开发区一封闭院落内，用购进的两套净水设备生产桶装饮用水（纯净水）并对外销售。2015 年 3 月 6 日，日照经济技术开发区市场监督管理局在执法检查时发现，张某某未取得食品生产许可证而生产、销售桶装饮用水，且所生产的桶装饮用水经检测菌落总数超标，遂对张某某作出行政处罚。此后，张某某仍继续非法生产、销售桶装饮用水。因其中一套净水设备不带杀菌消毒功能，张某某遂在生产过程中使用工业甲醛对净水设备进行清洗杀菌。2017 年 3 月 4 日，日照经济技术开发区市场监督管理局根据群众举报，与市公安局日照经济技术开发区分局对张某某经营的水厂进行联合执法检查，在生产车间内提取 1 个甲醛溶液瓶。经鉴定，该甲醛溶液瓶内液体检出甲醛成分，含量为 264350mg/L；该水厂水井内的原水未检出甲醛成分；抽检的两种桶装饮用水中甲醛含量分别为 0.05mg/L 和 0.08mg/L。

（二）问题

什么是“有毒、有害的非食品原料”？张某某的行为应当如何定罪与处罚？

（三）法律规定

《中华人民共和国刑法》

第 144 条　在生产、销售的食品中掺入有毒、有害的非食品原料的，或者销售明知掺有有毒、有害的非食品原料的食品的，处 5 年以下有期徒刑，并处罚金；对人体健康造成严重危害或者有其他严重情节的，处 5 年以上 10 年以下有期徒刑，并处罚金；致人死亡或者有其他特别严重情节的，依照本法第 141 条的规定处罚。

第 150 条　单位犯本节第 140 条至第 148 条规定之罪的，对单位判处罚金，并对其直接负责的主管人员和其他直接责任人员，依照各该条的规定处罚。

（四）法理分析

生产、销售有毒、有害食品罪，是指违反国家食品安全管理法律规定，在生产、销售的食品中掺入有毒、有害的非食品原料的，或者销售明知掺有有毒、有害的非食品原料的食品的行为。本罪的构成特征是：

1. 本罪侵犯的客体是复杂客体，即国家食品安全管理制度和不特定多数人的生命和健康安全。

2. 本罪在客观方面表现为违反国家食品安全管理法律规定，在生产、销售的食品中掺入有毒、有害的非食品原料，或者销售明知掺有有毒、有害的非食品原料的食品的行为。具体而言，包括以下两方面内容：

第一，必须违反国家食品安全管理法律规定。是指违反《食品安全法》《新食品原料安全性审查管理办法》和《保健食品管理办法》等法律法规。在司法实践中，主要是违反《食品安全法》的相关规定。

第二，必须实施在生产、销售的食品中掺入有毒、有害的非食品原料，或者销售明知掺有有毒、有害的非食品原料的食品的行为。所谓“有毒、有害的非食品原料”，可以从以下两方面进行理解：首先，掺入食品中的对象是“非食品原料”，包括食品添加剂，以及既是食品又是药品的物品。“食品添加剂”，是指为改善食品品质和色、香、味，以及为防腐和加工工艺的需要而加入食品中的化学合成或者天然物质。如果将食品原料掺入食品中，即使由于某种原因，如被污染、变质，致使这种食品原料对人体产生毒性或者造成损害，充其量也仍旧是“有毒、有害的食品原料”，而不会因为其有毒、有害而变成“非食品原料”。其次，被掺入的“非食品原料”应是有毒、有害的。所谓“有毒的物质”，是指进入人体后能与人体内的一些物质发生化学变化，从而对人体的组织和生理机能造成破坏的物质。所谓“有害物质”，是指被摄入人体后，对人体的组织、机能产生影响、损害的物质。如果向食品中掺入的非食品原料无毒、无害、未对人体造成损伤，则不构成本罪。按照国家食品安全管理法律规定，在食品中加入非食品原料，必须严格执行国家标准，不得将有毒、有害的非食品原料加入食品，不得销售掺入有毒、有害的非食品原料的食品。根据 2021 年 12 月最高人民法院、最高人民检察院《关于办理危害食品安全刑事案件适用法律若干问题的解释》第 9 条规定，下列物质应当认定为《刑法》第 144 条规定的“有毒、有害的非食品原料”：（1）因危害人体健康，被法律法规禁止在食品生产经营活动中添加、使用的物质；（2）因危害人体健康，被国务院有关部门列入《食品中可能违法添加的非食用物质名单》《保健食品中可能非法添加的物质名单》和国务院有关部门公告的禁用农药、《食品动物中禁止使用的药品及其他化合物清单》等名单上的物质；（3）其他有毒、有害的物质。此外，根据最高人民法院 2016 年发布的指导案例 70 号“北京某生物技术开发有限公司、习某某等生产、销售有毒、有害食品案”的裁判要点，行为人在食品生产经营中添加的虽然不是国务院有关部门公布的《食品中可能违法添加的非食用物质名单》《保健食品中可能非法添加的物质名单》中的物质，但如果该物质与上述名单中所列的物质具有同等属性，并且根据检验报告和专家意见等相关材料能够确定该物质对人体具有同等危害的，应当认定为《刑法》第144条规定的“有毒、有害的非食品原料”。

本罪是行为犯，只要行为人在生产、销售的食品中掺入有毒、有害的非食品原料，或者销售明知掺有有毒、有害的非食品原料的食品的，不论是否已经发生造成危害人体健康的严重后果，均构成本罪。

3. 本罪的主体是一般主体，即已满16周岁、具备刑事责任能力的自然人和单位。

4. 本罪的主观方面是故意，即行为人故意在生产、销售的食品中掺入有毒、有害的非食品原料，或者故意销售明知掺有有毒、有害的非食品原料的食品。过失行为不构成本罪。最高人民法院、最高人民检察院《关于办理危害食品安全刑事案件适用法律若干问题的解释》第10条规定，《刑法》第144条规定的“明知”，应当综合行为人的认知能力、食品质量、进货或者销售的渠道及价格等主、客观因素进行认定。具有下列情形之一的，可以认定为《刑法》第144条规定的“明知”，但存在相反证据并经查证属实的除外：（1）长期从事相关食品、食用农产品生产、种植、养殖、销售、运输、贮存行业，不依法履行保障食品安全义务的；（2）没有合法有效的购货凭证，且不能提供或者拒不提供销售的相关食品来源的；（3）以明显低于市场价格进货或者销售且无合理原因的；（4）在有关部门发出禁令或者食品安全预警的情况下继续销售的；（5）因实施危害食品安全行为受过行政处罚或者刑事处罚，又实施同种行为的；（6）其他足以认定行为人明知的情形。

司法实践中，认定本罪时应注意与生产、销售不符合安全标准的食品罪的界限。生产、销售不符合安全标准的食品罪是指生产、销售不符合食品安全标准的食品，足以造成严重食物中毒事故或者其他严重食源性疾病的行为。两罪在犯罪客体、犯罪主体方面存在相似之处。两罪的主要区别在于：（1）犯罪对象不同。本罪的对象是掺有有毒、有害非食品原料的食品；而生产、销售不符合安全标准的食品罪的对象则是未达到食品安全标准的食品，该食品中未掺入有毒、有害的非食品原料。（2）客观方面表现不同。本罪须具有在生产、销售的食品中掺入有毒、有害非食品原料的行为；而生产、销售不符合安全标准的食品罪尽管也掺入有毒、有害物质从而造成食品不符合安全标准，但加入的物质仍然是食品原料，只不过是变质或被污染了。（3）犯罪属性不同。本罪是行为犯，只要行为人实施了生产、销售有毒、有害食品的行为，即构成既遂；生产、销售不符合安全标准的食品罪是危险犯，即只有足以造成严重食物中毒事故或者其他严重食源性疾患的，才构成犯罪既遂。

本案中，法院审理认为，被告人张某某为谋取非法利益，未按规定取得食品生产许可即擅自生产、销售桶装饮用水，且在生产过程中用不符合食品安全标准的消毒剂清洗净水设备造成桶装饮用水掺入有毒、有害的非食品原料，其行为已构成生产、销售有毒、有害食品罪。鉴于其行为未对人体健康造成严重危害后果，也不具有其他严重情节，应对张某某处 5 年以下有期徒刑，并处罚金。据此，以生产、销售有毒、有害食品罪判处被告人张某某有期徒刑 2 年，并处罚金人民币 5 万元。

三、走私普通货物、物品罪

案　例

（一）案情简介

2019 年起，被告人李某恒开始利用他人离岛免税额度购买免税商品在微信朋友圈销售牟利。李某恒还通过给王某、某某哥、王某某等人当买手，组织、利用代购人员（俗称“人头”）离岛免税额度购买免税品转卖给上述人员，从中赚取 50—100 元不等的人头代购费。2020 年 3 月，被告人李某贤开始帮助李某恒利用他人免税额度购买免税商品，并提供自己的银行账户给李某恒帮助支付免税货款。同年 3 月底，李某恒、李某贤开始在美兰机场利用出岛旅客免税额度套购免税商品。在帮助李某恒购买免税商品的过程中，李某贤认识了一些韩国代购后，也利用他人免税额度购买免税商品转卖给韩国代购，从中赚取差价。经海口美兰机场海关缉私分局核查，被告人李某恒在多家离岛免税店套用他人免税额度购买免税商品销售牟利，涉及免税商品价值 12207045. 21 元，涉嫌偷逃税款 2106248. 86 元人民币。其中，被告人李某贤参与利用他人免税额度购买免税商品 1991 件，价值 1060474. 27 元，涉嫌偷逃税款 221008. 45 元人民币。

（二）问题

走私犯罪是否需要跨境行为才能构成？被告人李某恒、李某贤的行为应当如何定罪与处罚？

（三）法律规定

《中华人民共和国刑法》

第 153 条　走私本法第 151 条、第 152 条、第 247 条规定以外的货物、物品的，根据情节轻重，分别依照下列规定处罚：（1）走私货物、物品偷逃应缴税额较大或者1年内曾因走私被给予2次行政处罚后又走私的，处3年以下有期徒刑或者拘役，并处偷逃应缴税额1倍以上5倍以下罚金。（2）走私货物、物品偷逃应缴税额巨大或者有其他严重情节的，处3年以上10年以下有期徒刑，并处偷逃应缴税额1倍以上5倍以下罚金。（3）走私货物、物品偷逃应缴税额特别巨大或者有其他特别严重情节的，处10年以上有期徒刑或者无期徒刑，并处偷逃应缴税额1倍以上5倍以下罚金或者没收财产。

单位犯前款罪的，对单位判处罚金，并对其直接负责的主管人员和其他直接责任人员，处3年以下有期徒刑或者拘役；情节严重的，处3年以上10年以下有期徒刑；情节特别严重的，处10年以上有期徒刑。

对多次走私未经处理的，按照累计走私货物、物品的偷逃应缴税额处罚。

第154条　下列走私行为，根据本节规定构成犯罪的，依照本法第153条的规定定罪处罚：（1）未经海关许可并且未补缴应缴税额，擅自将批准进口的来料加工、来件装配、补偿贸易的原材料、零件、制成品、设备等保税货物，在境内销售牟利的；（2）未经海关许可并且未补缴应缴税额，擅自将特定减税、免税进口的货物、物品，在境内销售牟利的。

第155条　下列行为，以走私罪论处，依照本节的有关规定处罚：（1）直接向走私人非法收购国家禁止进口物品的，或者直接向走私人非法收购走私进口的其他货物、物品，数额较大的；（2）在内海、领海、界河、界湖运输、收购、贩卖国家禁止进出口物品的，或者运输、收购、贩卖国家限制进出口货物、物品，数额较大，没有合法证明的。

第156条　与走私罪犯通谋，为其提供贷款、资金、帐号、发票、证明，或者为其提供运输、保管、邮寄或者其他方便的，以走私罪的共犯论处。

第157条第2款　以暴力、威胁方法抗拒缉私的，以走私罪和本法第277条规定的阻碍国家机关工作人员依法执行职务罪，依照数罪并罚的规定处罚。

（四）法理分析

走私普通货物、物品罪，是指违反海关法规，逃避海关监管，运输、携带、邮寄普通货物、物品进出国（边）境，偷逃应缴税额较大的行为。本罪的构成特征是：

1. 本罪侵犯的客体是国家的海关监管制度。我国《海关法》规定：进出口货物，“应当接受海关监管”，进出境物品，“应当以自用、合理数量为限，并接受海关监管”；“准许进出口的货物、进出境的物品，除本法另有规定外，由海关依照进出口税则征收关税”。所以本罪直接侵犯了国家对普通货物、物品的监管和征收关税制度。本罪的对象是普通货物、物品。所谓“普通货物、物品”，是指除武器、弹药、核材料、伪造的货币、文物、黄金、白银和其他贵重金属、珍贵动物及其制品、珍稀植物及其制品、淫秽物品、毒品以外的货物、物品。

2. 本罪在客观方面表现为违反海关法规，逃避海关监管，运输、携带、邮寄普通货物、物品进出国（边）境的行为。具体而言，包括以下三方面的内容：

第一，必须是违反海关法律法规。主要是指违反我国《海关法》及其他有关的法律法规。

第二，必须实施逃避海关监管，非法运输、携带、邮寄普通货物、物品进出国（边）境的行为。走私行为的表现形式通常有通关走私、绕关走私、后续走私（变相走私）、准走私等四种形式。

“通关的走私行为”是指通过设立海关的地点，以藏匿、伪装、瞒报、伪报或其他手段，逃避海关监管，运输、携带、邮寄国家禁止或限制进出口的物品或者依法应当缴纳关税的货物进出境。

“绕关的走私行为”是指未经国务院或国务院批准的单位批准，从未设立海关的地点运输、携带国家禁止或限制进出口的物品进出境，或者运输、携带依法应当缴纳关税的货物进出境。

“后续的走私行为”是指《刑法》第154条规定的两种行为，即未经海关许可并且补缴应缴税款，擅自将批准进口的来料加工、来件装配、补偿贸易的原材料、零件、制成品、设备等保税货物，在境内销售牟利的；未经海关许可并补交应缴税款，擅自将特定减税、免税进口的货物，在境内销售牟利的。

“准走私行为”是指《刑法》第155条规定的两种行为，也称间接走私。即直接向走私人非法收购国家禁止进口物品的，或者直接向走私人非法收购走私进口的其他货物、物品，数额较大的；在内海、领海、界河、界湖、运输、收购、贩卖国家禁止进出口物品的，或者收购、运输、贩卖国家限制进出口货物、物品，数额较大，没有合法证明的。

关于走私行为的共犯，《刑法》第156条规定：与走私罪犯通谋，为其提供贷款、资金、帐号、发票、证明，或者为其提供运输、保管、邮寄或者其他方便的，以走私罪的共犯论。

第三，必须偷逃应缴税额数额较大。根据2014年最高人民法院、最高人民检察院《关于办理走私刑事案件适用法律若干问题的解释》第16条第1款的规定，走私普通货物、物品，偷逃应缴税额在10万元以上不满50万元的，应当认定为《刑法》第153条第1款规定的“偷逃应缴税额较大”。

3. 本罪的主体是一般主体，即已满16周岁、具备刑事责任能力的自然人和单位。

4. 本罪的主观方面是故意，过失不构成本罪。在实践中，行为人一般具有牟取非法利润或其他非法利益的目的，但刑法并未规定以牟利为目的是本罪的构成要件。

司法实践中，认定本罪时应准确把握《刑法》第154条第（2）项规定的法律内涵，即未经海关许可并且未补缴应缴税额，擅自将特定减税、免税进口的货物、物品，在境内销售牟利。

2020年6月，财政部、海关总署、国家税务总局联合发布《关于海南离岛旅客免税购物政策的公告》。离岛免税政策是指对乘飞机、火车、轮船（不包括离境）旅客实行限值、限量、限品种免进口税的政策。不法分子利用免税品与完税商品之间的差价，利用他人离岛免税品额度大量购买免税商品，通过乘飞机、火车、轮船等交通工具将免税商品有序带离出岛并销售给下游代购人员，再由下游代购人员销售至免税商品终端需求者，形成了“购运储销”完整的供应链条，以达到倒卖牟利的目的。离岛免税“套代购”是一种结合套购和代购两种形式的新型走私违法犯罪行为。在这种行为中，“套购”是指组织或利用他人的离岛免税购物资格和额度来购买免税商品，并在国内市场再次销售以牟取非法利益。而“代购”则是指利用自己的离岛免税购物资格和额度为他人购买免税品，并收取代购费的行为。这两种行为都涉及逃避海关监管、偷逃应缴纳的关税、进口环节增值税和消费税，从而构成走私罪。

本案中，海口中院经审理认为：被告人李某恒、李某贤违反海关监管规定，组织、利用他人购买海南离岛免税品的资格与额度，购买免税品进行倒卖牟利，涉嫌偷逃税款数额巨大，属未经海关许可并且未补缴应缴税额，擅自将特定免税进口的货物、物品在境内销售牟利的行为，该行为已构成走私普通货物罪。依法判处被告人李某恒犯走私普通货物罪，判处有期徒刑7年，并处罚金人民币360万元；判处被告人李某贤犯走私普通货物罪，判处有期徒刑1年，并处罚金人民币40万元。

四、虚报注册资本罪

案　例

（一）案情简介

2003年初，被告人张某与马某、徐某欲成立通州区大豪建筑安装工程有限公司（简称大豪公司），因无700万元注册资金，三人通过中国银行通州支行的徐某帮忙找到会计师于某，想请于某替大豪公司出具一份假验资报告，遭于某回绝。后徐某提议可用存单质押贷款。2003年3月24日，马某、徐某各自从家中及朋友处筹集到共计约400万元的存单，与张某一起到中国银行通州区支行阳光大厦分理处（简称分理处）找徐某和分理处主任曹某（另案处理），讲明为成立大豪公司验资需要，请二人帮忙办理质押贷款。因马、徐二人携带的存单有外币和本币，又系几家银行的存单且部分存单还没有对应的身份证，故曹某表示不好办质押贷款，但表示可以帮忙。曹某出于多拉客户的目的，按张某提供的股东名单和出资金额违规操作，分别制作了总金额700万元人民币的3份虚假的中国银行通州区支行现金解款单（其中张某400万元，马、徐二人各150万元）和1份虚假的2003年3月24日大豪公司在中国银行通行区支行阳光大厦分理处银行账户上有700万元人民币账面余额的客户信息查询单给张某。当日下午，当张某从南通恒信联合会计师事务所拿来1份有关大豪公司（筹）股东向银行缴存出资额有无700万元的银行询证函请其证明时，曹某再次违规操作，在该函“数据证明无误”处加盖了分理处的业务章。被告人张某利用虚假现金解款单、客户信息查询单、银行询证函骗取了会计师事务所通恒验资〔2003〕84号验资报告，继而骗取工商登记，取得了大豪公司的企业法人营业执照。（张某合同诈骗的犯罪事实略）

（二）问题

被告人张某的行为应当如何定罪与处罚？

（三）法律规定

《中华人民共和国刑法》

第158条 申请公司登记使用虚假证明文件或者采取其他欺诈手段虚报注册资本，欺骗公司登记主管部门，取得公司登记，虚报注册资本数额巨大、后果严重或者有其他严重情节的，处3年以下有期徒刑或者拘役，并处或者单处虚报注册资本金额1%以上5%以下罚金。

单位犯前款罪的，对单位判处罚金，并对其直接负责的主管人员和其他直接责任人员，处3年以下有期徒刑或者拘役。

（四）法理分析

虚报注册资本罪，是指申请公司登记时使用虚假证明文件或者采取其他欺诈手段虚报注册资本，欺骗公司登记主管部门，取得公司登记，虚报注册资本数量巨大，后果严重或者有其他严重情节的行为。本罪的构成特征是：

1. 本罪侵犯的客体是国家的公司登记管理制度，本罪的犯罪对象是注册资本。所谓“注册资本”，是指有限责任公司和股份有限公司的股东在公司登记机关登记的股东实际缴纳的出资总额。

2. 本罪在客观方面表现为使用虚假证明文件或者采取其他欺诈手段虚报

注册资本，欺骗公司登记主管部门，取得公司登记，且虚报注册资本数额巨大、后果严重或者有其他严重情节的行为。具体而言，包括以下三方面内容：

第一，必须实施使用虚假证明文件或者采取其他欺诈手段虚报注册资本。所谓“证明文件”，主要是指公司股东缴纳全部出资或出资认购发行股份后，由依法设立的注册会计师事务所、审计师事务所等法定验资机构依法对申请公司登记的人的出资验资后所出具的验资报告、资产评估报告、验资证明以及出资者所拥有的出资单据、银行账户及有关产权转让的文件等。这些文件必须真实可靠、不能虚假，否则就应承担相应的法律责任。所谓“使用虚假的证明文件”，是指向公司登记主管部门提供与实际情况不相符合的、不真实的、伪造的或隐瞒了重要事实的证明文件。所谓“欺诈手段”，是指除使用虚假的证明文件以外的虚报注册资本的手段，如使用虚假的股东姓名、虚构生产经营场所等。

第二，必须通过欺骗公司登记主管部门，取得了公司登记。

第三，必须数额巨大、后果严重或者有其他严重情节。根据2020年修订的最高人民检察院、公安部《关于公安机关管辖的刑事案件立案追诉标准的规定（二）》第3条第1款的规定，申请公司登记使用虚假证明文件或者采取其他欺诈手段虚报注册资本，欺骗公司登记主管部门，取得公司登记，涉嫌下列情形之一的，应予立案追诉：（1）法定注册资本最低限额在600万元以下，虚报数额占其应缴出资数额60%以上的；（2）法定注册资本最低限额超过600万元，虚报数额占其应缴出资数额30%以上的；（3）造成投资者或者其他债权人直接经济损失累计数额在50万元以上的；（4）虽未达到上述数额标准，但具有下列情形之一的：①2年内因虚报注册资本受过2次以上行政处罚，又虚报注册资本的；②向公司登记主管人员行贿的；③为进行违法活动而注册的。（5）其他后果严重或者有其他严重情节的情形。

3. 本罪的主体是特殊主体，即申请公司登记的人或单位。

4. 本罪的主观方面是故意。犯罪的目的是欺骗公司登记。

司法实践中，认定本罪时应注意与中介组织提供虚假证明文件罪的界限。中介组织人员提供虚假证明文件罪是指承担资产评估、验资、验证、会计、审计、法律服务等职责的中介组织及其人员故意提供虚假证明文件、情节严重的行为。两罪的主要区别在于：（1）侵犯的客体不同。本罪侵犯的客体是公司登记管理制度；而中介组织提供虚假证明文件罪侵犯的客体是国家对公司资产评估、验资、验证、会计、审计、法律服务活动的监管秩序。（2）客观方面表现不同。本罪在客观方面使用虚假证明文件或者采取其他欺诈手段虚报注册资本，欺骗公司登记主管部门，取得公司登记；中介组织提供虚假证明文件罪在客观方面是为他人提供虚假证明文件，情节严重的行为。虽然在虚报注册资本，骗取公司登记过程中，行为人经常性地与上述中介人员相互勾结，恶意串通，从而互相利用，权钱交易，完成整个虚假证明文件的使用，达到骗取公司登记之目的，但中介组织人员提供虚假证明文件罪作为一项重罪，即使在共同犯罪中，仍应分别定罪。（3）犯罪主体不同。本罪的主体是特殊主体，即申请公司登记的人或单位；中介组织提供虚假证明文件罪的主体主要是承担资产评估、验资、验证、会计、审计、法律服务等职责的人员。（4）主观方面不同。虽同为故意，但本罪是明知文件证明虚假而在申请公司登记时使用；而中介组织人员提供虚假证明文件罪则是明知文件虚假而提供给对方。

本案中，法院经审理认为，被告人张某违反国家公司登记管理制度，用虚假的证明文件虚报注册资本欺骗公司登记主管部门，取得公司登记。虚报注册资本，数额巨大，后果严重，其行为已构成虚报注册资本罪。法院以虚报注册资本罪判处被告人张某有期徒刑 2 年，并处罚金人民币 7 万元。

五、虚假出资、抽逃出资罪

案　例

（一）案情简介

2013 年，被告人程某某与程某、钱某欲注册焉耆县乾通盛小额贷款有限责任公司，钱某实际出资 400 万元，程某实际出资 300 万元，程某某收到钱某、程某的出资后，未将该款用于注册公司，被其个人使用。2014 年 3 月，因根据《企业名称登记管理规定》、《企业名称登记管理实施办法》（现已失效）和《国务院关于印发注册资本登记制度改革的通知》的规定，成立该公司需由 5 个投资人出资 5000 万元作为公司注册资本。公司注册资本必须全部为实收货币资本，且由出资人一次性足额缴纳。为注册该小额贷款公司并顺利通过验资，程某某决定采用短期拆借的方式周转资金，其在张某和徐某不知情的情况下将二人列为公司股东，于 2014 年 3 月 26 日，通过其他公司和个人借款共计 5000 万元，并按照程某某出资 2000 万元、徐某出资 1300 万元、张某出资 1000 万元、钱某出资 400 万元、程某出资 300 万元的比例，将以上款项打入焉耆县乾通盛小额贷款有限责任公司账户作为公司注册资本。同日，巴州正信联合会计师事务所对焉耆县乾通盛小额贷款有限责任公司注册资本的实收情况进行审验，并出具验资报告。由于注册资本系向其他公司和个人借款，且利息高昂，必须及时归还。2014 年 4 月 2—3 日，在程某某授意下，由曾某花安排胡某和陈某使用焉耆县乾通盛小额贷款有限责任公司公章、程某某私章及程某某提供的24人身份证复印件，在库尔勒市农商银行巴音东路网点（原库尔勒市巴音东路农村信用社）将公司注册资本5000万元以公司业务出借的形式转移到李某等24人名下，后用于归还注册资本的借款。

另查明，焉耆县乾通盛小额贷款有限责任公司由程某某实际控制，其抽逃出资的行为，其他股东均不知情。

（二）问题

被告人程某某的行为应当如何定罪与处罚？

（三）法律规定

《中华人民共和国刑法》

第159条　公司发起人、股东违反公司法的规定未交付货币、实物或者未转移财产权，虚假出资，或者在公司成立后又抽逃其出资，数额巨大、后果严重或者有其他严重情节的，处5年以下有期徒刑或者拘役，并处或者单处虚假出资金额或者抽逃出资金额2%以上10%以下罚金。

单位犯前款罪的，对单位判处罚金，并对其直接负责的主管人员和其他直接责任人员，处5年以下有期徒刑或者拘役。

（四）法理分析

虚假出资、抽逃出资罪，是指公司发起人、股东违反公司法的规定未交付货币、实物或者未转移财产权、虚假出资，或者在公司成立后又抽逃其出资，数额巨大、后果严重或者有其他严重情节的行为。本罪的构成特征是：

1. 本罪侵犯的客体是国家有关设立公司的出资管理制度。

2. 本罪在客观方面表现为违反公司法的规定，未交付货币、实物或者未转移财产权，虚假出资，或者在公司成立后又抽逃其出资，数额巨大、后果严重或者有其他严重情节的行为。具体而言，包括以下三方面内容：

第一，必须违反公司法有关出资规定。这是构成本罪的前提条件。由于有关出资的规定相应地由公司法所规定，所以能否按照公司法的规定，真实地足额出资就直接关系到公司能否正常运转、公司能否真实地承担债务、保障债权人和社会公众的利益。

第二，必须实施未交付货币、实物或者未转移财产权、虚假出资，或者在公司成立后又抽逃其出资的行为。具体包括两种情形：（1）未交付货币、实物或者未转移财产权，虚假出资的。公司法对股份有限公司的发起人、有限责任公司股东的出资方式作了明确的规定，即出资方式有以下几种：货币、实物、工业产权、非专利技术、土地使用权。发起人应当按期、足额缴纳公司章程中规定的各自所认缴的出资额。以货币出资的，应当将货币出资足额存入准备设立的公司在银行开设的临时账户；以实物、工业产权或者土地使用权出资的，应当依法办理其财产权的转移手续。所谓“货币”，是指国家指定正在流通的固定的充当等价物的钱币，既包括我国人民币，也包括依照法律法规的规定可以在我国用于支付的境外国家和地区的法定正在流通的货币，如美元等。所谓“实物”，即有形资产，主要包括建筑物、厂房和机器设备等。所谓“未交付货币”，是指未按规定足额完全交付其所认缴的出资金额。所谓“未交付实物或者未转移财产权”，是指以交付实物出资的，如该实物为动产，就应当将该实物移交，如属不动产，就应办理所有权转让手续；以工业产权出资的，应将专利权或商标权交付公司行使，已不再独立行使；以非专利技术出资的，应将此技术诀窍及技术资料交付公司；以土地使用权出资的，应向土地管理部门办理土地使用权转让登记，未依此规定履行手续则构成虚假出资。（2）在公司成立后又抽逃其出资的。公司的发起人、股东违反公司法的规定，在公司成立后抽逃其出资的行为。所谓“抽逃出资”，包括在公司成立后，非法抽逃其出资和转走其出资两种方式。例如抽回其股本，转走其作为股金存入银行的资金，将已经作价出资的房屋产权、土地使用权又转移于他人等。

第三，必须是数额巨大、后果严重或者有其他严重情节的行为。根据2022年修订的最高人民检察院、公安部《关于公安机关管辖的刑事案件立案追诉标准的规定（二）》第4条的规定，公司发起人、股东违反公司法的规定未交付货币、实物或者未转移财产权，虚假出资，或者在公司成立后又抽逃其出资，涉嫌下列情形之一的，应予立案追诉：（1）法定注册资本最低限额在600万元以下，虚假出资、抽逃出资数额占其应缴出资数额60%以上的。（2）法定注册资本最低限额超过600万元，虚假出资、抽逃出资数额占其应缴出资数额30%以上的。（3）造成公司、股东、债权人的直接经济损失累计数额在50万元以上的。（4）虽未达到上述数额标准，但具有下列情形之一的：①致使公司资不抵债或者无法正常经营的；②公司发起人、股东合谋虚假出资、抽逃出资的；③2年内因虚假出资、抽逃出资受过2次以上行政处罚，又虚假出资、抽逃出资的；④利用虚假出资、抽逃出资所得资金进行违法活动的。（5）其他后果严重或者有其他严重情节的情形。“数额巨大、后果严重或者有其他严重情节”是划清本罪与非罪的主要界限。行为人虚假出资或者抽逃出资如果数额不大、后果不严重，也没有其他严重情节的，就不能构成本罪。

以上三方面缺一则不构成本罪。本罪是选择性罪名，行为人只要是违反公司法的规定，实施了虚假出资或抽逃出资，数额巨大、后果严重或者有其他严重情节时，就可构成本罪，无须虚假出资、抽逃出资同时具备。

3. 本罪的主体是特殊主体，即公司发起人或者股东。

4. 本罪的主观方面是故意，过失不构成本罪。

司法实践中，认定本罪时应注意与虚报注册资本罪的界限。虚报注册资本罪是指申请公司登记时使用虚假证明文件或者采取其他欺诈手段虚报注册资本，欺骗公司登记主管部门，取得公司登记，虚报注册资本数量巨大，后果严重或者其他有严重情节的行为。二者都是违反公司法的行为，并且都有虚假出资欺诈行为。两罪的主要区别在于：（1）犯罪主体不同。本罪的犯罪主体是公司的发起人、股东；而虚报注册资本罪的犯罪主体是申请公司登记的人。（2）欺诈的对象不同。本罪欺诈的对象主要是本公司的其他股东或发起人、认股人；而虚报注册资本罪的欺诈对象主要是公司登记主管部门。（3）行为方式不同。本罪的行为方式除有虚假出资外，还包括抽逃出资行为；而虚报注册资本罪，没有抽逃出资行为。（4）行为发生的时间不同。本罪行为既可能发生在公司成立之前，也可能发生于成立之后；而虚报注册资本罪的行为只能发生在公司登记过程之中、成立之前。

本案中，法院经审理认为，被告人程某某作为焉耆县乾通盛小额贷款有限责任公司的股东、实际控制人，明知小额贷款公司系实行注册资本实缴登记制公司，借入资金以作验资之用，在验资完成公司成立后立即将资金抽逃用于归还借款，数额巨大，其行为已触犯《刑法》第159条的规定，构成抽逃出资罪，公诉机关指控被告人程某某犯抽逃出资罪事实清楚，证据确实、充分，指控罪名成立，予以支持。依照《刑法》第159条、第67条第1款、第52条、第53条、第72条第1款、第73条第2款、第3款，《刑事诉讼法》第15条的规定，判决如下：被告人程某某犯抽逃出资罪，判处有期徒刑2年，缓刑3年，并处罚金人民币100万元。(缓刑考验期限，从判决确定之日起计算；罚金限判决生效后3个月内缴纳)

六、妨害清算罪

案　例

（一）案情简介

1993年，原国营七四五厂改组为成都虹波实业股份有限公司（简称虹波公司)，原厂的生产经营性资产由改组后的虹波公司列作国家股，而非生产经营性资产仍归属国家所有，由成都市国有资产管理局发文委托虹波公司代管。

1998年，因涉及与某公司进行资产重组，经有关部门批准，虹波公司决定将代管的非生产经营性资产部分从虹波公司剥离改制，并以该非生产经营性资产为资本主体组建成都虹开实业发展有限公司（简称虹开公司）。为确保改制工作顺利进行，虹波公司成立了剥离工作领导小组，周某全担任该领导小组副组长；同时领导小组下设办公室，负责剥离工作的具体实施，周某全担任办公室主任。1999年10月，成都虹开实业发展有限公司正式成立。

据悉，周某全在虹开公司改制前担任总经理一职，是公司的实际管理者，改制后担任公司法定代表人。虹开公司剥离前资产评估时，周某全安排财务人员将市国土部门划拨给原国营七四五厂用地开发为3期住房，将售房款375.52万元隐匿，未计入虹开公司资产，并在资产负债表上虚列欠四川某工程承包总公司债务131.82万元。之后，周某全又安排财务人员用隐匿的3期住房售房款中的158.75万元以18名职工个人货币资金出资的名义登记注册。2002年、2003年，虹开公司又分别以“买一股，赠一股”“买一股，赠二股”的方式由职工以现金形式认购公司股份，将该150余万元的售房款分配给各股东。

（二）问题

什么是妨害清算罪？被告人周某全的行为应当如何定罪与处罚？

（三）法律规定

《中华人民共和国刑法》

第162条　公司、企业进行清算时，隐匿财产，对资产负债表或者财产清单作虚伪记载或者在未清偿债务前分配公司、企业财产，严重损害债权人或者其他人利益的，对其直接负责的主管人员和其他直接责任人员，处5年以下有期徒刑或者拘役，并处或者单处2万元以上20万元以下罚金。

（四）法理分析

妨害清算罪，是指公司、企业进行清算时，隐匿财产，对资产负债表或者财产清单作虚伪记载或者在未清偿债务前分配公司、企业财产，严重损害债权人或者其他人利益的行为。本罪的构成特征是：

1. 本罪侵犯的客体是国家对公司、企业管理制度以及债权人或其他人的合法权益。

2. 本罪在客观方面表现为在公司、企业清算时，隐匿财产，对资产负债表或者财产清单作虚伪记载或者未清偿债务前分配公司、企业财产，严重损害债权人或者其他人利益的行为。具体而言，包括以下三方面内容：

第一，必须发生在公司、企业清算过程中。所谓“公司、企业清算”，是指因公司、企业解散或者破产，法律规定公司、企业应当清理公司、企业的债权、债务的活动。

第二，必须实施隐匿财产，对资产负债表或者财产清单作虚伪记载的行为。所谓“隐匿财产”，即采取各种方式隐匿、转移、私藏公司、企业的财产，并隐瞒不报，如将公司存款从甲银行转入乙银行另立账户，秘密隐藏。隐匿既可以是资金，亦可以是机器设备、生产成品等实物。所谓“资产负债表”，又称资产负债平衡表，是指会计定期核算时以货币形式反映，表示公司、企业一定时期内财产的总体构成状况，即公司、企业资金的来源与运用的报表。其以左右平衡式账户列示出借方（又称资产方）与贷方（即负债方），借方记载资产的运用、贷方记载资产与负债，表示资金的来源、要求借贷双方必须平衡。所谓“虚伪记载”，就是登记资产负债表、财产清单时不实在、不真实或隐瞒了重要事实，即进行虚假记载。如对资产负债情况，故意采取不报、不登、少报、少登、低报、低登等手段，隐瞒或缩小公司、企业的实际财产数额；或多报、多登、高报、高登公司、企业的资产数额，如把厂房、设备、产品的实际价值高估高报，用以多抵、高抵债务；或夸张、缩小公司、企业的资产等，都是虚伪的记载。

第三，必须未清偿债务前分配公司、企业财产，严重损害债权人或者其他人利益的行为。根据2022年修订的最高人民检察院、公安部《关于公安机关管辖的刑事案件立案追诉标准的规定（二）》第7条规定，公司、企业进行清算时，隐匿财产，对资产负债表或者财产清单作虚伪记载或者在未清偿债务前分配公司、企业财产，涉嫌下列情形之一的，应予立案追诉：（1）隐匿财产价值在50万元以上的；（2）对资产负债表或者财产清单作虚伪记载涉及金额在50万元以上的；（3）在未清偿债务前分配公司、企业财产价值在50万元以上的；（4）造成债权人或者其他人直接经济损失数额累计在10万元以上的；（5）虽未达到上述数额标准，但应清偿的职工的工资、社会保险费用和法定补偿金得不到及时清偿，造成恶劣社会影响的；（6）其他严重损害债权人或者其他人利益的情形。

3. 本罪的主体是特殊主体，即进行清算的公司、企业。

4. 本罪的主观方面是故意。

司法实践中，认定本罪时应注意与提供虚假财会报告罪的界限。提供虚假财会报告罪是指公司向股东和社会公众提供虚假的或者隐瞒重要事实的财务会计报告，严重损害股东或者其他人利益的行为。二者在主观上都是出于故意，客观上都存在虚伪记载资产负债表或财产清单的行为。两罪的主要区别在于：（1）犯罪主体不同。本罪主体为正在进行清算的公司、企业，是单位犯罪；

而提供虚假财会报告罪的主体则为公司及其直接负责的主管人员和其他直接责任人员，是自然人犯罪。（2）侵犯的客体不同。本罪侵犯的客体是公司、企业清算制度及债权人和其他人的合法权益；提供虚假财会报告罪则侵犯的是公司财务会计制度及股东和其他人的利益。（3）发生的时间条件不同。本罪只发生在公司、企业清算期间；而提供虚假财会报告罪则是发生在公司正常运作期间。（4）客观方面表现不同。本罪在客观方面表现为隐匿财产、虚伪记载资产负债表和财产清单或者在未清偿债务前分配公司、企业财产；而提供虚假财会报告罪在客观方面主要表现为编制或者隐瞒重要事实的财务会计报告。（5）犯罪目的不同。本罪行为人的目的是逃避公司、企业债务；而提供虚假财会报告罪则是欺骗股东和社会公众，骗取他们的投资。

本案中，经法院审理认定：成都虹开实业发展有限公司违反国家规定，以单位名义将国有资产集体私分给个人，数额巨大，周某全身为成都虹开实业发展有限公司总经理，是直接负责的主管人员，其行为构成私分国有资产罪。成都虹波实业股份有限公司在原国营七四五厂非生产经营性资产剥离清算时，隐匿财产，虚列债务，严重损害国家利益，周某全作为剥离工作领导小组副组长、办公室主任，是直接责任人员，其行为已构成妨害清算罪。经法院审理作出一审宣判：周某全犯私分国有资产罪，被判处有期徒刑5年，并处罚金人民币30万元；犯妨害清算罪，判处有期徒刑2年，并处罚金人民币10万元；数罪并罚，决定执行有期徒刑6年，并处罚金人民币40万元。

七、隐匿、故意销毁会计凭证、会计账簿、财务会计报告罪

案　　例

（一）案情简介

2009年10月下旬，被告人马某敏利用临时保管濮阳市某高级中学账外资金的票据、账目之机，个人擅自决定将其烧毁。10月下旬某日下午，被告人马某敏带着濮阳市某高级中学账外资金的票据、账目，驾车窜至濮阳县柳屯镇东金堤河大堤上，用火将其全部烧毁。经查，被烧毁的票据、账目涉及金额160余万元。

（二）问题

被告人马某敏的行为应当如何定罪与处罚？

（三）法律规定

《中华人民共和国刑法》

第162条之一　隐匿或者故意销毁依法应当保存的会计凭证、会计帐簿、财务会计报告，情节严重的，处5年以下有期徒刑或者拘役，并处或者单处2万元以上20万元以下罚金。

单位犯前款罪的，对单位判处罚金，并对其直接负责的主管人员和其他直接责任人员，依照前款的规定处罚。

（四）法理分析

隐匿、故意销毁会计凭证、会计账簿、财务会计报告罪，是指隐匿或者故意销毁依法应当保存的会计凭证、会计账簿、财务会计报告，情节严重的行为。本罪的构成特征是：

1. 本罪侵犯的客体是国家对公司、企业的财会管理制度。本罪的犯罪对象为依法应当保存的会计凭证、会计账簿和财务会计报告。所谓“会计凭证”，是指会计核算中用以记录经济业务，明确经济责任并作为记账依据的书面证明，包括原始凭证与记账凭证。所谓“会计账簿”，是全面、连续、系统地记录并反映会计要素变动和经营过程及其结果的重要工具，是编制会计报表的依据，包括序时账簿、分类账簿和备查账簿。所谓“财务会计报告”，是提供企业财务状况、经营状况及其他相关信息，并予以分析说明的书面报告，包括正规格式的会计报表和无正规格式的财务情况说明书等。会计凭证、会计账簿、财务会计报告都是记录反映企业财务状况的重要资料。

2. 本罪在客观方面表现为隐匿或者故意销毁依法应当保存的会计凭证、会计账簿、财务会计报告，情节严重的行为。具体而言，包括以下两方面内容：

第一，必须实施隐匿或者故意销毁依法应当保存的会计凭证、会计账簿、财务会计报告的行为。所谓“隐匿”财会凭证的行为，即以各种方式将公司、企业的有关财会凭证转移、藏匿或隐瞒起来的行为，如公司、企业为逃避监督检查隐藏有关财会凭证的行为。所谓“故意销毁”财会凭证的行为，即未经有关部门批准、不按会计档案的保管期限和销毁办法擅自毁掉应当保留的财会凭证的行为。行为人实施上述两种的任何一种行为，都可构成本罪。

第二，必须是情节严重的行为。根据2022年修订的最高人民检察院、公安部《关于公安机关管辖的刑事案件立案追诉标准的规定（二）》第8条规定，隐匿或者故意销毁依法应当保存的会计凭证、会计账簿、财务会计报告，涉嫌下列情形之一的，应予立案追诉：（1）隐匿、故意销毁的会计凭证、会计账簿、财务会计报告涉及金额在50万元以上的；（2）依法应当向司法机关、行政机关、有关主管部门等提供而隐匿、故意销毁或者拒不交出会计凭证、会计账簿、财务会计报告的；（3）其他情节严重的情形。

3. 本罪的主体是一般主体，即已满16周岁、具备刑事责任能力的自然人和单位。自然人作为本罪的主体，主要是公司、企业内部的会计人员，有关主管人员和直接责任人员。

4. 本罪的主观方面是故意。即行为人明知会计凭证、会计账簿、财务会计报告应当依法保存，故意予以隐匿或者销毁。

司法实践中，认定本罪时应注意罪与非罪的界限。关键是查明犯罪情节。只有情节严重的隐匿、故意销毁财会凭证行为，才以犯罪论处；一般情节轻微或危害不大的隐匿、故意销毁财会凭证行为，应以违法行为论，不以犯罪论。

本案中，法院经审理查明：2009年10月某日下午，被告人马某敏利用临时保管濮阳市某高级中学账外资金票据、账目之机，为逃避纪律监察部门对该账目的依法查处，遂驾车携带该账外资金票据、账目，窜至濮阳县柳屯镇东金堤河大堤上用火将该票据、账目全部烧毁。经查，被烧毁的票据、账目涉及金额达160余万元。

法院经审理认为，濮阳市某中学教辅书回扣款“小金库”账目的设立虽为法律所禁止，但是该校在对外业务过程中支配、使用该款项，即该账目的资金仍是公款，该账目仍是国家进行监管的依据，该款项的有关会计凭证应属于依法应当保存的会计凭证。被告人马某敏在临时保管本校账外资金账目时，为逃避纪律监察部门对该账目的依法查处，故意销毁依法应当保存的会计凭证、会计账簿，且销毁的会计资料涉及金额达160余万元，属情节严重，其行为侵犯了会计档案管理制度，符合故意销毁会计凭证、会计账簿罪特征。濮阳县人民检察院指控被告人马某敏犯故意销毁会计凭证、会计账簿罪罪名成立。被告人马某敏在纪检、监察部门事前掌握有关事实和证据的前提下被控制谈话，如实供述，不具有到案的主动性，其辩护人认为自首的意见法院不予采信。被告人认罪态度较好。根据本案的犯罪事实、情节、被告人的认罪态度及社会危害性，依照《刑法》第162条之一第1款、第72条第2款、第52条之规定，判决如下：被告人马某敏犯故意销毁会计凭证、会计账簿罪，判处有期徒刑1年6个月，缓刑2年，并处罚金人民币2万元。罚金限判决生效后10日内缴纳。

八、非国家工作人员受贿罪

案　例

（一）案情简介

四川某建设项目管理有限公司是一家以开展项目招投标业务为主的咨询公司，被告人邱某担任法定代表人，占公司48%股份，李某、梁某为该公司股东，分别占股26%和26%。2019年至2022年，被告人邱某在以自己所有的公司或借用其他公司名义从事广元市工程建设和灾后重建项目招标代理过程中，通过泄露招标信息、制作审查标书、“请托关照”等方式帮助投标人中标，个人非法收取他人财物共计780341.00元。

（二）问题

被告人邱某的行为应当如何定罪与处罚？

（三）法律规定

《中华人民共和国刑法》

第163条第1款　公司、企业或者其他单位的工作人员，利用职务上的便利，索取他人财物或者非法收受他人财物，为他人谋取利益，数额较大的，处3年以下有期徒刑或者拘役，并处罚金；数额巨大或者有其他严重情节的，处3年以上10年以下有期徒刑，并处罚金；数额特别巨大或者有其他特别严重情节的，处10年以上有期徒刑或者无期徒刑，并处罚金。

第2款　公司、企业或者其他单位的工作人员在经济往来中，利用职务上的便利，违反国家规定，收受各种名义的回扣、手续费，归个人所有的，依照前款的规定处罚。

（四）法理分析

非国家工作人员受贿罪，是指公司、企业或者其他单位的工作人员，利用职务上的便利，索取他人财物或者非法收受他人财物，为他人谋取利益，数额较大的行为。本罪的构成特征是：

1. 本罪侵犯的客体是公司、企业或其他单位的管理秩序。本罪的对象是“财物”，包括货币、物品和财产性利益。财产性利益包括可以折算为货币的物质利益如房屋装修、债务免除等，以及需要支付货币的其他利益，如会员服务、旅游等。

2. 本罪在客观方面表现为利用职务上的便利，索取或者收受他人财物，为他人谋取利益，数额较大的行为。具体而言，包括以下三方面内容：

第一，必须利用职务上的便利。所谓“利用职务上的便利”，是指行为人利用自己在单位所任职务赋予的职权或者同职务有关的便利条件实施危害行为，主要是指行为人利用组织、监督、管理（主管、负责）某项工作的便利条件。行为人在自己职务的范围内，享有了解单位内幕信息、处理单位事务的权利。这种权利一般包括人事权、物权、财权以及了解资金、生产和经营、盈亏及股金、红利情况等权利。如果行为人不是采取利用职权或职务上的便利条件，则不构成本罪。

第二，必须实施索取他人财物或者非法收受他人财物，并为他人谋取利益的行为。所谓“索取他人财物”，是指行为人利用职务上的便利，主动向他人索要财物。所谓“非法收受他人财物”，是指行为人利用职务上的便利，接受他人主动给予的财物。所谓“为他人谋取利益”，是指行为人索取或收受他人财物，利用职务之便为他人或允诺为他人实现某种利益，包括承诺为他人谋取利益、实施谋取利益和谋得利益三种情形。该利益是合法还是非法、是物质利益还是非物质利益以及是否谋取到，均不影响本罪的成立。此外，根据《刑法》第 163 条第 2 款的规定，公司、企业或者其他单位的工作人员在经济往来中，利用职务上的便利，违反国家规定，收受各种名义的回扣、手续费，归个人所有的，依本罪论处。

第三，索取他人财物或者非法收受他人财物数额较大。根据 2022 年修订的最高人民检察院、公安部《关于公安机关管辖的刑事案件立案追诉标准的规定（二）》第 10 条规定，公司、企业或者其他单位的工作人员利用职务上的便利，索取他人财物或者非法收受他人财物，为他人谋取利益，或者在经济往来中，利用职务上的便利，违反国家规定，收受各种名义的回扣、手续费，归个人所有，数额在 3 万元以上的，应予立案追诉。

3. 本罪的主体是特殊主体，即公司、企业或者其他单位的工作人员，既包括公司、企业的工作人员，也包括国有公司、企业以及其他国有单位中的非国家工作人员。根据 2008 年最高人民法院、最高人民检察院《关于办理商业贿赂刑事案件适用法律若干问题的意见》第 2 条规定，“其他单位”，既包括事业单位、社会团体、村民委员会、居民委员会、村民小组等常设性的组织，也包括为组织体育赛事、文艺演出或者其他正当活动而成立的组委会、筹委会、工程承包队等非常设性的组织。

4. 本罪的主观方面是故意，具体表现为故意利用职务上的便利，索取他人财物或者非法收受他人财物，为他人谋取利益。

司法实践中，认定本罪时应注意与受贿罪的界限。受贿罪是指国家工作人员利用职务上的便利，实施索取他人财物，或者非法收受他人财物，为他人谋取利益的行为。二者在客观方面都表现为行为人利用职务上的便利，索取他人财物，或者非法收受他人财物，为他人谋取利益，主观方面都是故意。两罪的主要区别在于：（1）犯罪主体不同。本罪的犯罪主体是公司、企业或者其他单位的工作人员；而受贿罪的犯罪主体是国家工作人员。（2）侵犯的客体不同。本罪侵犯的客体是公司、企业或其他单位的管理秩序；而受贿罪侵犯的客体主要是国家工作人员的职务廉洁性。国有公司、企业中从事公务的人员以及国有公司、企业委派到非国有公司、企业从事公务的人员实施受贿行为的，应当以受贿罪论处。非国家工作人员与国家工作人员勾结伙同受贿的，应当以受贿罪的共犯追究刑事责任。

本案中，被告人邱某利用从事招标代理的职务便利，通过泄露招标信息、制作审查标书、“请托关照”等方式帮助投标人中标，非法收取他人财物，为他人谋取利益，数额较大，其行为已构成非国家工作人员受贿罪。据此，法院作出一审判决：被告人邱某犯非国家工作人员受贿罪，判处有期徒刑3年，宣告缓刑4年（缓刑考验期限，从判决确定之日起计算）。被告人邱某退缴的犯罪所得780341.00元予以没收，上缴国库。

九、国有公司、企业、事业单位人员滥用职权罪

案　例

（一）案情简介

某国有物流集团某港口库主任冯某在担任该库主任期间，受某公司法定代表人麦某请托，利用全面管理该库的职务便利，多次单独或指使该港口库财务部副部长张某滥用职权，违反财务担保相关规定以该库名义为麦某个人或名下企业在银行的债务提供担保。后麦某的公司因经营不善破产，银行要求该库履行担保责任，截至案发，致使该库遭受损失合计22570.0497万元。

（二）问题

冯某的行为应当如何定罪与处罚？

（三）法律规定

《中华人民共和国刑法》

第168条　国有公司、企业的工作人员，由于严重不负责任或者滥用职权，造成国有公司、企业破产或者严重损失，致使国家利益遭受重大损失的，

处3年以下有期徒刑或者拘役；致使国家利益遭受特别重大损失的，处3年以上7年以下有期徒刑。

国有事业单位的工作人员有前款行为，致使国家利益遭受重大损失的，依照前款的规定处罚。

国有公司、企业、事业单位的工作人员，徇私舞弊，犯前两款罪的，依照第1款的规定从重处罚。

（四）法理分析

国有公司、企业、事业单位人员滥用职权罪，是指国有公司、企业的工作人员滥用职权，造成国有公司、企业破产或者严重损失，或者国有事业单位的工作人员滥用职权，致使国家利益遭受重大损失的行为。本罪的构成特征是：

1. 本罪侵犯的客体是国家对国有公司、企业、事业单位的管理秩序。

2. 本罪在客观方面表现为国有公司、企业的工作人员滥用职权，造成国有公司、企业破产或严重亏损，致使国家利益遭受重大损失，以及国有事业单位的工作人员滥用职权，致使国家利益遭受重大损失的行为。具体而言，包括以下三方面内容：

第一，必须有滥用职权的行为。所谓“滥用职权”，是指超越职权，违法决定、处理其无权决定、处理的事项，或者在行使职权时蛮横无理，随心所欲地作出处理决定。

第二，必须造成国有公司、企业破产或严重亏损或致使国家利益遭到重大损失。所谓“严重亏损”，是指国有公司、企业的亏损足以使其丧失清偿到期债务的能力。所谓“破产”，是指国有公司、企业因严重亏损，无力清偿到期债务，经债权人或债务人申请，被人民法院依法宣布其消灭的行为。所谓“无力清偿”，是指国有公司、企业缺乏清偿债务的能力的客观状态，债务人对于清偿期届满并且债权人已请求清偿的债务，在一定期间内一般（而非个别情形）并且持续（而非暂时的、短期的情形）处于不能清偿的状态。

第三，造成国有公司、企业破产或严重亏损或致使国家利益遭到重大损失的结果是由国有公司、企业、事业单位工作人员滥用职权的行为造成的，二者必须有法律上的因果关系，否则不能以本罪论处。

根据2000年最高人民法院《关于审理扰乱电信市场管理秩序案件具体应用法律若干问题的解释》第6条的规定，国有电信企业的工作人员，滥用职权造成国有电信企业破产或者严重损失，致使国家利益遭受重大损失的，依照《刑法》第168条的规定定罪处罚。

根据2002年最高人民检察院研究室《关于中国农业发展银行及其分支机构的工作人员法律适用问题的答复》，中国农业发展银行及其分支机构的工作人员滥用职权，构成犯罪的，应当依照《刑法》第 168 条的规定追究刑事责任。

根据 2003 年最高人民法院、最高人民检察院《关于办理妨害预防、控制突发传染病疫情等灾害的刑事案件具体应用法律若干问题的解释》第 4 条的规定，国有公司、企业、事业单位的工作人员，在预防、控制突发传染病疫情等灾害的工作中滥用职权，造成国有公司、企业破产或者严重损失，致使国家利益遭受重大损失的，依照《刑法》第 168 条的规定，以国有公司、企业、事业单位人员滥用职权罪定罪处罚。

根据 2010 年最高人民法院、最高人民检察院《关于办理国家出资企业中职务犯罪案件具体应用法律若干问题的意见》，国家出资企业中的国家工作人员在公司、企业改制或者国有资产处理过程中滥用职权，致使国家利益遭受重大损失的，依照《刑法》第 168 条的规定，以国有公司、企业人员滥用职权罪定罪处罚。

3. 本罪的主体是特殊主体，即国有公司、企业、事业单位的工作人员。2005 年最高人民法院《关于如何认定国有控股、参股股份有限公司中的国有公司、企业人员的解释》规定，“为准确认定刑法分则第三章第三节中的国有公司、企业人员，现对国有控股、参股的股份有限公司中的国有公司、企业人员解释如下：国有公司、企业委派到国有控股、参股公司从事公务的人员，以国有公司、企业人员论。”

4. 本罪的主观方面是故意。

司法实践中，认定本罪应注意罪与非罪的界限。本罪是结果犯，必须造成一定的危害结果才能以犯罪论处。如果没有造成危害结果，仅有滥用职权的行为，或者有危害结果但不是行为人的滥用职权行为造成的，则不能以本罪论处。

本案中，法院经审理认为，冯某作为国有企业领导干部，明知是违规违法，却胆大妄为，滥用职权，致使国家利益遭受特别重大损失，高达 2 亿余元，影响十分恶劣，应当以国有企业人员滥用职权罪追究其刑事责任。冯某犯国有企业人员滥用职权罪，被判处有期徒刑 6 年，另冯某还犯骗取票据承兑罪、受贿罪、挪用公款罪（具体案情略），数罪并罚，决定执行有期徒刑 14 年 11 个月，并处罚金人民币 50 万元。

十、高利转贷罪

案　例

（一）案情简介

案例1：刘某一直任贺州市盛乾商业集团有限公司（以下简称盛乾公司）董事长兼总经理，陈某任副总经理。1997年1月30日，刘某想出高利转贷“妙招儿”——以盛乾公司名义先从银行低息借款，然后高息转借给他人，从中获取利息差价。当刘某将“妙招儿”向陈某和盘抛出时，两人的想法竟不谋而合。经刘某和陈某多方张罗，截至1997年9月9日，盛乾公司以白糖销售货款回笼及自筹款偿还借款为由，先后从中国交通银行梧州分行贷得相关款项1300万元，此后盛乾公司以购买白糖定金的形式全部转贷给某县糖厂，而至2001年3月，盛乾公司则从某县糖厂获取非法利益828万余元。

案例2：被告人周某伙同曹某以某甲公司的名义向银行借款，借款成功后将相应款项转贷给第三方公司用于偿还相应贷款。根据查明的事实，某甲公司与第三方公司的利息是在贷款基准利率的基础上上浮5%。同时，该第三方公司应当向曹某等支付贷款服务费、顾问费、评估费以及好处费等。

（二）问题

1. 刘某的行为应当如何定罪与处罚？
2. 周某的行为应当如何定罪与处罚？

（三）法律规定

《中华人民共和国刑法》

第175条　以转贷牟利为目的，套取金融机构信贷资金高利转贷他人，违法所得数额较大的，处3年以下有期徒刑或者拘役，并处违法所得1倍以上5倍以下罚金；数额巨大的，处3年以上7年以下有期徒刑，并处违法所得1倍以上5倍以下罚金。

单位犯前款罪的，对单位判处罚金，并对其直接负责的主管人员和其他直接责任人员，处3年以下有期徒刑或者拘役。

（四）法理分析

高利转贷罪，是指以转贷牟利为目的，套取金融机构信贷资金高利转贷他人，违法所得数额较大的行为。本罪的构成特征是：

1. 本罪侵犯的客体是金融机构的存贷管理秩序及金融机构信贷安全。本罪的犯罪对象是信贷资金，包括担保贷款和信用贷款。

2. 本罪在客观方面表现为套取金融机构信贷资金高利转贷他人，违法所得数额较大的行为。具体而言，包括以下两方面内容：

第一，必须套取金融机构信贷资金高利转贷他人。所谓“套取信贷资金”，是指编造某种正当的理由，从金融机构骗取贷款。判断行为人的行为是否属于“套取”，关键在于行为人是否虚设贷款用途，如若行为人不按照正常的贷款用途使用贷款，就证明了其贷款的理由和贷款的条件均是虚假的。所谓“高利转贷”，是指把从金融机构套取的信贷资金以高于金融机构贷款利率转贷给他人，包括转贷给个人或单位，从中牟取非法利益。

第二，必须数额较大。根据2022年修订的最高人民检察院、公安部《关于公安机关管辖的刑事案件立案追诉标准的规定（二）》第21条的规定，以转贷牟利为目的，套取金融机构信贷资金高利转贷他人，违法所得数额在50万元以上的，应予立案追诉。

3. 本罪的主体是一般主体，即已满16周岁、具备刑事责任能力的自然人和单位。

4. 本罪的主观方面是故意，而且以转贷牟利为目的。

司法实践中，认定本罪时应注意罪与非罪的界限。应注意以下三点：（1）本罪属于目的犯，要求行为人在主观方面表现为直接故意，而且具有以转贷牟利的目的，至于行为人转贷牟利的目的是否得逞，不影响本罪的成立。（2）关于“贷款余额”转贷他人牟利行为的认定。行为人向银行等金融机构申请贷款时均严格依照正规审批程序，且贷款金额也符合申贷用途。但在资金的实际使用过程中，因项目发生变化使得所贷资金未能全部投入使用，行为人将贷款余额转贷他人从而获得收益的行为是否会被认定为高利转贷罪？一般情况下，此种情况不宜认定为高利转贷罪。因为从高利转贷罪的犯罪构成来看，在上述情形中，行为人并不具有“套取”信贷资金的主观故意，而套取的故意是构成本罪不可或缺的要件之一。若行为人在向银行等金融机构申请贷款时，行为人明知其所投项目所需资金低于实际贷款数额，或银行等金融机构在对行为人所需资金的审查过程中，行为人拟投项目发生变化，或者拟投项目已部分取消而该行为人隐瞒实情造成所贷金额高于实际所需资金，行为人再利用该贷款余额转贷获利的，则以高利转贷罪论处。（3）关于特定情形下收取“财务顾问费”的性质认定。司法实践中，大量存在将银行信贷资金用于转贷，但转贷的利息并未超过银行同类贷款利率，或者超出部分较低的行为。虽然在转贷利息的约定上并未有高于银行同类贷款利率或只是略高于银行同类贷款利率，但转贷方向借款方另行约定以收取“财务顾问费”的方式获得回报。从表面看该行为形式上虽未因转贷而获得高额利息，但实质上却已达到了变相收取高额利息的目的，属于典型的以“合法”形式掩盖非法目的的行为，应以本罪论处。

案例1中，刘某、陈某以盛乾公司名义先从银行低息借款，然后高息转借给他人，从中获取利息差价，而且违法所得数额较大，其行为构成高利转贷罪。2003年4月，法院依法分别判处刘某、陈某有期徒刑3年和1年6个月。后经法院二审终结，维持一审判决。

案例2中，法院经审理认为：行为人违法将金融机构的信贷资金以高于银行的贷款利率转贷他人，非法获取一定利益，应以高利转贷罪论处。同时，某甲公司与第三方公司虽然约定的利率与银行贷款利率一致，但是某甲公司先行扣除的服务费系本公司在本次转贷中所获取的利益，其性质符合利息的本质。法院最终判决：被告单位某甲公司以转贷牟利为目的，套取金融机构信贷资金高利转贷他人，违法所得数额较大，其行为已构成高利转贷罪，依法应予惩处。被告人周某、曹某作为被告单位直接负责的主管人员及其他直接责任人员，其行为也构成高利转贷罪，依法应予惩处。法院以高利转贷罪，判处某甲公司罚金人民币150万元；分别判处周某、曹某有期徒刑1年缓刑2年和有期徒刑1年缓刑1年；责令退赔违法所得，连同已在案的部分违法所得，一并予以没收。

十一、非法吸收公众存款罪

案　例

（一）案情简介

被告人苏某明，系深圳弘某财富管理有限公司（以下简称弘某财富公司）与深圳弘某基金管理有限公司（以下简称弘某基金公司）的实际控制人，上述两家公司在中国证券投资基金业协会（以下简称基金业协会）登记为私募股权、创业投资基金管理人。被告人高某，曾系弘某财富公司副总裁、销售部负责人。被告人贺某，曾系弘某基金公司副总裁、业务部负责人。

2016年7月至2018年7月，苏某明以弘某财富公司、弘某基金公司作为私募基金管理人，先后成立深圳弘某天成添富投资企业、深圳弘某汇富贰号投资企业等有限合伙企业，以多个房地产开发项目为投资标的，隐瞒投资项目均为苏某明实际控制的公司开发或者与他人合作开发的实情，发行私募股权类基金产品5只（其中4只在基金业协会备案）。苏某明指使高某、贺某组织销售团队以口口相传，召开产品推介会，通过其他金融机构和私募基金公司、同行业从业人员帮助推销等多种方式向社会公开宣传私募基金产品，允许不合格投资者通过“拼单”“代持”等方式突破私募基金投资人数和金额的限制，由苏某明实际控制的关联公司与投资者签订回购协议，并由苏某明个人提供无限连带责任担保，约定年利率10%至14.5%的回报，变相承诺保本付息。苏某明、高某、贺某等人通过上述方式共非法公开募集资金人民币5.999亿元。上述资金进入合伙企业募集账户后划转至苏某明控制的数个账户，各私募基金产品资金运用，由苏某明统一支配使用。其中，以募新还旧方式兑付本息1.5亿余元，用于私募基金约定的投资项目1.3亿余元，用于苏某明开发的其他房地产项目1.2亿余元，用于购买建筑材料1.01亿余元，用于支付员工薪酬提成、公司运营成本及归还公司债务0.9亿余元。因资金链断裂，苏某明无法按期兑付本息。截至案发，投资人本金损失4.41亿余元。

（二）问题

向不特定社会公众公开发行销售私募基金的行为应当如何认定与处罚？

（三）法律规定

《中华人民共和国刑法》

第176条　非法吸收公众存款或者变相吸收公众存款，扰乱金融秩序的，处3年以下有期徒刑或者拘役，并处或者单处罚金；数额巨大或者有其他严重情节的，处3年以上10年以下有期徒刑，并处罚金；数额特别巨大或者有其他特别严重情节的，处10年以上有期徒刑，并处罚金。

单位犯前款罪的，对单位判处罚金，并对其直接负责的主管人员和其他直接责任人员，依照前款的规定处罚。

有前两款行为，在提起公诉前积极退赃退赔，减少损害结果发生的，可以从轻或者减轻处罚。

（四）法理分析

非法吸收公众存款罪，是指违反国家金融管理法规实施非法吸收公众存款或变相吸收公众存款，扰乱金融秩序的行为。本罪的构成特征是：

1. 本罪侵犯的客体是国家金融管理秩序。本罪的犯罪对象是公众存款。所谓“存款”，是指存款人将资金存入银行或者其他金融机构，银行或者其他金融机构向存款人支付利息的一种经济活动。所谓“公众存款”，是指存款人是不特定的群体，如果存款人只是少数个人或者是特定的，不能认为是公众存款。

2. 本罪在客观方面表现为违反国家金融管理法规，非法吸收公众存款或者变相吸收公众存款，扰乱金融秩序的行为。具体而言，包括以下三方面内容：

第一，必须违反国家金融管理法规。即违反全国人民代表大会及其常委会制定的法律和决定以及国务院制定的行政法规、规定的行政措施、发布的决定和命令中有关金融管理的规定。如《中国人民银行法》《商业银行法》《证券法》《保险法》《票据法》《信托法》《银行业监督管理法》《反洗钱法》《证券投资基金法》。司法实践中，主要是指违反《中国人民银行法》。

第二，必须实施了非法吸收公众存款或者变相吸收公众存款的行为。所谓"非法吸收公众存款"，是指行为人违反国家法律法规的规定，在社会上以存款的形式公开吸收公众资金的行为。具体包括两种情形：（1）行为人不具有吸收存款的法定主体资格而吸收公众存款，如个人私设银行、钱庄等，非法办理存款贷款业务，吸收公众存款；（2）行为人虽然具有吸收存款的法定主体资格，但其所采用的方法是违法的。如有些商业银行，为了争揽客户，以擅自提高利率或在存款时先支付利息等手段吸收公众存款。所谓"变相吸收公众存款"，是指行为人不是以存款的名义而是通过其他形式吸收公众资金，从而达到吸收公众存款的目的的行为。如违反国家规定，以各种基金、集资办项目等方式吸收公众存款。

根据2022年最高人民法院《关于审理非法集资刑事案件具体应用法律若干问题的解释》第1条第1款规定，违反国家金融管理法律规定，向社会公众（包括单位和个人）吸收资金的行为，同时具备下列四个条件的，除刑法另有规定的以外，应当认定为《刑法》第176条规定的"非法吸收公众存款或者变相吸收公众存款"：（1）未经有关部门依法许可或者借用合法经营的形式吸收资金；（2）通过网络、媒体、推介会、传单、手机信息等途径向社会公开宣传；（3）承诺在一定期限内以货币、实物、股权等方式还本付息或者给付回报；（4）向社会公众及社会不特定对象吸收资金。从上述规定来看，无论是非法吸收公众存款还是变相吸收公众存款都未经有关部门依法许可，吸收存款的行为都是非法的，吸收存款对象是不特定的。如果是在企业内部入股、集资，由于其对象是特定少数或单位内部成员，一般不以本罪论处。

第三，必须是扰乱金融秩序的行为。根据2022年修订的最高人民检察院、公安部《关于公安机关管辖的刑事案件立案追诉标准的规定（二）》第23条的规定，非法吸收公众存款或者变相吸收公众存款，扰乱金融秩序，涉嫌下列情形之一的，应予立案追诉：（1）非法吸收或者变相吸收公众存款数额在100万元以上的；（2）非法吸收或者变相吸收公众存款对象150人以上的；（3）非法吸收或者变相吸收公众存款，给集资参与人造成直接经济损失数额在50万元以上的。非法吸收或者变相吸收公众存款数额在50万元以上或者给集资参与人造成直接经济损失数额在25万元以上，同时涉嫌下列情形之一的，应予立案追诉：（1）因非法集资受过刑事追究的；（2）2年内因非法集资受过行政处罚的；（3）造成恶劣社会影响或者其他严重后果的。

3. 本罪的主体是一般主体，即已满16周岁、具备刑事责任能力的自然人和单位。

4. 本罪的主观方面是故意，并且具有非法牟利的目的。

司法实践中，根据《证券投资基金法》《私募投资基金监督管理条例》规定，私募基金是指以非公开方式向投资者募集资金设立的投资基金，具有“非公开”和“向特定合格投资者募集”两个基本属性；私募基金不设行政审批，私募基金管理人应当向基金业协会申请登记，募集完毕后应办理基金备案。经登记、备案不属于“经有关部门依法许可”向社会公众吸收资金。根据《商业银行法》规定，向不特定社会公众公开吸收存款是商业银行的专属业务，须经国务院银行业监督管理机构批准。违反上述规定，向不特定社会公众公开发行销售私募基金的，属于假借私募基金的合法经营形式，掩盖非法集资之实，既违反了私募基金管理法律规定，又违反了商业银行法的规定，无论是否经基金业协会登记、备案，均具有非法性。

本案中，苏某明指使高某、贺某组织销售团队以口口相传、召开产品推介会等多种方式向社会公开宣传私募基金产品，还允许不合格投资者通过“拼单”“代持”等方式突破私募基金投资人数和金额的限制，由苏某明实际控制的关联公司与投资者签订回购协议，并由苏某明个人提供无限连带责任担保，约定年利率10%至14.5%的回报，变相承诺保本付息。法院审理认为，苏某明等人募集资金除返本付息和维持运营外，主要用于约定房地产项目、其他房地产项目以及与项目相关的建筑材料采购，项目真实，依法认定不具有非法占有目的，以非法吸收公众存款罪追究刑事责任。2021年5月20日、9月1日，经深圳市福田区检察院提起公诉，福田区法院分别作出一审判决，认定苏某明、高某、贺某犯非法吸收公众存款罪，对苏某明判处有期徒刑5年，并处罚金人民币30万元；对高某、贺某分别判处有期徒刑3年，并处罚金人民币10万元；继续追缴违法所得。3名被告人均未提出上诉，判决已发生法律效力。公安机关、司法机关共冻结涉案银行账户存款人民币687万余元，依法追缴被告人苏某明对他人享有的1600万元债权和35名投资人利息、分红、佣金、返点费等，判决生效后一并发还投资人。

十二、内幕交易、泄露内幕信息罪

案　　例

（一）案情简介

2016 年 2 月 19 日，陈某获悉乙公司收购甲公司的相关内幕信息，并将该内幕信息告诉蔡某，推荐其购买乙公司股票。后蔡某与其妻子黄某买入乙公司股票 82 万余股，金额共计 824 万余元，全部卖出后获利 1123 万余元。同年 3 月至 4 月，蔡某又买入乙公司股票 10 万余股，金额共计 153 万余元，之后卖出部分股票获利 127 万余元。此外，在内幕信息敏感期内，蔡某还多次推荐他人购买乙公司股票。

（二）问题

被告人陈某、蔡某、黄某的行为应当如何定罪与处罚？

（三）法律规定

《中华人民共和国刑法》

第 180 条　证券、期货交易内幕信息的知情人员或者非法获取证券、期货交易内幕信息的人员，在涉及证券的发行，证券、期货交易或者其他对证券、期货交易价格有重大影响的信息尚未公开前，买入或者卖出该证券，或者从事与该内幕信息有关的期货交易，或者泄露该信息，或者明示、暗示他人从事上述交易活动，情节严重的，处 5 年以下有期徒刑或者拘役，并处或者单处违法所得 1 倍以上 5 倍以下罚金；情节特别严重的，处 5 年以上 10 年以下有期徒刑，并处违法所得 1 倍以上 5 倍以下罚金。

单位犯前款罪的，对单位判处罚金，并对其直接负责的主管人员和其他直接责任人员，处 5 年以下有期徒刑或者拘役。

内幕信息、知情人员的范围，依照法律、行政法规的规定确定。

证券交易所、期货交易所、证券公司、期货经纪公司、基金管理公司、商业银行、保险公司等金融机构的从业人员以及有关监管部门或者行业协会的工作人员，利用因职务便利获取的内幕信息以外的其他未公开的信息，违反规定，从事与该信息相关的证券、期货交易活动，或者明示、暗示他人从事相关交易活动，情节严重的，依照第 1 款的规定处罚。

（四）法理分析

内幕交易、泄露内幕信息罪，是指证券、期货交易内幕信息的知情人员或者非法获取证券、期货交易内幕信息的人员，在涉及证券的发行，证券、期货交易或者其他对证券、期货交易价格有重大影响的信息尚未公开前，买入或者卖出该证券，或者从事与该内幕信息有关的期货交易，或者泄露该信息，情节严重的行为。本罪的构成特征是：

1. 本罪侵犯的客体是证券、期货市场秩序和证券、期货投资者的合法权益。证券、期货市场的健康发展离不开公开、公平、公正的交易环境。为了保障投资者能够公开、公平、公正地进行证券、期货交易，我国颁布了一系列的法律法规，将证券、期货交易纳入法律监管的轨道。所谓“证券”，是指各类经济权益凭证的统称，是表明证券持有人有权按照票面规定的条件获取权益的纸质凭证。证券的范围很广，从狭义上讲，证券只限于资本证券，即股票、债券和投资基金证券。从广义上讲，证券包括商品证券和价值证券两大类。商品证券包括车票、保险单、借据、货运单、提货单等。价值证券包括货币证券，如钞票、支票、汇票、本票和资本证券等。这里所说的“证券”，是指狭义的证券，即资本证券，包括股票、债券和投资基金证券。所谓“股票”，是指股份有限公司发行的、表示其股东按其持有的股份享受权益和承担义务的可转让的书面凭证。所谓“债券”，是指政府、金融机构和企业等，为筹措资金而依照法定程序向社会发行的、约定在一定期限内还本付息的有价证券。我国的债券目前主要是公债券，又称政府债券，如国库券、金融债券、公司债券等。所谓“投资基金证券”，是指由基金发起人向社会公开发行的，表示持有人按其所持份额享有资产所有权、收益分配权和剩余资产分配权的凭证。

资本证券是一种虚拟资本，它本身没有价值，不能在生产中创造新价值。但它类似资本，可以为持有者带来一定的收益，它有价格，可以在证券市场上流通转让，成为不确定投资者选择的对象。“证券市场”，是指股票、债券和投资基金证券等有价证券发行与买卖的场所。现代的证券市场已不仅仅指有一定场所的市场，也包括没有固定场所的无形证券市场，例如通过电话、电传等现代化通信工具所进行的证券交易市场。我国的证券市场包括证券发行市场（初级市场）和证券流通市场（二级市场）。所谓“期货”，是指约定期限交付的货物。所谓“期货市场”，是指期货买卖的场所。本罪的犯罪对象是涉及证券、期货的发行、交易或者其他对证券、期货的价格有重大影响的信息，即证券、期货交易的内幕信息。所谓“内幕信息”，是指为内幕人员所知悉的，尚未公开的和可能影响证券、期货市场价格的重大信息。所谓“公开”，是指按照证券、期货管理规定将应当予以披露的文件置于发行人及其证券、期货承销机构的营业地和证监会，供投资人查阅的行为。尚未公开的内幕信息不包括运用公开的信息和资料而对证券、期货市场做出的预测和分析。按照规定，

"股票的内幕信息"包括：（1）可能对上市公司股票交易价格产生较大影响，而投资人尚未得知的重大事件；（2）公司分配股利或者增资的计划；（3）公司股权结构的重大变化；（4）公司债务担保的重大变更；（5）公司营业用主要资产的抵押、出售或者报废一次超过资产的30%；（6）公司股东大会、董事会或者监事会的决定被依法撤销；（7）公司的董事、监事或者高级管理人员的行为可能依法负有重大损害赔偿责任；（8）涉及发行人的重大诉讼事项；（9）上市公司收购的有关方案；（10）国务院证券管理部门认定的对证券价格有显著影响的其他重要信息。

2. 本罪在客观方面表现为证券、期货交易内幕信息的知情人员或者非法获取证券、期货交易内幕信息的人员，在涉及证券的发行，证券、期货交易或者其他对证券、期货交易价格有重大影响的信息尚未公开前，买入或者卖出该证券，或者从事与该内幕信息有关的期货交易，或者泄露该信息，情节严重的行为。具体而言，包括以下两方面内容：

第一，必须实施了在涉及证券的发行，证券、期货交易或者其他对证券、期货交易价格有重大影响的信息尚未公开前，买入或者卖出该证券，或者从事与该内幕信息有关的期货交易，或者泄露该信息的行为。具体表现为：（1）在涉及证券的发行，证券、期货交易或者其他对证券、期货交易价格有重大影响的信息尚未公开前，买入或者卖出该证券，或者从事与该内幕信息有关的期货交易；（2）泄露该信息，使内幕信息处于使不应知悉该信息的人知悉或者可能知悉的状态；（3）明示、暗示（如建议、推荐等）他人从事上述交易活动。

2012年最高人民法院、最高人民检察院《关于办理内幕交易、泄露内幕信息刑事案件具体应用法律若干问题的解释》第4条规定，具有下列情形之一的，不属于《刑法》第180条第1款规定的从事与内幕信息有关的证券、期货交易：（1）持有或者通过协议、其他安排与他人共同持有上市公司5%以上股份的自然人、法人或者其他组织收购该上市公司股份的；（2）按照事先订立的书面合同、指令、计划从事相关证券、期货交易的；（3）依据已被他人披露的信息而交易的；（4）交易具有其他正当理由或者正当信息来源的。

第二，必须是情节严重的行为。2012年最高人民法院、最高人民检察院《关于办理内幕交易、泄露内幕信息刑事案件具体应用法律若干问题的解释》第6条规定，在内幕信息敏感期内从事或者明示、暗示他人从事或者泄露内幕信息导致他人从事与该内幕信息有关的证券、期货交易，具有下列情形之一的，应当认定为《刑法》第180条第1款规定的"情节严重"：（1）证券交易成交额在50万元以上的；（2）期货交易占用保证金数额在30万元以上的；（3）获利或者避免损失数额在15万元以上的；（4）3次以上的；（5）具有其他严重情节的。

3. 本罪的主体是一般主体，即已满16周岁、具备刑事责任能力的自然人和单位。本罪的自然人是指证券、期货交易内幕信息的知情人员或者非法获取证券、期货交易内幕信息的人员。“证券、期货交易内幕信息的知情人员”，是指《证券法》第51条规定的人员和《期货交易管理条例》第81条第（12）项规定的人员。前者包括：发行人及其董事、监事、高级管理人员；持有公司5%以上股份的股东及其董事、监事、高级管理人员，公司的实际控制人及其董事、监事、高级管理人员；发行人控股的公司及其董事、监事、高级管理人员；由于所任公司职务或者因与公司业务往来可以获取公司有关内幕信息的人员；上市公司收购人或者重大资产交易方及其控股股东、实际控制人、董事、监事和高级管理人员；因职务、工作可以获取内幕信息的证券交易场所、证券公司、证券登记结算机构、证券服务机构的有关人员；因职责、工作可以获取内幕信息的证券监督管理机构工作人员；法定职责对证券的发行、交易或者对上市公司及其收购、重大资产交易进行管理可以获取信息的有关主管部门、监管机构的工作人员；国务院证券监督管理机构规定的可以获取内幕信息的其他人员。后者是指由于其管理地位、监督地位或者职业地位，或者作为雇员、专业顾问履行职务，能够接触或者获得内幕信息的人员，包括：期货交易所的管理人员以及其他由于任职可获取内幕信息的从业人员，国务院期货监督管理机构和其他有关部门的工作人员以及国务院期货监督管理机构规定的其他人员。

“非法获取证券、期货交易内幕信息的人员”，是指利用窃取、骗取、套取、窃听、利诱、刺探或者私下交易等手段获取内幕信息的；内幕信息知情人员的近亲属或者其他与内幕信息知情人员关系密切的人员，在内幕信息敏感期内，从事或者明示、暗示他人从事，或者泄露内幕信息导致他人从事与该内幕信息有关的证券、期货交易，相关交易行为明显异常，且无正当理由或者正当信息来源的；在内幕信息敏感期内，与内幕信息知情人员联络、接触，从事或者明示、暗示他人从事，或者泄露内幕信息导致他人从事与该内幕信息有关的证券、期货交易，相关交易行为明显异常，且无正当理由或者正当信息来源的。所谓“内幕信息敏感期”，是指内幕信息自形成至公开的期间。《证券法》第80条第2款、第81条第2款所列“重大事件”的发生时间以及《期货交易管理条例》第81条第（11）项规定的“政策”“决定”等的形成时间，应当认定为内幕信息的形成之时。影响内幕信息形成的动议、筹划、决策或者执行人员，其动议、筹划、决策或者执行初始时间，应当认定为内幕信息的形成之时。“内幕信息的公开”，是指内幕信息在国务院证券、期货监督管理机构指定的报刊、网站等媒体披露。

对于“相关交易行为明显异常”，要综合以下情形，从时间吻合程度、交易背离程度和利益关联程度等方面予以认定：开户、销户、激活资金账户或者指定交易（托管）、撤销指定交易（转托管）的时间与该内幕信息形成、变化、公开时间基本一致的；资金变化与该内幕信息形成、变化、公开时间基本一致的；买入或者卖出与内幕信息有关的证券、期货合约时间与内幕信息的形成、变化和公开时间基本一致的；买入或者卖出与内幕信息有关的证券、期货合约时间与获悉内幕信息的时间基本一致的；买入或者卖出证券、期货合约行为明显与平时交易习惯不同的；买入或者卖出证券、期货合约行为，或者集中持有证券、期货合约行为与该证券、期货公开信息反映的基本面明显背离的账户交易资金进出与该内幕信息知情人员或者非法获取人员有关联或者有利害关系的；其他交易行为明显异常情形。

4. 本罪的主观方面是故意，即明知是内幕信息而故意利用其买卖证券、期货或者将其泄露给他人。

司法实践中，认定本罪时应注意与利用未公开信息交易罪的界限。利用未公开信息交易罪是指证券交易所、期货交易所、证券公司、期货经纪公司、基金管理公司、商业银行、保险公司等金融机构的从业人员以及有关监管部门或者行业协会的工作人员，利用因职务便利获取的内幕信息以外的其他未公开的信息，违反规定，从事与该信息相关的证券、期货交易活动，或者明示、暗示他人从事相关交易活动。

两个罪名都被规定在《刑法》第 180 条中，且共用同一法定刑，这代表着两罪在外在形式、损害的法益以及社会危害性等方面都极为相近。两者的主要区别在于：(1) 犯罪对象不同。内幕信息和未公开信息的区别在于内容的特殊性上。内幕信息属于基本面的信息，多与经济政策、行业形势或者上市公司的经营、决策有关；未公开信息属于其他信息，实践中多为金融市场主体的交易信息。(2) 犯罪主体不同。内幕信息与未公开信息的内容不同，导致了其获取主体不同。另外，内幕交易罪包括非法获取内幕信息的人员等主体；未公开信息交易罪并不包括上述主体。(3) 客观方面表现不同。本罪不仅包括内幕交易行为，还包括泄露内幕信息行为；而利用未公开信息交易罪并不包括泄露未公开信息的行为。

本案中，深圳市中级人民法院一审认为，被告人陈某、蔡某、黄某的行为均已构成内幕交易罪。最终，以内幕交易罪判处陈某有期徒刑 3 年，并处罚金人民币 20 万元；蔡某有期徒刑 3 年，并处罚金人民币 2000 万元；被告人黄某有期徒刑 2 年，并处罚金人民币 1500 万元。广东省高级人民法院二审裁定维持原判。

十三、洗钱罪

案　例

（一）案情简介

冯某才，男，2021年3月至4月，经缠某超介绍，冯某才两次将海洛因放置在指定地点出售给他人。4月7日晚，冯某才再次实施毒品交易时被新疆维吾尔自治区伊宁县公安局民警当场抓获。冯某才3次贩卖海洛因共计15.36克，收取缠某超毒赃共计12350元。冯某才每次收取缠某超等人的毒赃后，通过微信转账将大部分或者全部毒赃转给其姐姐冯某，3次转账金额合计8850元。其中：（1）2021年3月21日22时59分，冯某才收到缠某超支付的毒赃4000元，于次日12时05分转至冯某微信2500元；（2）2021年4月7日21时15分，冯某才收到缠某超支付的毒赃7600元，于当日22时55分转至冯某微信5600元；（3）2021年4月7日23时27分，冯某才收到吸毒人员昔某支付的毒赃750元，于当日23时28分全部转至冯某微信。

（二）问题

上游犯罪的行为人能否成为洗钱罪的主体？冯某才的行为该如何定罪与处罚？

（三）法律规定

《中华人民共和国刑法》

第191条　为掩饰、隐瞒毒品犯罪、黑社会性质的组织犯罪、恐怖活动犯罪、走私犯罪、贪污贿赂犯罪、破坏金融管理秩序犯罪、金融诈骗犯罪的所得及其产生的收益的来源和性质，有下列行为之一的，没收实施以上犯罪的所得及其产生的收益，处5年以下有期徒刑或者拘役，并处或者单处罚金；情节严重的，处5年以上10年以下有期徒刑，并处罚金：（1）提供资金账户的；（2）将财产转换为现金、金融票据、有价证券的；（3）通过转账或者其他支付结算方式转移资金的；（4）跨境转移资产的；（5）以其他方法掩饰、隐瞒犯罪所得及其收益的来源和性质的。

单位犯前款罪的，对单位判处罚金，并对其直接负责的主管人员和其他直接责任人员，依照前款的规定处罚。

第312条　明知是犯罪所得及其产生的收益而予以窝藏、转移、收购、代为销售或者以其他方法掩饰、隐瞒的，处3年以下有期徒刑、拘役或者管制，并处或者单处罚金；情节严重的，处3年以上7年以下有期徒刑，并处罚金。

单位犯前款罪的，对单位判处罚金，并对其直接负责的主管人员和其他直接责任人员，依照前款的规定处罚。

第347条第1款 走私、贩卖、运输、制造毒品，无论数量多少，都应当追究刑事责任，予以刑事处罚。

第3款 走私、贩卖、运输、制造鸦片200克以上不满1000克、海洛因或者甲基苯丙胺10克以上不满50克或者其他毒品数量较大的，处7年以上有期徒刑，并处罚金。

第349条第1款 包庇走私、贩卖、运输、制造毒品的犯罪分子的，为犯罪分子窝藏、转移、隐瞒毒品或者犯罪所得的财物的，处3年以下有期徒刑、拘役或者管制；情节严重的，处3年以上10年以下有期徒刑。

（四）法理分析

洗钱罪，是指为掩饰、隐瞒毒品犯罪、黑社会性质的组织犯罪、恐怖活动犯罪、走私犯罪、贪污贿赂犯罪、破坏金融管理秩序犯罪、金融诈骗犯罪的所得及其产生的收益的来源和性质，而采取法定的手段掩饰、隐瞒其来源和性质的行为。本罪的构成特征是：

1. 本罪侵犯的客体是国家的金融管理秩序。洗钱罪涉及的赃款往往数额巨大，且洗钱活动一般是通过金融领域的相关活动完成的，这些数额巨大的赃款在金融市场上肆意流动，必然会影响到金融机构存贷比率的决策等相关正常活动，甚至会对证券、期货市场造成巨大波动。

2. 本罪在客观方面表现为实施掩饰、隐瞒毒品犯罪、黑社会性质的组织犯罪、恐怖活动犯罪、走私犯罪、贪污贿赂犯罪、破坏金融管理秩序犯罪、金融诈骗犯罪的违法所得及其产生的收益的来源和性质的行为。根据《刑法》第191条的规定，主要有以下五种行为方式：（1）提供资金账户的；（2）将财产转换为现金、金融票据、有价证券的；（3）通过转账或者其他支付结算方式转移资金的；（4）跨境转移资产的；（5）以其他方法掩饰、隐瞒犯罪所得及其收益的来源和性质的。根据2009年最高人民法院《关于审理洗钱等刑事案件具体应用法律若干问题的解释》第2条的规定，具有下列情形之一的，可以认定为《刑法》第191条第1款第（5）项规定的“以其他方法掩饰、隐瞒犯罪所得及其收益的来源和性质”：（1）通过典当、租赁、买卖、投资等方式，协助转移、转换犯罪所得及其收益的；（2）通过与商场、饭店、娱乐场所等现金密集型场所的经营收入相混合的方式，协助转移、转换犯罪所得及其收益的；（3）通过虚构交易、虚设债权债务、虚假担保、虚报收入等方式，协助将犯罪所得及其收益转换为“合法”财物的；（4）通过买卖彩票、奖券等方式，协助转换犯罪所得及其收益的；（5）通过赌博方式，协助将犯罪所得及其收益转换为赌博收益的；（6）协助将犯罪所得及其收益携带、运输或者邮寄出入境的；（7）通过前述规定以外的方式协助转移、转换犯罪所得及其收益的。

本罪是选择性罪名。行为人只要实施了掩饰或者隐瞒毒品犯罪、黑社会性质的组织犯罪、恐怖活动犯罪、走私犯罪、贪污贿赂犯罪、破坏金融管理秩序犯罪、金融诈骗犯罪的违法所得及其产生的收益来源和性质中的一种行为，就构成本罪。

3. 本罪的主体是一般主体，即已满16周岁、具备刑事责任能力的自然人和单位。上游犯罪的行为人能否成为本罪的犯罪主体?《刑法修正案（十一）》对洗钱罪作了修订，将原条文中“明知是”犯罪所得修改为掩饰、隐瞒犯罪所得，并将条文中原有的“协助”一词全部删除，这意味着将上游犯罪的行为人也纳入了洗钱罪的犯罪主体范畴。

4. 本罪的主观方面是故意，过失不构成犯罪。

司法实践中，认定本罪时，应注意区分本罪与掩饰、隐瞒犯罪所得、犯罪所得收益罪的界限。掩饰、隐瞒犯罪所得、犯罪所得收益罪是指明知是犯罪所得及产生的收益而予以窝藏、转移、代为销售或者以其他方法掩饰、隐瞒的行为。两罪的主要区别在于：（1）侵犯的客体不同。本罪侵犯的客体是金融管理秩序；掩饰、隐瞒犯罪所得、犯罪所得收益罪侵犯的是司法机关正常活动。（2）行为对象不同。本罪的行为对象是特定的七类犯罪，即毒品犯罪、黑社会性质的组织犯罪、恐怖活动犯罪、走私犯罪、贪污贿赂犯罪、破坏金融管理秩序犯罪、金融诈骗犯罪的所得及其产生的收益；掩饰、隐瞒犯罪所得、犯罪所得收益罪的行为对象泛指除本罪中七类犯罪以外的其他犯罪的所得及产生的收益。（3）行为方式不同。本罪的行为方式主要是法定的五种；掩饰、隐瞒犯罪所得、犯罪所得收益罪的行为方式主要有窝藏、转移、收购、代为销售或者其他方法以掩饰、隐瞒犯罪所得、犯罪所得收益的来源和性质。明知是犯罪所得及其产生的收益而予以掩饰、隐瞒，构成《刑法》第312条规定的犯罪，同时又构成《刑法》第191条或者第349条规定的犯罪的，依照处罚较重的规定定罪处罚。

本案中，伊宁县人民检察院审查发现，冯某才在接收缠某超转账的赃款后，很快就将赃款转入冯某账户，有洗钱嫌疑。经讯问，冯某才辩称向冯某转账是为了偿还借款。针对冯某才的辩解，伊宁县人民检察院逐笔梳理冯某才与冯某的微信转账记录，有针对性地讯问冯某才，结合其他证据全面审查发现：（1）冯某才每次收到毒赃后均将全部或大部分转账给冯某，在作案时间段内呈现即收即转的特点。（2）冯某才与冯某对于借款金额、次数、已偿还金额以及未偿还金额等情况的陈述均含糊不清，且双方陈述的欠款数额差距较大。冯某才供称："我现在还欠她（冯某）一万多块钱。"而冯某称："应该还有（欠）几万块钱吧。"（3）除查明的3次毒赃转账外，2021年1月至4月，冯某才还有11次收取他人转账资金后即全部或大部分转给冯某，其中有4笔共计13480元来自缠某超。检察机关认为，冯某才关于归还借款的辩解不符合常理，且没有合理根据，冯某才收取毒赃后将赃款转移至他人的资金账户，具有掩饰、隐瞒犯罪所得及其收益的来源和性质的故意。上述行为发生在《刑法修正案（十一）》实施后，已构成洗钱罪，事实清楚，证据确实、充分。法院经审理认为：被告人冯某才主观上具有掩饰、隐瞒犯罪所得及其产生的收益来源和性质的故意，客观上实施了掩饰、隐瞒犯罪所得及其产生的收益的来源和性质的行为，应当承担刑事责任，并与上游犯罪数罪并罚。2021年10月13日，伊宁县人民法院以贩卖毒品罪判处冯某才有期徒刑9年，并处罚金人民币5000元；以洗钱罪判处冯某才有期徒刑6个月，并处罚金人民币1000元；数罪并罚，决定执行有期徒刑9年，并处罚金人民币6000元。

十四、集资诈骗罪

案　例

（一）案情简介

被告人吴某于2003年8月开办东阳吴宁贵族美容美体沙龙；2005年3月，吴某开始以合伙或投资等为名，向徐某、俞某、唐某等人高息集资，于2006年4月成立东阳本某商贸有限公司，而实际上此时的吴某已负债1400余万元。为了能够获取更多的钱财，吴某用骗来的5000万元注资成立浙江本某控股集团有限公司，接着又以同样的方法在同年7月至10月，先后成立东阳开发区本某汽车美容店、东阳开发区某洗衣店、浙江本某广告有限公司、东阳本某洗业管理服务有限公司、浙江本某酒店管理有限公司、东阳本某电脑网络有限公司、东阳本某装饰材料有限公司、东阳本某婚庆服务有限公司、东阳本某物流有限公司等9个公司，并组建本某控股集团，子公司包括本色广告、酒店管理、物业管理、电脑网络、婚庆、装饰材料、物流等。公司股东工商登记均为吴某及其妹，但是其妹并未实际出资和参与经营。所以，实际上就是吴某一个人的公司。吴某用集资诈骗款虚假注册成立上述众多公司后，大多未实际经营或亏损经营，但吴某采用虚构事实、隐瞒真相、虚假宣传等方法，给社会公众造成其公司具有雄厚经济实力的假象，以骗取更多的社会资金。

（二）问题

如何认定集资诈骗罪中的主观故意？

（三）法律规定

《中华人民共和国刑法》

第48条第1款 死刑只适用于罪行极其严重的犯罪分子。对于应当判处死刑的犯罪分子，如果不是必须立即执行的，可以判处死刑同时宣告缓期2年执行。

第192条 以非法占有为目的，使用诈骗方法非法集资，数额较大的，处3年以上7年以下有期徒刑，并处罚金；数额巨大或者有其他严重情节的，处7年以上有期徒刑或者无期徒刑，并处罚金或者没收财产。

单位犯前款罪的，对单位判处罚金，并对其直接负责的主管人员和其他直接责任人员，依照前款的规定处罚。

（四）法理分析

集资诈骗罪，是指以非法占有为目的，使用诈骗方法非法集资，数额较大的行为。本罪的构成特征是：

1. 本罪侵犯的客体是复杂客体，既侵犯了国家正常金融管理秩序，又侵犯了公私财产的所有权。集资诈骗最早于20世纪80年代初出现，称为“地下钱庄”“老鼠会”等。名称有“标会”“聚会”等10余种，会费从几千元到几十万元不等，利率一般高出银行利率2—4倍。这种以高利率、高回报为诱饵非法吸收社会上的资金，影响金融资金的流向，破坏正常金融管理秩序。这种行为以“集资”的名义诈骗他人钱财，非法占有他人资金，严重侵犯了公私财产的所有权。

2. 本罪在客观方面表现为使用诈骗方法，向社会公众非法集资，数额较大的行为。具体而言，包括以下三方面的内容：

第一，行为人使用了诈骗方法。所谓“使用诈骗方法”，是指行为人以非法占有为目的，采取虚构事实或者隐瞒真相的方法，例如虚构集资用途、数倍于同期银行存款利率的收益等手段，骗取集资款。

第二，行为人实施了非法集资的行为。所谓“非法集资”，是指公司、企业、个人或者其他组织未经有关机关批准，违反法律、行政法规规定，向社会公众或者单位募集资金的行为。根据2022年最高人民法院《关于审理非法集资刑事案件具体应用法律若干问题的解释》第1条第2款的规定，未向社会公开宣传，在亲友或者单位内部针对特定对象吸收资金的，不构成本罪。2019

年最高人民法院、最高人民检察院、公安部《关于办理非法集资刑事案件若干问题的意见》第5条规定，具有下列三种情形之一的，在亲友或者单位内部人员吸收的资金应当与向不特定对象吸收的资金一并计入犯罪数额：（1）在向亲友或者单位内部人员吸收资金的过程中，明知亲友或者单位内部人员向不特定对象吸收资金而予以放任的；（2）以吸收资金为目的，将社会人员吸收为单位内部人员，并向其吸收资金的；（3）向社会公开宣传，同时向不特定对象、亲友或者单位内部人员吸收资金的。

第三，必须是数额较大的行为。最高人民法院《关于审理非法集资刑事案件具体应用法律若干问题的解释》第8条规定，集资诈骗数额在10万元以上的，应当认定为“数额较大”；数额在100万元以上的，应当认定为“数额巨大”。

3. 本罪的主体是一般主体，即已满16周岁、具备刑事责任能力的自然人和单位。

4. 本罪的主观方面是故意，且具有非法占有目的。根据最高人民法院《关于审理非法集资刑事案件具体应用法律若干问题的解释》第7条的规定，使用诈骗的方法，具有下列情形之一的，可以认定为“以非法占有为目的”：（1）集资后不用于生产经营活动或者用于生产经营活动与筹集资金规模明显不成比例，致使集资款不能返还的；（2）肆意挥霍集资款，致使集资款不能返还的；（3）携带集资款逃匿的；（4）将集资款用于违法犯罪活动的；（5）抽逃、转移资金、隐匿财产，逃避返还资金的；（6）隐匿、销毁账目，或者搞假破产、假倒闭，逃避返还资金的；（7）拒不交代资金去向，逃避返还资金的；（8）其他可以认定非法占有目的的情形。对没有非法占有目的，在特定范围内（如面向单位职工）筹集资金，即使使用了一定欺诈手段的，也不能认定为犯罪，而应当按债务纠纷处理。

司法实践中，认定本罪时应注意与非法吸收公众存款罪的界限。非法吸收公众存款罪是指违反国家金融管理法规实施非法吸收公众存款或变相吸收公众存款，扰乱金融秩序的行为。二者在客观上都表现为面向公众非法集资的行为。两罪的主要区别在于：（1）侵犯的客体不同。本罪侵犯的是复杂客体，即侵犯了国家金融管理秩序和公私财产的所有权；而非法吸收公众存款罪侵犯的是单一客体，即国家金融管理秩序。（2）客观方面表现不同。本罪在客观方面表现为采取诈骗方法，以吸收存款或投资为名，骗取他人资金的行为；而非法吸收公众存款罪在客观方面表现为行为人不具有吸收公众存款的主体资格，而非法吸收公共存款或者虽然具有吸收存款的主体资格，但采用非法的方法吸收公众存款。也就是说，不一定采取诈骗手段，而且只能采用吸收存款，承诺还本付息的方式。（3）主观方面不同。本罪在主观方面是为了非法占有公众的资金；而非法吸收公众存款罪在主观方面没有非法占有公众存款的目的，其目的是通过公众存款进行营利活动，并无将非法吸收的存款占为己有的目的。区别的关键在于行为人主观上是否具有非法占有目的。对于以非法占有为目的而非法集资，或者在非法集资过程中产生了非法占有他人资金的故意，均构成集资诈骗罪。值得注意的有两点：一是不能仅凭较大数额的非法集资款不能返还的结果，就推定行为人具有非法占有的目的；二是行为人将大部分资金用于投资或生产经营活动，而将少量资金用于个人消费或挥霍的，不应仅以此便认定具有非法占有目的。根据最高人民法院《关于审理非法集资刑事案件具体应用法律若干问题的解释》，只要客观行为属于非法吸收或者变相吸收公众存款，并具有非法占有目的，就以本罪论处。

本案中，一审法院经审理认为，被告人吴某以非法占有为目的，隐瞒事实真相，虚构资金用途，以高额利息或高额投资回报为诱饵，骗取集资款77339.5万元，实际集资诈骗38426.5万元，数额特别巨大，其行为不仅侵犯了他人的财产所有权，而且破坏了国家的金融管理秩序，已构成集资诈骗罪。2009年10月，一审法院以集资诈骗罪判处吴某死刑，剥夺政治权利终身，并处没收个人全部财产；对吴某违法所得予以追缴，返还被害人。

再审法院经审理认为，吴某主观上具有非法占有目的。吴某在早期高息集资已形成巨额外债的情况下，明知已无法归还，却使用欺骗的手段继续以高息不断地从林某平等人处非法集资；吴某将集资款部分用于偿付欠款和利息，部分用于购买房产、车辆和个人挥霍，还对部分集资款进行随意处置和捐赠。吴某在集资过程中使用了诈骗手段。为了进行集资，吴某隐瞒其资金来源于高息集资并负有巨额债务的真相，并通过短时间内注册成立多家公司和签订大量购房合同等进行虚假宣传，为其塑造“亿万富姐”的虚假形象。集资时其向被害人编造欲投资收购商铺、烂尾楼和做煤、石油生意等“高回报项目”，骗取被害人信任。吴某非法集资对象为不特定公众。吴某委托杨某等人为其在社会上寻找“做资金生意的人”，事先并无特定对象，事实上，其非法集资的对象不仅包括林某平等11名直接被害人，也包括向林某平等人提供资金的100多名“下线”，还包括俞某素等数10名直接向吴某提供资金但没有按诈骗对象认定的人。在集资诈骗的11名受害人中，除蒋某幸、周某红二人在借钱之前就认识吴某外，其余都是经中间人介绍为集资而认识的，并非所谓的“亲友”。林某平等人向更大范围的公众筹集资金，吴某对此完全清楚。本色集团及各公司成立的注册资金均来自非法集资，成立后大部分公司都未实际经营或亏损经营；吴某用非法集资来的资金注册众多公司是为了虚假宣传，给社会公众造成本色集团繁荣的假象，以骗得更多的社会资金。而且吴某大量集资均以其个人名义进行，大量资金进入的是其个人账户，用途也由其一人随意决定。故本色集团及所属各公司实质上是吴某非法集资的工具，原判认定本案为吴某个人犯罪正确。再审法院判决：被告人吴某犯集资诈骗罪，判处死刑，缓期二年执行，剥夺政治权利终身，并处没收个人全部财产。

十五、信用卡诈骗罪

案　例

（一）案情简介

案例1：2014年2月28日9时许，被告人潘某在常州市天宁区一中国建设银行自动柜员机（ATM机）上，趁被害人陈某将银行卡（卡号62×××39）遗忘在机器内且尚未退出取款操作界面之际，分2次从该卡内取走人民币5500元。案发后，一审法院认定潘某构成盗窃罪，判处潘某拘役2个月，并处罚金人民币2000元。但检察机关认为，潘某的行为应当构成信用卡诈骗罪而非盗窃罪，以适用法律错误为由提起抗诉。

案例2：被告人柏某与被害人李某（男，32岁）系同一宿舍的室友。2019年6月至7月，被告人柏某使用其网购的电话卡注册昵称为×××的微信号，后将被害人李某的建设银行卡与其注册的微信号进行绑定，并分数次将被害人李某银行卡内人民币106437.99元转出。其中，被告人柏某将人民币106437.95元转至丁某的微信、将人民币0.04元以微信红包的方式发出。案发后丁某将人民币106438元退至公安机关。

（二）问题

1. 什么是“信用卡”？如何认定恶意透支？
2. 被告人潘某的行为应当如何定罪与处罚？
3. 被告人柏某的行为应当如何定罪与处罚？

（三）法律规定

《中华人民共和国刑法》

第196条　有下列情形之一，进行信用卡诈骗活动，数额较大的，处5年以下有期徒刑或者拘役，并处2万元以上20万元以下罚金；数额巨大或者有其他严重情节的，处5年以上10年以下有期徒刑，并处5万元以上50万元以下罚金；数额特别巨大或者有其他特别严重情节的，处10年以上有期徒刑或者无期徒刑，并处5万元以上50万元以下罚金或者没收财产：（1）使用伪造的信用卡，或者使用以虚假的身份证明骗领的信用卡的；（2）使用作废的信用卡的；（3）冒用他人信用卡的；（4）恶意透支的。

前款所称恶意透支，是指持卡人以非法占有为目的，超过规定限额或者规定期限透支，并且经发卡银行催收后仍不归还的行为。

盗窃信用卡并使用的，依照本法第264条的规定定罪处罚。

（四）法理分析

信用卡诈骗罪，是指以非法占有为目的，利用信用卡进行诈骗活动，骗取数额较大财物的行为。本罪的构成特征是：

1. 本罪侵犯的客体是复杂客体。即国家对信用卡的管理制度和他人的财产所有权。本罪的犯罪对象是信用卡。信用卡是一种支付凭证，可以用于购买商品、支取现金或接受支付结算等服务。根据全国人大常委会于2004年12月29日通过的《关于〈中华人民共和国刑法〉有关信用卡规定的解释》，刑法规定的“信用卡”，是指由商业银行或者其他金融机构发行的具有消费支付、信用贷款、转账结算、存取现金等全部功能或者部分功能的电子支付卡。由此可见，本罪中的“信用卡”，既包括贷记卡，也包括借记卡。

2. 本罪在客观方面表现为使用伪造、作废的信用卡，或者冒用他人信用卡，或者利用信用卡进行恶意透支，诈骗财物，数额较大的行为。具体而言，包括以下两方面内容：

第一，必须利用信用卡实施了诈骗财物行为。根据《刑法》第196条的规定，有以下四种情形：

（1）使用伪造的信用卡或者使用以虚假的身份证明骗领的信用卡。所谓“使用伪造的信用卡”，是指使用伪造的信用卡购物、在银行或自动柜员机上支取现金以及接受服务等行为。值得注意的是，“使用伪造的信用卡”只能是明知是他人伪造的信用卡而自己使用的（与伪造者没有共同故意）。如果是自己伪造信用卡并使用的，该行为既触犯了《刑法》第177条，构成伪造金融票证罪，又触犯了《刑法》第196条，构成信用卡诈骗罪，属于刑法理论上的牵连犯，应当按照“从一重处断”。使用伪造的信用卡，仅限于对自然人使用。在机器上使用伪造的信用卡取得财物的，成立盗窃罪。使用所谓“变造”的信用卡（如磁条内的信息被变更的信用卡）的，应认定为使用伪造的信用卡。利用伪造的信用卡私下质押担保骗取他人财物的，不成立信用卡诈骗罪，宜认定为（合同）诈骗罪。所谓“使用以虚假的身份证明骗领的信用卡”，是指行为人使用以伪造的身份证等虚假的身份证明材料所骗领的发卡银行发放的信用卡的行为。判断“虚假的身份证明”的关键在于，发卡银行能否以申请材料上的资料找到相关责任人。

（2）使用作废的信用卡。所谓“作废的信用卡”，是指因某种法定原因而失去效用的信用卡。一般有以下几种情况：信用卡超过有效使用期的；持卡人在信用卡有效使用期限内中止信用卡使用的，将信用卡退回发卡机构；因挂失信用卡而使信用卡作废的。

（3）冒用他人信用卡。所谓“冒用他人信用卡”，一般表现为非持卡人以持卡人名义使用持卡人的信用卡进而骗取财物或取得服务（但没有必要将他人信用卡限定为他人真实有效的信用卡）。使用自己名义的信用卡的行为，不成立本罪。行为人所冒用的信用卡，既可能是拾得的，也可能是通过其他方法取得的（但盗窃或抢劫信用卡后使用的情形存在例外）。冒用他人信用卡，以违反持卡人的意志为前提，征得持卡人同意使用其信用卡的，不构成本罪。根据 2018 年最高人民法院、最高人民检察院《关于办理妨害信用卡管理刑事案件具体应用法律若干问题的解释》第 5 条第 2 款规定，《刑法》第 196 条第 1 款第（3）项所称“冒用他人信用卡”包括下列情形：①拾得他人信用卡并使用的；②骗取他人信用卡并使用的；③窃取、收买、骗取或者以其他非法方式获取他人信用卡信息资料，并通过互联网、通讯终端等使用的；④其他冒用他人信用卡的情形。冒用他人信用卡，不需要行为人现实地持有他人的信用卡。例如，甲盗窃乙的借记卡与身份证，记下了借记卡的卡号后将借记卡偷偷放回原处。随后，甲持乙的身份证并冒充乙向银行挂失，由于甲能向银行工作人员准确提供借记卡的姓名、卡号与密码，使银行工作人员信以为真。但甲并没有要求银行工作人员为其补办新的借记卡，而是让银行工作人员将乙借记卡中的 1 万元全部转入自己的另一张借记卡。甲虽然没有现实地持有乙的借记卡，但仍认定为冒用他人信用卡。

（4）恶意透支。所谓“恶意透支”，是指持卡人以非法占有为目的，超过规定限额或者规定期限透支，并且经发卡银行两次有效催收后超过 3 个月仍不归还的行为。恶意透支的持卡人属于身份犯，应是指合法持卡人。“催收”既包括书面催收，也包括口头催收，但仅限于对持卡人催收，对保证人或者持卡人家属催收的，不属于“催收”。根据 2018 年最高人民法院、最高人民检察院《关于办理妨害信用卡管理刑事案件具体应用法律若干问题的解释》第 7 条规定，催收同时符合下列条件的，应当认定为本解释第 6 条规定的“有效催收”：①在透支超过规定限额或者规定期限后进行；②催收应当采用能够确认持卡人收悉的方式，但持卡人故意逃避催收的除外；③两次催收至少间隔 30 日；④符合催收的有关规定或者约定。对于是否属于有效催收，应当根据发卡银行提供的电话录音、信息送达记录、信函送达回执、电子邮件送达记录、持卡人或者其家属签字以及其他催收原始证据材料作出判断。

第二，诈骗财物必须数额较大，本罪是结果犯。根据2018年最高人民法院、最高人民检察院《关于办理妨害信用卡管理刑事案件具体应用法律若干问题的解释》第5条、第8条的规定，“数额较大”是指下列情形之一：使用伪造的信用卡、以虚假的身份证明骗领的信用卡、作废的信用卡或者冒用他人信用卡，进行信用卡诈骗活动，数额在5000元以上不满5万元的；恶意透支，数额在5万元以上不满50万元的。

3. 本罪的主体是一般主体，即已满16周岁、具备刑事责任能力的自然人。

4. 本罪的主观方面是故意，且具有非法占有目的。根据2018年最高人民法院、最高人民检察院《关于办理妨害信用卡管理刑事案件具体应用法律若干问题的解释》第6条第3款规定，具有以下情形之一的，应当认定为《刑法》第196条第2款规定的“以非法占有为目的”，但有证据证明持卡人确实不具有非法占有目的的除外：（1）明知没有还款能力而大量透支，无法归还的；（2）使用虚假资信证明申领信用卡后透支，无法归还的；（3）透支后逃匿、改变联系方式等手段，逃避银行催收的；（4）抽逃、转移资金，隐匿财产，逃避还款的；（5）使用透支的资金进行犯罪活动的；（6）其他非法占有资金，拒不归还的行为。

根据《刑法》第196条第3款的规定，盗窃信用卡并使用的，依照《刑法》第264条关于盗窃罪的规定定罪处罚。该规定属于法律拟制规定，即法律将本该构成信用卡诈骗罪的情形拟制为构成盗窃罪。需要注意以下两点：一是本款所规定的“信用卡”是真实有效且可以正常使用的信用卡。如果盗窃的是伪造、作废的，或者以虚假的身份证明骗领的信用卡并使用的，即属于冒用或者使用作废的信用卡的行为，应定信用卡诈骗罪。如果行为人盗窃的是伪造、作废的信用卡，而行为人不知是伪造、作废的信用卡并使用的仍然定盗窃罪。二是“使用”应是本人或意图让他人遵照信用卡的功能使用。司法实务中，有盗窃者利用不知情的第三者使用（间接正犯）的情况。例如，甲盗窃信用卡后，指使12周岁的乙使用。由于乙没有责任，甲成立《刑法》第196条第3款规定的盗窃罪的间接正犯。明知是他人盗窃的信用卡而使用的，也应认定为盗窃罪。例如，甲盗窃信用卡后交给乙，乙知道真相而使用的，甲与乙均成立盗窃罪。因为乙虽然没有就盗窃信用卡与甲通谋，但既然乙在使用时明知信用卡为甲盗窃所得，那么，就应认为乙使用甲盗窃的信用卡的行为，是《刑法》第196条第3款所规定的盗窃罪的一部分。因此，乙与甲构成《刑法》第196条第3款所规定的盗窃罪的共犯。

案例1中，一审法院经审理认为持银行卡在ATM机上使用时，输入密码与银行留存密码相符，视同银行卡所有人操作。被告人潘某在存取款一体机尚未退出的取款界面上操作提取被害人陈某的存款，不需要输入密码，没有假冒身份欺骗银行的情节，不构成信用卡诈骗罪，其行为符合盗窃罪的构成要件。

但检察机关认为，本案属于“拾得他人信用卡并使用”的情形，原审被告人潘某能够得逞的关键在于冒用身份这一行为，银行以为是信用卡的主人而“自觉自愿”实施付款行为，处于被骗者的地位。原审被告人不仅侵犯了被害人的财产权利，还侵犯了国家的金融管理秩序，符合刑法分则关于信用卡诈骗罪复杂客体的构成要件，原审判决认定被告人潘某的行为构成盗窃罪，系适用法律错误。

二审法院认定，根据最高人民法院、最高人民检察院《关于办理妨害信用卡管理刑事案件具体应用法律若干问题的解释》第5条规定，“拾得他人信用卡并使用”属于“冒用他人信用卡”的情形，本案原审被告人潘某的行为系“拾得他人信用卡并使用”，其行为不仅侵犯了他人的财产所有权，还侵犯了国家的金融管理秩序，这一点有别于盗窃行为侵犯财产所有权单一客体的特征，符合信用卡诈骗罪复杂客体的构成要件，属于《刑法》第196条规定的“冒用他人信用卡”的情形，应认定为信用卡诈骗罪。最终潘某因犯信用卡诈骗罪，被判处拘役2个月，并处罚金2万元。

案例2中，造成被害人财产损失的直接原因是被告人柏某私自创设被害人的信用卡对其注册的微信号的转账授权，被害人李某的银行卡号与手机上收到的验证码不仅是创设上述授权的有效信息，更是用来验证绑定微信的操作是否为持卡人本人进行的关键数据，被告人柏某通过非法获取上述信息资料的方式，假冒持卡人本人完成了转账授权，其行为直接与信用卡相关联，不仅侵犯了公私财产所有权，还侵犯了国家对信用卡的管理制度，应以信用卡诈骗罪追究刑事责任。在信用卡诈骗案件中，对“信用卡”的理解不能过于机械，随着第三方支付平台的逐渐普及，在便利群众日常生活的同时，也存在被犯罪分子作为工具利用的安全隐患。对利用第三方平台实施犯罪的行为准确定性，不仅有利于惩治犯罪，也有利于保护被害人及银行机构、支付平台的合法权益。

十六、保险诈骗罪

案　例

（一）案情简介

案例1：2012年至2019年3月，刘某、倪某、王某4等人在医院等场所结识交通事故伤者，许诺为伤者代理交通事故人身伤害索赔能获赔更多保险金或赔偿款，与伤者订立口头或书面代理索赔协议，并与司法鉴定人、律师，由司法鉴定人出具与伤者伤残等级不符的伤残等级鉴定意见，由律师钱某、陈某华等人依据上述鉴定意见，通过提起民事诉讼的手段，骗取A股份公司上海分公司、中国B股份有限公司上海市分公司（以下简称B股份公司）等保险公司支付高于其应当支付的事故理赔款。

2014年10月至2015年11月，被告人王某在担任长兴鉴定所鉴定人期间，明知上述事实，仍配合张某3、张某5等人，利用自己司法鉴定人身份，出具与伤者伤残等级不符的伤残等级鉴定意见，为刘某、倪某、王某4等人实施诈骗创造条件，骗取涉案保险公司事故理赔款。

案例2：被告人戴某因炒股、炒虚拟货币失败负债260多万元，为缓减经济压力，遂产生杀人骗取巨额保险金的恶念。2020年4月26日，戴某让王某通过线上投保了1份保额为200万元的定期寿险。在保险90日免赔期即将到期时，戴某于2020年7月20日与王某结婚后，在2020年7月24日让王某将保险受益人从其父亲变更为配偶戴某。自2020年6月开始，戴某通过5名女性朋友2次网购珍珠粉胶囊、5次网购河豚鱼干、4次网购河豚毒素。2020年9月11日，戴某将20毫克河豚毒素装填进两颗珍珠粉胶囊中。9月12日，戴某让王某在不知情的情况下服用该毒胶囊，且在王某有呕吐的情况后，再次要求王某服下第2颗毒胶囊，最终导致王某死亡。

（二）问题

1. 被告人王某的行为应当如何定罪与处罚？

2. 仅实施了制造保险事故的犯罪行为，而没有向保险人索赔时，应否认定为数罪？戴某的行为应当如何定罪与处罚？

（三）法律规定

《中华人民共和国刑法》

第198条　有下列情形之一，进行保险诈骗活动，数额较大的，处5年以下有期徒刑或者拘役，并处1万元以上10万元以下罚金；数额巨大或者有其他严重情节的，处5年以上10年以下有期徒刑，并处2万元以上20万元以下罚金；数额特别巨大或者有其他特别严重情节的，处10年以上有期徒刑，并处2万元以上20万元以下罚金或者没收财产：（1）投保人故意虚构保险标的，骗取保险金的；（2）投保人、被保险人或者受益人对发生的保险事故编造虚假的原因或者夸大损失的程度，骗取保险金的；（3）投保人、被保险人或者受益人编造未曾发生的保险事故，骗取保险金的；（4）投保人、被保险人故意造成财产损失的保险事故，骗取保险金的；（5）投保人、受益人故意造成被保险人死亡、伤残或者疾病，骗取保险金的。

有前款第（4）项、第（5）项所列行为，同时构成其他犯罪的，依照数罪并罚的规定处罚。

单位犯第1款罪的，对单位判处罚金，并对其直接负责的主管人员和其他直接责任人员，处5年以下有期徒刑或者拘役；数额巨大或者有其他严重情节的，处5年以上10年以下有期徒刑；数额特别巨大或者有其他特别严重情节的，处10年以上有期徒刑。

保险事故的鉴定人、证明人、财产评估人故意提供虚假的证明文件，为他人诈骗提供条件的，以保险诈骗的共犯论处。

第232条　故意杀人的，处死刑、无期徒刑或者10年以上有期徒刑；情节较轻的，处3年以上10年以下有期徒刑。

（四）法理分析

保险诈骗罪，是指投保人、被保险人、受益人以非法占有为目的，利用虚假的保险事实进行诈骗活动，骗取保险金，数额较大的行为。本罪的构成特征是：

1. 本罪侵犯的客体是国家的保险制度和保险人的财产所有权。为维护和促进保险行业的健康有序发展，国家制定了相关的法律法规，从而建立起完善的保险制度。保险诈骗行为必然会侵犯国家建立的保险管理制度，并损害保险人的财产权。本罪犯罪对象是保险金。所谓“保险金”，是指保险人根据保险合同的约定，对被保险人或者受益人进行给付的金额；或者当保险事故发生时，对物质损失进行赔偿的金额。

2. 本罪在客观方面表现为违反保险法规，采取虚构保险标的、保险事故或者制造保险事故等方法，骗取数额较大的保险金的行为。具体而言，包括以下三方面内容：

第一，必须违反保险法规。即违反全国人民代表大会及其常委会制定的法律和决定、国务院制定的行政法规、规定的行政措施、发布的决定和命令中有关保险管理的规定，如《保险法》。

第二，必须实施利用虚假的保险事实进行诈骗活动，骗取保险金的行为。根据《刑法》第198条，有以下五种情形：

（1）投保人故意虚构保险标的，骗取保险金的。是指投保人违背诚实信用原则，在与保险人订立保险合同时，为骗取保险金，故意虚构一个根本不存在的保险标的，与保险人签订保险合同，骗取保险金的行为。

（2）投保人、被保险人或者受益人对发生的保险事故编造虚假的原因或者夸大损失的程度，骗取保险金的。所谓“保险事故”，是指保险合同约定的保险责任范围内的事故。所谓“对发生的保险事故编造虚假的原因”，是指行为人明知发生的事故不属于保险公司赔偿的范围，故意编造能使保险人承担赔偿责任的虚假原因。《保险法》规定，保险公司并不是对所有的事故都给予赔偿，而是对保险合同中约定的保险责任范围内的事故承担保险赔偿责任，对保险合同规定的保险人责任免除的事故，保险人不承担赔偿责任。例如在机动车辆保险中，投保人、被保险人在保险责任规定的范围内开车造成事故的，保险人承担赔偿责任。而如果是投保人违反规定让其他无证人员开车造成事故的，保险人不承担赔偿责任。因此，发生事故后，引起事故发生的原因，就成为确定保险合同双方当事人责任，以及是否予以理赔的重要依据。“对发生保险事故夸大损失的程度”，是指发生的事故属于保险公司赔偿的范围，但行为人故意夸大事故造成保险标的损失程度，从而更多地骗取保险金的行为。例如涂改发票以提高投保标的价值、虚构被毁坏财物的数量等。

（3）投保人、被保险人或者受益人编造未曾发生的保险事故，骗取保险金的。是指行为人在未发生事故的情况时，虚构事实，谎称发生保险事故，从而骗取保险金的行为。

（4）投保人、被保险人故意造成财产损失的保险事故，骗取保险金的。是指投保人、被保险人为获得保险赔款，故意人为地造成保险标的损失的事故，如故意放火烧毁房屋，或者撞坏汽车，这种情况多发生在保险财产实际价值小于或远小于保险金额时，投保人或者被保险人为获得高于财产价值的赔款，而人为制造保险事故，将保险财产毁损，使保险人无法判定事故前财产的实际价值，只有根据保险单的约定予以赔偿。

（5）投保人、受益人故意造成被保险人死亡、伤残或者疾病，骗取保险金的。上述行为发生在人身保险上，保险人赔偿是以被保险人的死亡、伤残或者疾病为前提条件的。在这种情况下，一些投保人、受益人为了获取保险金，故意人为地造成被保险人死亡、伤残或者疾病的后果。例如对被保险人采取杀害、伤害、虐待、遗弃、造成疾病，或者人为造成人身事故，致使被保险人死亡、伤残或者疾病的后果，并以此向保险人索取赔偿。

第三，骗取保险金必须数额较大，本罪是结果犯。根据 2022 年修订的最高人民检察院、公安部《关于公安机关管辖的刑事案件立案追诉标准的规定（二）》第 51 条规定，数额较大为 5 万元以上。

3. 本罪的主体是特殊主体，即投保人、被保险人、受益人。所谓“投保人”，是指与保险人订立保险合同，并按照保险合同负有支付保险费义务的人。所谓“被保险人”，是指财产或者人身受保险合同保障，享有保险金请求权的人。投保人本人或者投保人指定的享有保险金请求权的人，可以是被保险人。所谓“受益人”，是指人身保险合同中由被保险人或者投保人指定的享有保险金请求权的人，投保人、被保险人可以是受益人。

4. 本罪的主观方面是故意，且具有非法占有目的。

司法实践中，认定本罪时应注意以下两个问题：

一是本罪的罪数问题。在保险诈骗活动中，投保人、被保险人或者受益人为了获取保险金而人为地制造保险事故发生时，常常又触犯其他罪名。如行为人以放火或者爆炸等方法毁坏保险财产时，可能触犯放火罪或者爆炸罪等犯罪；行为人致使被保险人死亡、伤残或者疾病的行为可能触犯故意杀人罪或者故意伤害罪。这种情形下手段行为构成了其他犯罪，目的行为构成了保险诈骗罪，属于牵连犯，按刑法理论通说观点应以一重罪处罚。但是《刑法》第 198 条第 2 款对此明确规定，这种情况依照数罪并罚的规定处罚。

二是本罪共同犯罪的认定。在保险诈骗中，行为人为了实现诈骗目的，常常勾结有关保险事故的鉴定人、证明人或者财产评估人，让他们提供虚假证明文件。《刑法》第 198 条第 4 款规定：“保险事故的鉴定人、证明人、财产评估人故意提供虚假的证明文件，为他人诈骗提供条件的，以保险诈骗罪的共犯论处。”其中，保险事故的鉴定人、证明人、财产评估人，是指在保险事故发生后，参与保险事故调查工作的当事人，他们所提供的鉴定、证明和财产评估的材料直接影响保险事故调查的真伪，因此法律对其行为作了严格规定，如果他们故意提供虚假的证明文件，为他人诈骗提供条件，则以保险诈骗罪的共犯论处。应当明确的是，上述人员的行为是否构成犯罪，是以保险诈骗已经构成犯罪为前提条件的。如果进行保险诈骗的人尚未骗取保险金，不构成犯罪时，提供虚假证明文件的鉴定人、证明人、财产评估人的行为也不应当视为犯罪，但可以采取其他方法予以制裁，如追究其行政责任等。

案例 1 中，被告人王某身为保险事故的鉴定人，故意提供虚假的证明文件，通过虚假残疾等级鉴定夸大损失程度，为他人骗取保险金提供条件，数额特别巨大，其行为已构成保险诈骗罪。法院经审理认为，王某的行为构成保险诈骗罪共犯，系从犯，判处其有期徒刑 3 年，缓刑 4 年，并处罚金人民币 4 万元。

案例 2 中，戴某杀妻的目的是偿还炒股、炒虚拟货币而欠下的巨额债务，与王某结婚时，就已有骗保想法。从投保、结婚到更改受益人，都是戴某诱导王某完成的。但本案中，戴某杀妻后，未到保险公司索赔即被当地公安机关抓获，戴某的行为构成故意杀人罪无疑，但还没有着手实行保险诈骗罪，能否实行数罪并罚？《刑法》第 198 条第 1 款第（4）项、第（5）项在规定了制造保险事故行为的同时规定了“骗取保险金”；而“骗取保险金”不包括尚未向保险人骗取保险金的行为。本案中，戴某的杀妻行为虽然为骗取保险金创造了条件，但他还没有开始实施向保险人骗取保险金的行为时就被抓，故不能认为戴某的行为符合《刑法》第198条第1款第（4）项、第（5）项的规定。最终，一审认定戴某犯故意杀人罪，判处其死刑，二审维持原判。

十七、逃税罪

案　例

（一）案情简介

案例1：被告单位四川某食品有限公司是一家小规模食品生产企业，具有一般纳税人资格。2017年至2019年，该公司法定代表人郑某某，安排公司财务人员采取欺骗、隐瞒手段进行虚假纳税申报，逃避缴纳税款共计127万余元，年度逃避纳税税款比例高达80%至97%不等。2021年9月29日，税务机关向被告单位下达《税务处理决定书》和《税务行政处罚决定书》，责令限期缴纳逃避缴纳的税款和罚款。被告单位未按期缴纳。同年10月14日，税务机关再次向被告单位送达《税务事项通知书》，限其在当月28日前缴纳上述款项。期满后，被告单位仍未缴纳。2022年5月6日，税务机关向公安机关移交该公司涉嫌逃税犯罪线索。公安机关于次日立案侦查。郑某某接到公安机关电话通知后自首。2023年3月6日，被告单位向税务机关出具申请延期分批缴纳税款承诺书，得到批准，并于当月8日缴纳了部分缓缴税款。

案例2：2018年6月初，群众举报范某某“阴阳合同”涉税问题后，国家税务总局高度重视，责成江苏等地税务机关依法开展调查核实。从调查核实情况来看，范某某在某部电影拍摄过程中实际取得片酬3000万元，其中1000万元已经申报纳税，其余2000万元以拆分合同方式偷逃个人所得税618万元，少缴营业税及附加112万元，合计730万元。此外，还查出范某某及其担任法定代表人的企业少缴税款2.48亿元，其中偷逃税款1.34亿元。

对于上述违法行为，根据国家税务总局指定管辖，江苏省税务局依据《税收征收管理法》第32条、第52条的规定，对范某某及其担任法定代表人的企业追缴税款2.55亿元，加收滞纳金0.33亿元；依据《税收征收管理法》第63条的规定，对范某某采取拆分合同手段隐瞒真实收入偷逃税款处4倍罚款计2.4亿元，对其利用工作室账户隐匿个人报酬的真实性质偷逃税款处3倍罚款计2.39亿元；对其担任法定代表人的企业少计收入偷逃税款处1倍罚款计 94.6 万元；依据《税收征收管理法》第 69 条和《税收征收管理法实施细则》第 93 条的规定，对其担任法定代表人的两个企业未代扣代缴个人所得税和非法提供便利协助少缴税款各处 0.5 倍罚款，分别计 0.51 亿元、0.65 亿元。

依据 2017 年《行政处罚法》第 42 条以及《江苏省行政处罚听证程序规则》相关规定，2018 年 9 月 26 日，江苏省税务局依法先向范某某下达《税务行政处罚事项告知书》，对此范某某未提出听证申请。9 月 30 日，江苏省税务局依法向范某某正式下达《税务处理决定书》和《税务行政处罚决定书》，要求其将追缴的税款、滞纳金、罚款在收到上述处理处罚决定后在规定期限内缴清。

（二）问题

1. 郑某某的行为应当如何认定与处理?

2. 范某某的行为应当如何认定与处理?

（三）法律规定

《中华人民共和国刑法》

第 201 条　纳税人采取欺骗、隐瞒手段进行虚假纳税申报或者不申报，逃避缴纳税款数额较大并且占应纳税额百分 10% 以上的，处 3 年以下有期徒刑或者拘役，并处罚金；数额巨大并且占应纳税额 30% 以上的，处 3 年以上 7 年以下有期徒刑，并处罚金。

扣缴义务人采取前款所列手段，不缴或者少缴已扣、已收税款，数额较大的，依照前款的规定处罚。

对多次实施前两款行为，未经处理的，按照累计数额计算。

有第 1 款行为，经税务机关依法下达追缴通知后，补缴应纳税款，缴纳滞纳金，已受行政处罚的，不予追究刑事责任；但是，5 年内因逃避缴纳税款受过刑事处罚或者被税务机关给予 2 次以上行政处罚的除外。

（四）法理分析

逃税罪，是指纳税人采取欺骗、隐瞒手段进行虚假纳税申报或者不申报，逃避缴纳税款数额较大并且占应纳税额 10% 以上，或者缴纳税款后，以假报出口或者其他欺骗手段，骗取所缴纳的税款的行为，以及扣缴义务人采取欺骗、隐瞒等手段，不缴或者少缴已扣、已收税款，数额较大的行为。本罪的构成特征是：

1. 本罪侵犯的客体是国家的税收管理秩序。税收是国家财政的最主要来源，取之于民，用之于民。依法纳税是公民的基本义务，是企业的法定义务。

税收管理制度是国家各种税收和税款征收办法的总称，包括征收对象、税率、纳税日期、征收管理体制等内容。本罪的犯罪对象是依法应当由税务部门征收的各种税款。逃避由海关征收的关税的，不构成本罪，应以走私罪定罪处罚。

2. 本罪在客观方面表现为采取欺骗、隐瞒手段进行虚假纳税申报或者不申报，逃避缴纳税款数额较大并且占应纳税额10%以上，或者缴纳税款后，以假报出口或者其他欺骗手段，骗取所缴纳的税款的行为，以及扣缴义务人采取欺骗、隐瞒等手段，不缴或者少缴已扣、已收税款，数额较大的行为。根据《刑法》第201条的规定，有以下四种情形：

第一，采取欺骗、隐瞒手段进行虚假纳税申报。2024年最高人民法院、最高人民检察院《关于办理危害税收征管刑事案件适用法律若干问题的解释》第1条第1款规定，纳税人进行虚假纳税申报，具有下列情形之一的，应当认定为《刑法》第201条第1款规定的“欺骗、隐瞒手段”：（1）伪造、变造、转移、隐匿、擅自销毁账簿、记账凭证或者其他涉税资料的；（2）以签订“阴阳合同”等形式隐匿或者以他人名义分解收入、财产的；（3）虚列支出、虚抵进项税额或者虚报专项附加扣除的；（4）提供虚假材料，骗取税收优惠的；（5）编造虚假计税依据的；（6）为不缴、少缴税款而采取的其他欺骗、隐瞒手段。

第二，不申报。根据最高人民法院、最高人民检察院《关于办理危害税收征管刑事案件适用法律若干问题的解释》第1条第2款的规定，具有下列情形之一的，应当认定为《刑法》第201条第1款规定的“不申报”：（1）依法在登记机关办理设立登记的纳税人，发生应税行为而不申报纳税的；（2）依法不需要在登记机关办理设立登记或者未依法办理设立登记的纳税人，发生应税行为，经税务机关依法通知其申报而不申报纳税的；（3）其他明知应当依法申报纳税而不申报纳税的。

第三，根据《刑法》第204条第2款的规定，缴纳税款后，以假报出口或者其他欺骗手段，骗取所缴纳的税款的，符合其他要件的，也成立本罪。根据最高人民法院、最高人民检察院《关于办理危害税收征管刑事案件适用法律若干问题的解释》第7条的规定，具有下列情形之一的，应当认定为《刑法》第204条第1款规定的“假报出口或者其他欺骗手段”：（1）使用虚开、非法购买或者以其他非法手段取得的增值税专用发票或者其他可以用于出口退税的发票申报出口退税的；（2）将未负税或者免税的出口业务申报为已税的出口业务的；（3）冒用他人出口业务申报出口退税的；（4）虽有出口，但虚构应退税出口业务的品名、数量、单价等要素，以虚增出口退税额申报出口退税的；（5）伪造、签订虚假的销售合同，或者以伪造、变造等非法手段取得出口报关单、运输单据等出口业务相关单据、凭证，虚构出口事实申报出口退税的；(6) 在货物出口后，又转入境内或者将境外同种货物转入境内循环进出口并申报出口退税的；(7) 虚报出口产品的功能、用途等，将不享受退税政策的产品申报为退税产品的；(8) 以其他欺骗手段骗取出口退税款的。

第四，扣缴义务人采取欺骗、隐瞒等手段，不缴或者少缴已扣、已收税款。行为人实施了伪造、变造、隐匿、擅自销毁账簿、记账凭证等行为，不缴或者少缴已扣、已收税款。

需注意的是，本罪是结果犯，构成本罪须数额较大。根据最高人民法院、最高人民检察院《关于办理危害税收征管刑事案件适用法律若干问题的解释》第 2 条的规定，纳税人、扣缴义务人逃避缴纳税款 10 万元以上、50 万元以上的，应当分别认定为《刑法》第 201 条第 1 款规定的“数额较大”“数额巨大”。

3. 本罪的主体是特殊主体，即纳税人和扣缴义务人。根据《税收征收管理法》第 4 条规定，“纳税人”是指法律、行政法规规定负有纳税义务的单位和个人。“扣缴义务人”是指法律、行政法规规定负有代扣代缴、代收代缴税款义务的单位和个人。

4. 本罪的主观方面是故意，且具有非法占有应缴税款的目的。

司法实践中，认定本罪时应注意罪与非罪的界限。应从以下两方面进行把握：(1) 逃税数额是否达到较大的标准并具备法定的情节。根据《刑法》第 201 条和 2022 年修订的最高人民检察院、公安部《关于公安机关管辖的刑事案件立案追诉标准的规定（二）》第 52 条的规定，纳税人采取欺骗、隐瞒手段进行虚假纳税申报或者不申报，逃避缴纳税款，数额在 10 万元以上并且占各税种应纳税总额 10% 以上，经税务机关依法下达追缴通知后，补缴应纳税款、缴纳滞纳金或者接受行政处罚的不予追究刑事责任；如果属于 5 年内因逃避缴纳税款受过刑事处罚或者被税务机关给予 2 次以上行政处罚，又逃避缴纳税款，数额在 10 万元以上并且占各税种应纳税总额 10% 以上的，则以本罪追究刑事责任。(2) 行为人主观上是否具有非法占有目的。行为人只有在主观上具有非法占有应缴税款的目的，客观上实施了逃税的情况下，其行为才构成本罪。如果行为人主观上并不具有非法占有目的，而仅仅是因为经济状况欠佳一时拖欠或不缴税款，或者是由于行为人对税收规定、财务会计制度不了解，或因为疏忽大意漏报应税项目等过失行为，而导致不缴或少缴应纳税款的行为，则不能认定为逃税罪。

案例 1 中，法院经审理认为，被告单位四川某食品有限公司采取欺骗、隐瞒手段进行虚假纳税申报或者不申报，逃避缴纳税款数额巨大，并且占应纳税额30%以上，经税务机关依法下达追缴通知后仍未补缴，已构成逃税罪。被告人郑某某作为被告单位直接负责的主管人员，亦构成逃税罪。法院以逃税罪判处被告单位四川某食品有限公司罚金；被告人郑某某有期徒刑1年，缓刑2年，并处罚金人民币3万元。

案例2中，依据《刑法》第201条的规定，由于范某某属于首次被税务机关按偷税予以行政处罚，且此前未因逃避缴纳税款受过刑事处罚，其行为定性为偷税的税款、滞纳金、罚款在税务机关下达追缴通知后在规定期限内缴纳的，依法不予追究刑事责任。

十八、虚开增值税专用发票、用于骗取出口退税、抵扣税款发票罪

案　例

（一）案情简介

2011年11月至2013年1月，被告单位山东省肥城泰某实业有限公司（以下简称泰某公司）在购买河北省安平县旺某五金丝网厂（以下简称旺某五金，该厂系个体工商户，无开具增值税专用发票资格）货物的过程中，泰某公司原法定代表人兼总经理赵某某安排该公司原经营部部长赵某、原主管会计郭某某核算需要虚开的增值税专用发票数额后，赵某某等人联系旺某五金的经营者，由后者联系被告人董某，商定以支付开票费的方式让董某为泰某公司虚开增值税专用发票。在没有真实货物交易的情况下，董某向其代销货物的天津两家公司提供虚构的开票信息，陆续向泰某公司虚开增值税专用发票共计59份，价税合计6046308.32元。在此过程中，泰某公司通过旺某五金经营者向被告人董某支付开票费20.34万元，泰某公司实际抵扣税款计781251.7元。

（二）问题

虚开增值税专用发票罪中“虚开行为”的内涵是什么？赵某某等人的行为应当如何定罪与处罚？

（三）法律规定

《中华人民共和国刑法》

第205条　虚开增值税专用发票或者虚开用于骗取出口退税、抵扣税款的其他发票的，处3年以下有期徒刑或者拘役，并处2万元以上20万元以下罚金；虚开的税款数额较大或者有其他严重情节的，处3年以上10年以下有期

徒刑，并处5万元以上50万元以下罚金；虚开的税款数额巨大或者有其他特别严重情节的，处10年以上有期徒刑或者无期徒刑，并处5万元以上50万元以下罚金或者没收财产。

单位犯本条规定之罪的，对单位判处罚金，并对其直接负责的主管人员和其他直接责任人员，处3年以下有期徒刑或者拘役；虚开的税款数额较大或者有其他严重情节的，处3年以上10年以下有期徒刑；虚开的税款数额巨大或者有其他特别严重情节的，处10年以上有期徒刑或者无期徒刑。

虚开增值税专用发票或者虚开用于骗取出口退税、抵扣税款的其他发票，是指有为他人虚开、为自己虚开、让他人为自己虚开、介绍他人虚开行为之一的。

（四）法理分析

虚开增值税专用发票、用于骗取出口退税、抵扣税款发票罪，是指为了牟取非法经济利益，故意违反国家发票管理规定，虚开增值税专用发票或者用于骗取出口退税、抵扣税款的其他发票的行为。本罪的构成特征是：

1. 本罪侵犯的客体是国家的税收管理制度。本罪的犯罪对象是增值税专用发票和能够作为出口退税、抵扣税款凭证的其他发票。所谓“增值税专用发票”是由国家税务总局监制设计印制的，只限于增值税一般纳税人领购使用的，既作为纳税人反映经济活动中的重要会计凭证，又是兼记销货方纳税义务和购货方进项税额的合法证明；是增值税计算和管理中重要的决定性的合法的专用发票。所谓“增值税专用发票以外可以用于出口退税、抵扣税款的发票”，是指废旧物品收购发票、运输发票、农业产品收购发票等既不是增值税专用发票，但又具有与增值税专用发票相同的功能，可以用于出口退税、抵扣税款的发票。

2. 本罪在客观方面表现为虚开增值税专用发票或者用于骗取出口退税、抵扣税款的其他发票的行为。所谓“虚开发票”，是指虚构经营业务活动开具发票的行为。不法分子虚开增值税专用发票和其他特定发票，是利用增值税专用发票和其他特定发票的抵扣功能偷税和骗取税款。根据2024年最高人民法院、最高人民检察院《关于办理危害税收征管刑事案件适用法律若干问题的解释》第10条第1款的规定，具有下列情形之一的，应当认定为《刑法》第205条第1款规定的“虚开增值税专用发票或者虚开用于骗取出口退税、抵扣税款的其他发票”：（1）没有实际业务，开具增值税专用发票、用于骗取出口退税、抵扣税款的其他发票的；（2）有实际应抵扣业务，但开具超过实际应抵扣业务对应税款的增值税专用发票、用于骗取出口退税、抵扣税款的其他发票的；（3）对依法不能抵扣税款的业务，通过虚构交易主体开具增值税专用发票、用于骗取出口退税、抵扣税款的其他发票的；（4）非法篡改增值税专用发票或者用于骗取出口退税、抵扣税款的其他发票相关电子信息的；（5）违反规定以其他手段虚开的。根据《刑法》第 205 条第 3 款的规定，虚开增值税专用发票或者虚开用于骗取出口退税、抵扣税款的其他发票主要有以下四种行为方式：(1) 为他人虚开，是指行为人明知其他单位或个人没有进行经营活动，或者只进行了一定的经营活动，却用自己持有的增值税专用发票或者其他发票，采取无中生有或者以少开多的手段，为他人开具增值税专用发票或者其他发票的行为。(2) 为自己虚开，是指行为人没有进行经营活动，或者只进行了一定的经营活动，却用自己持有的增值税专用发票或者其他发票，采取无中生有或者以少开多的手段，为自己开具增值税专用发票或者其他发票的行为。为自己虚开增值税专用发票或者其他发票，一般是供自己实施抵扣税款偷税或者骗取出口退税犯罪。(3) 让他人为自己虚开，是指行为人指使、要求、收买或者诱骗他人为自己虚假开具增值税专用发票或者其他发票的行为。有让他人为自己虚开的，就有为他人虚开的行为。让他人为自己虚开与为他人虚开的行为是相互依存成立的。(4) 介绍他人虚开增值税专用发票，是指行为人为使他人虚开增值税专用发票或者其他发票，而进行牵线搭桥或者组织策划的行为。

2024 年最高人民法院、最高人民检察院《关于办理危害税收征管刑事案件适用法律若干问题的解释》第 12 条规定，具有下列情形之一的，应当认定为《刑法》第 205 条之一第 1 款规定的“虚开刑法第 205 条规定以外的其他发票”：(1) 没有实际业务而为他人、为自己、让他人为自己、介绍他人开具发票的；(2) 有实际业务，但为他人、为自己、让他人为自己、介绍他人开具与实际业务的货物品名、服务名称、货物数量、金额等不符的发票的；（3）非法篡改发票相关电子信息的；(4) 违反规定以其他手段虚开的。

行为人虚开的增值税专用发票或者其他发票，可以是自己依照合法渠道领购的，可以是非法购买的真发票或购买伪造的假发票又虚开的，不论这些发票来自何种渠道，只要行为人虚开的，对其都应当以虚开增值税专用发票、用于骗取出口退税、抵扣税款发票罪定罪处罚。对行为人非法获取增值税专用发票构成其他犯罪的，应当依法实行数罪并罚。

3. 本罪的主体是一般主体，即已满 16 周岁、具备刑事责任能力的自然人和单位。

4. 本罪的主观方面是故意。行为人的犯罪动机可能有所不同，但大多是为了牟取暴利，其主观动机如何不影响本罪的成立。过失行为不构成本罪。

司法实践中，认定本罪时应注意介绍他人型虚开专用发票罪与教唆犯罪及传授犯罪方法罪的界限。介绍他人虚开增值税专用发票或用于骗取出口退税、抵扣税款的其他发票，是指在拥有增值税专用发票或用于骗取出口退税、抵扣税款的其他发票的单位或者个人（即开票方）与需要虚开增值税专用发票或用于骗取出口退税、抵扣税款的其他发票的单位或者个人（即受票方）之间互相介绍、牵线搭桥，使虚开增值税专用发票或用于骗取出口退税、抵扣税款的其他发票犯罪的行为得以成立。介绍人是中介人，是虚开发票的主体之一，对其应按虚开增值税专用发票、用于骗取出口退税、抵扣税款发票罪定罪处罚。教唆虚开是指唆使他人虚开发票的行为，教唆者既不在行为人之间牵线搭桥，也不传授具体犯罪方法，对教唆犯也应认定为构成虚开增值税专用发票、用于骗取出口退税、抵扣税款发票罪，并且依法按其在共同犯罪中的作用处罚。另外，行为人只传授虚开发票的方法和技巧，而不教唆和实施虚开发票的行为的，应当以传授犯罪方法罪定罪处罚，但单位不能构成此罪。

本案中，法院经审理认为：虽然泰某公司与旺某五金之间有部分真实交易，但泰某公司在支付应付的上述货款之外，另行向旺某五金支付5%—6%的"开票费"，要求旺某五金找人为其开具税率为17%的交易数额为500余万元的增值税专用发票，用于抵扣应缴税款，主观上存在让他人为自己虚开增值税专用发票的故意。根据本案查明的事实，泰某公司在向旺某五金购买产品过程中支付的货款并不包含税款，其在支付真实货款之外，又额外向旺某五金支付的"开票费"并非其向旺某五金支付的税款，而是"购买"涉案虚开增值税专用发票的费用，该笔款项并未作为国家税收进入国库，故该款项不应在犯罪数额中予以扣除，亦属于国家税款的损失。据此，法院作出一审判决：(1)被告单位泰某公司犯虚开增值税专用发票罪，判处罚金人民币5万元。被告人赵某某犯虚开增值税专用发票罪，判处有期徒刑3年，缓刑3年。被告人赵某犯虚开增值税专用发票罪，判处有期徒刑2年，缓刑2年。被告人郭某某犯虚开增值税专用发票罪，判处拘役6个月，缓刑6个月。被告人董某犯虚开增值税专用发票罪，判处有期徒刑2年6个月，缓刑2年6个月，并处罚金人民币5万元。(2)扣押于泰安市公安局的违法所得203400元依法予以没收，由扣押机关上缴国库。审理过程中肥城泰某实业有限公司所退缴违法所得781251.7元依法予以没收，上缴国库。宣判后，被告人赵某某不服，提出上诉。二审法院维持原判。

十九、假冒注册商标罪

案 例

（一）案情简介

2018年至2022年，被告人王某某明知“中某”“中某管道”等商标系浙江某管道科技股份有限公司的注册商标，在未获得该公司授权的情况下，雇用傅某某等3人生产假冒上述注册商标的PPR管道配件，销售后大量用于住宅、厂房的水管连接。王某某从被告人袁某某处定制印有“中某管道”等商标标识的纸板箱、从被告人肖某某处定制印有“中某”商标标识的防伪码用于包装，以上门推销、微信下单、物流运送等方式将上述假冒管道配件发往浙江、上海、安徽、江苏等地，销售给葛某某、莫某某、魏某某等人，销售金额共计593万余元，非法获利约50万元。葛某某、莫某某、魏某某等人明知王某某提供的管道配件系假冒产品，仍通过各自经营的五金店、配件店等加价对外销售，各自的销售金额为12.5万余元至123.6万余元不等。

（二）问题

如何认定“相同的商标、服务”？被告人王某某等人的行为应当如何定罪与处罚？

（三）法律规定

《中华人民共和国刑法》

第213条　未经注册商标所有人许可，在同一种商品、服务上使用与其注册商标相同的商标，情节严重的，处3年以下有期徒刑，并处或者单处罚金；情节特别严重的，处3年以上10年以下有期徒刑，并处罚金。

（四）法理分析

假冒注册商标罪，是指违反国家商标管理法规，未经注册商标所有人许可，在同一种商品、服务上使用与其注册商标相同的商标，情节严重的行为。本罪的构成特征是：

1. 本罪侵犯的客体是复杂客体，既侵犯了国家的商标管理制度，又侵犯了他人商标专用权。所谓“商标专用权”，是指经商标局核准注册的商标，商标注册人即商标所有者享有的排他地、独立地使用该项商标的权利。本罪的犯罪对象是他人已经注册的商标。所谓“商标”，是指自然人、法人或者其他组织对其生产、制造、加工、拣选或者经销的商品或者对其提供的服务项目上采用的，由文字、图形、字母、数字、声音、三维标志和颜色或者其组合构成的，能够将其商品或者提供的服务与他人的商品或者提供的服务区别开来的，具有显著特征的可视性标志。中国对商标专用权的取得采用注册原则，即按申请注册的先后来确定商标权的归属，即谁先申请商标注册，商标权就授予谁。由于采用注册原则，只有注册商标才受《商标法》保护，没有注册的商标不在保护之列。根据《刑法》第213条的规定，假冒注册商标罪的犯罪对象包括商品商标和服务商标。

2. 本罪在客观方面表现为未经注册商标所有人许可，在同一种商品、服务上使用与其注册商标相同的商标，情节严重的行为。具体而言，包括以下三方面内容：

第一，必须违反国家商标管理法规，这是构成本罪的前提条件。根据商标法规定，商标注册人可以通过签订商标使用许可合同的方式，许可他人使用其注册商标，严禁未经注册商标所有人许可而使用其商标的行为。所谓“未经许可”，是指行为人使用他人注册商标，未取得注册商标所有人的同意。如果得到商标注册人同意后使用的，不能成立本罪。

第二，必须实施未经注册商标所有人许可，在同一种商品、服务上使用与其注册商标相同的商标的行为。所谓“同一种商品、服务”，是指名称相同的商品、服务以及名称不同但指同一事物的商品、服务。其中，“名称”是指国家知识产权局、商标局在商标注册工作中对商品使用的名称，通常即《商标注册用商品和服务国际分类》中规定的商品名称。“名称不同但指同一事物的商品、服务”，是指在功能、用途、主要原料、消费对象、销售渠道等方面相同或者基本相同，相关公众一般认为是同一种事物的商品、服务。认定“同一种商品、服务”，应当在权利人注册商标核定使用的商品、服务和行为人实际生产销售的商品、服务之间进行比较。根据2020年最高人民法院、最高人民检察院《关于办理侵犯知识产权刑事案件具体应用法律若干问题的解释(三)》第1条规定，具有下列情形之一的，可以认定为《刑法》第213条规定的“与其注册商标相同的商标”：（1）改变注册商标的字体、字母大小写或者文字横竖排列，与注册商标之间基本无差别的；（2）改变注册商标的文字、字母、数字等之间的间距，与注册商标之间基本无差别的；（3）改变注册商标颜色，不影响体现注册商标显著特征的；（4）在注册商标上仅增加商品通用名称、型号等缺乏显著特征要素，不影响体现注册商标显著特征的；（5）与立体注册商标的三维标志及平面要素基本无差别的；（6）其他与注册商标基本无差别、足以对公众产生误导的商标。

第三，必须是情节严重的行为。所谓“情节严重”，根据2004年最高人民法院、最高人民检察院《关于办理侵犯知识产权刑事案件具体应用法律若干问题的解释》的规定，具有下列情形之一的，属于《刑法》第213条规定的“情节严重”：(1) 非法经营数额在5万元以上或者违法所得数额在3万元以上的；(2) 假冒两种以上注册商标，非法经营数额在3万元以上或者违法所得数额在2万元以上的；(3) 其他情节严重的情形。

3. 本罪的主体是一般主体，即已满16周岁、具备刑事责任能力的自然人和单位。

4. 本罪的主观方面是故意，且一般具有牟利目的。

司法实践中，认定本罪时应注意与生产、销售伪劣产品罪的界限。生产、销售伪劣产品罪是指生产者、销售者在产品中掺杂、掺假，以假充真，以次充好或者以不合格产品冒充合格产品，销售金额较大的行为。两罪的主要区别在于：(1) 侵犯的客体不同。本罪侵犯的客体是国家商标管理制度；生产、销售伪劣产品罪则是侵犯国家对商品质量的管理制度。(2) 客观方面表现不同。本罪是未经注册商标所有人许可，在同一种商品、服务上使用与其注册商标相同的商标的行为；生产、销售伪劣产品罪则是在产品中掺杂使假、以假乱真、以次充好或者以不合格产品冒充合格产品的行为。对于采用假冒注册商标的手段生产、销售伪劣产品，且销售数额特别巨大或者造成严重后果的，既触犯了生产、销售伪劣产品罪，也触犯了假冒注册商标罪。对此，按照牵连犯原则，从一重罪处理。

本案中，部分假冒管道配件产品系通过上海、宁波等地建材市场内的正规经销商店进行销售，隐蔽性强，消费者难以分辨。犯罪行为既侵犯商标权利人的合法权益，也损害消费者利益。2023年2月21日，某县人民检察院以假冒注册商标罪对王某某提起公诉（其他人另案处理）。2023年10月，某县人民法院以假冒注册商标罪判处被告人王某某有期徒刑5年3个月，并处罚金人民币50万元，以非法获利为基数，判处王某某赔偿权利人损失人民币101万元。

二十、侵犯著作权罪

案　例

(一) 案情简介

2016年3月至2021年3月，王某中等人未经著作权人、专有出版权人许可，非法复制发行、出版他人享有专有出版权的《中国交通地图》《世界地图》等共计36款地图，合计960余万张，非法经营数额共计人民币1000余万元。其中，经王某中统筹组织，戚某芳通过其经营的春某工艺纸品有限公司印刷侵权地图880余万张，非法经营数额人民币770余万元；何某广、何某昌通过其合伙经营的和某覆膜厂进行加工后销售侵权地图，数量880余万张，非法经营数额人民币960余万元；何某强、何某亮、何某作为和某覆膜厂员工，参与地图加工、销售等环节。

2021年3月10日，公安机关在何某广、何某昌经营的和某覆膜厂和临沂小商品市场店铺内，查扣未销售的上述各类非法地图复制品28万余张；在戚某芳经营的春某工艺纸品有限公司内查扣侵权地图半成品300余张、PS地图印刷版37张。

（二）问题

王某中等人的行为应当如何定罪与处罚？

（三）法律规定

《中华人民共和国刑法》

第217条　以营利为目的，有下列侵犯著作权或者与著作权有关的权利的情形之一，违法所得数额较大或者有其他严重情节的，处3年以下有期徒刑，并处或者单处罚金；违法所得数额巨大或者有其他特别严重情节的，处3年以上10年以下有期徒刑，并处罚金：（1）未经著作权人许可，复制发行、通过信息网络向公众传播其文字作品、音乐、美术、视听作品、计算机软件及法律、行政法规规定的其他作品的；（2）出版他人享有专有出版权的图书的；（3）未经录音录像制作者许可，复制发行、通过信息网络向公众传播其制作的录音录像的；（4）未经表演者许可，复制发行录有其表演的录音录像制品，或者通过信息网络向公众传播其表演的；（5）制作、出售假冒他人署名的美术作品的；（6）未经著作权人或者与著作权有关的权利人许可，故意避开或者破坏权利人为其作品、录音录像制品等采取的保护著作权或者与著作权有关的权利的技术措施的。

（四）法理分析

侵犯著作权罪，是指以营利为目的，未经著作权人或者与著作权有关的权益人许可，复制发行其作品，出版他人享有专有出版权的图书，未经录音录像制作者许可复制发行其制作的音像制品，或者制售假冒他人署名的美术作品，违法所得数额较大或者有其他严重情节的行为。本罪的构成特征是：

1. 本罪侵犯的客体是国家的著作权管理制度和他人的著作权及相关的权利。所谓“著作权”，也称版权，是指公民依法对文学、艺术和科学作品所享有的各种权利的总称，是知识产权的重要组成部分。根据《著作权法》的规定，著作权包括以下五个方面的人身权和财产权：发表权、署名权、修改权、保护作品完整权、使用权和获得报酬权。与著作权有关的权益主要是指出版者、表演者、录音录像制作者等拥有的著作邻接权。本罪的犯罪对象是他人依法享有著作权的作品。

2. 本罪在客观方面表现为行为人实施了侵犯他人著作权或者与著作权有关的权利，违法所得数额较大或者有其他严重情节的行为。具体而言，包括以下两方面内容：

第一，行为人必须实施了侵犯他人著作权或者与著作权有关的权利。根据《刑法》第217条的规定，有以下六种情形：（1）未经著作权人许可，复制发行、通过信息网络向公众传播其文字作品、音乐、美术、视听作品、计算机软件及法律、行政法规规定的其他作品的；（2）出版他人享有专有出版权的图书的；（3）未经录音录像制作者许可，复制发行、通过信息网络向公众传播其制作的录音录像的；（4）未经表演者许可，复制发行录有其表演的录音录像制品，或者通过信息网络向公众传播其表演的；（5）制作、出售假冒他人署名的美术作品的；（6）未经著作权人或者与著作权有关的权利人许可，故意避开或者破坏权利人为其作品、录音录像制品等采取的保护著作权或者与著作权有关的权利的技术措施的。

第二，必须违法所得数额较大或者有其他严重情节。2004年最高人民法院、最高人民检察院《关于办理侵犯知识产权刑事案件具体应用法律若干问题的解释》第5条、2007年《关于办理侵犯知识产权刑事案件具体应用法律若干问题的解释（二）》第1条规定，违法所得数额在3万元以上的，属于“违法所得数额较大”；具有下列情形之一的，属于“有其他严重情节”：（1）非法经营数额在5万元以上的；（2）未经著作权人许可，复制发行其文字作品、音乐、电影、电视、录像作品、计算机软件及其他作品，复制品数量合计在1000张（份）以上的；（3）其他严重情节的情形。

3. 本罪的主体是一般主体，即已满16周岁、具备刑事责任能力的自然人和单位。

4. 本罪的主观方面是故意，并且以营利为目的。除销售外，具有下列情形之一的，可以认定为“以营利为目的”：以在他人作品中刊登收费广告、捆绑第三方作品等方式直接或者间接收取费用的；通过信息网络传播他人作品，或者利用他人上传的侵权作品，在网站或者网页上提供刊登收费广告服务，直接或者间接收取费用的；以会员制方式通过信息网络传播他人作品，收取会员注册费或者其他费用的；其他利用他人作品牟利的情形。

司法实践中，实施侵犯著作权行为，又销售该侵权复制品，违法所得数额巨大的，以本罪定罪处罚，不实行数罪并罚。既实施了侵犯著作权的犯罪行为，又明知是他人的侵权复制品而予以销售，构成犯罪的，应当实行数罪并罚。

本案中，检察机关以侵犯著作权罪对王某中等7人提起公诉，人民法院以侵犯著作权罪判处被告人王某中有期徒刑5年，并处罚金人民币60万元；分别判处被告人何某广等6人有期徒刑1年6个月至4年6个月不等，并处罚金人民币3万元至50万元不等，对何某强等3人适用缓刑。各被告人均未提出上诉，判决已生效。

二十一、侵犯商业秘密罪

案　例

（一）案情简介

沈阳某机械股份有限公司系沈某集团股份有限公司（以下简称沈某集团）的子公司，经授权使用沈某集团选型软件、鼓风机图纸和技术数据生产鼓风机设备。茹某鹏为沈阳某机械股份有限公司的技术员，与公司签有保密协议。阳某明系湖北双某鼓风机股份有限公司（以下简称双某鼓风机公司）销售副总经理，殷某系双某鼓风机公司技术部员工。

2015年1月至2020年8月，茹某鹏收受阳某明的财物，违反保密义务的约定，非法使用沈某集团的选型软件进行选型，窃取沈某集团鼓风机图纸和技术数据，直接或经修改后发送给双某鼓风机公司技术部员工殷某，殷某接收后用于其公司的鼓风机生产，茹某鹏共非法获利人民币211万元。双某鼓风机公司利用茹某鹏发送的图纸及技术信息，生产出相对应的鼓风机产品17台并对外销售，给沈某集团造成经济损失人民币650余万元。

经鉴定，在茹某鹏U盘等处提取的“压缩机生产图纸”等具体技术信息与沈某集团拥有的“G408（SV6－M）置换气压缩机生产技术及鼓风机核心部件生产技术”等技术所涉可比对秘密点的具体技术信息具有同一性。沈某集团的上述技术信息不为公众所知悉，且采取了合理的保密措施。

（二）问题

对于未经授权或者超越授权使用计算机信息系统窃取商业秘密的行为应当如何定罪与处罚？

（三）法律规定

《中华人民共和国刑法》

第219条　有下列侵犯商业秘密行为之一，情节严重的，处3年以下有期徒刑，并处或者单处罚金；情节特别严重的，处3年以上10年以下有期徒刑，并处罚金：（1）以盗窃、贿赂、欺诈、胁迫、电子侵入或者其他不正当手段获取权利人的商业秘密的；（2）披露、使用或者允许他人使用以前项手段获取的权利人的商业秘密的；（3）违反保密义务或者违反权利人有关保守商业秘密的要求，披露、使用或者允许他人使用其所掌握的商业秘密的。

明知前款所列行为，获取、披露、使用或者允许他人使用该商业秘密的，以侵犯商业秘密论。

本条所称权利人，是指商业秘密的所有人和经商业秘密所有人许可的商业秘密使用人。

（四）法理分析

侵犯商业秘密罪，是指违反国家商业秘密保护法规，侵犯他人商业秘密，情节严重的行为。本罪的构成特征是：

1. 本罪侵犯的客体是复杂客体，既侵犯了国家对商业秘密的保护制度，又侵犯了商业秘密的专用权。本罪侵犯的对象是商业秘密。所谓“商业秘密”，是指不为公众所知悉、具有商业价值并经权利人采取相应保密措施的技术信息、经营信息等商业信息。它具有非知性、商业价值性和保密性。

2. 本罪在客观方面表现为违反国家商业秘密保护法规，侵犯他人商业秘密，情节严重的行为。具体而言，包括以下三方面内容：

第一，必须违反了国家商业秘密保护法规。

第二，必须实施了侵犯他人商业秘密的行为。根据《刑法》第219条的规定，有以下四种情形：（1）以盗窃、利诱、胁迫或者其他不正当手段获取权利人的商业秘密。商业秘密权利人，是指商业秘密的所有人和经商业秘密所有人许可的商业秘密使用人。所谓“盗窃”，即秘密窃取。所谓“利诱”，即给予知情人一定的物质或其他好处进行引诱，使其透露所知商业秘密。所谓“胁迫”，即以人身、名誉、财产损害相威胁，使其迫于压力，而被迫交出商业秘密。其他不正当手段，包括以高薪挖走、以重金收买知悉商业秘密的人等。（2）披露、使用或者允许他人使用以前项手段获取的权利人的商业秘密。这种情况是行为人已经通过盗窃、利诱、胁迫或者其他不正当手段获取了权利人的商业秘密，又实施了披露、使用或者允许他人使用这些商业秘密的行为。所谓“披露”，指向他人透露。所谓“使用”，指自己直接使用和允许商业秘密权利人以外的第三者使用。（3）违反约定或者违反权利人有关保守商业秘密的要求，披露、使用或者允许他人使用其所掌握的商业秘密。（4）明知前款所列行为，获取、披露、使用或者允许他人使用该商业秘密的，以侵犯商业秘密论。只要实施了上列一种行为，即可构成本罪。

第三，必须是情节严重的行为，本罪是结果犯。根据2020年9月最高人民法院、最高人民检察院《关于办理侵犯知识产权刑事案件具体应用法律若干问题的解释（三）》第4条的规定，实施《刑法》第219条规定的行为，具有下列情形之一的，应当认定为“给商业秘密的权利人造成重大损失”：（1）给商业秘密的权利人造成损失数额或者因侵犯商业秘密违法所得数额在30万元以上的；（2）直接导致商业秘密的权利人因重大经营困难而破产、倒闭的；（3）造成商业秘密的权利人其他重大损失的。

3. 本罪的主体是一般主体，即已满16周岁、具备刑事责任能力的自然人和单位。

4. 本罪的主观方面是故意。

司法实践中，认定本罪时应注意与泄露国家秘密罪的界限。泄露国家秘密罪是指国家机关工作人员或者非国家机关工作人员违反保守国家秘密法的规定，故意或过失泄露国家秘密，情节严重的行为。两罪的主要区别在于：（1）犯罪客体不同。本罪侵犯的客体是商业秘密权利人对商业秘密的所有权和社会主义市场经济秩序；而泄露国家秘密罪侵犯的客体是国家的保密制度。（2）犯罪对象不同。本罪的犯罪对象是商业秘密；而泄露国家秘密罪的犯罪对象是国家秘密。（3）犯罪主体不同。本罪的犯罪主体是一般主体，包括自然人和单位；而泄露国家秘密罪的犯罪主体是特殊主体，是国家机关工作人员和非国家机关工作人员。在某些情况下，有些商业秘密事关国家利益和安全，如果行为人实施了非法获取或者泄露这类秘密的行为，应按从一重罪处断的原则论处。

本案中，检察机关以侵犯商业秘密罪对被告单位双某鼓风机公司和被告人茹某鹏、阳某明、殷某提起公诉。人民法院作出一审判决，以侵犯商业秘密罪判处被告单位双某鼓风机公司罚金人民币60万元；分别判处被告人茹某鹏、阳某明、殷某有期徒刑1年6个月至3年不等，均适用缓刑，并处罚金人民币10万元至20万元不等。被告单位及被告人均未提出上诉，判决已生效。

二十二、损害商业信誉、商品声誉罪

案　　例

（一）案情简介

被告人底某某、张某某等人为了将位于无极县某村的河北某食品有限公司整垮，录制了关于河北某食品有限公司屠宰病死牛的虚假视频。被告人底某某、张某某通过他人将该虚假视频发布在互联网上，严重损害了该公司的商业信誉、商品声誉。后经河北冀祥司法会计鉴定中心鉴定，河北某食品有限公司被损害商业信誉案造成相关损失841800元。另查明，河北某食品有限公司系自然人独资公司，白某某为该公司法定代表人，被告人底某某、张某某与白某某达成协议，对河北某食品有限公司的经济损失予以赔偿，白某某出具谅解书对底某某、张某某表示谅解。

（二）问题

被告人底某某、张某某的行为应当如何定罪与处罚？

（三）法律规定

《中华人民共和国刑法》

第221条　捏造并散布虚伪事实，损害他人的商业信誉、商品声誉，给他人造成重大损失或者有其他严重情节的，处2年以下有期徒刑或者拘役，并处或者单处罚金。

（四）法理分析

损害商业信誉、商品声誉罪，是指捏造并散布虚伪事实，损害他人的商业信誉、商品声誉，给他人造成重大损失或者有其他严重情节的行为。本罪的构成特征是：

1. 本罪侵犯的客体是国家对市场秩序管理制度。本罪的犯罪对象是他人的商业信誉、商品声誉。所谓“商业信誉”，是指企业或者个人在经济活动中经营商品或者进行服务的信用和名誉，主要包括经营状况、履行合同的信誉、服务质量、企业或者个人的经营名声等。所谓“商品声誉”，是指在企业或者个人生产或者在市场上经营的商品的信用和名誉，主要是商品的质量、价格等。

2. 本罪在客观方面表现为捏造并散布虚伪事实，损害他人的商业信誉、商品声誉，给他人造成重大损失或者有其他严重情节的行为。具体而言，包括

以下四方面内容:

第一，必须实施捏造并散布虚伪事实的行为。所谓“捏造虚伪事实”，是指凭空捏造事实，可以全部捏造，也可以部分捏造。所谓“散布”，就是在社会上公开扩散。“捏造并散布虚伪事实”，是指捏造并散布虚假的事实。散布虚伪事实的方式可以是本人捏造并散布，也可以是指使他人捏造并散布；可以是言语散布，也可以是使用文字；可以是公开散布，也可以是秘密散布；可以通过宣传媒体，也可以通过邮寄或者转交；可以向有业务关系的经营者面授，也可以在广告或者产品订货会上发布等。如果散布的不是虚伪事实，而是客观存在的事实，不构成本罪。因此，对不讲信誉、服务质量差、商品质价高的企业或者个人进行批评、举报的，即使其批评、举报有偏激之词，也不构成本罪。

第二，必须是损害他人的商业信誉、商品声誉的行为。所谓“损害他人的商业信誉”，是指捏造事实，损害他人经济活动的信用和名誉，主要是贬低竞争对手的经营状况、履行合同的信誉、服务质量、企业的名声等。所谓“损害他人的商品声誉”，是指损害他人在市场上买卖的物品的信用和名誉，主要是贬低他人的商品质量或者商品价格等。

第三，必须给他人造成重大损失或者其他严重情节。根据2022年修订的最高人民检察院、公安部《关于公安机关管辖的刑事案件立案追诉标准的规定（二)》第66条的规定，捏造并散布虚伪事实，损害他人的商业信誉、商品声誉，涉嫌下列情形之一的，应予立案追诉：（1）给他人造成直接经济损失数额在50万元以上的；（2）虽未达到上述数额标准，但造成公司、企业等单位停业、停产6个月以上，或者破产的；（3）其他给他人造成重大损失或者有其他严重情节的情形。

2009年全国人民代表大会常务委员会《关于维护互联网安全的决定》第3条第（2）项规定，利用互联网损坏他人商业信誉和商品声誉，构成犯罪的，依照刑法有关规定追究刑事责任。2013年最高人民法院、最高人民检察院《关于办理利用信息网络实施诽谤等刑事案件适用法律若干问题的解释》第9条规定，利用信息网络实施诽谤、寻衅滋事、敲诈勒索、非法经营犯罪，同时又构成《刑法》第221条规定的损害商业信誉、商品声誉罪，第278条规定的煽动暴力抗拒法律实施罪，第291条之一规定的编造、故意传播虚假恐怖信息罪等犯罪的，依照处罚较重的规定定罪处罚。

第四，必须是特定的被害人。但不一定要指名道姓，只要从散布的内容上可知道被害人是谁，就可以构成本罪。如果行为人散布的事实没有特定的对象，不可能损害他人的商业信誉或商品声誉，则不构成本罪。

3. 本罪的主体是一般主体，即已满16周岁、具备刑事责任能力的自然人和单位。

4. 本罪的主观方面是故意，目的是损害他人的商业信誉、商品声誉。过失不构成本罪。

司法实践中，认定本罪时应注意本罪与诋毁商誉行为的界限。损害商业信誉、商品声誉罪与不正当竞争中的诋毁他人商誉行为都是对从事市场交易的经营者的商业信誉、商品声誉的侵害，具体表现形式相似，但二者存在本质区别，具体如下：（1）行为主体不同。本罪的行为主体是一般主体，既可以是从事市场交易的商品生产者、经营者，也可以是普通的消费者；而不正当竞争中的诋毁商誉的行为主体限于参与市场竞争的商品生产者、经营者。诋毁商誉行为的主体较为确定，《反不正当竞争法》第2条第2款规定，不正当竞争是指经营者在生产经营活动中，违反本法规定，扰乱社会经济秩序，损害其他经营者或消费者的合法权益的行为。第3款将经营者解释为从事商品生产、经营或者提供服务（以下所称商品包括服务）的自然人、法人和非法人组织。因此，诋毁商誉行为的主体是参与市场竞争、从事相关市场交易活动的行为人，包括法人、其他经济组织和个人。损害商业信誉、商品声誉罪主体相比较而言更为宽泛，不仅包括经营者还包括出于其他目的的非市场竞争的行为主体。（2）主观方面不同。本罪的主观方面行为人是出于故意，其目的是损害商业信誉、商品声誉。动机多样，既可以是打击竞争对手实力，也可以是报复泄愤、贪图利益等。诋毁商誉行为的主观方面既可以是故意，也可以是过失，行为人一般是出于竞争的动机。（3）行为性质与法律后果不同。本罪是对商品生产者、经营者商业信誉、商品声誉造成侵害的犯罪行为，要求行为必须给他人带来重大损害或者造成严重后果，行为人应承担相应的刑事责任；诋毁商誉行为属于经济违法行为，只要一经实施，即构成违法，行为人应承担相应的民事和行政责任。

本案中，法院经审理认为，被告人底某某、张某某录制了河北某食品有限公司屠宰病死牛的虚假视频并通过互联网予以散布，损害了该公司的商业信誉、商品声誉，给该公司造成重大损失，扰乱了市场秩序，其行为已构成损害商业信誉、商品声誉罪。公诉机关指控被告人底某某、张某某犯损害商业信誉、商品声誉罪，事实清楚，证据确实、充分，指控罪名成立，应予惩处。案发后，被告人底某某、张某某与白某某达成赔偿协议，白某某出具谅解书对底某某、张某某的行为予以谅解，对二被告人可酌情从轻处罚。被告人底某某、张某某自愿认罪，可酌情从轻处罚。结合无极县司法局的调查评估意见书，根据被告人底某某、张某某的犯罪事实、犯罪情节、悔改表现和社会危害性等因素，对二被告人可适用缓刑。综上，法院判决被告底某某犯损害商业信誉、商品声誉罪，判处有期徒刑6个月，缓刑1年，并处罚金人民币2万元；被告人张某某犯损害商业信誉、商品声誉罪，判处有期徒刑6个月，缓刑1年，并处罚金人民币2万元。

二十三、虚假广告罪

案　例

（一）案情简介

2017年7月19日至2018年5月15日，被告单位某贸易有限公司及其实际经营人被告人蒋某，违反《兽药广告审查发布标准》（已被修改）及《广告法》的规定，在该公司某网站商城“某宠物用品专营店”网店商品介绍宣传网页，使用含有疾病症状的病理画面，并在部分商品广告使用含有虚假或者引人误解的内容，欺骗、误导消费者，对部分商品的性能、功能、规格、成分描述与实际情况不符，使用虚假数据，利用广告虚假宣传，先后被某区市场监督管理局行政处罚6次。

2018年7月4日，被告人蒋某主动到公安机关投案并如实供述了犯罪事实。被告单位某贸易有限公司经营期间，利用广告进行虚假宣传售出相关商品，违法获利人民币12607.03元。

（二）问题

蒋某的行为应当如何定罪与处罚？

（三）法律规定

《中华人民共和国刑法》

第222条　广告主、广告经营者、广告发布者违反国家规定，利用广告对商品或者服务作虚假宣传，情节严重的，处2年以下有期徒刑或者拘役，并处或者单处罚金。

（四）法理分析

虚假广告罪，是指广告主、广告经营者、广告发布者违反法律规定，利用广告对商品或者服务作虚假宣传，情节严重的行为。本罪的构成特征是：

1. 本罪侵犯的客体是国家的广告管理制度和消费者的合法权益。所谓“广告”，是指商品经营者或者服务提供者承担费用，通过一定媒介和形式直接或者间接地介绍自己所推销的商品或者所提供的服务的商业广告。本罪的犯罪对象是虚假广告。

2. 本罪在客观方面表现为广告主、广告经营者、广告发布者违反法律规定，利用广告对商品或者服务作虚假宣传，情节严重的行为。具体而言，包括以下三方面内容：

第一，必须违反了法律规定。即违反全国人民代表大会及其常委会制定的法律和决定、国务院制定的行政法规等有关广告管理的法律法规的规定。如《广告法》《反不正当竞争法》等。

第二，广告主、广告经营者、广告发布者必须实施利用广告对商品或者服务作虚假宣传，欺骗和误导消费者的行为。所谓“虚假广告”，根据《广告法》第28条的规定，广告以虚假或者引人误解的内容欺骗、误导消费者的，构成虚假广告。广告有下列情形之一的，为虚假广告：（1）商品或者服务不存在的；（2）商品的性能、功能、产地、用途、质量、规格、成分、价格、生产者、有效期限、销售状况、曾获荣誉等信息，或者服务的内容、提供者、形式、质量、价格、销售状况、曾获荣誉等信息，以及与商品或者服务有关的允诺等信息与实际情况不符，对购买行为有实质性影响的；（3）使用虚构、伪造或者无法验证的科研成果、统计资料、调查结果、文摘、引用语等信息作为证明材料的；（4）虚构使用商品或者接受服务的效果的；（5）以虚假或者引人误解的内容欺骗、误导消费者的其他情形。

一是广告主违反法律规定，利用广告对商品或者服务作虚假宣传的，具体表现为：（1）利用广告编造或者夸大商品的性能、产地、用途、质量、价格、生产者、有效期限、允诺；（2）虚构或者夸大服务的内容、形式、质量、价格、允诺；（3）在推销商品、提供服务时，虚构或者夸大附带赠送礼品的品种和数量；（4）虚构或者夸大广告使用数据、统计资料、调查结果、文摘、引用语等。

二是广告经营者违反法律规定，明知广告主委托设计、制作、代理服务的广告是虚假广告，仍接受委托，为其设计、制作、代理服务，或者故意为他人设计、制作虚假广告，欺骗和误导消费者的行为。根据《广告法》的规定，广告经营者依据法律、行政法规查验有关证明文件，核实广告内容。对内容不实或者证明文件不全的广告，广告经营者不得提供设计、制作、代理服务。

三是广告发布者违反法律规定，明知广告主或者广告主委托的广告经营者发布的广告是虚假广告，仍为其发布，欺骗和误导消费者的行为。根据《广告法》的规定，广告发布者依据法律、行政法规查验有关证明文件，核实广告内容。对内容不实或者证明文件不全的广告，广告发布者不得发布。

第三，必须是情节严重的行为。根据2022年修订的最高人民检察院、公安部《关于公安机关管辖的刑事案件立案追诉标准的规定（二）》第 67 条的规定，广告主、广告经营者、广告发布者违反国家规定，利用广告对商品或者服务作虚假宣传，涉嫌下列情形之一的，应予立案追诉：（1）违法所得数额在 10 万元以上的；（2）假借预防、控制突发事件、传染病防治的名义，利用广告作虚假宣传，致使多人上当受骗，违法所得数额在 3 万元以上的；（3）利用广告对食品、药品作虚假宣传，违法所得数额在 3 万元以上的；（4）虽未达到上述数额标准，但 2 年内因利用广告作虚假宣传受过 2 次以上行政处罚，又利用广告作虚假宣传的；（5）造成严重危害后果或者恶劣社会影响的；（6）其他情节严重的情形。

根据 2022 年最高人民法院、最高人民检察院《关于办理危害药品安全刑事案件适用法律若干问题的解释》第 12 条的规定，广告主、广告经营者、广告发布者违反国家规定，利用广告对药品作虚假宣传，情节严重的，依照《刑法》第 222 条的规定，以虚假广告罪定罪处罚。2022 年修正后的最高人民法院《关于审理非法集资刑事案件具体应用法律若干问题的解释》第 12 条规定，广告经营者、广告发布者违反国家规定，利用广告为非法集资活动相关的商品或者服务作虚假宣传，具有下列情形之一的，依照《刑法》第 222 条的规定，以虚假广告罪定罪处罚：（1）违法所得数额在 10 万元以上的；（2）造成严重危害后果或者恶劣社会影响的；（3）2 年内利用广告作虚假宣传，受过行政处罚 2 次以上的；（4）其他情节严重的情形。明知他人从事欺诈发行证券，非法吸收公众存款，擅自发行股票、公司、企业债券，集资诈骗或者组织、领导传销活动等集资犯罪活动，为其提供广告等宣传的，以相关犯罪的共犯论处。

3. 本罪的主体是特殊主体，即广告主、广告经营者和广告发布者。所谓“广告主”，是指为推销商品或者提供服务，自己或者委托他人设计、制作、发布广告的法人、其他经济组织或者个人。所谓“广告经营者”，是指受委托提供广告设计、制作、代理服务的法人、其他经济组织或者个人。所谓“广告发布者”，是指为广告主或者广告主委托的广告经营者发布广告的法人、其他经济组织或者个人。

4. 本罪的主观方面是故意。

司法实践中，认定本罪时应注意与诈骗罪之间的界限。诈骗罪是指以非法占有为目的，用虚构事实或隐瞒真相的方法骗取数额较大的公私财物的行为。两罪的主要区别在于：（1）侵犯的客体不同。本罪侵犯的是广告市场管理制度和不特定消费者的合法权益；而诈骗罪则是侵犯公私财物的所有权。（2）客观方面表现不同。本罪是采用利用广告做虚假宣传的特定手段；而诈骗罪则是采用隐瞒真相和虚构事实的欺骗方法。（3）犯罪主体不同。本罪的犯罪主体是广告主、广告经营者和广告发布者；而诈骗罪的犯罪主体是一般主体。

本案中，法院经审理认为，被告单位某贸易有限公司违反《广告法》规定，利用广告作虚假宣传，2年内受过行政处罚2次以上，又利用广告作虚假宣传，情节严重，被告人蒋某是被告单位直接负责的主管人员，其行为已构成虚假广告罪。公诉机关指控的罪名成立。被告人蒋某在经营被告公司期间，因涉案违法行为被行政管理机关多次处罚，却不予及时整改，放任虚假宣传继续扰乱市场经济秩序，行为同时体现出其对法律的轻视，有较深的主观恶性，应予处罚，故辩护人要求对被告人蒋某免予刑事处罚的意见，本院不予采纳。被告单位、被告人自动投案，如实供述，有自首情节，依法予以从轻处罚。被告单位、被告人自愿认罪，酌情予以从轻处罚。法院判决被告单位某贸易有限公司犯虚假广告罪，判处罚金人民币2.5万元（罚金限于判决生效后1个月内向本院缴纳）；被告人蒋某犯虚假广告罪，判处罚金人民币1万元（罚金限于判决生效后1个月内向本院缴纳）；被告单位某贸易有限公司的违法所得人民币12607.03元，依法予以追缴。

二十四、串通投标罪

案　　例

（一）案情简介

被不起诉单位A建设集团有限公司（以下简称A公司），刘某某系A公司法定代表人。另有B工程有限公司（以下简称B公司）等其他10家被不起诉单位。

被告人陈某，男，个体建筑工程从业人员。另有杨某等其他5名被告人，王某等24名被不起诉人。

2017年7月，被告人陈某等5人获悉江苏省启东市农村道路9个标段提档升级工程的招标信息后，通过被告人杨某等4名中间人介绍，组织A公司、B公司等11家有资质的企业串通投标，约定中标公司将工程以分包方式交由陈某等人施工，中标公司按照工程决算价收取管理费，未中标公司获得资质借用费、出场费等好处费。陈某组织2名工作人员负责标书的统一制作和投标报价，上述11家企业各委派公司项目经理、资料员等19人予以配合，最终A公司、B公司中标2个标段，中标项目金额共计3900万余元，工程预期利润500万余元。事后，陈某等5人支付4名中间人好处费共计16.4万余元，支付未中标企业资质借用费、出场费等共计97.6万余元。中标路段后由陈某等人组织施工，工程于2018年年底通过验收并投入使用。

（二）问题

陈某等人的行为应当如何定罪与处罚？

（三）法律规定

《中华人民共和国刑法》

第223条 投标人相互串通投标报价，损害招标人或者其他投标人利益，情节严重的，处3年以下有期徒刑或者拘役，并处或者单处罚金。

投标人与招标人串通投标，损害国家、集体、公民的合法利益的，依照前款的规定处罚。

（四）法理分析

串通投标罪，是指投标人相互串通投标报价，损害招标人或者其他投标人的利益，情节严重的行为，或者投标人与招标人串通投标，损害国家、集体、公民的合法利益的行为。本罪的构成特征是：

1. 本罪侵犯的是复杂客体，既侵犯其他投标人或国家、集体的合法权益，又侵犯社会主义市场经济的自由贸易和公平竞争的秩序。

2. 本罪在客观方面表现为投标人相互串通投标报价，损害招标人或者其他投标人的利益，情节严重的行为，或者投标人与招标人串通投标，损害国家、集体、公民的合法利益的行为。具体而言，包括以下两方面内容：

第一，投标人相互串通投标报价，损害招标人或者其他投标人的利益，情节严重的行为。所谓“串通投标报价”，是指两个以上投标人在投标过程中，相互串通，暗中商定抬高或压低投标报价的行为。主要有以下表现形式：（1）投标人之间相互约定，一致抬高投标报价；（2）投标人之间相互约定，一致压低投标报价；（3）投标人之间约定，在类似项目中轮流以高价位或低价位中标；（4）投标人之间相互串通，约定给没有中标或者弃标的其他投标人以“弃标补偿费”。所谓“投标报价”，是指投标人向招标人出示的愿意付出的交易商品或完成工作的价位。所谓“情节严重”，根据2022年修订的最高人民检察院、公安部《关于公安机关管辖的刑事案件立案追诉标准的规定（二）》第68条的规定，投标人相互串通投标报价，或者投标人与招标人串通投标，涉嫌下列情形之一的，应予立案追诉：（1）损害招标人、投标人或者国家、集体、公民的合法利益，造成直接经济损失数额在50万元以上的；（2）违法所得数额在20万元以上的；（3）中标项目金额在400万元以上的；（4）采取威胁、欺骗或者贿赂等非法手段的；（5）虽未达到上述数额标准，但2年内因串通投标受过2次以上行政处罚，又串通投标的；（6）其他情节严重的情形。

第二，投标人与招标人串通投标，损害国家、集体、公民的合法利益的行为。所谓“串通投标”，是指投标人与招标人私下串通，事先根据招标底价确定投标报价、中标价格的行为。根据我国法律规定，投标竞标必须在公平竞争的原则下进行，不允许投标人之间、投标人与招标人之间事先串通投标，否则就会损害其他相关人或者国家、集体的利益。主要表现为：（1）招标者故意泄露标底，即招标人有意向某一特定投标人透露其标底行为；（2）招标者私下启标泄露，即招标人在公开开标之前，私下开启投标人标书，并通告给尚未报送标书的投标人；（3）招标者故意引导促使某人中标，即招标人在要求投标人就其标书作澄清事实时，故意做引导性提问，以促成该投标人中标；（4）招标实行差别对待，即招标人在审查、评选标书时，对同样的标书实行差别对待，或者对不同的投标者实施差别对待；（5）招标者故意让不合格投标者中标，即招标者允许不符合投标资格的投标者参加投标，并让其中标；（6）投标者贿赂获密，即投标者通过贿赂手段，在公开开标之前，从招标者处获取投标者报价或其他投标条件的行为；（7）投标者给招标者标外补偿，即投标人有意与招标人商定，在公开投标时压低标价，中标后再给招标人以额外补偿；（8）招标者给投标者标外补偿金，即招标者与某投标者商定，在公开投标时，故意抬高标价，使标价高于通常价，而致其他投标者上当吃亏，高价定标后，招标者按约定给故意抬高标价的投标者一定的补偿金。

3. 本罪的主体是特殊主体，即投标人、招标人，包括个人和单位。所谓“投标人”，是指响应招标，参加投标竞争的法人或者组织，科研项目的投标人可以是个人。根据招标通告提出的招标条件，在规定的期限内以密函的方式提出报价和其他条件进行投标，由招标人选择其中条件最优者中标，与之订立合同。所谓“招标人”，是指提出项目，进行招标的法人或者其他组织。

4. 本罪的主观方面是故意。

司法实践中，行为人犯本罪的同时，往往可能牵连犯有贿赂罪、侵犯商业秘密罪等罪名，如投标人贿赂招标人许以特定经济利益而诱使其泄露标底，或者招标人接受贿赂而泄露标底等商业秘密。按照牵连犯的处理原则，从一重罪论处。

2020年2月，江苏省启东市公安局以A公司等11家企业和陈某等30人涉嫌串通投标罪移送检察机关审查起诉。2020年5月，江苏省启东市检察院依法对A公司等11家涉案企业和王某等24名犯罪嫌疑人作出不起诉决定，对陈某等6人以串通投标罪提起公诉。2020年7月7日，江苏省启东市人民法院以串通投标罪分别判处陈某等 6 人拘役 2 个月至有期徒刑 8 个月，并处罚金人民币 2 万元至 8 万元不等刑罚。其中杨某等 4 人被判处缓刑。

二十五、合同诈骗罪

案　　例

（一）案情简介

2003 年 2 月，被告人王某军谎称自己是中国石油天然气集团公司计划司“司长”，并虚构了一个“辽河石油勘探局油建公司 24 号工程项目”，称不需要招标、投标，其就能够将该工程发包给王某岱和王某明。后王某岱又将核工业长沙某建设集团公司项目负责人杨某章介绍给王某军。为骗取杨某章等人的信任，王某军伪造了虚假的工程批文，并要其朋友张某两次假冒辽河石油勘探局基建处“张子良处长”与杨某章等人见面，因此，杨某章等人对王某军深信不疑。

王某军则以办理工程批文需要活动经费为由，自 2003 年 3 月至 2004 年 1 月，先后骗取了杨某章 72 万元、王某明 20 万元、王某岱 11 万元。2004 年 1 月 7 日，王某军称受“张子良处长”的全权委托，与杨某章所属的核工业长沙某建设工程集团公司经理陈某荣签订了一份虚假的“24 号井至主干线公路工程施工承包合同”。合同记载的工程项目总造价为 5906 万元，王某军在合同上签名为“张子良”。2004 年 1 月 28 日王某军在上海被抓获。除公安机关追回的 4 万元赃款外，其余赃款均被王某军挥霍。

（二）问题

如何区别合同诈骗罪与诈骗罪的界限？被告人王某军的行为应当如何定罪与处罚？

（三）法律规定

《中华人民共和国刑法》

第 57 条第 1 款　对于被判处死刑、无期徒刑的犯罪分子，应当剥夺政治权利终身。

第 64 条　犯罪分子违法所得的一切财物，应当予以追缴或者责令退赔；对被害人的合法财产，应当及时返还；违禁品和供犯罪所用的本人财物，应当予以没收。没收的财物和罚金，一律上缴国库，不得挪用和自行处理。

第 224 条　有下列情形之一，以非法占有为目的，在签订、履行合同过程中，骗取对方当事人财物，数额较大的，处3年以下有期徒刑或者拘役，并处或者单处罚金；数额巨大或者有其他严重情节的，处3年以上10年以下有期徒刑，并处罚金；数额特别巨大或者有其他特别严重情节的，处10年以上有期徒刑或者无期徒刑，并处罚金或者没收财产：（1）以虚构的单位或者冒用他人名义签订合同的；（2）以伪造、变造、作废的票据或者其他虚假的产权证明作担保的；（3）没有实际履行能力，以先履行小额合同或者部分履行合同的方法，诱骗对方当事人继续签订和履行合同的；（4）收受对方当事人给付的货物、货款、预付款或者担保财产后逃匿的；（5）以其他方法骗取对方当事人财物的。

第266条　诈骗公私财物，数额较大的，处3年以下有期徒刑、拘役或者管制，并处或者单处罚金；数额巨大或者有其他严重情节的，处3年以上10年以下有期徒刑，并处罚金；数额特别巨大或者有其他特别严重情节的，处10年以上有期徒刑或者无期徒刑，并处罚金或者没收财产。本法另有规定的，依照规定。

（四）法理分析

合同诈骗罪，是指以非法占有为目的，在签订、履行合同过程中，实施虚构事实或者隐瞒真相等欺骗手段，骗取对方当事人的财物，数额较大的行为。本罪的构成特征是：

1. 本罪侵犯的客体是复杂客体，即国家对经济合同的管理秩序和公私财产所有权。本罪的犯罪对象是公私财物。

2. 本罪在客观方面表现为行为人在签订、履行合同过程中，采取虚构事实或者隐瞒真相的方法，骗取对方当事人财物，数额较大的行为。具体而言，包括以下两方面内容：

第一，行为人必须在签订、履行合同过程中，采取虚构事实或者隐瞒真相的方法，骗取对方当事人财物。根据《刑法》第224条的规定，主要有以下五种情形：

（1）以虚构的单位或者冒用他人名义签订合同。所谓“以虚构的单位签订合同”，是指虚构一个根本不存在的单位，或者利用一个已关闭的企业名义同对方当事人签订合同。所谓“冒用他人名义签订合同”，是指未经他人同意或者授权而冒充他人名义同对方签订合同。（2）以伪造、变造、作废的票据或者其他虚假的产权证明作担保。所谓“票据”，是指我国《票据法》规定的汇票、本票、支票。所谓“伪造票据”，是指依照真票据制造的假票据；所谓“变造票据”，是指在真票据的基础上进行涂改、挖补等手段改变原票据内容的票据；所谓“作废的票据”，是指已经失去票据效力的票据；所谓“其他虚假的产权证明”，是指其他不真实的证明文件，如虚假地证明行为人对房屋等不动产或者对汽车等动产权属的有关文件。在经济交往活动中，合同当事人往往以票据或者其他产权证明进行抵押、质押等担保，来保证合同的履行。行为人以伪造、变造、作废的票据或者其他虚假的产权证明作担保，用来骗取对方当事人的信任，以此诈骗他人财物。（3）没有实际履行能力，以先履行小额合同或者部分履行合同的方法，诱骗对方当事人继续签订和履行合同。是指行为人客观上不具备按照合同规定的标的承担义务的可能，先履行小额合同或者部分履行合同，诱骗当事人继续签订和履行合同，以此诈骗财物。（4）收受对方当事人给付的货物、货款、预付款或者担保财产后逃匿。通常表现为行为人以代购紧俏商品或者推销滞销产品为名，用一无资金、二无固定从业人员、三无经营场所、四无货源的“皮包公司”的招牌、印章、账号，骗取他人抵押财产、定金财物后潜逃。（5）以其他方法骗取对方当事人财物。所谓“其他方法”，是指在签订、履行经济合同过程中，除上述四种方法以外的，以经济合同为手段、以骗取合同约定的由对方当事人交付货物、预付款、货款、定金以及其他担保财物为目的的一切手段。

第二，必须是数额较大的行为。所谓“数额较大”，根据2022年修订的最高人民检察院、公安部《关于公安机关管辖的刑事案件立案追诉标准的规定（二）》第69条规定，以非法占有为目的，在签订、履行合同过程中，骗取对方当事人财物，数额在2万元以上的，应予立案追诉。

3. 本罪的主体是一般主体，即已满16周岁、具备刑事责任能力的自然人和单位。

4. 本罪的主观方面是故意，且具有非法占有的目的。

司法实践中，认定本罪时应注意与诈骗罪的界限。诈骗罪是指以非法占有为目的，使用欺骗方法，骗取数额较大的公私财物的行为。从立法渊源来看，合同诈骗罪是从1979年刑法中的诈骗罪分离出来的，合同诈骗罪的构成要件在一定程度上为诈骗罪所包容，二者属于法条竞合，是特别法与一般法的竞合关系。因此，当某行为外观上既符合合同诈骗罪的构成要件，又符合诈骗罪的构成要件时，应当根据特别法优于一般法的原则，适用合同诈骗罪的法条，以合同诈骗罪论处。合同诈骗罪与诈骗罪虽然同属诈骗类犯罪，在构成要件上有一定相近之处，但两罪在犯罪客体、犯罪主体、客观方面还存在诸多不同。两罪的主要区别在于：（1）犯罪主体不同。本罪与诈骗罪都可以由自然人构成，但是本罪的主体可以是单位，而诈骗罪的主体只能是自然人。（2）侵犯的客体不同。本罪侵犯的客体为复杂客体，即公私财物所有权和国家对合同的管理制度；而诈骗罪侵犯的是公私财物所有权，是单一客体。（3）犯罪手段不同。

本罪只限于利用签订、履行合同的方式和手段进行诈骗；而诈骗罪在手段与方式上则没有限制，只要行为人在主观上具备非法占有的目的，客观上通过虚构事实或者隐瞒真相的手段骗取数额较大财物的行为，就构成诈骗罪。当行为人既实施了合同诈骗行为，又实施了普通诈骗行为，而且两种行为都构成犯罪时，分别成立合同诈骗罪和诈骗罪，实行数罪并罚。

本案中，长沙市中级人民法院审理后认为，被告人王某军以非法占有为目的，以虚构的单位和工程与他人签订合同，骗取他人钱财，数额特别巨大，其行为构成合同诈骗罪。依照《刑法》第224条第（1）项、第57条、第64条之规定，判决被告人王某军犯合同诈骗罪，判处无期徒刑，剥夺政治权利终身，并处没收个人全部财产。继续追缴被告人王某军非法所得人民币99万元，发还各被害人。

湖南省高级人民法院二审审理认为，上诉人王某军假冒国家工作人员，虚构工程项目和能揽到工程项目的事实，以许诺给他人承包虚假的工程项目为诱饵，骗取他人财物，其行为构成诈骗罪，诈骗数额巨大，原审将王某军的行为认定为合同诈骗罪不当。依照1996年《刑事诉讼法》第189条第（2）项和《刑法》第266条、第57条第1款、第64条的规定，判决驳回王某军的上诉，撤销长沙市中级人民法院的刑事判决。上诉人王某军犯诈骗罪，判处无期徒刑，剥夺政治权利终身，并处没收个人全部财产。继续追缴被告人王某军非法所得人民币97万元，发还各被害人。

本案中，一方面，被告人王某军假冒国家工作人员、伪造工程批文、假借承揽项目需要活动经费的名义骗取他人财物的行为都是在签订合同之前实施的，即在与被害人签订所谓施工承包合同之前，王某军的诈骗行为已经实施完毕，被害人的财物已经被王某军非法占有，其虚构事实骗取钱财的犯罪目的已经实现；另一方面，被告人王某军非法获取的被害人钱财是所谓的“活动经费”，其诈取钱财的行为并没有伴随合同的签订、履行，其非法侵占的财物亦不是合同的标的物或其他与合同相关的财物。虽然王某军事后也与他人签订了一个虚假的工程施工承包合同，但这仅仅是掩盖其诈骗行为的手段，而不是签订、履行合同的附随结果，是否签订合同已经不能影响其骗取财物行为的完成。从以上两个方面可以看出，无论是从骗取财物的手段上，还是从骗取财物的性质上，被告人王某军的行为均不符合合同诈骗罪的构成要件，不能认定为合同诈骗罪。综合全案事实，本案被告人王某军虚构身份，以许诺给他人介绍承包虚假的工程项目为诱饵，以承揽工程需要各种费用为名，利用他人想承揽有关工程项目的心理，骗取各被害人钱财的行为完全符合诈骗罪的特征，应当以诈骗罪定罪处罚。

二十六、组织、领导传销活动罪

案　　例

（一）案情简介

2012年5月底至6月初，被告人程某在博爱县打着“山东阳光电子商务科技有限公司（以下简称阳光公司）”的旗号，在被告人郝某的帮助下，在博爱县清化镇重阳路以其妻子王某利的名义设立报单中心，推销该公司无任何使用价值的电子币，以缴纳一定费用购买电子币获得加入资格，成为阳光公司的会员，并按一定顺序组成层级，直接或者间接以发展人员数量作为计酬和返利依据，引诱参加者继续发展他人参加，骗取财物，扰乱经济社会秩序，进行传销活动。该传销活动经营模式为：每单1000元对应购买阳光公司1000电子币，每人最多购买8单，获得加入资格成为会员，每天按营销计划获得返利。会员每发展1名人员加入，可获得奖励100元。成员缴纳2000元购买2000电子币可单独设立报单中心，设立报单中心后，每向阳光公司报1单业务可获得报单费30元。截至案发，程某共计直接或间接发展人员96人且层级达9级，涉案金额481000元。被告人程某非法所得14400元，被告人郝某非法所得9620元。案发后，被告人程某退缴非法所得4980元。

（二）问题

被告人程某的行为应当如何定罪与处罚？

（三）法律规定

《中华人民共和国刑法》

第224条之一　组织、领导以推销商品、提供服务等经营活动为名，要求参加者以缴纳费用或者购买商品、服务等方式获得加入资格，并按照一定顺序组成层级，直接或者间接以发展人员的数量作为计酬或者返利依据，引诱、胁迫参加者继续发展他人参加，骗取财物，扰乱经济社会秩序的传销活动的，处5年以下有期徒刑或者拘役，并处罚金；情节严重的，处5年以上有期徒刑，并处罚金。

（四）法理分析

组织、领导传销活动罪，是指组织、领导以推销商品、提供服务等经营活动为名，要求参加者以缴纳费用或者购买商品、服务等方式获得加入资格，并按照一定顺序组成层级，直接或者间接以发展人员的数量作为计酬或者返利依据，引诱、胁迫参加者继续发展他人参加，骗取财物，扰乱经济社会秩序的行为。本罪的构成特征是：

1. 本罪侵犯的客体是复杂客体，既侵犯了市场经济秩序，又侵犯了公民财产所有权。

2. 本罪在客观方面表现为组织、领导以推销商品、提供服务等经营活动为名，要求参加者以缴纳费用或者购买商品、服务等方式获得加入资格，并按照一定顺序组成层级，直接或者间接以发展人员的数量作为计酬或者返利依据，引诱、胁迫参加者继续发展他人参加，骗取财物，扰乱经济社会秩序的行为。具体而言，包括以下五方面内容：

第一，组织、领导者。本罪处罚的是组织、领导者。所谓“组织、领导者”，根据2013年最高人民法院、最高人民检察院、公安部《关于办理组织领导传销活动刑事案件适用法律若干问题的意见》第2条的规定，组织者、领导者包括以下五种情形：（1）在传销活动中起发起、策划、操纵作用的人员；（2）在传销活动中承担管理、协调等职责的人员；（3）在传销活动中承担宣传、培训等职责的人员；（4）曾因组织、领导传销活动受过刑事处罚，或者1年以内因组织、领导传销活动受过行政处罚，又直接或者间接发展参与传销活动人员在15人以上且层级在3级以上的人员；（5）其他对传销活动的实施、传销组织的建立、扩大等起关键作用的人员。

第二，以推销商品、提供服务等经营活动为名，要求参加者以缴纳费用或者购买商品、服务等方式获得加入资格，并按照一定顺序组成层级，直接或者间接以发展人员的数量作为计酬或者返利依据。加入传销活动的人，要么直接缴纳“入门费”，要么以购买商品、服务等方式获得加入资格。在后一种情形下，“商品、服务”或者仅仅是名义上的或者是虚拟的，或者虽有真实内容但物非所值，参加者不是为了获取商品、服务，只是为了获得加入传销组织的资格。参加者需要通过发展下线获取利益，而不是通过销售商品等方式获取利益。所以，层级越高的参加者（其中部分人属于组织者、领导者）就获利越多；案发时，层级最低的参加者就成为受害者。根据《禁止传销条例》的规定，传销行为的组织者、领导者应当对参与传销活动人员在30人以上且层级在3级以上的行为承担刑事责任。如果组织、领导多个传销组织，单个或者多个组织中的层级已达3级以上的，可将在各个组织中发展的人数合并计算。

第三，引诱、胁迫参加者继续发展他人参加。所谓“引诱”，是指行为人利用金钱或其他物质或非物质性利益作诱饵使参加者继续发展他人参加组织。所谓“胁迫”，是指以暴力、侮辱、揭露隐私等方式强迫参加者继续发展他人参加组织。

第四，骗取财物。骗取财物是组织、领导传销罪的本质特征。根据最高人民法院、最高人民检察院、公安部《关于办理组织领导传销活动刑事案件适用法律若干问题的意见》的规定，传销活动的组织者、领导者采取编造、歪曲国家政策，虚构、夸大经营、投资、服务项目及盈利前景，掩饰计酬、返利真实来源或者其他欺诈手段，实施《刑法》第 224 条之一规定的行为，从参与传销活动人员缴纳的费用或者购买商品、服务的费用中非法获利的，应当认定为骗取财物。参与传销活动人员是否认为被骗，不影响骗取财物的认定。而且，是否具有骗取财物的性质，也是诈骗型传销与经营型传销的根本区分之所在。

第五，扰乱经济社会秩序。组织、领导传销活动罪要求行为的结果必须达到“扰乱经济社会秩序”的程度，具有实质的违法性，体现为侵犯了市场经济秩序和社会管理秩序。

3. 本罪的主体是一般主体，即已满 16 周岁、具备刑事责任能力的自然人和单位。

4. 本罪的主观方面是故意。

司法实践中，关于本罪应注意如何认定“团队计酬”式传销活动。团队计酬是传销的一种方式，被称为经营型的传销行为。传销活动的组织者或者领导者通过发展人员，要求传销活动的被发展人员发展其他人员加入，形成上下线关系，并以下线的销售业绩为依据计算和给付上线报酬，牟取非法利益的，是团队计酬式传销活动。根据 2013 年 11 月最高人民法院、最高人民检察院、公安部《关于办理组织领导传销活动刑事案件适用法律若干问题的意见》，传销活动的组织者或者领导者通过发展人员，要求传销活动的被发展人员（下线）发展其他人员加入，形成上下线关系，并以下线的销售业绩为依据计算和给付上线报酬，牟取非法利益的，是“团队计酬”式传销活动。以销售商品为目的、以销售业绩为计酬依据的单纯的“团队计酬”式传销活动不作为犯罪处理。形式上采取“团队计酬”方式，但实质上属于“以发展人员的数量作为计酬或者返利依据”的传销活动，应当以组织、领导传销活动罪定罪处罚。

本案中，博爱县人民法院经审理认为：被告人程某、郝某组织、领导以推销电子币经营活动为名，要求参加者以购买电子币的方式获得加入资格，并按照一定顺序组成层级，直接或者间接以发展人员的数量作为计酬或者返利依据，引诱、胁迫参加者继续发展他人参加，骗取财物，扰乱经济社会秩序，且直接或者间接发展人员 96 人，层级达 9 级，其行为均已构成组织、领导传销活动罪。被告人程某、郝某如实供述自己的罪行，可以从轻处罚。博爱县人民法院依据《刑法》第241条之一、第67条第3款、第64条之规定，判决被告人程某犯组织、领导传销活动罪，判处有期徒刑6个月，并处罚金人民币2万元；被告人郝某犯组织、领导传销活动罪，判处有期徒刑6个月，并处罚金人民币2万元；对被告人程某退缴的非法所得4980元，予以没收。对被告人程某非法所得的9420元，被告人郝某非法所得的9620元，予以追缴。

二十七、非法经营罪

案　例

（一）案情简介

案例1：2014年11月至2015年1月20日，被告人王某军未办理粮食收购许可证，未经工商行政管理机关核准登记并颁发营业执照，擅自在巴彦淖尔市临河区白脑包镇附近村组无证照经营违法收购玉米，将所收购的玉米卖给巴彦淖尔市粮油公司杭锦后旗蛮会分库，非法经营数额218288.6元，非法获利6000元。案发后，被告人王某军主动退缴非法获利6000元。2015年3月27日，被告人王某军主动到巴彦淖尔市临河区公安局投案自首。

案例2：2020年12月，白某某在未取得烟草专卖许可证的情况下，多次到卷烟零售户处购买卷烟到自家小卖部中销售，以赚取差价。至2022年4月，涉案卷烟零售、销售金额达55033元。2022年4月，烟草专卖局与公安机关联合执法时，现场在白某某的小卖部查获各类品牌卷烟235条。

（二）问题

1. 王某军的行为是否构成非法经营罪？
2. 白某某的行为应当如何定罪与处罚？

（三）法律规定

《中华人民共和国刑法》

第72条第1款　对于被判处拘役、3年以下有期徒刑的犯罪分子，同时符合下列条件的，可以宣告缓刑，对其中不满18周岁的人、怀孕的妇女和已满75周岁的人，应当宣告缓刑：（1）犯罪情节较轻；（2）有悔罪表现；（3）没有再犯罪的危险；（4）宣告缓刑对所居住社区没有重大不良影响。

第225条　违反国家规定，有下列非法经营行为之一，扰乱市场秩序，情节严重的，处5年以下有期徒刑或者拘役，并处或者单处违法所得1倍以上5倍以下罚金；情节特别严重的，处5年以上有期徒刑，并处违法所得1倍以上

5倍以下罚金或者没收财产：（1）未经许可经营法律、行政法规规定的专营、专卖物品或者其他限制买卖的物品的；（2）买卖进出口许可证、进出口原产地证明以及其他法律、行政法规规定的经营许可证或者批准文件的；（3）未经国家有关主管部门批准非法经营证券、期货、保险业务的，或者非法从事资金支付结算业务的；（4）其他严重扰乱市场秩序的非法经营行为。

（四）法理分析

非法经营罪，是指违反国家法律法规规定，从事非法经营活动，扰乱市场秩序，情节严重的行为。本罪的构成特征是：

1. 本罪侵犯的客体是国家对市场的管理秩序。为了维护正常市场秩序，充分发挥政府对市场经济活动的调节作用，国家通过了一系列的法律法规来规范市场的运营机制，非法经营罪侵犯了国家对市场的管理秩序。

2. 本罪在客观方面表现为违反国家规定，非法进行经营活动，扰乱市场秩序，情节严重的行为。具体而言，包括以下三方面内容：

第一，必须违反国家法律法规规定。即违反全国人民代表大会及其常委会制定的法律和决定、国务院制定的行政法规、规定的行政措施、发布的决定和命令中有关经营活动的规定。

第二，必须从事非法经营活动，扰乱市场秩序的行为。根据《刑法》第225条的规定，有以下四种表现形式：（1）未经许可经营法律、行政法规规定的专营、专卖物品或者其他限制买卖的物品的。为了保证市场正常秩序，我国对一些有关国计民生、人们生命健康安全以及公共利益的物资实行限制经营买卖。只有经过批准，获取经营许可证后才能从事诸如收购、储存、运输、加工、批发、销售等经营活动。没有经过批准而擅自予以经营的，属非法经营。所谓“限制买卖物品”，是指依规定不允许在市场上自由买卖的物品，如国家不允许自由买卖的重要生产资料和紧俏消费品、国家指定专门单位经营的物品，如烟草专卖品（卷烟、雪茄烟、烟丝、复烤烟卷烟纸、滤嘴棒、烟用丝束、烟草专用机械）、外汇、金银及其制品、金银工艺品、珠宝及贵重药材，等等。哪些物品限制买卖，由国家法律、行政法规规定。所有这些都是国家为调控特定物品的经营市场而作的特殊规定，未经许可即经营限制买卖的物品，将会给国家限制买卖物品市场造成很大的混乱。应当指出，限制经营物品虽然多种多样，但其必须为国家有关法律法规所规定，只有有关法律法规规定限制经营的，才属限制经营物品，否则，就不能对之加以认定。此外，是否为限制物品，并非一成不变，国家根据实际需要，可以加以变化调整。（2）买卖进出口许可证、进出口原产地证明以及其他法律法规规定的经营许可证或者批准证件。经营许可证或者有关批准文件，是持有人进行该项经济活动合法性的有效凭证。一些不法分子本没有经营国家限制买卖物品的资格，无法获取有关经营许可证件或者批准文件，便从他人处购买甚或伪造经营许可证或批准文件，由此买卖许可经营证件及批准文件的不法行为也应运而生。此种行为，直接促使了情节严重的非法经营国家限制买卖物品的活动泛滥，具有相当大的危害性，因此，亦应以刑罚予以惩治。"进出口许可证"，由国务院对外经济贸易管理部门及其授权机构签发，不仅是对外贸易经营者进行对外贸易活动的合法证明，也是国家对进出口货物、技术进行管理的一种重要凭证，主要是指进出口配额的批件、允许进出口货物、物品的凭证。所谓"进出口原产地证明"，是指用来证明进出口货物、技术原产地属于某国或某地区的有效凭证，其为进口国和地区视原产地不同征收差别关税和实施其他进口区别待遇的一种证明。所谓"其他法律、行政法规规定的经营许可证或者批准文件"，一般是指对限制买卖物品的经营许可证件或批准文件。如烟草专卖许可证就是烟草专卖局颁发给企业单位和个人准许其经营烟草专卖品的证书，包括烟草专卖生产许可证、烟草专卖经营许可证。（3）未经国家有关主管部门批准非法经营证券、期货、保险业务的，或者非法从事资金支付结算业务的。所谓"非法从事资金支付结算业务"，是指地下钱庄非法从事商业银行才能开展的接受客户委托代收代付，从付款单位存款账户划出款项，转入收款单位存款账户，以此完成客户之间债权债务清算或资金调拨的业务活动。（4）其他严重扰乱市场经济秩序的非法经营行为。

1997年《刑法》修订后，全国人大常委会颁布了《关于惩治骗购外汇、逃汇和非法买卖外汇犯罪的决定》，随后最高人民法院、最高人民检察院《关于办理妨害预防、控制突发传染病疫情等灾害的刑事案件具体应用法律若干问题的解释》（2003年），最高人民法院、最高人民检察院《关于办理非法生产、销售、使用禁止在饲料和动物饮用水中使用的药品等刑事案件具体应用法律若干问题的解释》（2002年），最高人民法院《关于审理破坏森林资源刑事案件具体应用法律若干问题的解释》，最高人民检察院《关于非法经营国际或港澳台地区电信业务行为法律适用问题的批复》（2002年），最高人民法院、最高人民检察院《关于办理破坏野生动物资源刑事案件适用法律若干问题的解释》（2022年）等司法解释相继出台，进一步列举了《刑法》第225条非法经营罪中"非法经营行为"的种类。根据上述单行刑法和相关司法解释的规定，本罪主要包括非法买卖外汇、非法经营出版物、非法经营电信业务、非法经营禁用饲料、传染病疫情期间哄抬药价、非法经营彩票、非法使用销售点终端机为信用卡持卡人套现、未经许可经营兴奋剂目录所列物质、经营性放贷等行为方式。

第三，必须是情节严重的行为。根据 2022 年修订的最高人民检察院、公安部《关于公安机关管辖的刑事案件立案追诉标准的规定（二）》第 71 条的规定，涉嫌下列情形之一的，应予立案追诉："（一）违反国家烟草专卖管理法律法规，未经烟草专卖行政主管部门许可，无烟草专卖生产企业许可证、烟草专卖批发企业许可证、特种烟草专卖经营企业许可证、烟草专卖零售许可证等许可证明，非法经营烟草专卖品，具有下列情形之一的：1. 非法经营数额在 5 万元以上，或者违法所得数额在 2 万元以上的；2. 非法经营卷烟 20 万支以上的；3. 三年内因非法经营烟草专卖品受过 2 次以上行政处罚，又非法经营烟草专卖品且数额在 3 万元以上的。（二）未经国家有关主管部门批准，非法经营证券、期货、保险业务，或者非法从事资金支付结算业务，具有下列情形之一的：1. 非法经营证券、期货、保险业务，数额在 100 万元以上，或者违法所得数额在 10 万元以上的；2. 非法从事资金支付结算业务，数额在 500 万元以上，或者违法所得数额在 10 万元以上的；3. 非法从事资金支付结算业务，数额在 250 万元以上不满 500 万元，或者违法所得数额在 5 万元以上不满 10 万元，且具有下列情形之一的：（1）因非法从事资金支付结算业务犯罪行为受过刑事追究的；（2）2 年内因非法从事资金支付结算业务违法行为受过行政处罚的；（3）拒不交代涉案资金去向或者拒不配合追缴工作，致使赃款无法追缴的；（4）造成其他严重后果的。4. 使用销售点终端机具（POS 机）等方法，以虚构交易、虚开价格、现金退货等方式向信用卡持卡人直接支付现金，数额在 100 万元以上的，或者造成金融机构资金 20 万元以上逾期未还的，或者造成金融机构经济损失 10 万元以上的。（三）实施倒买倒卖外汇或者变相买卖外汇等非法买卖外汇行为，扰乱金融市场秩序，具有下列情形之一的：1. 非法经营数额在 500 万元以上的，或者违法所得数额在 10 万元以上的；2. 非法经营数额在 250 万元以上，或者违法所得数额在 5 万元以上，且具有下列情形之一的：（1）因非法买卖外汇犯罪行为受过刑事追究的；（2）2 年内因非法买卖外汇违法行为受过行政处罚的；（3）拒不交代涉案资金去向或者拒不配合追缴工作，致使赃款无法追缴的；（4）造成其他严重后果的。3. 公司、企业或者其他单位违反有关外贸代理业务的规定，采用非法手段，或者明知是伪造、变造的凭证、商业单据，为他人向外汇指定银行骗购外汇，数额在 500 万美元以上或者违法所得数额在 50 万元以上的；4. 居间介绍骗购外汇，数额在 100 万美元以上或者违法所得数额在 10 万元以上的。（四）出版、印刷、复制、发行严重危害社会秩序和扰乱市场秩序的非法出版物，具有下列情形之一的：1. 个人非法经营数额在 5 万元以上的，单位非法经营数额在 15 万元以上的；2. 个人违法所得数额在 2 万元以上的，单位违法所得数额在 5

万元以上的；3. 个人非法经营报纸5000份或者期刊5000本或者图书2000册或者音像制品、电子出版物500张（盒）以上的，单位非法经营报纸15000份或者期刊15000本或者图书5000册或者音像制品、电子出版物1500张（盒）以上的；4. 虽未达到上述数额标准，但具有下列情形之一的：（1）2年内因出版、印刷、复制、发行非法出版物受过2次以上行政处罚，又出版、印刷、复制、发行非法出版物的；（2）因出版、印刷、复制、发行非法出版物造成恶劣社会影响或者其他严重后果的。（五）非法从事出版物的出版、印刷、复制、发行业务，严重扰乱市场秩序，具有下列情形之一的：1. 个人非法经营数额在15万元以上的，单位非法经营数额在50万元以上的；2. 个人违法所得数额在5万元以上的，单位违法所得数额在15万元以上的；3. 个人非法经营报纸15000份或者期刊15000本或者图书5000册或者音像制品、电子出版物1500张（盒）以上的，单位非法经营报纸50000份或者期刊50000本或者图书15000册或者音像制品、电子出版物5000张（盒）以上的；4. 虽未达到上述数额标准，2年内因非法从事出版物的出版、印刷、复制、发行业务受过2次以上行政处罚，又非法从事出版物的出版、印刷、复制、发行业务的。（六）采取租用国际专线、私设转接设备或者其他方法，擅自经营国际电信业务或者涉港澳台电信业务进行营利活动，扰乱电信市场管理秩序，具有下列情形之一的：1. 经营去话业务数额在100万元以上的；2. 经营来话业务造成电信资费损失数额在100万元以上的；3. 虽未达到上述数额标准，但具有下列情形之一的：（1）2年内因非法经营国际电信业务或者涉港澳台电信业务行为受过2次以上行政处罚，又非法经营国际电信业务或者涉港澳台电信业务的；（2）因非法经营国际电信业务或者涉港澳台电信业务行为造成其他严重后果的。（七）以营利为目的，通过信息网络有偿提供删除信息服务，或者明知是虚假信息，通过信息网络有偿提供发布信息等服务，扰乱市场秩序，具有下列情形之一的：1. 个人非法经营数额在5万元以上，或者违法所得数额在2万元以上的；2. 单位非法经营数额在15万元以上，或者违法所得数额在5万元以上的。（八）非法生产、销售‘黑广播’‘伪基站’、无线电干扰器等无线电设备，具有下列情形之一的：1. 非法生产、销售无线电设备3套以上的；2. 非法经营数额在5万元以上的；3. 虽未达到上述数额标准，但2年内因非法生产、销售无线电设备受过2次以上行政处罚，又非法生产、销售无线电设备的。（九）以提供给他人开设赌场为目的，违反国家规定，非法生产、销售具有退币、退分、退钢珠等赌博功能的电子游戏设施设备或者其专用软件，具有下列情形之一的：1. 个人非法经营数额在5万元以上，或者违法所得数额在1万元以上的；2. 单位非法经营数额在50万元以上，或者违法所得数额在

10 万元以上的；3. 虽未达到上述数额标准，但 2 年内因非法生产、销售赌博机行为受过 2 次以上行政处罚，又进行同种非法经营行为的；4. 其他情节严重的情形。（十）实施下列危害食品安全行为，非法经营数额在 10 万元以上，或者违法所得数额在 5 万元以上的：1. 以提供给他人生产、销售食品为目的，违反国家规定，生产、销售国家禁止用于食品生产、销售的非食品原料的；2. 以提供给他人生产、销售食用农产品为目的，违反国家规定，生产、销售国家禁用农药、食品动物中禁止使用的药品及其他化合物等有毒、有害的非食品原料，或者生产、销售添加上述有毒、有害的非食品原料的农药、兽药、饲料、饲料添加剂、饲料原料的；3. 违反国家规定，私设生猪屠宰厂（场），从事生猪屠宰、销售等经营活动的。（十一）未经监管部门批准，或者超越经营范围，以营利为目的，以超过 36% 的实际年利率经常性地向社会不特定对象发放贷款，具有下列情形之一的：1. 个人非法放贷数额累计在 200 万元以上的，单位非法放贷数额累计在 1000 万元以上的；2. 个人违法所得数额累计在 80 万元以上的，单位违法所得数额累计在 400 万元以上的；3. 个人非法放贷对象累计在 50 人以上的，单位非法放贷对象累计在 150 人以上的；4. 造成借款人或者其近亲属自杀、死亡或者精神失常等严重后果的。5. 虽未达到上述数额标准，但具有下列情形之一的：（1）2 年内因实施非法放贷行为受过 2 次以上行政处罚的；（2）以超过 72% 的实际年利率实施非法放贷行为 10 次以上的。黑恶势力非法放贷的，按照第 1、2、3 项规定的相应数额、数量标准的 50% 确定。同时具有第 5 项规定情形的，按照相应数额、数量标准的 40% 确定。（十二）从事其他非法经营活动，具有下列情形之一的：1. 个人非法经营数额在 5 万元以上，或者违法所得数额在 1 万元以上的；2. 单位非法经营数额在 50 万元以上，或者违法所得数额在 10 万元以上的；3. 虽未达到上述数额标准，但 2 年内因非法经营行为受过 2 次以上行政处罚，又从事同种非法经营行为的；4. 其他情节严重的情形。法律、司法解释对非法经营罪的立案追诉标准另有规定的，依照其规定。”

3. 本罪的主体是一般主体，即已满 16 周岁、具备刑事责任能力的自然人和单位。

4. 本罪的主观方面是故意，且具有谋取非法利润的目的。

司法实践中，如何认定“其他严重扰乱市场秩序的非法经营行为”？“其他严重扰乱市场秩序的非法经营行为”属于刑法中典型的兜底条款。这种表述方式增加了条文的弹性，但也使得条文具有模糊性，有违罪刑法定原则“明确性”的要求，导致行为人难以预测其行为是否构成犯罪。正因如此，有必要对兜底条款作出限定，规范兜底条款的司法适用规则，统一裁判尺度，防止同案不同判。从最高人民法院近几年颁布的指导性案例来看，《刑法》第225条第（4）项“其他严重扰乱市场秩序的非法经营行为”是在前三项规定明确列举的三类非法经营行为具体情形的基础上，规定的一个兜底性条款，在司法实践中适用该项规定应当特别慎重，相关行为需有法律、司法解释的明确规定，且要具备与前三项规定行为相当的社会危害性和刑事处罚必要性，严格避免将一般的行政违法行为当作刑事犯罪来处理。2011年最高人民法院《关于准确理解和适用刑法中“国家规定”的有关问题的通知》第3条规定，各级人民法院审理非法经营犯罪案件，要依法严格把握《刑法》第225条第（4）项的适用范围。对被告人的行为是否属于《刑法》第225条第（4）项规定的“其他严重扰乱市场秩序的非法经营行为”，有关司法解释未作明确规定的，应当作为法律适用问题，逐级向最高人民法院请示。

案例1是近年来最高人民法院直接指令并指导的一审再审改判的典型案例，历经一审再审。临河区法院经审理认为，王某军违反国家法律、行政法规规定，未经粮食主管部门许可及工商行政管理机关核准登记颁发营业执照，非法收购玉米，非法经营数额21万余元，数量较大，其行为构成非法经营罪。鉴于王某军案发后主动到公安机关自首，主动退缴非法所得，临河区法院以非法经营罪判处其有期徒刑1年缓刑2年，并处罚金2万元。宣判后，王某军未上诉，检察机关未抗诉，判决发生法律效力。2016年最高人民法院作出再审决定，指令巴彦淖尔中院对此案进行再审。一审法院对非法经营罪的兜底条款进行了扩大解释而对王某军判处有期徒刑，再审法院明确了行政违法行为与刑事犯罪的界限，规范了非法经营兜底条款的司法适用规则。再审法院经审理认为，原判决认定的原审被告人王某军于2014年11月至2015年1月，没有办理粮食收购许可证及工商营业执照买卖玉米的事实清楚，其行为违反了当时的国家粮食流通管理有关规定，但尚未达到严重扰乱市场秩序的危害程度，不具备与《刑法》第225条规定的非法经营罪相当的社会危害性、刑事违法性和刑事处罚必要性，不构成非法经营罪。原审判决认定王某军构成非法经营罪适用法律错误，检察机关提出的王某军无证照买卖玉米的行为不构成非法经营罪的意见成立，原审被告人王某军及其辩护人提出的其行为不构成犯罪的意见成立。

案例2中，法院经审理认为，烟草属于国家专营专卖的商品，销售者必须持有烟草专卖零售许可证才能进行销售，被告人白某某违反国家规定，在未取得烟草专卖许可证的情况下，多次到卷烟零售户处购买卷烟在自家小卖部中销售，以赚取差价，非法经营数额达55033元，其行为已构成非法经营罪。法院依法判处白某某有期徒刑1年，缓刑1年2个月，并处罚金人民币5000元。

二十八、非法转让、倒卖土地使用权罪

案　例

（一）案情简介

2022 年 1 月，A 村党支部书记、村主任黄某，未经当地国土资源部门批准，以所在 A 村四组的名义与 B 村村民签订一份土地转让合同，将本组集体所有的 10 亩耕地以每亩 12 万元共计 120 万元转让给 B 村村民徐某等 5 人建房。2022 年 2 月，该县审计局在某镇主要领导干部经济责任审计中，进村入户延伸审计。审计发现，黄某涉嫌利用职权将集体土地使用权转让给非本村村民，用于违规建房。该县审计局将相关问题线索移送县纪委监委、自然资源和规划局、农业农村局等部门进一步查处。经当地国土资源勘测所实地勘测，A 村四组非法转让土地面积为 10.3655 亩。为逃避责任，黄某撕毁与徐某等人签订的土地使用权转让合同，指使其弟黄某强与徐某等人重新签订虚假合同，并提交给审计组和县纪委监委试图蒙混过关。

（二）问题

黄某的行为应当如何定罪与处罚？

（三）法律规定

《中华人民共和国刑法》

第 228 条　以牟利为目的，违反土地管理法规，非法转让、倒卖土地使用权，情节严重的，处 3 年以下有期徒刑或者拘役，并处或者单处非法转让、倒卖土地使用权价额 5% 以上 20% 以下罚金；情节特别严重的，处 3 年以上 7 年以下有期徒刑，并处非法转让、倒卖土地使用权价额 5% 以上 20% 以下罚金。

（四）法理分析

非法转让、倒卖土地使用权罪，是指以牟利为目的，违反土地管理法规，非法转让、倒卖土地使用权，情节严重的行为。本罪的构成特征是：

1. 本罪侵犯的客体是国家的土地管理制度。

2. 本罪在客观方面表现为违反土地管理法规，非法转让、倒卖土地使用权，情节严重的行为。具体而言，包括以下三方面内容：

第一，必须违反土地管理法规的行为。即违反全国人民代表大会及其常委会制定的法律和决定、国务院制定的行政法规、规定的行政措施、发布的决定和命令中有关土地管理的规定。如《土地管理法》《城镇国有土地使用权出让和转让暂行条例》《土地管理法实施条例》等。

第二，必须实施非法转让、倒卖土地使用权的行为。土地使用权转让是指土地使用者将土地使用权再转移的行为，包括出售、交换和赠送。未按土地使用权出让合同规定的期限和条件投资开发，利用土地的，土地使用权不得转让。所谓“非法转让土地使用权”，是指将依法管理和持有的土地使用权，违反法律法规的有关规定，擅自转让给他人的行为。所谓“倒卖土地使用权”，是指违反法律法规的规定，将土地使用权进行倒卖，从中牟利的行为。

第三，必须是情节严重的行为。所谓“情节严重”，根据2000年最高人民法院《关于审理破坏土地资源刑事案件具体应用法律若干问题的解释》第1条的规定，是指具有下列情形之一的：（1）非法转让、倒卖基本农田5亩以上的；（2）非法转让、倒卖基本农田以外的耕地10亩以上的；（3）非法转让、倒卖其他土地20亩以上的；（4）非法获利50万元以上的；（5）非法转让、倒卖土地接近上述数量标准并具有其他恶劣情节的，如曾因非法转让、倒卖土地使用权受过行政处罚或者造成严重后果等。

3. 本罪的主体为一般主体。即已满16周岁、具备刑事责任能力的自然人和单位。

4. 本罪的主观方面是故意。

司法实践中，认定本罪时应注意罪与非罪的界限。本罪属情节犯，必须达到情节严重，才构成本罪，如果情节轻微，危害不大，不能以犯罪论处。

本案中，黄某身为村党支部书记、村委会主任，为牟取利益，未经当地国土资源部门批准，擅自将集体所有土地转让给外村村民，其非法转让土地使用权的行为给集体利益造成严重损失，其行为构成非法转让土地使用权罪。据此，法院判处黄某有期徒刑1年6个月，缓刑2年，并处罚金人民币6万元，没收违法所得120万元。

第四章　侵犯公民人身权利、民主权利罪

侵犯公民人身权利、民主权利罪，是指故意或过失地侵犯公民的人身权利、民主权利以及与人身有直接关系的其他权利的行为。所谓“公民的人身权利”，是指法律所规定的与公民的人身不可分离的权利，这种权利不具有经济内容，与人身紧密联系在一起，只有权利人本人才享有，它包括生命权、健康权、性的不可侵犯权、人身自由权、人格权、名誉权、婚姻自由权等。所谓“公民的民主权利”，是指法律规定公民享有的参加国家管理及社会政治活动的权利。民主权利包括选举权与被选举权、批评权、控告权、申诉权、宗教信仰自由权、通信自由权等。人身权利与民主权利密切联系，人身权利是公民行使民主权利的前提和基础，民主权利的实现又有利于保障人身权利。与人身直接相关的其他权利，主要包括住宅不受侵犯权、劳动权、休息权、受抚养权等。

一、故意杀人罪

案　例

（一）案情简介

案例1：被告人卢某坤，男，汉族，1982年生，农民。2011年1月，被告人卢某坤因面肌痉挛先后3次到广东省东莞市C医院就诊。同月30日，卢某坤再次到C医院就诊，该医院医生刘某（被害人，殁年53岁）为卢某坤诊断开药。卢某坤服药后自认为病情恶化，又到北京等地多家医院就诊。卢某坤主观认为，系刘某的诊治错误导致其花费数万元，且妻子为此与其离婚，遂决定报复刘某。同年8月16日14时许，卢某坤携带菜刀来到C医院3楼，趁刘某在诊室为他人看病不备之机，拿出菜刀猛砍刘某的头部、颈部等处。在旁边诊室接诊的医生伊某（被害人，时年55岁）听到声响出来查看，卢某坤又持菜刀追砍伊某头部、躯干等处数刀，后被闻讯赶到的医院保安人员控制。刘某因被锐器砍劈头部致颅脑损伤合并全身多处创口失血性休克死亡；伊某的损伤

程度构成重伤，7级伤残。

案例2：被告人刘某，男，13岁，甘肃省定西人。2022年9月25日，刘某提前准备了水果刀、刀片、一次性手套、塑料绳等作案工具，预先放置在被害人家的林地内，之后以水果为诱饵，将8岁的女童骗至附近偏僻树林，将其残忍杀害。在残忍杀害女童并侮辱尸体之后，刘某镇定自若，在回家时巧妙地避开了被害人家的监控，回到家后若无其事地洗头，然后正常上学。

（二）问题

《刑法修正案（十一）》对故意杀人罪的刑事责任年龄是如何规定的？

（三）法律规定

《中华人民共和国刑法》

第17条　已满16周岁的人犯罪，应当负刑事责任。

已满14周岁不满16周岁的人，犯故意杀人、故意伤害致人重伤或者死亡、强奸、抢劫、贩卖毒品、放火、爆炸、投放危险物质罪的，应当负刑事责任。

已满12周岁不满14周岁的人，犯故意杀人、故意伤害罪，致人死亡或者以特别残忍手段致人重伤造成严重残疾，情节恶劣，经最高人民检察院核准追诉的，应当负刑事责任。

对依照前3款规定追究刑事责任的不满18周岁的人，应当从轻或者减轻处罚。

因不满16周岁不予刑事处罚的，责令其父母或者其他监护人加以管教；在必要的时候，依法进行专门矫治教育。

第232条　故意杀人的，处死刑、无期徒刑或者10年以上有期徒刑；情节较轻的，处3年以上10年以下有期徒刑。

（四）法理分析

故意杀人罪，是指故意非法剥夺他人生命的行为。本罪的构成特征是：

1. 本罪侵犯的客体是他人的生命权利。“他人”是指除自己以外的其他自然人。人的生命权利始于出生，终于死亡。因此，本罪的对象只能是有生命的自然人。生命的起始标志，刑法理论上认识不一致，主要有“阵痛说”“一部露出说”“全部露出说”“断带说”“发声说”“独立呼吸说”等。按照我国通说，人的生命，起始于胎儿脱离母体后，开始独立呼吸，即“独立呼吸说”。同样，对于生命的终结也存在诸多争议。传统观点认为以心脏停止跳动为标志。但近年来随着医学科学发展提出了“脑死亡”概念，认为应以脑死亡为死亡标准，即只有包括大脑、小脑和脑干在内的脑的全部功能不可逆地完全消失，才是死亡的标志，即使心脏仍在跳动，也认为已经死亡。目前，我国实践中仍以心脏停止跳动为生命终结的标志。

任何人的生命权利在出生后和死亡前都受到刑法保护，不因对象的条件不同而有区别。因母体中的胎儿与人死亡后的尸体都没有生命权的存在，故侵犯其不能构成故意杀人罪，但非法堕胎伤害孕妇身体的，可构成《刑法》第234条规定的故意伤害罪，毁坏尸体的行为可构成《刑法》第302条规定的侮辱尸体罪。在行为人出于故意而误把尸体当活人加以杀害的情况下，属于主观上的事实认识错误，应以对象不能犯的故意杀人罪未遂来处罚。合法堕胎行为不能构成任何犯罪。

2. 本罪在客观方面表现为非法剥夺他人生命的行为。具体而言，包括以下三方面内容：

第一，必须是非法地剥夺他人生命的行为。所谓“非法”，即违反了国家的法律，是指没有任何合法化事由。正当的防卫行为、人民警察依法执行职务的行为、依法对罪犯执行死刑的行为，则不构成本罪。

第二，必须有剥夺他人生命的行为。行为方式既可以表现为作为，如刀砍、斧劈、枪击、棍打；也可以表现为不作为，如有救助义务的人见死不救，致人死亡。剥夺他人生命的手段是多种多样的，可以是徒手，也可以是利用工具，或者利用他人，或者利用自然力。虽然法律没有限制方式、方法、手段，但如果行为人采用放火、爆炸、决水、投放危险物质等危险方法杀人而同时危害公共安全的，则应以相应的危害公共安全犯罪论处。

第三，在有死亡结果发生的情况下，杀害行为与死亡结果之间必须有因果关系，否则不成立本罪。

3. 本罪的主体是一般主体，即已满14周岁、具备刑事责任能力的自然人。根据《刑法修正案（十一）》修正后的《刑法》第17条第3款的规定，已满12周岁不满14周岁的人，犯故意杀人、故意伤害罪，致人死亡或者以特别残忍手段致人重伤造成严重残疾，情节恶劣，经最高人民检察院核准追诉的，可以成为本罪的主体。

4. 本罪的主观方面是故意。至于行为人的动机如何，不影响本罪的成立。

司法实践中，认定本罪时应注意以下几个问题：

一是致人自杀行为。自杀是自己剥夺自己的生命，在我国自杀行为不为罪。但实践中自杀的情况颇为复杂，特别是因他人行为引起自杀，往往涉及是否构成故意杀人罪的问题，需认真分析。实务中，致人自杀主要有以下三种情形：

（1）行为人的合法、正当行为致他人自杀。如履行职责对他人批评或处分，即使处分过重、态度生硬、粗暴或因一般违法行为而引起他人自杀的，自杀行为往往是由于自杀者的心胸狭隘所致，不应追究其刑事责任。

（2）行为人的犯罪行为致他人自杀。如强奸、暴力干涉他人婚姻自由等引起他人自杀。这种情况下，行为人主观上并无杀人的故意，应以相应的犯罪论处，不能构成本罪。根据具体情况，其一，可将自杀作为强奸、暴力干涉婚姻自由等罪的一个从重处罚情节。其二，引起他人自杀这一事实可作为定罪与否的情节，如侮辱、诽谤他人引起他人自杀，引起自杀就成为判定情节严重与否的一个因素。

（3）行为人具有致他人死亡的故意，并凭借权势或以暴力、胁迫、诱骗等手段促使他人自杀。由于行为人主观上具有杀人故意，客观上又实施了与死亡有一定因果关系的行为，实质上是一种借刀杀人的行为，应以本罪论处。

二是帮助自杀行为。所谓“帮助自杀”，是指他人已有自杀意图，行为人对其在精神上加以鼓励，使其坚定自杀的意图或者给予物质上的帮助，使他人得以实现其自杀意图。在前一种情况下，行为人对自杀死亡结果的原因力较小，危害也不大，可以不追究其故意杀人的刑事责任。在后一种情况下，行为人多是应请求在物质上为自杀者提供了帮助，如将毒药递给自杀者，对于自杀者的死亡结果具有较大的原因力，原则上应构成本罪，但由于自杀是自杀者本人的意思决定的，可对帮助者从轻或减轻处罚。对于虽然是应请求实行帮助，却直接动手将自杀者杀死的，应当认定为本罪，但可以考虑从轻处罚。

三是教唆自杀行为。所谓“教唆自杀”，是指行为人使没有自杀意图的人产生自杀决意而实施自杀行为。教唆自杀的行为人，在多数情况下都是为了帮助自杀者摆脱某种痛苦，由于教唆者是实施教唆自杀行为，是否自杀，自杀者仍具有意志选择自由，因此，社会危害性较小，虽应以本罪论处，但应按情节较轻，从轻、减轻或者免除处罚。如果被教唆自杀的是精神病人或未成年人的，因为自杀者由于精神状况或者年龄对自杀的性质缺乏正确的辨认和控制能力，这实际上是借自杀者之手实现他杀的目的，是一种故意杀人的变相形式。对教唆者应以故意杀人罪的间接实行犯对待，依法追究其故意杀人罪的刑事责任。

根据2017年最高人民法院、最高人民检察院《关于办理组织、利用邪教组织破坏法律实施等刑事案件适用法律若干问题的解释》第11条规定，组织、利用邪教组织，制造、散布迷信邪说，组织、策划、煽动、胁迫、教唆、帮助其成员或者他人实施自杀、自伤的，依照《刑法》第232条、第234条的规定，以故意杀人罪或者故意伤害罪定罪处罚。

四是相约自杀行为。所谓“相约自杀”，是指两个以上有责任能力的人互相约定共同自杀的行为。对于这种情况，应根据自杀的提议、过程、结果等区别对待。

（1）双方相约共同自杀，一方未对他方实施教唆、帮助或诱使行为。在这种情况下，虽然相约的行为对各方起到精神支持作用，但由于客观上没有教唆、帮助或诱使行为，因此，自杀而没有死亡的一方不应对他方的死亡负故意杀人的刑事责任。

（2）双方相约共同自杀，一方要求对方先杀死自己，后者应对方请求先将对方杀死，然后自杀未成或又放弃自杀念头的。这在本质上是一种受嘱托杀人，行为人主观上有明知，客观行为与死亡结果之间有因果关系，应按本罪论处，量刑时可考虑从轻。

（3）双方相约共同自杀，一方为自杀提供条件，另一方利用此条件自杀身死，而提供条件的自杀未遂。从性质上讲，这是一种帮助自杀的行为，可比照帮助自杀的原则处理。

（4）貌似相约自杀，一方诱骗对方相约共同自杀，而行为人根本没有自杀的意图。此种情况下，对诱骗者应以本罪定性。

五是受嘱托杀人行为及“安乐死”问题。受嘱托杀人，也称为“承诺杀人”，是指受已有自杀意图者的嘱托而直接将他人杀死的行为。从广义上讲，这也是一种帮助自杀行为，但与帮助自杀行为的不同在于，行为人是直接实施杀人行为，而不是对嘱托者本人的自杀行为给予帮助。这种受嘱托杀人行为构成故意杀人罪，但由于是应人所求，处罚时可考虑从轻。

“安乐死”在本质上也是一种受嘱托杀人的行为。一般是指应身患绝症，精神、肉体处于极度痛苦的病人的请求，实施促使其提前、迅速无痛苦死亡的行为。已有个别国家承认“安乐死”合法化，目前我国立法上尚未承认“安乐死”的情况下，对实践中“安乐死”的案件，仍应按照本罪定性，但可根据具体情况免除或者减轻处罚。

案例1中，被告人卢某坤故意非法剥夺他人生命，其行为已构成故意杀人罪。卢某坤仅凭个人主观臆测，认为系医生的诊治错误加重其病情，导致其花费数万元，且其妻子与其离婚。经预谋在医院公然持刀砍击两名医生，致1人死亡、1人重伤，犯罪手段特别残忍，情节特别恶劣，后果和罪行极其严重，应依法惩处。2012年9月7日，东莞市中级人民法院一审对被告人卢某坤判处死刑，剥夺政治权利终身。

案例2中，根据《刑法》第17条的规定，未成年人犯罪是否承担刑事责任取决于其年龄。具体来说：（1）不满12周岁的未成年人，不承担刑事责任。（2）已满12周岁不满14周岁的未成年人，只有在犯故意杀人、故意伤害罪致人死亡或者以特别残忍手段致人重伤造成严重残疾，情节恶劣，并经最高人民检察院核准追诉的情况下，才应当负刑事责任。（3）已满14周岁不满

16周岁的未成年人，犯故意杀人罪的，应当负刑事责任。(4) 已满16周岁的未成年人，犯任何罪行都应当负刑事责任。对于未成年人犯罪，法律规定不适用死刑，应当从轻或者减轻处罚。如果因不满16周岁不予刑事处罚的，责令其父母或者其他监护人加以管教，在必要的时候依法进行专门矫治教育。本案中，刘某实施故意杀人时年仅13周岁，但其手段残忍，且有预谋，在现场完成杀人、辱尸后，巧妙地避开了被害人家的监控，回到家后若无其事地洗头，然后正常上学。符合《刑法》第17条第3款的规定，最高人民检察院核准同意追究其刑事责任。

二、故意伤害罪

案　例

(一) 案情简介

李某、赵某曾经为琐事和孙某发生纠纷。某年11月的一天晚上8点多，下着中雨，孙某正在一条比较偏僻的马路边上的一家小卖部里边看电视边吃饭时，听到外面有人叫他。孙某走到门外想看看是谁，刚一出门，李某、赵某即分别手持8×100cm、8×80cm的铁管向孙某打去。孙某向外跑了20多米后被打倒，李某、赵某继续用铁管殴打孙某，后逃离。孙某在泥泞中躺了半个多小时后被行人发现，送到医院后已死亡。经鉴定，孙某头部共有13处损伤，均造成凹陷性骨折，身体其他部位未见受伤。

(二) 问题

如何区别故意伤害罪与故意杀人罪的界限?

(三) 法律规定

《中华人民共和国刑法》

第234条　故意伤害他人身体的，处3年以下有期徒刑、拘役或者管制。

犯前款罪，致人重伤的，处3年以上10年以下有期徒刑；致人死亡或者以特别残忍手段致人重伤造成严重残疾的，处10年以上有期徒刑、无期徒刑或者死刑。本法另有规定的，依照规定。

(四) 法理分析

故意伤害罪，是指行为人故意非法损害他人身体健康的行为。本罪的构成特征是：

1. 本罪侵犯的客体是他人的身体健康权。犯罪对象是除自己以外的其他具有生命的自然人。伤害自己身体的，一般不成立本罪，但自伤行为如果侵犯了国家或社会法益而触犯了刑法规范时，可能构成其他犯罪。例如，军人为了逃避军事义务在战时自伤身体的，应适用《刑法》第434条。所谓“他人的身体健康”，是指他人人体组织的完整与人体器官的正常功能。本罪区别于其他侵犯人身权利犯罪的本质特征就是损害他人肢体、器官、组织的完整和正常机能。如果虽以他人身体为侵害对象，如损坏他人指甲、剪掉他人头发等，不会造成他人人体组织的完整和身体器官功能丧失，不应以本罪论处。如符合其他犯罪的要件，应构成相应的罪。尸体不具备生命，因此，损毁尸体的行为，不成立本罪。基于同样的理由，伤害胎儿身体的，也不构成本罪。

2. 本罪在客观方面表现为非法损害他人身体健康的行为。具体而言，包括以下三方面内容：

第一，必须是非法地损害他人身体健康的行为。合法实施的行为而损害他人身体健康的，不构成犯罪。如医疗行为、竞技行为、防卫行为等。

第二，必须具有损害他人身体健康的行为，即具有损坏他人人体的肢体、组织的完整或者正常机能的行为。故意伤害行为，通常表现为作为，如拳打脚踢、使用工具、使用科学技术手段等；也可以是不作为，如恶犬咬人，犬主不加制止。在不作为的情况下，以行为人对防止他人身体健康遭受损害负有特定义务为前提。故意伤害的行为手段是多种多样的，可以借助工具，也可以不借助工具，可以是行为人直接施暴致他人身体伤害，也可以间接利用未成年人、精神病人及动物等伤害他人，但不论采用什么方法，都必须以外力直接作用于他人人体组织的完整性或器官功能受到损害。如果不是以外力直接作用于人体，而是采用其他方式如咒骂致人精神病，则不构成本罪。根据《刑法》第234条之一第2款的规定，未经本人同意摘取其器官，或者摘取不满18周岁的人的器官，或者强迫、欺骗他人捐献器官的，依照故意伤害罪论处；符合故意杀人罪的犯罪构成的，以故意杀人罪论处。

第三，本罪是结果犯，只有造成轻伤害以上的结果才能以犯罪论处。根据《刑法》第234条的规定，损害结果包括轻伤害、重伤害和伤害致死三种情况。所谓“轻伤”，是指使人肢体或容貌损害、听觉、视觉或其他器官功能部分障碍或者其他对于人身健康有中度伤害的损伤，包括轻伤一级、轻伤二级。所谓“重伤”，根据《刑法》第95条，有下列情形之一的，属于重伤害：(1) 使人肢体残废或者毁人容貌的；(2) 使人丧失听觉、视觉或其他器官机能的；(3) 其他对于人身健康有重大伤害的。实践中，对于人体重伤害范围及程度的认定，应参照最高人民法院、最高人民检察院、公安部、国家安全部、司法部于2013年出台的《人体损伤程度鉴定标准》的规定。

此外，确定伤害程度，一般应以伤害当时的情况结合审判时的治疗和恢复情况综合认定。如伤害当时伤情并不十分严重，虽经治疗，但最终呈现重伤的，应以重伤论处；伤害当时伤情比较严重，而后又基本上恢复正常或者只造成轻伤害的，不能以重伤论处，在确定为伤害并以此确定刑事责任时，应排除在诊治过程中有他人不当行为的介入，即要查明伤害行为必须对伤害结果的发生具有原因力，与伤害结果之间具有因果关系。如在诊治过程中有他人不当行为的介入最终呈现重伤害的，则不能以重伤害追究刑事责任。

3. 本罪的主体是一般主体。其中，对于故意伤害致人重伤或死亡的，主体为已满 14 周岁、具备刑事责任能力的自然人；而故意伤害致人死亡或者以特别残忍手段致人重伤造成严重残疾，情节恶劣，经最高人民检察院核准追诉的，承担刑事责任的年龄为已满 12 周岁。对于致人轻伤害的，主体是已满 16 周岁、具备刑事责任能力的自然人。

4. 本罪的主观方面是非法损害他人身体健康的故意，包括直接故意和间接故意。

司法实践中，故意伤害致人死亡与故意杀人既遂、故意伤害既遂与故意杀人未遂，不仅危害结果相同，犯罪手段、行为方式也极为相似，在主观上都是出于故意，都是明知故犯，因此，很容易混淆。二者区分的关键在于主观故意的内容不同。故意伤害致人死亡主观上只具有损害他人身体健康的故意，对死亡结果的发生主观上是过失；而故意杀人在主观上具有非法剥夺他人生命的故意内容。如何判断行为人主观故意内容？主观见之于客观，客观决定行为人主观内容。对两罪主观方面的这种识别，可以通过分析客观事实来进行。如案发原因、经过、结果；犯罪的时间、地点和条件；行为人和被害人的关系；行为人的动机、所使用的工具、所打击的部位，打击的强度；行为人实施犯罪之后对被害人的态度等方面综合分析判断。

本案中，案件起因是行为人李某、赵某曾经因琐事和被害人孙某发生纠纷。从李某、赵某所选择的时间来看，是冬日的晚上 8 点多，又下着雨，地点是在一条比较偏僻的马路边上；从二人所持的工具来看，是比较粗的铁管，从打击的部位和强度来看（孙某头部共有 13 处损伤，均造成凹陷性骨折，身体其他部位未见受伤），都是致命的要害部位，力度是特别大的，在被害人孙某向外跑了 20 多米被打倒之后，李某、赵某继续用铁管殴打孙某；从事后对被害人的态度来看，不管不顾，任由其重伤躺在泥泞中，说明行为人李某、赵某主观上具有非法剥夺孙某生命的故意，而且希望这种结果发生，因此，本案是故意杀人而非故意伤害。

三、强奸罪

案　例

（一）案情简介

2014年3月16日凌晨3时许，被告人孟某在武汉市洪山区鲁磨路的某酒吧内与被害人朗某跳舞相识，后孟某趁朗某醉酒不省人事之际，骗取酒吧管理人员和服务员的信任，将朗某带出酒吧。随后，孟某伙同被告人次某、索某、多某、拉某将朗某带至武汉东湖新技术开发区政苑小区某KTV的一间包房。接着，多某购买避孕套，并向次某、索某和拉某分发。次某、索某和拉某趁朗某神志不清，先后在包房内与其发生性关系。孟某和多某欲与朗某发生性关系，但因故未得逞。当日，朗某即向公安机关报警。3月18日，被告人孟某、次某、索某、多某、拉某分别被公安机关抓获。经鉴定，被害人朗某双上臂及臀部多处软组织挫伤。

（二）问题

被害人无明显反抗行为或意思表示时，如何认定强奸罪中的“违背妇女意志”？被告人孟某、次某、索某、多某、拉某的行为应当如何定罪与处罚？

（三）法律规定

《中华人民共和国刑法》

第236条　以暴力、胁迫或者其他手段强奸妇女的，处3年以上10年以下有期徒刑。

奸淫不满14周岁的幼女的，以强奸论，从重处罚。

强奸妇女、奸淫幼女，有下列情形之一的，处10年以上有期徒刑、无期徒刑或者死刑：（1）强奸妇女、奸淫幼女情节恶劣的；（2）强奸妇女、奸淫幼女多人的；（3）在公共场所当众强奸妇女、奸淫幼女的；（4）2人以上轮奸的；（5）奸淫不满10周岁的幼女或者造成幼女伤害的；（6）致使被害人重伤、死亡或者造成其他严重后果的。

（四）法理分析

强奸罪，是指以暴力、胁迫或者其他手段，违背妇女意志，强行与妇女性交的行为或者奸淫不满14周岁的幼女的行为。本罪的构成特征是：

1. 本罪侵犯的客体是妇女性的自由权利和幼女的身心健康权。本罪侵害的对象是妇女和幼女。所谓“妇女性的自由权利”，是指妇女根据自己的意愿发生性行为或不发生性行为的权利。这种权利只能是妇女生命存续时享有的权利。对实践中奸淫妇女尸体的行为，因客体、对象不存在，不能构成本罪，可构成《刑法》第302条规定的侮辱尸体罪。本罪的对象一般是妇女，即年满14周岁的女性。根据刑法的规定，奸淫不满14周岁的幼女的，以强奸罪论，因此，本罪的对象可以是未满14周岁的幼女。强奸幼女的，侵害了幼女的身心健康权。所谓“幼女的身心健康权”，是指幼女的身体和精神正常发育和健康成长的权利。

2. 本罪在客观方面表现为以暴力、胁迫或其他手段，违背妇女意志，强行与之性交的行为，或者与不满14周岁的幼女发生性关系的行为。根据《刑法》第236条的规定，有以下两种情形：

（1）以暴力、胁迫或其他手段，违背妇女意志，强行与之性交的行为。所谓“违背妇女意志”，是指违背了妇女不愿与行为人性交的真实意思。一般来说，违背妇女意志是强奸罪的本质特征。对违背妇女意志的表现可以概括为，行为人采取了暴力、胁迫和其他手段，致使妇女不能反抗、不敢反抗或不知反抗的强制手段而与其发生性关系。

所谓“暴力”，是指行为人以殴打、伤害、捆绑、按倒、强拉硬拽等，使被害妇女不敢、不能反抗，对其人身实行强制的手段。所谓“胁迫”，是指以杀害、伤害、职权、地位、揭发隐私等相威胁、恫吓使被害妇女不敢反抗，对其进行精神强制的手段。所谓“其他手段”，是指除暴力、胁迫手段以外，其他使被害妇女不知反抗或不能反抗的手段，如用药麻醉、用酒灌醉等，如利用被害妇女昏迷、熟睡之机进行奸淫等。此外，认定强奸罪，不能以被害妇女有无反抗以及生活作风为标准。

此外，如果明知妇女是精神病患者或者痴呆者（程度严重的）而与其发生性行为的，不管犯罪分子采取什么手段，都应以强奸罪论。

（2）与不满14周岁的幼女发生性关系的行为。行为人无论采取何种手段，只要与幼女发生了性关系，无论幼女是否同意，均构成本罪。

3. 本罪的主体是特殊主体，即已满14周岁、具备刑事责任能力的男性。女性不能单独构成本罪，但可以成为本罪的共犯。

4. 本罪的主观方面是直接故意，并且具有违背妇女意志强行与之发生性交的故意内容。

构成奸淫幼女型的强奸罪是否要求行为人主观上明知所奸淫的对象是幼女？根据2023年6月1日起实施的最高人民法院、最高人民检察院、公安部、司法部《关于办理性侵害未成年人刑事案件的意见》第17条规定：“知道或者应当知道对方是不满14周岁的幼女，而实施奸淫等性侵害行为的，应当认定行为人‘明知’对方是幼女。对不满12周岁的被害人实施奸淫等性侵害行为的，应当认定行为人‘明知’对方是幼女。对已满12周岁不满14周岁的被害人，从其身体发育状况、言谈举止、衣着特征、生活作息规律等观察可能是幼女，而实施奸淫等性侵害行为的，应当认定行为人‘明知’对方是幼女。”

对于非强制性的奸淫女精神病人的强奸罪而言，在主观上同样需要行为人意识到被害人的精神状况，因为只有如此才符合其利用被害人不具备辨认或者控制能力的状态实施奸淫行为的故意罪过要求。

司法实践中，认定行为人的行为是否违背妇女意志是区分罪与非罪的关键。违背妇女意志不能以妇女是否有反抗为根据，判断是否违背妇女的意志关键要看妇女对发生性行为的当时同意与否。一般而言，可以从以下三个方面来分析判断被告人的行为是否“违背妇女意志”：（1）案发时被害妇女的认知能力；（2）案发时被害妇女的反抗能力；（3）被害人未作明确意思表示的客观原因。司法实务中，不同的被害妇女由于各自的生理、心理、性格等个人特征的不同，对暴力、胁迫或者其他手段的反应及其程度也不相同。妇女能否抗拒，或是否敢于抗拒不可能有一个统一的认定标准。妇女有无反抗能力，不能单纯地从行为人使用暴力、胁迫手段的程度来评价，还要结合妇女自身对所处环境的认知和可能遭遇更大伤害的风险预估心理，以及妇女自身身体状况等因素综合考虑。在被害人未作明确意思表示的情形下，应当对其客观原因进行具体分析。从案发当时的环境、双方是否熟人关系、被害人的身体状况、行为人的人数等因素，综合判定被害妇女是否具有选择表达不同意的意志自由。

本案中，被害人无明示反抗行为和反抗意思表示的情形不能推定为默示的同意。被害人在到达案发现场前后，因醉酒对自身所处的环境、状况以及可能遭遇的危险不能正确认知；在案发过程中神情呆滞伴有哭泣；在案发清醒后立即报案。这些情况可以证实被害人在心理上对性行为的发生并非持有自愿认可的态度。被害人之所以未作明确意思表示，是因为客观上不具备明确表达不同意的条件。湖北省武汉市中级人民法院一审认为，被告人孟某等5人在被害人处于醉酒无意识状态下，骗取酒吧工作人员的信任，谎称系被害人的朋友，从酒吧带走被害人，预谋实施性侵害，并利用被害人不知反抗、不能反抗的状态和不敢反抗的心理，违背被害人意志，共同对被害人实施了性侵行为，其行为均已构成强奸罪。检察机关指控的罪名成立。被告人孟某、次某、索某、拉某在共同犯罪中起主要作用，系主犯。被告人多某在共同犯罪中起次要作用，系从犯，依法应当对其从轻处罚。依据《刑法》第236条第3款第（1）项及第（4）项、第25条第1款、第26条第1款、第27条第1款、第55条、第56

条、第67条第3款的规定，判决如下：被告人孟某犯强奸罪，判处有期徒刑15年，剥夺政治权利3年；被告人次某犯强奸罪，判处有期徒刑13年，剥夺政治权利2年；被告人索某犯强奸罪，判处有期徒刑13年，剥夺政治权利2年；被告人拉某犯强奸罪，判处有期徒刑12年，剥夺政治权利1年；被告人多某犯强奸罪，判处有期徒刑10年，剥夺政治权利1年。一审宣判后，五名被告人均不服，以被害人无明显反抗行为，系自愿与其发生性关系为由，向湖北省高级人民法院提出上诉。湖北省高级人民法院二审认为，一审认定的事实清楚，证据确实、充分，定罪准确，审判程序合法。裁定驳回上诉，维持原判。

四、负有照护职责人员性侵罪

案　　例

（一）案情简介

被告人刘某是广州某专修学院的老师，也是未成年女学生杨某的班主任。刘某在担任杨某的班主任期间，与杨某建立了良好的关系，甚至在私下以兄妹相称。一天，杨某约刘某外出，但是回校时已经过了门禁时间，于是两人到刘某的宿舍过夜。当天晚上，两人在刘某的宿舍发生了性关系。

（二）问题

如何区别负有照护职责人员性侵罪与特殊职责人员利用优势地位迫使被害人发生性关系的强奸罪之间的界限？

（三）法律规定

《中华人民共和国刑法》

第236条之一　对已满14周岁不满16周岁的未成年女性负有监护、收养、看护、教育、医疗等特殊职责的人员，与该未成年女性发生性关系的，处3年以下有期徒刑；情节恶劣的，处3年以上10年以下有期徒刑。

有前款行为，同时又构成本法第236条规定之罪的，依照处罚较重的规定定罪处罚。

第37条之一　因利用职业便利实施犯罪，或者实施违背职业要求的特定义务的犯罪被判处刑罚的，人民法院可以根据犯罪情况和预防再犯罪的需要，禁止其自刑罚执行完毕之日或者假释之日起从事相关职业，期限为3年至5年。

被禁止从事相关职业的人违反人民法院依照前款规定作出的决定的，由公安机关依法给予处罚；情节严重的，依照本法第313条的规定定罪处罚。

其他法律、行政法规对其从事相关职业另有禁止或者限制性规定的，从其规定。

（四）法理分析

负有照护职责人员性侵罪，是《刑法修正案（十一）》新增的罪名。是指对已满14周岁不满16周岁的未成年女性负有监护、收养、看护、教育、医疗等特殊职责人员，与该未成年女性发生性关系的行为。本罪的构成特征是：

1. 本罪侵犯的客体是被照护女性性的自决权和身心健康。所谓“被照护女性性的自决权”，是指已满14周岁不满16周岁的未成年被照护女性，并不是完全自愿与负有照护职责人员发生性关系，而是负有照护职责人员利用了所负有的照护职责对这一年龄段的女性所形成的影响力，导致被照护人在这特定关系的影响下，才被动同意与其发生性关系。所谓“被照护女性的身心健康”，是指已满14周岁不满16周岁的未成年被照护女性的身体和心理健康。已满14周岁不满16周岁未成年女性身心相对成熟，对性具有了一定的认识和理解。但与此同时，处于此年龄段的女性身心还处于发展阶段，对性的认识和理解并没有成年人成熟、理性，还不能完全理解性行为的意义和社会后果，在受到负有照护职责人员性侵后，有可能出现身体遭受伤害或心理遭受创伤的情况。

2. 本罪在客观方面表现为负有监护、收养、看护、教育、医疗等特殊职责的人员与已满14周岁不满16周岁的未成年女性发生性关系。所谓“照护职责”，是指监护、收养、看护、教育、医疗等特殊职责。所谓“监护”，是指对未成年人的人身、财产及其他民事权益进行监督和保护。所谓“收养”，是指将他人所生子女收作自己的子女来抚养。所谓“看护”，包括看管和护理照料，看护关系需持续一定的时间，且低龄未成年女性在存续期间对该类人员产生依赖，从而形成依从关系。所谓“教育”，是指教育机构中对已满14周岁不满16周岁的未成年女性传授知识或技能的活动。所谓“医疗”，是指医疗机构中对已满14周岁不满16周岁的未成年女性进行疾病诊断或治疗事宜。

构成本罪，在客观上并不需要采用暴力、胁迫或其他违背被照护人意志的手段。鉴于对已满14周岁不满16周岁的未成年女性负有监护、收养、看护、教育、医疗等特殊职责的人员，与未成年女性之间存在不平等关系，为特殊保护该年龄段的女性，即使双方自愿发生性关系，也构成本罪。

3. 本罪的主体是特殊主体，即对已满14周岁不满16周岁的未成年女性负有监护、收养、看护、教育、医疗等特殊职责的人员，如监护人、收养人、看护人、教师、医生等。

4. 本罪的主观方面是故意，且明知发生性关系的对象是已满 14 周岁不满 16 周岁的未成年女性。

司法实践中，认定本罪时应注意与特殊职责人员利用优势地位迫使被害人发生性关系的强奸罪之间的界限。强奸罪是指以暴力、胁迫或者其他手段，违背妇女意志，强行与妇女性交的行为，违背被害人意志是其本质特征。两罪的主要区别在于：(1) 侵犯的客体不同。本罪是被照护女性性的自决权和身心健康；而强奸罪所侵犯的客体是妇女性的不可侵犯的权利。(2) 客观方面表现不同。本罪在客观方面并不需要采用暴力、胁迫或其他违背被照护人意志的手段；而强奸罪是在客观方面违背被害人意志，采取暴力、胁迫或者其他手段，强行与妇女发生性交的行为。(3) 犯罪的主体不同。本罪的主体是对已满 14 周岁不满 16 周岁的未成年女性负有监护、收养、看护、教育、医疗等特殊职责的人员；而强奸罪的主体是已满 14 周岁、具备刑事责任能力的男性。(4) 犯罪对象不同。本罪行为对象为已满 14 周岁不满 16 周岁的女性；而强奸罪的对象是已满 14 周岁的妇女。司法实践中，对于特殊职责人员利用对未成年人的优势地位，或者被害人孤立无援的境地，迫使被害人发生性关系的，实质是违背被害人意志的非自愿行为，对行为人就不能认定为负有照护职责人员性侵罪，而应认定为强奸罪。例如，父母威胁不给生活费甚至赶出家门、医生威胁不给予恰当治疗、老师威胁不予考试通过、教练威胁不给予上场比赛机会等，胁迫未成年女性发生性关系的，就应认定为违背被害人意志，构成强奸罪。根据《刑法》第 236 条之一第 2 款规定，犯本罪，同时又构成强奸罪的，依照处罚较重的规定定罪处罚。

本案中，法院经审理认为，两人发生性关系时杨某虽然已满 14 周岁但未满 16 周岁，而刘某身为杨某的班主任，对杨某负有教育的职责，刘某的行为已经构成负有照护职责人员性侵罪。依法判处刘某有期徒刑 2 年 10 个月，并且 5 年内禁止从事教育行业及与未成年人相关的职业。

五、强制猥亵、侮辱罪

案　例

(一) 案情简介

案例 1：2021 年 11 月，被告人蔡某某通过“快某”软件认识被害人刘某某（女，11 岁），后二人发展为网恋关系。2022 年 1 月，蔡某某通过“快某”、QQ等聊天软件要求刘某某拍摄下体隐私照片和视频，发送给蔡某某观看。公安人员接被害人家属报警后，于2022年6月20日在外省某宾馆将蔡某某抓获。

案例2：2023年7月6日，被害人洪某（女）经他人介绍到周某的公司求职。次日，周某要求洪某到达指定地点参加面试，并被周某带往芜湖市某医院联系业务。当日17时许，周某让洪某开车送其到芜湖市某宾馆办理入住，并以商谈业务为由哄骗被害人洪某到其入住的宾馆房间内。进入房间后，周某佯装与洪某谈论业务，当洪某准备离开时，周某抱住洪某并要求与其发生性关系，遭到洪某拒绝。周某以知道洪某老家住址及家庭情况，可以散播谣言诽谤其名誉，并声称其在圈内具有一定影响力，足以让洪某在行业内难以立足相威胁，对洪某实施了亲吻、摸胸等猥亵行为。

（二）问题

1. 被告人蔡某某的行为应当如何定罪与处罚？

2. 被告人周某的行为应当如何定罪与处罚？

（三）法律规定

《中华人民共和国刑法》

第237条　以暴力、胁迫或者其他方法强制猥亵他人或者侮辱妇女的，处5年以下有期徒刑或者拘役。

聚众或者在公共场所当众犯前款罪的，或者有其他恶劣情节的，处5年以上有期徒刑。

猥亵儿童的，处5年以下有期徒刑；有下列情形之一的，处5年以上有期徒刑：（1）猥亵儿童多人或者多次的；（2）聚众猥亵儿童的，或者在公共场所当众猥亵儿童，情节恶劣的；（3）造成儿童伤害或者其他严重后果的；（4）猥亵手段恶劣或者有其他恶劣情节的。

（四）法理分析

强制猥亵、侮辱罪是指以暴力、胁迫或者其他方法强制猥亵他人或者侮辱妇女的行为。本罪的构成特征是：

1. 本罪侵犯的客体是他人的人格尊严和人身自由权利。强制猥亵的对象是他人，即已满14周岁的自然人，包括男性和女性。强制侮辱的对象是妇女。猥亵不满14周岁的男、女儿童的，构成猥亵儿童罪。

2. 本罪在客观方面表现为以暴力、胁迫或者其他手段，强制猥亵他人或者侮辱妇女的行为。所谓“暴力”，是指以殴打、捆绑、堵嘴等对他人人身实行强制，使被害人不敢、不能抗拒的手段。所谓“胁迫”，是指以杀害、伤害、职权、地位、揭发隐私等相威胁、恫吓使被害人不敢反抗，对其进行精神强制的手段。所谓“其他手段”，是指暴力、胁迫手段以外，其他使被害人不知反抗或不能反抗的手段，如用药麻醉、用酒灌醉等。所谓“强制猥亵”，是指除性交以外的违背他人性意愿或性感情的行为，通常表现为强逼他人对自己的性敏感区或者行为人在他人的性敏感区抠摸、舌舔、吸吮。所谓“侮辱妇女”，是指实施具有挑衅性有损妇女人格的行为，如公开追逐或者堵截妇女、强行亲吻、搂抱妇女等。在公共场所多次偷剪妇女的发辫、衣服，向妇女身上泼洒腐蚀物、涂抹污物，在公共场所向妇女显露生殖器或者用生殖器顶擦妇女身体等，实践中也认为是侮辱妇女的行为。猥亵、侮辱他人的行为，以违背他人意志为其本质特征。根据《刑法修正案（九）》的规定，即使非聚众也非在公共场所，但只要达到情节恶劣，也可构成本罪。

3. 本罪的主体是一般主体，即已满 16 周岁、具备刑事责任能力的自然人。

4. 本罪的主观方面是故意。行为人明知自己侮辱、猥亵的行为会产生伤害他人性感情的结果和危害他人性自由的结果，而希望或者放任这种结果发生。

司法实践中，认定本罪时应注意与侮辱罪的界限。侮辱罪是指使用暴力或者以其他方法，公然贬损他人人格，破坏他人名誉，情节严重的行为。二者在主观方面都是故意，在客观方面也有相似之处。如果侮辱的对象同是妇女，更容易混淆。两罪的主要区别在于：（1）犯罪对象情况不同。本罪的“侮辱妇女”，一般是以不特定的妇女为对象；而侮辱罪中侮辱妇女的行为，是针对特定的对象实施的。（2）主观目的和动机不同。本罪的“侮辱妇女”，一般是出于闹事取乐、寻求精神刺激；而侮辱罪中对妇女进行的侮辱，一般是出于个人恩怨、嫉妒或报复，目的是贬损特定妇女的人格和名誉。

案例 1 是一起典型的通过网络“隔空猥亵”儿童的犯罪案件。被告人蔡某某为寻求精神刺激，利用被害人年幼无知的弱点，通过互联网实施猥亵行为，严重摧残儿童身心健康，已经触犯我国刑法，构成犯罪，应当受到刑事追究。不满 14 周岁的儿童生理、心理发育尚不成熟，应当受到国家、社会和法律的特殊保护。除家庭、学校加强日常教育引导外，依法打击猥亵儿童犯罪，也是防范此类犯罪、维护儿童合法权益的一项必要措施。“隔空猥亵”是指行为人以满足性刺激为目的，以互联网为媒介，打着“个性交友”“招募童星”等幌子，诱骗、胁迫未成年人进行“裸聊”，或发送“裸照”“裸体视频”等的违法犯罪行为。为了统一对网络猥亵儿童行为定性的认识，2018 年 11 月 18 日最高人民检察院发布的第十一批指导性案例中的“骆某猥亵儿童案”（检例第 43 号）确立了隔空猥亵刑事处罚的该当性，即行为人通过网络不接触被害儿童身体的猥亵行为，具有与直接接触被害儿童身体的猥亵行为相同的性质和社会危害性。与此同时，最高人民法院、共青团中央、全国妇联也相继发布了一些通过互联网猥亵儿童的典型案例，旨在规治发生在网络空间的非身体接触猥亵儿童的行为。

案例 1 中，法院经审理认为，蔡某某通过社交软件，要求不满 12 周岁的幼女拍摄并发送隐私视频、照片，其行为已构成猥亵儿童罪。综合考虑蔡某某犯罪的性质、情节和社会危害，判处其有期徒刑 1 年 5 个月。

案例 2 中，检察机关经全面审查证据，认定本案系一起企业负责人利用女性求职者的弱势地位，以言语相威胁，迫使被害人不敢反抗，进而实施强制猥亵的犯罪。检察机关认为，在职场中，公司、企业的管理人员，利用招募女职工过程中的地位优势、心理优势和环境优势，以在生活圈和职场圈中散播求职妇女具有生活作风问题等谣言，败坏妇女名誉，使妇女无法继续工作等相威胁，足以对妇女形成心理强制作用，应当认定该言语威胁达到了强制猥亵罪中“胁迫”的程度。行为人通过此种言语威胁方式迫使妇女同意行为人猥亵的，应当认定为强制猥亵罪。法院对起诉指控的犯罪事实依法予以认定，并采纳检察机关量刑建议，以强制猥亵罪判处被告人周某有期徒刑 6 个月。

六、非法拘禁罪

案　　例

（一）案情简介

案例 1：J 省 S 市 M 县某镇镇长孙某甲、镇政府计生服务站工作人员冯某为了达到迫使该镇村民洪某乙签订房屋征收补偿协议的目的，于 2014 年 10 月 29 日至同年 12 月 1 日，先后将洪某乙带至 M 宾馆、G 宾馆进行看管，其间对洪某乙实施戴头套、捆绑手脚并殴打及言语威胁等行为。

案例 2：章某与朱某签订了一份工程合同。约定：章某预付工程款 20 万元，朱某收款后即动工，在 60 日内完工。章某按约定预付了 20 万元，但朱某却无故拖延不动工。多次催促仍无结果，章某便纠集另外三人将朱某诱骗到宾馆一间空房关押起来，逼迫朱某打电话让家人送 20 万元过来。两天后章某收到钱，便将朱某放回。

（二）问题

1. 孙某甲、冯某的行为应当如何定罪与处罚？

2. 为索取债务、赌债、高利贷非法拘禁他人的，应当如何定罪？

(三) 法律规定

《中华人民共和国刑法》

第238条　非法拘禁他人或者以其他方法非法剥夺他人人身自由的，处3年以下有期徒刑、拘役、管制或者剥夺政治权利。具有殴打、侮辱情节的，从重处罚。

犯前款罪，致人重伤的，处3年以上10年以下有期徒刑；致人死亡的，处10年以上有期徒刑。使用暴力致人伤残、死亡的，依照本法第234条、第232条的规定定罪处罚。

为索取债务非法扣押、拘禁他人的，依照前两款的规定处罚。

国家机关工作人员利用职权犯前3款罪的，依照前3款的规定从重处罚。

(四) 法理分析

非法拘禁罪，是指故意非法拘禁他人或者以其他方法非法剥夺他人人身自由的行为。本罪的构成特征是：

1. 本罪侵犯的客体是他人的人身自由权利。所谓"人身自由"，是人的身体行动的自由，即在法律规定的范围内按照自己的意志决定自己身体行动的自由。我国公民的人身自由是受宪法所保护的，我国《宪法》第37条规定，"中华人民共和国公民的人身自由不受侵犯。任何公民，非经人民检察院批准或者决定或者人民法院决定，并由公安机关执行，不受逮捕。禁止非法拘禁和以其他方法非法剥夺或者限制公民的人身自由，禁止非法搜查公民的身体"。因此，非法拘禁是一种严重剥夺公民人身自由的行为。失去了人身自由，公民就无法从事正常的工作、生活、生产和学习。本罪侵害的对象是依法享有人身自由权利的任何公民。但是，下列行为属于正当行为：(1) 监管行为；(2) 扭送行为；(3) 职权行为。

2. 本罪在客观方面表现为行为人必须具有以拘禁或者其他强制方法，非法剥夺他人人身自由的行为。剥夺他人人身自由的具体方法可以是多种多样的，既可以表现为作为，如实施捆绑、关押、禁闭等，也可以表现为不作为，如澡堂工作人员将人锁在淋浴间，知道后仍拒不开门。具体而言，包括以下两方面内容：

第一，行为人的拘禁行为必须是非法的。所谓"非法性"，主要表现为：(1) 无权拘禁他人的一般公民以非法手段拘禁他人，使其失去人身自由（如绑架他人为人质而讨债等）；(2) 有权拘禁的司法工作人员滥用职权，不遵守法律规定，或者违反法定程序和条件，非法剥夺他人人身自由，或者使他人无法恢复人身自由（如不释放已认定无罪的人）。

第二，拘禁行为具有强制性。所谓“强制性”，是指违背他人意志，强行使他人处于被管束之中。一类是直接拘束他人的身体，剥夺其身体活动自由，如捆绑他人四肢、使用手铐拘束他人双手。另一类是间接拘束他人的身体，剥夺其身体的场所移动自由，如将他人监禁于一定场所，使其不能或明显难以离开、逃出。剥夺人身自由的方法既可以是有形的，也可以是无形的。此外，无论是以暴力、胁迫方法拘禁他人，还是利用他人的恐惧心理予以拘禁（如使被害人进入货车车厢后高速行驶，使之不敢轻易跳下车），均不影响本罪的成立。

非法拘禁罪属于继续犯，拘禁的不法行为和他人失去自由的状态在一定时间内处于持续的不间断状态。拘禁时间的长短，对犯罪的成立没有影响，是量刑的情节。2019 年 4 月 9 日，最高人民法院、最高人民检察院、公安部、司法部颁布了《关于办理实施“软暴力”的刑事案件若干问题的意见》第 6 条规定，有组织地多次短时间非法拘禁他人的，应当认定为《刑法》第 238 条规定的“以其他方法非法剥夺他人人身自由”。非法拘禁他人 3 次以上、每次持续时间在 4 小时以上，或者非法拘禁他人累计时间在 12 小时以上的，应当以非法拘禁罪定罪处罚。

3. 本罪的主体是一般主体，即已满 16 周岁、具备刑事责任能力的自然人。

根据《刑法》238 条的规定，国家机关工作人员利用职权犯本罪的从重处罚。2006 年 7 月发布的最高人民检察院《关于渎职侵权犯罪案件立案标准的规定》规定，国家机关工作人员利用职权非法拘禁，涉嫌下列情形之一的，应予立案：（1）非法剥夺他人人身自由 24 小时以上的；（2）非法剥夺他人人身自由，并使用械具或者捆绑等恶劣手段，或者实施殴打、侮辱、虐待行为的；（3）非法拘禁，造成被拘禁人轻伤、重伤、死亡的；（4）非法拘禁，情节严重，导致被拘禁人自杀、自残造成重伤、死亡，或者精神失常的；（5）非法拘禁 3 人次以上的；（6）司法工作人员对明知是没有违法犯罪事实的人而非法拘禁的；（7）其他非法拘禁应予追究刑事责任的情形。

4. 本罪的主观方面是故意，并且具有非法剥夺他人人身自由的目的。至于行为人的动机如何，不影响本罪的成立。

司法实践中，行为人为了胁迫他人履行合法的债务，而将他人非法扣留，剥夺其人身自由的行为时有出现。这种行为在特征上与一般的非法拘禁不同，其目的不在于剥夺他人的人身自由，而是以剥夺他人人身自由为手段，来胁迫他人履行债务。考虑到这类犯罪情况比较复杂，以索取合法的债务为目的，主观恶性与以勒索财物等为目的绑架他人有所不同，对被非法扣押、拘禁的人的人身危险性也要小一些，但不能放任这种非法行为，根据《刑法》第238条第3款的规定，为索取债务非法扣押、拘禁他人的，依照非法拘禁罪论处。同时，根据2000年7月最高人民法院《关于对为索取法律不予保护的债务非法拘禁他人行为如何定罪问题的解释》，索取的债务不以是否受法律保护为条件。

案例1中，人民法院认定，孙某甲、冯某非法拘禁他人，造成被害人被剥夺人身自由达30余天，其行为已构成非法拘禁罪，且其身为国家工作人员，依法应从重处罚。被告人孙某甲、冯某伙同他人实施故意犯罪，系共同犯罪。孙某甲系主犯，冯某系从犯。人民法院以非法拘禁罪分别判处孙某甲有期徒刑1年10个月，判处冯某有期徒刑1年3个月，缓刑2年。

案例2中，被告人章某虽然纠集另外3人将朱某诱骗到宾馆一间空房关押起来，逼迫朱某打电话让家人送20万元，章某主观上并不是以非法占有为目的，其目的是以此为手段来索取正当的债务，虽然在客观上侵犯了被害人的人身自由权，但其不是出于勒索财物或以他人作为人质而提出非法要求。根据《刑法》第238条第3款的规定，为索取债务非法扣押、拘禁他人的，依照非法拘禁罪论处。

七、绑架罪

案　　例

（一）案情简介

2021年5月，被告人王某、张某预谋实施绑架被害人安某。此后二人实施购买作案工具、租赁公寓和车辆、安装定位器等行为，为绑架做准备。2021年7月9日16时许，被告人王某、张某驾驶租赁的别克牌GL8商务车（安装盗窃车牌辽A×××××）来到沈阳市浑南区前等候，18时许二被告人将回家的被害人安某电击后强行带上车，在车内对安某进行了捆绑、堵嘴、蒙眼等强行手段后逃离现场，途中二被告人更换另外一台灰色别克GL8商务车（车牌号为辽A×××××），被告人王某驾车来到事先踩过点的鞍山市台安县某建材有限公司×号厂房内，二人以威胁、伤害等暴力手段多次强迫被害人安某向其妻子宫某索要人民币500万元，在此过程中被告人王某持刀将安某右大腿外侧扎伤，宫某在准备现金的同时报警。

次日上午，二人带安某转移拘禁地点至鞍山市台安县荒地中一处平房内，再次强迫安某多次向宫某索要人民币500万元。同日20时许民警在此处将被告人张某抓获，被告人王某知道事情败露后于同日20时40分许投案自首。经辽宁大学司法鉴定中心鉴定，被害人安某右大腿软组织损伤评定为轻微伤。

（二）问题

如何区分绑架罪的既遂与未遂？

（三）法律规定

《中华人民共和国刑法》

第239条　以勒索财物为目的绑架他人的，或者绑架他人作为人质的，处10年以上有期徒刑或者无期徒刑，并处罚金或者没收财产；情节较轻的，处5年以上10年以下有期徒刑，并处罚金。

犯前款罪，杀害被绑架人的，或者故意伤害被绑架人，致人重伤、死亡的，处无期徒刑或者死刑，并处没收财产。

以勒索财物为目的偷盗婴幼儿的，依照前两款的规定处罚。

（四）法理分析

绑架罪，是指以勒索财物为目的绑架他人或者绑架他人作为人质的行为。本罪的构成特征是：

1. 本罪侵犯的客体是复杂客体，即他人的人身自由权利、生命、健康权利及公私财产所有权利。以勒索财物为目的绑架他人的行为，由于使用暴力、胁迫等强制手段将他人掳为人质，又向人质的关系人勒索财物，所以既侵犯了他人的人身自由权利、生命、健康权利，也侵犯了公私财产所有权利；而绑架他人作为人质的，虽然也是使用暴力、胁迫等强制手段将他人掳为人质，但并不是以勒索财物为目的而绑架他人，所以只侵犯了他人的人身自由、生命、健康权利。

2. 本罪在客观方面表现为以勒索财物为目的绑架他人或者绑架他人作为人质的行为。具体而言，包括以下两方面内容：

第一，以勒索财物为目的绑架他人。绑架勒索行为为复合行为，具体包括绑架行为和勒索赎金行为。所谓“绑架”，亦称劫持，是指使用暴力、胁迫、麻醉或者其他手段劫持他人的行为。其实质是违背被害人或其法定监护人的意志，使用强制手段或其他手段将被害人置于行为人控制之下。但绑架行为不以“将被害人劫离原地”为必要。至于行为人具体采用什么样的绑架手段，将被害人劫持到什么场所，可以不论。绑架罪中的“绑架行为”实际上是一种非法拘禁行为，凡是非法拘禁罪中可以使用的方法，都可以成为绑架行为的表现形式。以勒索财物为目的偷盗婴幼儿的，亦构成本罪。所谓“勒索赎金”，是指向被绑架人的近亲属或者其他利害关系人勒索财物。如果绑架他人直接向被绑架人索取财物，不属于本罪的勒索赎金行为，不能以本罪论处，应认定为抢劫罪。

第二，绑架他人作为人质的行为。如犯罪分子为了逃跑而劫持人质，要求司法机关向其提供交通工具，或者劫持人质后要求司法机关释放其同伙等。

3. 本罪的主体是一般主体，即已满 16 周岁、具备刑事责任能力的自然人。

4. 本罪的主观方面是直接故意，并且具有勒索赎金或满足其他不法要求的目的。如果行为人主观上不具有这种特定的目的，而是为了实施某种犯罪而剥夺他人人身自由的，则不成立本罪。

司法实践中，关于本罪的既未遂标准，无论刑法理论界还是司法实务中都有不同的主张。有人认为只要绑架行为实施完成，即构成犯罪既遂；也有人认为应当以是否实际取得财物利益或其他非法利益为判断既遂的标准。根据刑法学界的通说理论，我国刑法将绑架罪规定在侵犯公民人身权利、民主权利罪一章，说明绑架罪侵犯的主要客体是公民的人身权利，而非财产权利。故而，只要行为人或者第三人控制和支配了被害人的人身自由，就意味着使被绑架者的身体安全处于一种危险状态。那么，不管行为人在客观上是否向被害人的近亲属或者其他人提出勒索财物或者其他不法要求，也不管行为人最终是否获得财物或者满足了不法要求，均成立绑架罪既遂。虽然实施了暴力、胁迫、麻醉等行为，但未构成对人质人身实际控制的，是未遂，当然包括实施勒索财物或强取其他利益而未能实现的情况。

本案中，法院经审理认为，被告人王某、张某以勒索财物为目的绑架他人，其行为已构成绑架罪。

八、拐卖妇女、儿童罪

案　例

（一）案情简介

案例 1：被告人薛某某嗜赌成瘾，为筹集赌资，于 2021 年 9 月 23 日将自己生育的 1 名刚满月男婴以 5 万元的价格卖给在某平台认识的买家王某某。2022 年 5 月 27 日，薛某某又生育 1 名女婴，让偶然结识的催乳师被告人栗某某寻找买家。栗某某通过发微信朋友圈的方式寻找到买家张某某（另案处理），于同年 6 月 25 日将女婴以 5 万元价格卖出，转给薛某某 4 万元后，栗某某从中获利1万元。

案例2：被告人张某，女，系陕西某妇幼保健院产科医生。2011年至2013年7月，利用其作为产科医生的便利条件，先后将董某、王某、黄某、武某、贺某、尚某等人所生子女拐卖于他人。张某共实施拐卖儿童犯罪6起，涉及被拐卖婴儿7人。其中6名婴儿被警方依法解救并送还亲生父母，1名婴儿被张某卖给他人后死亡。

（二）问题

1. 对于亲卖亲的行为应当如何定罪与处罚？

2. 被告人张某的行为应当如何定罪与处罚？

（三）法律规定

《中华人民共和国刑法》

第240条 拐卖妇女、儿童的，处5年以上10年以下有期徒刑，并处罚金；有下列情形之一的，处10年以上有期徒刑或者无期徒刑，并处罚金或者没收财产；情节特别严重的，处死刑，并处没收财产：（1）拐卖妇女、儿童集团的首要分子；（2）拐卖妇女、儿童3人以上的；（3）奸淫被拐卖的妇女的；（4）诱骗、强迫被拐卖的妇女卖淫或者将被拐卖的妇女卖给他人迫使其卖淫的；（5）以出卖为目的，使用暴力、胁迫或者麻醉方法绑架妇女、儿童的；（6）以出卖为目的，偷盗婴幼儿的；（7）造成被拐卖的妇女、儿童或者其亲属重伤、死亡或者其他严重后果的；（8）将妇女、儿童卖往境外的。

拐卖妇女、儿童是指以出卖为目的，有拐骗、绑架、收买、贩卖、接送、中转妇女、儿童的行为之一的。

（四）法理分析

拐卖妇女、儿童罪，是指以出卖为目的，有拐骗、绑架、收买、贩卖、接送、中转妇女、儿童的行为。本罪的构成特征是：

1. 本罪侵犯的客体是人身权利中的人身不受买卖的权利。本罪的对象是妇女和儿童。妇女①，是指已满14周岁的未成年妇女和成年妇女。儿童，是指不满14周岁的男、女儿童。实践中，对拐卖已满14周岁的男性，不以本罪论处。

---

① 2000年1月，最高人民法院《关于审理拐卖妇女案件适用法律有关问题的解释》第1条规定，《刑法》第240条规定的拐卖妇女罪中的“妇女”，既包括具有中国国籍的妇女，也包括具有外国国籍和无国籍的妇女。被拐卖的外国妇女没有身份证明的，不影响对犯罪分子的定罪处罚。

2. 本罪在客观方面表现为实施拐骗、绑架、收买、贩卖、接送、中转妇女、儿童的行为。所谓“拐骗”，是指采用欺骗、利诱等非强制性手段，将妇女、儿童置于自己的控制之下的行为。所谓“绑架”，是指采用暴力、胁迫、麻醉或其他强制性手段劫持妇女、儿童的行为。所谓“收买”，是指以出卖为目的，用货币等从他人处先买下妇女、儿童的行为。所谓“贩卖”，是指将妇女、儿童卖给第三者换取钱财的行为。所谓“接送与中转”，是指在拐卖妇女、儿童过程中，分工实施藏匿、移送、接转被拐卖的妇女、儿童的行为。只要实施上述行为之一的，即符合本罪客观方面的要件。至于拐卖行为是否违背被害人意志，不影响以本罪论处。实践中，即使妇女、儿童自愿被卖的，也不能免除拐卖者的刑事责任，但在量刑时可考虑从轻。此外，根据《刑法》第240条的规定，以出卖为目的，偷盗婴幼儿的，也构成本罪。根据2016年最高人民法院《关于审理拐卖妇女儿童犯罪案件具体应用法律若干问题的解释》第1条的规定，对婴幼儿采取欺骗、利诱等手段使其脱离监护人或者看护人的，视为《刑法》第240条第1款第（6）项规定的“偷盗婴幼儿”。

3. 本罪的主体是一般主体，即已满16周岁、具备刑事责任能力的自然人。

4. 本罪的主观方面是直接故意，且必须以出卖为目的。

司法实践中，关于亲卖亲的案件如何处理？根据2000年最高人民法院、最高人民检察院、公安部、民政部、司法部、全国妇联《关于打击拐卖妇女儿童犯罪有关问题的通知》指出，出卖亲生子女的，由公安机关依法没收非法所得，并处以罚款；以营利为目的，出卖不满14周岁的子女，情节恶劣的，借收养名义拐卖儿童的，以及出卖捡拾的儿童的，均应以拐卖儿童罪追究刑事责任。出卖14周岁以上女性亲属或者其他不满14周岁亲属的，以拐卖妇女、儿童罪追究刑事责任。根据2010年最高人民法院、最高人民检察院、公安部、司法部《关于依法惩治拐卖妇女儿童犯罪的意见》第17条的规定，具有下列情形之一的，可以认定属于出卖亲生子女，应当以拐卖妇女、儿童罪论处：（1）将生育作为非法获利手段，生育后即出卖子女的；（2）明知对方不具有抚养目的，或者根本不考虑对方是否具有抚养目的，为收取钱财将子女“送”给他人的；（3）为收取明显不属于“营养费”“感谢费”的巨额钱财将子女“送”给他人的；（4）其他足以反映行为人具有非法获利目的的“送养”行为的。

案例1是一起典型的出卖亲生子女非法获利的犯罪案件。被告人薛某某为筹集赌资，将自己刚生育1个月左右的婴儿出卖给素不相识的他人，非法获利9万元；被告人栗某某明知薛某某出卖亲生婴儿，仍从中介绍帮助出卖，非法获利1万元。法院审理认为，被告人薛某某、栗某某的行为构成拐卖儿童罪，判处薛某某有期徒刑7年，并处罚金人民币5万元；判处栗某某有期徒刑5年，并处罚金人民币5000元；禁止栗某某在刑罚执行完毕之日或者假释之日起3年内从事与孕婴相关的职业；薛某某违法所得9万元、栗某某违法所得1万元予以追缴，上缴国库。

案例2中，张某的行为违背了职业道德、藐视国家法律，将新生婴孩出卖给人贩子，其行为不仅触犯了国家法律，同时令社会公众对医疗机构产生不信任感，产生了非常恶劣的社会影响。被告人张某拐卖婴儿数量达7人，且在拐卖过程中致1名婴儿死亡，具有从重处罚情节。陕西省渭南市中级人民法院公开宣判，判决被告人张某犯拐卖儿童罪，判处死刑，缓期2年执行，剥夺政治权利终身，并处没收个人全部财产。

九、诬告陷害罪

案　例

（一）案情简介

2021年6月至11月，王某甲、王某乙、李某某（女，2004年6月出生）共谋，由王某甲、王某乙冒充李某某的成年亲属，由李某某通过社交软件或到酒吧等场所结识男性，以假装醉酒、无处可去等借口引诱男方与其发生性关系，故意在对方身上留下抓痕，后向公安机关报案称被强奸，再由王某甲、王某乙以此为要挟向男方索要财物。王某甲三人采用此种犯罪方式共诬告陷害孙某某等8名被害人，导致其中三人被立案后采取拘留、逮捕强制措施，并对4名被害人共敲诈勒索23.7万元，实际非法获取赃款8.7万元。

（二）问题

什么是诬告陷害罪？王某甲、王某乙、李某某的行为应当如何定罪与处罚？

（三）法律规定

《中华人民共和国刑法》

第243条　捏造事实诬告陷害他人，意图使他人受刑事追究，情节严重的，处3年以下有期徒刑、拘役或者管制；造成严重后果的，处3年以上10年以下有期徒刑。

国家机关工作人员犯前款罪的，从重处罚。

不是有意诬陷，而是错告，或者检举失实的，不适用前两款的规定。

（四）法理分析

诬告陷害罪，是指捏造事实诬告陷害他人，意图使他人受刑事追究，情节严重的行为。本罪的构成特征是：

1. 本罪侵犯的客体是他人的人身权利和司法机关的正常活动。犯罪对象是特定的人。

2. 本罪在客观方面表现为捏造犯罪事实，并向国家机关或有关单位进行告发，情节严重的行为。具体而言，包括以下三方面内容：

第一，必须有捏造犯罪事实的行为。所谓“捏造犯罪事实”，是指既可以是无中生有，虚构他人的犯罪事实，也可以是将本不构成犯罪的事实夸大成犯罪事实。如果所捏造的某些事实不属于犯罪事实，而是其他的损害他人人格、名誉的事实，不构成本罪。如果告发的是真实的犯罪事实，即使在情节上有所夸大，也不能以本罪定罪。

第二，必须有告发的行为。告发既可向司法机关告发，也可向被诬告者所在单位及其他有可能向司法机关转送的机关告发。告发的方式不影响本罪的成立。

第三，必须有特定的诬告对象。特定的对象并不要求明确指出被诬告者的姓名，只要从诬告的内容中能推断出是谁，即为特定对象。

本罪是行为犯，只要行为人完成了捏造犯罪事实并进行告发特定对象的行为，就构成本罪的既遂。至于被害人是否被错误地追究刑事责任，不影响本罪既遂的成立。

3. 本罪的主体是一般主体，即已满 16 周岁、具备刑事责任能力的自然人。根据《刑法》第 243 条的规定，国家机关工作人员犯本罪的，从重处罚。

4. 本罪的主观方面是直接故意，必须具有使他人受到刑事追究的目的。如果不是有意诬陷，而是错告或者检举失实的，不构成本罪。动机通常有栽赃、泄愤、嫁祸于人等，动机不同不影响本罪的成立。

司法实践中，认定本罪时应注意与诽谤罪的界限。诽谤罪是指捏造事实诽谤他人，情节严重的行为。二者在客观方面实施的都是捏造事实的行为。两罪的主要区别在于：（1）侵犯的客体不同。本罪侵犯的客体是他人的人身权利和司法机关的正常活动；而诽谤罪侵犯的是他人的人格权和名誉权。（2）客观方面表现不同。本罪表现为捏造犯罪事实并向有关机关进行告发；诽谤罪则是捏造并散布足以损害他人人格和名誉的虚假事实。（3）犯罪目的不同。本罪是为了使他人受刑事处分；诽谤罪则是为了损害他人的人格和名誉。

本案中，2021 年 10 月 31 日，李某某向安阳市公安局高新分局报案称被孙某某强奸，公安机关于当日立案侦查，并对孙某某采取强制措施。侦查过程中，高新分局发现自称李某某姑姑的王某甲，立案后曾与王某乙一起主动与孙某某家属联系，称如能赔偿即可出具谅解书并去派出所撤案，该举动违背常理。由于本案系性侵未成年人的恶性犯罪，高新分局通过侦查监督与协作配合办公室邀请文峰区检察院就案件下一步侦办工作提出意见建议。文峰区检察院经提前审查、分析在案证据材料并与办案人员交流会商，向高新分局提出了以三人关系为突破口，围绕三人户籍信息及是否存在亲属关系进一步侦查取证的建议。在查明李某某和王某甲并非亲属关系后，检警机关进一步加强研判会商，认为三人可能涉嫌诬告陷害犯罪，决定改变侦查方向。公安机关依法对王某甲等人以涉嫌诬告陷害罪立案侦查，并在广东省佛山市禅城区将三人抓获，同时对孙某某撤销案件，解除强制措施。后经侦查发现，被告人三人还在邯郸市等地共实施 8 起诬告陷害犯罪。其中 4 起随之实施了敲诈勒索行为，共敲诈勒索 23.7 万元，实际获赃款 8.7 万元；3 起案件中的被害人被错误立案后拘留、逮捕。2023 年 1 月 17 日，安阳市文峰区法院以诬告陷害罪、敲诈勒索罪分别判处王某甲有期徒刑 7 年 3 个月，并处罚金 2 万元；王某乙有期徒刑 7 年，并处罚金 2 万元；李某某有期徒刑 6 年，并处罚金 15000 元。

十、诽谤罪

案　　例

（一）案情简介

被告人吴某某在网络平台上以个人账号“××在东莞”编发故事，为开展地产销售吸引粉丝、增加流量。2021 年 11 月 19 日，吴某某在网上浏览到被害人沈某某发布的“与外公的日常”帖文，遂下载并利用该帖文图片在上述网络账号上发布帖文，捏造“73 岁东莞清溪企业家豪娶 29 岁广西大美女，赠送礼金、公寓、豪车”。上述帖文信息在网络上被大量转载、讨论，引起网民对沈某某肆意谩骂、诋毁，相关网络平台上对上述帖文信息的讨论量为 75608 条、转发量为 31485 次、阅读量为 4.7 亿余次，造成极其恶劣的社会影响。此外，被告人吴某某还针对闵某捏造并在网上发布诽谤信息。广东省东莞市第一市区人民检察院以诽谤罪对吴某某提起公诉。

（二）问题

如何把握诽谤罪中的“情节严重”？被告人吴某某的行为应当如何定罪与

处罚？

（三）法律规定

《中华人民共和国刑法》

第246条　以暴力或者其他方法公然侮辱他人或者捏造事实诽谤他人，情节严重的，处3年以下有期徒刑、拘役、管制或者剥夺政治权利。

前款罪，告诉的才处理，但是严重危害社会秩序和国家利益的除外。

通过信息网络实施第1款规定的行为，被害人向人民法院告诉，但提供证据确有困难的，人民法院可以要求公安机关提供协助。

（四）法理分析

诽谤罪，是指故意捏造并散布某种虚构的事实，贬损他人人格和名誉，情节严重的行为。本罪的构成特征是：

1. 本罪侵犯的客体是公民的人格尊严和名誉权。对象是特定的人。

2. 本罪在客观方面表现为捏造并散布某种虚构的事实，损害他人人格，破坏他人名誉的行为。具体而言，包括以下三方面内容：

第一，必须捏造了损害他人人格和名誉的虚假事实。所谓“捏造”，是指无中生有，凭空捏造事实。如果不是捏造虚假事实，只是传播客观存在的或者略有夸张的事实，不构成本罪。通过信息网络检举、揭发他人犯罪或者违法违纪行为，只要不是故意捏造事实或者明知是捏造的事实而故意散布的，不构成本罪。针对他人言行发表评论、提出批评，即使观点有所偏颇、言论有些偏激，只要不是肆意谩骂、恶意诋毁的，不构成本罪。

第二，必须实施了将捏造的虚假事实加以散布的行为。所谓“散布”，是指用语言或文字的方式扩散捏造的内容，使众人知道。扩散的地点不限于公共场所。根据2013年9月最高人民法院、最高人民检察院《关于办理利用信息网络实施诽谤等刑事案件适用法律若干问题的解释》第1条的规定，通过信息网络扩散捏造的事实，具有下列情形之一的，应当认定为《刑法》第246条第1款规定的“捏造事实诽谤他人”：（1）捏造损害他人名誉的事实，在信息网络上散布，或者组织、指使人员在信息网络上散布的；（2）将信息网络上涉及他人的原始信息内容篡改为损害他人名誉的事实，在信息网络上散布，或者组织、指使人员在信息网络上散布的；明知是捏造的损害他人名誉的事实，在信息网络上散布，情节恶劣的，以“捏造事实诽谤他人”论。所谓“信息网络”，包括以计算机、电视机、固定电话机、移动电话机等电子设备为终端的计算机互联网、广播电视网、固定通信网、移动通信网等信息网络，以及向公众开放的局域网络。

第三，必须是情节严重的行为。所谓“情节严重”，实践中一般是指诽谤手段恶劣。诽谤者主观恶性大，造成严重后果或者恶劣影响等。根据《关于办理利用信息网络实施诽谤等刑事案件适用法律若干问题的解释》第2条的规定，具有下列情形之一的，应当认定为《刑法》第246条第1款规定的“情节严重”：(1)同一诽谤信息实际被点击、浏览次数达到5000次以上，或者被转发次数达到500次以上的；(2)造成被害人或者其近亲属精神失常、自残、自杀等严重后果的；(3)2年内曾因诽谤受过行政处罚，又诽谤他人的；(4)其他情节严重的情形。此外，该解释第4条规定，1年内多次实施利用信息网络诽谤他人行为未经处理，诽谤信息实际被点击、浏览、转发次数累计计算构成犯罪的，应当依法定罪处罚。

3. 本罪的主体是一般主体，即已满16周岁、具备刑事责任能力的自然人。

4. 本罪的主观方面是直接故意，并具有贬低、损害他人人格、名誉的目的。因过失误信谣言并加以散布或者批评失实而损坏他人人格、名誉的，不构成犯罪。

司法实践中，认定本罪应当注意以下两个问题：

一是本罪与侮辱罪的界限。侮辱罪是指以暴力或者其他方法公然侮辱他人，情节严重的行为。二者在客观方面都是侵犯公民人格、名誉的行为，主观方面都是故意。两罪的主要区别在于：(1)行为方式不同。本罪只能是通过文字或者口头的方式来实施，不可能采取暴力的方法；而侮辱罪则可以采用暴力方法。(2)行为手段不同。本罪必须是捏造并散布有损他人人格、名誉的事实，且法律没有以公然实施为条件；而侮辱罪是公然实施的损害他人人格尊严、名誉的行为，但并不捏造有损他人名誉的事实。

二是准确把握诽谤罪的公诉条件。根据《刑法》第246条第2款的规定，实施侮辱、诽谤犯罪，严重危害社会秩序和国家利益的，应当依法提起公诉。对于网络侮辱、诽谤是否严重危害社会秩序，应当综合侵害对象、动机目的、行为方式、信息传播范围、危害后果等因素作出判定。根据2023年9月最高人民法院、最高人民检察院、公安部《关于依法惩治网络暴力违法犯罪的指导意见》第12条的规定，实施网络侮辱、诽谤行为，具有下列情形之一的，应当认定为《刑法》第246条第2款规定的“严重危害社会秩序”：(1)造成被害人或者其近亲属精神失常、自杀等严重后果，社会影响恶劣的；(2)随意以普通公众为侵害对象，相关信息在网络上大范围传播，引发大量低俗、恶意评论，严重破坏网络秩序，社会影响恶劣的；(3)侮辱、诽谤多人或者多次散布侮辱、诽谤信息，社会影响恶劣的；(4)组织、指使人员在多个网络平台大量散布侮辱、诽谤信息，社会影响恶劣的；（5）其他严重危害社会秩序的情形。在这种情况下，如果被害人不告诉或者不能告诉，人民检察院应提起公诉。另外，随着网络时代的到来，诽谤的行为对象发生了重大变化。以网络暴力为例，所涉诽谤行为往往针对素不相识的陌生人实施，受害人在确认侵害人、收集证据等方面存在现实困难，维权成本极高。而且，随意选择对象的网络诽谤行为，可以使相关信息在线上以“网速”传播，迅速引发大规模负面评论，不仅严重侵害被害人的人格权益，还会产生“人人自危”的群体恐慌，严重影响社会公众的安全感，应当作为“严重危害社会秩序”的重要判断因素。对此，《刑法修正案（九）》规定：在《刑法》第246条中增加1款作为第3款：“通过信息网络实施第1款规定的行为，被害人向人民法院告诉，但提供证据确有困难的，人民法院可以要求公安机关提供协助。”

本案系随意以普通公众为侵害对象的网络暴力案件，行为人为博取网络流量，随意以普通公众为侵害对象，捏造低俗信息诽谤素不相识的被害人，相关信息在网络上大范围传播，引发大量负面评论，累计阅读量超过4亿次，社会影响恶劣。基于此，办案机关认为本案属于“严重危害社会秩序”情形，依法适用公诉程序。东莞市第一人民法院经审理认为：被告人吴某某在信息网络平台上以捏造事实诽谤他人，情节严重，且严重危害社会秩序。综合被告人犯罪情节和认罪认罚情况，以诽谤罪判处被告人吴某某有期徒刑1年。

十一、刑讯逼供罪

案　例

（一）案情简介

1998年4月，昆明市公安局为侦破昆明市公安局通信处民警王某湘与昆明市路南县公安局原副局长王某波被枪杀一案，决定成立“4·22”专案组，由当时的市公安局刑侦支队政委秦某联，刑侦支队三大队队长宁某华具体负责侦破工作，被害人王某湘的丈夫、市公安局戒毒所民警杜某武被市公安局直属分局以涉嫌故意杀人刑事拘留。在市公安局刑侦支队三大队办公室，被告人宁某华、秦某联采用不准杜某武睡觉的方式对杜某武进行连续审讯；被告人宁某华对杜某武实施了打耳光、罚跪等行为，并指使办案人员将杜某武用手铐吊挂在防盗门、窗上，将杜某武背铐使杜某武疼痛难忍，借此逼取杜某武口供；被告人秦某联则指使办案人员用手铐将杜某武吊挂在防盗门、窗上，反复抽垫在杜某武脚下的凳子逼其“交代有关犯罪事实”。杜某武在遭受刑讯逼供后，不得不违心地承认杀人，并编造了杀人经过。

1999年2月5日，杜某武被昆明市中级人民法院以故意杀人罪判处死刑。杜某武不服，以“没有杀人，公安机关刑讯逼供”为由提出上诉；同年10月20日，云南省高级人民法院以故意杀人罪对杜某武改判死刑，缓期2年执行。2000年7月6日，云南省高级人民法院对杜某武故意杀人案再审，宣告杜某武无罪并予释放。杜某武被刑讯逼供后遗留的伤痕，经昆明医学陆军法医技术鉴定中心鉴定为双手腕外伤与手铐铐压有关；双额叶轻度脑萎缩与外伤有关，系轻伤。

（二）问题

如何区分刑讯逼供罪与非法拘禁罪的界限？

（三）法律规定

《中华人民共和国刑法》

第247条　司法工作人员对犯罪嫌疑人、被告人实行刑讯逼供或者使用暴力逼取证人证言的，处3年以下有期徒刑或者拘役。致人伤残、死亡的，依照本法第234条、第232条的规定定罪从重处罚。

（四）法理分析

刑讯逼供罪，是指司法工作人员对犯罪嫌疑人、被告人使用肉刑或者变相肉刑，逼取口供的行为。本罪的构成特征是：

1. 本罪侵犯的客体是复杂客体，既侵犯了公民的人身权利又侵犯了司法机关的正常活动。犯罪对象为犯罪嫌疑人和被告人。至于他们是否有罪，不影响本罪的成立。

2. 本罪在客观方面表现为使用肉刑或变相肉刑逼取犯罪嫌疑人或被告人口供的行为。具体而言，包括以下两方面内容：

第一，必须使用肉刑或变相肉刑。所谓“肉刑”，是指对犯罪嫌疑人或被告人实行身体暴力，可使其身体健康遭到损害或肉体、精神遭受痛苦的摧残手段，如捆绑、吊打、使用戒具、刑具等。所谓“变相肉刑”，是指上述肉刑以外的其他使犯罪嫌疑人或被告人肉体、精神遭受痛苦折磨的各种手段和方法，如长时间冻饿、站立、罚跪、晒烤、使用强烈灯光照射不准睡眠、轮番不断审讯等。

第二，必须逼取口供。所谓“逼取口供”，即逼迫犯罪嫌疑人、被告人做出某种供述（包括口供与书面陈述）。至于行为人是否得到供述，被害人的供述是否符合客观真实，并不影响本罪的成立。使用肉刑或变相肉刑，但并不逼取供述的，不是刑讯逼供。实施肉刑或者变相肉刑和逼取口供两种行为必须同时具备，缺一不可。

3. 本罪的主体是特殊主体，即司法工作人员。根据《刑法》第 94 条的规定，本法所称司法工作人员，是指具有侦查、检察、审判、监管职责的工作人员。非司法工作人员不能单独成为本罪的主体，但是可以成为共犯。

4. 本罪的主观方面是直接故意，且出于逼取口供的目的。如果出于其他目的，如泄愤报复等，对被告人或犯罪嫌疑人施以肉刑或变相肉刑，构成犯罪的，可以相应的犯罪论处，不构成本罪。无论出于何种动机不影响本罪的成立。

司法实践中，认定本罪时应注意与非法拘禁罪的界限。非法拘禁罪是指故意非法剥夺他人人身自由的行为。二者都属于侵犯人身权利的犯罪，有许多相似的地方。两罪的主要区别在于：（1）犯罪对象不同。本罪的对象只限于被告人和犯罪嫌疑人；而非法拘禁罪的对象则是任何依法享有人身自由权利的公民。（2）客观方面表现不同。本罪表现为对被告人和犯罪嫌疑人使用肉刑或者变相肉刑逼取口供的行为；非法拘禁罪则是以拘禁或者其他强制方法非法剥夺他人人身自由的行为。（3）犯罪主体不同。本罪的主体是特殊主体即司法工作人员；而非法拘禁罪的主体是一般主体，只要达到刑事责任年龄，具备刑事责任能力的人都可以构成。（4）犯罪目的不同。本罪的犯罪目的只能是逼取口供，而非法拘禁罪则不要求具有这一目的。因此，司法工作人员非法对犯罪嫌疑人、被告人以外的人予以拘禁而逼取供述的，或者司法工作人员非法对犯罪嫌疑人、被告人予以拘禁而不逼取供述的，以及一般公民将他人非法拘禁后进行审问的，均只成立非法拘禁罪。

本案中，法院经审理认为，被告人宁某华、秦某联身为国家司法工作人员，在组织、指挥侦破王某湘、王某波被枪杀一案中，因急于破案，违反相关法律规定，分别直接参与并指使办案人员对被害人（当时系该案嫌疑人）杜某武实施吊挂、打耳光、罚跪、连续审讯等违法手段，逼取被害人杜某武的口供，并造成错案，其行为均已构成刑讯逼供罪，分别被判处有期徒刑 1 年 6 个月缓刑 2 年和有期徒刑 1 年缓刑 1 年。

十二、侵犯公民个人信息罪

案　例

（一）案情简介

2020 年 10 月，鲍某成立 A 公司，招募龚某某为经理，孔某某等 20 余人为话务员。同年11月，鲍某通过网络接单为他人提供公民个人信息，并收取高额费用。鲍某组织话务员冒充证券公司客服，按上游犯罪团伙提供的电话号码拨打电话，以“免费提供股票咨询”等话术，引诱对方添加微信好友，以获取对方微信号、微信昵称、手机号码、微信实名认证信息（俗称“微信号四件套”）及朋友圈截图、微信和支付宝实名认证截图等信息，诱骗被害人添加上游犯罪团伙提供的“客户经理”微信号、进入“股票交流”微信群。至2021年8月2日案发，鲍某接受上游犯罪团伙提供的电话号码约72万条，先后提供“微信号四件套”信息约13800条，非法获利68万余元。龚某某、孔某某等人按照工资底薪、提成等非法获利9000至30000余元不等。

经查，鲍某团伙添加被害人李某某、朱某某为微信好友后，以“荐股”为由向二人推送上游犯罪团伙的微信名片，导致二人遭遇虚假投资理财诈骗，被诈骗金额共计8万余元。

（二）问题

什么是侵犯公民个人信息罪？鲍某等人的行为应当如何定罪与处罚？

（三）法律规定

《中华人民共和国刑法》

第253条之一　违反国家有关规定，向他人出售或者提供公民个人信息，情节严重的，处3年以下有期徒刑或者拘役，并处或者单处罚金；情节特别严重的，处3年以上7年以下有期徒刑，并处罚金。

违反国家有关规定，将在履行职责或者提供服务过程中获得的公民个人信息，出售或者提供给他人的，依照前款的规定从重处罚。

窃取或者以其他方法非法获取公民个人信息的，依照第1款的规定处罚。

单位犯前3款罪的，对单位判处罚金，并对其直接负责的主管人员和其他直接责任人员，依照该款的规定处罚。

（四）法理分析

侵犯公民个人信息罪，是指违反国家有关规定，向他人出售或者提供公民个人信息，或者是将在履行职责或者提供服务过程中获得的公民个人信息出售或者提供给他人，或者窃取或以其他方法非法获取公民个人信息，情节严重的行为。本罪的构成特征是：

1. 本罪侵犯的客体是公民的个人信息安全。公民个人信息关系到公民个人日常生活的开展、正常生活状态的维持，不仅关涉公民个人名誉，同时影响公民个人的社会评价。公民个人信息的破坏或侵害，既可能给公民带来物质上的损失，也可能造成精神上的伤害，并影响公民在社会经济生活、社会政治生活中各项权利的实现。根据2017年6月最高人民法院、最高人民检察院《关于办理侵犯公民个人信息刑事案件适用法律若干问题的解释》第1条的规定，《刑法》第253条之一规定的“公民个人信息”，是指以电子或者其他方式记录的能够单独或者与其他信息结合识别特定自然人身份或者反映特定自然人活动情况的各种信息，包括姓名、身份证件号码、通信方式、住址、账号密码、财产状况、行踪轨迹等。因此，依法应当向社会公开的公民个人的信息，不能成为本罪的对象；经公民个人同意而使用其相关的个人信息进行广告或者其他方面宣传的，不构成本罪。

2. 本罪在客观方面表现为违反国家有关规定，向他人出售或者提供公民个人信息，或者将在履行职责或者提供服务过程中获得的公民个人信息出售或者提供给他人，或者窃取或以其他方法非法获取公民个人信息，情节严重的行为。具体而言，包括以下三方面的内容：

第一，必须违反国家有关规定。根据2017年最高人民法院、最高人民检察院《关于办理侵犯公民个人信息刑事案件适用法律若干问题的解释》第2条的规定，“违反国家有关规定”是指违反法律、行政法规、部门规章有关公民个人信息保护的规定。

第二，必须实施向他人出售或者提供公民个人信息，或者是将在履行职责或者提供服务过程中获得的公民个人信息出售或者提供给他人，或者窃取或以其他方法非法获取公民个人信息的行为。根据《刑法》第253条之一的规定，有以下三种情形：(1) 向他人出售或者提供公民个人信息。所谓“出售”，是指向他人出卖公民个人信息。所谓“提供”，是指出售以外的，向特定人提供公民个人信息，以及通过信息网络或者其他途径发布公民个人信息。(2) 将在履行职责或提供服务过程中获得的，由自己掌握的公民信息出售或者提供给他人。(3) 窃取或以其他方法非法获取公民个人信息。其中，“窃取”是这类行为中较为常见的行为方式。以其他方法非法获取公民信息是指违反国家有关规定，以欺骗、收买等方式非法获取公民个人信息的情形。

第三，必须是情节严重的行为。根据2017年最高人民法院、最高人民检察院《关于办理侵犯公民个人信息刑事案件适用法律若干问题的解释》第5条的规定，具有下列情形之一的，应当认定为《刑法》第253条之一规定的“情节严重”：(1) 出售或者提供行踪轨迹信息，被他人用于犯罪的；(2) 知道或者应当知道他人利用公民个人信息实施犯罪，向其出售或者提供的；(3) 非法获取、出售或者提供行踪轨迹信息、通信内容、征信信息、财产信息50条以上的；(4) 非法获取、出售或者提供住宿信息、通信记录、健康生理信息、交易信息等其他可能影响人身、财产安全的公民个人信息500

条以上的；（5）非法获取、出售或者提供第（3）项、第（4）项规定以外的公民个人信息5000条以上的；（6）数量未达到第（3）项至第（5）项规定标准，但是按相应比例合计达到有关数量标准的；（7）违法所得5000元以上的；（8）将在履行职责或者提供服务过程中获得的公民个人信息出售或者提供给他人，数量或者数额达到第（3）项至第（7）项规定标准一半以上的；（9）曾因侵犯公民个人信息受过刑事处罚或者2年内受过行政处罚，又非法获取、出售或者提供公民个人信息的；（10）其他情节严重的情形。第11条规定，非法获取公民个人信息后又出售或者提供的，公民个人信息的条数不重复计算。向不同单位或者个人分别出售、提供同一公民个人信息的，公民个人信息的条数累计计算。对批量公民个人信息的条数，根据查获的数量直接认定，但是有证据证明信息不真实或者重复的除外。

3. 本罪的主体是一般主体，即已满16周岁、具备刑事责任能力的自然人。

4. 本罪的主观方面是故意。

司法实践中，认定本罪应注意罪与非罪的界限。首先，从行为性质来看，披露依法应当向社会公开的个人信息，或者经公民本人同意公开披露其个人信息的，不存在侵犯公民个人信息的问题，因而不构成本罪。依法履行公民义务，在公安司法机关调查取证时提供犯罪嫌疑人个人信息的，或者利用网络控告、举报违法现象的，也不构成本罪。其次，从危害的程度来看，必须是情节严重的，对于情节不严重的侵犯公民个人信息行为，也不能以犯罪论处。情节严重的具体情形，除了前面列举的《关于办理侵犯公民个人信息刑事案件适用法律若干问题的解释》第5条第1款规定的情形，还包括第6条第1款规定的情形。依据该规定，为合法经营活动而非法购买、收受本解释第5条第1款第（3）项、第（4）项规定以外的公民个人信息，具有下列情形之一的，应当认定为《刑法》第253条之一规定的“情节严重”：（1）利用非法购买、收受的公民个人信息获利5万元以上的；（2）曾因侵犯公民个人信息受过刑事处罚或者2年内受过行政处罚，又非法购买、收受公民个人信息的；（3）其他情节严重的情形。该解释第10条规定，实施侵犯公民个人信息犯罪，不属于“情节特别严重”，行为人系初犯，全部退赃，并确有悔罪表现的，可以认定为情节轻微，不起诉或者免予刑事处罚；确有必要判处刑罚的，应当从宽处罚。

本案中，2021年11月8日，安徽省宣城市公安局宣州分局以鲍某等六人涉嫌帮助信息网络犯罪活动罪移送宣城市宣州区检察院审查起诉。检察机关经审查认为，鲍某等人为信息网络犯罪活动提供引流帮助，以“荐股”等名义将被害人引入上游犯罪分子微信群，同时符合帮助信息网络犯罪活动罪和非法利用信息网络罪的构成要件。鲍某等人还非法获取他人微信号等公民个人信息提供给上线，构成侵犯公民个人信息罪，且情节特别严重。根据择一重处原则，本案以侵犯公民个人信息罪论处。2022年4月29日，宣州区检察院以侵犯公民个人信息罪对鲍某等六人提起公诉。同年5月30日，宣州区法院作出一审判决，以侵犯公民个人信息罪判处鲍某有期徒刑3年2个月，判处龚某某有期徒刑2年2个月，判处孔某某等四人有期徒刑1年6个月至8个月不等，并处罚金。

十三、非法侵入住宅罪

案　例

（一）案情简介

2023年8月，被告人何某市受被害人阿佑（化名）委托，为其购买“烟弹”，后双方因钱款问题发生争执，约定当面“定个输赢”。当日凌晨，被告人何某市携带一把长钢刀到达约定地点，但未见到被害人阿佑，急怒下遂前往阿佑住处。被告人何某市到达后，持刀踹门入室，遂使用所持钢刀的刀背砍向阿佑，被害人阿佑用椅子抵挡并试图夺下其手中的钢刀，其间被告人何某市一手持刀，一手用拳头殴打被害人阿佑，后被赶到的朋友拉开。被告人何某市被公安民警当场抓获。

（二）问题

如何理解非法侵入住宅罪中的“非法”？被告人何某市的行为应当如何定罪与处罚？

（三）法律规定

《中华人民共和国刑法》

第245条　非法搜查他人身体、住宅，或者非法侵入他人住宅的，处3年以下有期徒刑或者拘役。

司法工作人员滥用职权，犯前款罪的，从重处罚。

（四）法理分析

非法侵入住宅罪，是指未经允许非法进入他人住宅或经要求退出无故拒不退出的行为。本罪的构成特征是：

1. 本罪侵犯的客体是公民住宅不可侵犯的权利。犯罪对象必须是他人的住宅，供人居住和生活的场所都应视为住宅。“他人”是相对于自己而言的，即自己不在该住宅内单独或者共同生活。所谓“住宅”，通常是指除供人起居寝食之用的场所以外，用于日常生活所占据的场所，也属于住宅。关于其范围，有院墙的以院墙为界，没有院墙的或公寓楼群，应以居室为界。考察住宅时，不仅要考察所有权，而且还要考察实际居住权，如房屋已经租借给他人，所有权没有发生转移，但使用权已发生转移，居住权也发生转移。所有权人非法侵入已经出租他人居住的住宅的，也构成本罪。

2. 本罪在客观方面表现为非法侵入他人住宅的行为。具体而言，包括以下两方面内容：

第一，必须有侵入他人住宅的行为。所谓“侵入”，是指未经住宅权人同意、许可进入他人住宅，以及不顾权利人的反对、劝阻，强行进入他人住宅。侵入的方式是多种多样的，如破门而入、翻墙而入、强行闯入等。侵入的行为可以是公开的，也可以是秘密的。构成本罪并不以实施暴力为必要条件。

第二，必须是非法的。其非法性表现为：首先，没有合法根据未经允许进入他人住宅。如果是执行法令行为或者紧急避险行为，不成立本罪。例如，司法工作人员基于法令，以扣押、搜查等目的，进入他人住宅的；警察为了执行逮捕令，进入犯罪嫌疑人住宅逮捕犯罪嫌疑人的；为了避免狂犬等的袭击而侵入他人住宅的；或者有正当理由紧急进入他人住宅的，如发生火灾、家中无人，无法征得同意或者消防人员破门而入属于法律上的紧急避险行为，以上情形均不成立本罪。得到居住人、看守人真实承诺或推定的承诺而进入他人住宅的，不构成本罪。但是，承诺必须是居住人、看守人自由、真实的意思表示，如果行为人使用胁迫方法使居住人、看守人表示承诺，或者使居住人、看守人陷入法益关系的错误而表示承诺，则不影响犯罪的成立。例如，隐瞒犯罪的意图同时征得居住人同意而进入的，不影响本罪的成立。此外，如果居住人、看守人同意行为人进入住宅的某一房间，而行为人无故侵入其他房间时，不影响犯罪的成立。其次，虽经许可或者有正当理由进入他人住宅，但经要求退出无故拒不退出。

3. 本罪的主体是一般主体，即已满 16 周岁、具备刑事责任能力的自然人。《刑法》第 245 条第 2 款规定，司法工作人员犯非法侵入住宅罪的，从重处罚。

4. 本罪的主观方面是直接故意。如是误入他人住宅，经要求后立即退出的，不构成本罪。

司法实践中，非法侵入他人住宅常常与其他犯罪结合在一起。例如，非法侵入他人住宅后，进行杀人、伤害、强奸等犯罪活动，在这种情况下，非法侵入他人住宅只是为了实现另一犯罪目的，也可以说，非法侵入他人住宅是实施其他犯罪的必经步骤。因此，只需按照行为人旨在实施的主要罪行定罪量刑，不按数罪并罚处理。通常只是对那些非法侵入他人住宅，严重妨碍了他人的居住与生活安宁，而又不构成其他犯罪的，才以非法侵入住宅罪论处。入户抢劫或者入户盗窃的，仅认定为抢劫罪、盗窃罪，不实行并罚。非法侵入住宅后非法搜查住宅的，从一重罪处罚。

本案中，法院经审理认为，被告人何某市因钱款纠纷与人约架，因对方失约未至，遂持刀赶至对方住所，踹门入内并实施殴打。其行为已构成非法侵入住宅罪。结合其坦白、认罪认罚等情节，遂依法作出判决：判处被告人何某市有期徒刑9个月。

十四、重婚罪

案　　例

（一）案情简介

2008年5月6日，王某艳与张某海在朋友聚会上认识，之后确立恋爱关系。2009年9月9日，双方在民政局办理了结婚登记手续，结为夫妻。2010年10月9日，王某艳与张某海共同生育婚生子张某晨。婚后王某艳与张某海夫妻感情尚可，但结婚后不久，王某艳发现丈夫张某海沉迷于赌博，且时常对王某艳实施家暴，造成王某艳遍体鳞伤。2016年8月，丈夫张某海在参与一次赌博时认识了李某红，后来张某海与李某红发展为男女朋友关系，再后来张某海在未与王某艳离婚的情况下与李某红以夫妻名义生活在一起，并于2017年12月生下女儿张某。王某艳向法院起诉，追究丈夫张某海重婚罪的刑事责任。

（二）问题

事实婚姻能否构成重婚罪？被告人张某海的行为应当如何定罪与处罚？

（三）法律规定

《中华人民共和国刑法》

第258条　有配偶而重婚的，或者明知他人有配偶而与之结婚的，处2年以下有期徒刑或者拘役。

（四）法理分析

重婚罪，是指有配偶而与他人结婚或者明知他人有配偶而与之结婚的行为。本罪的构成特征是：

1. 本罪侵犯的客体是一夫一妻制的婚姻关系。

2. 本罪在客观方面表现为有配偶而与他人结婚或者明知他人有配偶而与之结婚的行为。根据《刑法》第 258 条的规定，有以下两种情形：

（1）有配偶又与他人登记结婚。所谓“有配偶”，是指已经依法登记结婚的人，即男有妻或女有夫。行为人在有配偶且其婚姻关系存续期间又与他人登记结婚。

（2）结婚者明知他人有配偶而与之登记结婚。是指结婚者本人无配偶，但明知他人有配偶而与之结婚的人。根据法律要求，此种情况必须以明知他人有配偶为要件，不明知者则不构成本罪。

3. 本罪的主体是一般主体。

4. 本罪的主观方面是故意。一种是有配偶的人明知自己有配偶而与他人结婚。如果行为人基于某些合理的依据，如认为自己的配偶已死亡而与第三人结婚的，不构成本罪。另一种是无配偶的人明知他人有配偶而与其结婚。如果无配偶的人受到有配偶的人的欺骗，误认为对方没有配偶而与其结婚的，无配偶的人不构成本罪，而由有配偶的人单独构成重婚罪。

司法实践中，认定本罪时应注意罪与非罪的界限，注意两点：（1）重婚罪与重婚行为的界限。因遭受自然灾害外流谋生而重婚的；因配偶外出长期下落不明，造成家庭生活困难又与他人结婚的；被拐卖后再婚的，因强迫、包办婚姻或者婚后受虐待而逃跑又与他人结婚的等，由于受客观条件所迫，且主观恶性较轻不以重婚罪论。（2）重婚罪与非法同居行为的界限。非法同居既可以是有配偶的人与有配偶或无配偶的他人同居，也可以是双方都无配偶的人同居。前者，事实上是一种长期与他人的婚外性行为，如果不是以夫妻名义，则属于一般姘居行为，不构成重婚罪，如果是以夫妻名义长期同居，成立事实婚姻的，可构成重婚罪。

本案中，被告人张某海在已经结婚且并未离婚的情况下与李某红以夫妻名义共同生活，并生下非婚生子女张某，其行为已构成重婚。一审法院依法判定被告人张某海犯重婚罪，判处有期徒刑 1 年 6 个月。

十五、虐待被监护、看护人罪

案　　例

（一）案情简介

被告人林某某为住家保姆。2022 年 12 月起，陈女士以每个月 4800 元的工资雇用林某某至其家中看护中风的奶奶，照顾其日常起居。在照顾老人日常起居的过程中，林某某多次实施暴力拉拽、踹打等行为，其中一天甚至有多达6次的殴打行为，致使老人头部多次磕碰到墙壁。经鉴定，老人的头部受伤，伤情程度为轻微伤。

（二）问题

如何区别虐待被监护、看护人罪与虐待罪？

（三）法律规定

《中华人民共和国刑法》

第260条之一　对未成年人、老年人、患病的人、残疾人等负有监护、看护职责的人虐待被监护、看护的人，情节恶劣的，处3年以下有期徒刑或者拘役。

单位犯前款罪的，对单位判处罚金，并对其直接负责的主管人员和其他直接责任人员，依照前款的规定处罚。

有第1款行为，同时构成其他犯罪的，依照处罚较重的规定定罪处罚。

（四）法理分析

虐待被监护、看护人罪，是指对未成年人、老年人、患病的人、残疾人等负有监护、看护职责的人，虐待被监护、看护的人，情节恶劣的行为。本罪的构成特征是：

1. 本罪侵犯的客体是被监护、看护人的人身权利。犯罪对象是未成年人、老年人、患病的人和残疾人。所谓“未成年人”，是指未满18周岁的公民；所谓“老年人”，是指60周岁以上的公民；所谓“患病的人”，是指患有疾病需要专人护理照料的公民；所谓“残疾人”，是指在心理、生理、人体结构上，某种组织、功能丧失或者不正常，全部或者部分丧失以正常方式从事某种活动能力的人。

2. 本罪在客观方面表现为行为人采取各种手段对被其监护或者看护的未成年人、老年人、患病的人、残疾人等人员实行虐待。所谓“虐待”，是指经常以打骂、冻饿、捆绑、强迫超体力劳动、限制自由、凌辱人格等各种方法，从肉体、精神上迫害、折磨、摧残被监护、看护人的行为。就虐待的行为方式而言，既包括积极的作为，如殴打、捆绑、禁闭、讽刺、谩骂、侮辱、限制自由、强迫超负荷劳动等，又包括消极的不作为，如有病不给治疗、有饭不给吃、有衣不给穿等，但构成本罪，不可能是纯粹的不作为。就虐待的内容而言，既包括肉体的摧残，如冻饿、禁闭、有病不予治疗等，又包括精神上的迫害，如讽刺、谩骂、凌辱人格、限制自由等。就虐待的时间而言，虐待行为必须具有经常性、一贯性，偶尔的行为不能认定为虐待行为。不论其内容如何，也不论具体方式怎样，是交替穿插进行，还是单独连续进行，都不影响本罪成立。所谓“监护”，是指对无民事行为能力人和限制民事行为能力人的人身、财产及其他合法权益进行监督和保护。其目的是保护无民事行为能力人和限制民事行为能力人的合法权益，从而维护社会秩序的稳定。所谓“看护”，是指对未成年人、老年人、患病的人、残疾人等进行护理和照料。构成本罪，还需要达到情节恶劣的程度。所谓“情节恶劣”，目前没有相关的法律规定，有待于相关法律和司法解释作出界定。实践中应结合虐待手段、被害人生理和精神状况进行综合考虑。一般是指行为人虐待动机卑鄙、手段残酷、持续时间较长、虐待频率高、屡教不改、致人精神抑郁等。

3. 本罪的主体是特殊主体，即对未成年人、老年人、患病的人、残疾人等负有监护、看护职责的人和单位。

4. 本罪的主观方面是故意。

司法实践中，认定本罪时应注意与虐待罪的界限。虐待罪是指经常以打骂、冻饿、禁闭，有病不予治疗、强迫过度劳动或限制人身自由、凌辱人格等方法，对共同生活的家庭成员进行肉体上、精神上的摧残和折磨，情节恶劣的行为。二者在行为方式上有许多相同之处。两罪的主要区别在于：（1）犯罪对象不同。本罪的犯罪对象是被监护、看护的未成年人、老年人、患病的人、残疾人；虐待罪的对象则是共同生活的家庭成员。（2）犯罪主体不同。本罪的犯罪主体不仅包括自然人，还包括单位；而虐待罪的主体只能是自然人。（3）本罪不属于亲告罪的对象；而虐待罪属于亲告罪。

本案中，法院经审理认为，犯罪嫌疑人林某某在短时间内多次实施殴打行为，不仅造成被害人身体多处淤青，达到轻微伤的后果，而且给被害人的心理造成极大伤害，情节恶劣，其行为触犯了《刑法》第260条之一，构成虐待被监护、看护人罪，依法判处被告人林某某有期徒刑1年，同时禁止其在刑罚执行完毕之日或者假释之日起5年内从事看护工作。

第五章　侵犯财产罪

侵犯财产罪，是指故意以非法取得公私财物的所有权或使用权为目的，非法占有公私财物或者挪用公私财物以及故意毁坏公私财物、破坏生产经营的行为。本类犯罪的对象是公私财产，即公共财产和公民私人所有的财产。根据《刑法》第 91 条的规定，公共财产是指国有财产；劳动群众集体所有的财产；用于扶贫和其他公益事业的社会捐助或者专项基金的财产。在国家机关、国有公司、企业、集体企业和人民团体管理、使用或者运输中的私人财产，以公共财产论。我国《宪法》第 12 条规定："社会主义的公共财产神圣不可侵犯。国家保护社会主义的公共财产。禁止任何组织或者个人用任何手段侵占或者破坏国家和集体的财产。"根据《刑法》第 92 条的规定，公民私人所有的财产，是指公民的合法收入、储蓄、房屋和其他生活资料；依法归个人、家庭所有的生产资料；个体户和私营企业的合法财产；依法归个人所有的股份、股票、债券和其他财产。我国《宪法》第 13 条规定："公民的合法的私有财产不受侵犯。国家依照法律规定保护公民的私有财产权和继承权。"这对于保证广大人民群众安心投入国家现代化建设、维护社会的安定具有重要意义。

一、抢劫罪

案　例

（一）案情简介

1991 年 6 月至 2000 年 9 月，被告人张某单独或组织、指挥李某军、陈某清、赵某洪、严某明、许某、李某生、秦某碧、全某燕、严某等人，在重庆、湖南、湖北等地持枪持械抢劫、故意杀人、抢劫枪支弹药 22 次，致 28 人死亡，5 人重伤，15 人轻伤，2 人轻微伤，抢劫财物价值人民币 536.9 万元，抢劫出租轿车 5 辆，抢劫执行任务经警微型冲锋枪 2 支及子弹 20 发，有组织、有计划地制造了一系列骇人听闻的重大、特大刑事案件，其中多次在光天化日之下在重庆、武汉、常德等市繁华地区公然持枪抢劫银行、金店，开枪杀人。

为实施暴力犯罪，张某单独或指使他人从莫某英、纳某、朱某武、王某等处非法购买了手枪 15 支、子弹 2500 余发，霰弹猎枪 23 支、猎枪子弹 2000 余发及手榴弹 1 枚、手雷 2 枚。莫某英等非法所售的枪支弹药被张某犯罪集团用于抢劫、故意杀人，造成多人伤亡和巨额公私财物损失等严重后果。

（二）问题

如何理解抢劫致人重伤、死亡？被告人张某的行为应当如何定罪与处罚？

（三）法律规定

《中华人民共和国刑法》

第 263 条　以暴力、胁迫或者其他方法抢劫公私财物的，处 3 年以上 10 年以下有期徒刑，并处罚金；有下列情形之一的，处 10 年以上有期徒刑、无期徒刑或者死刑，并处罚金或者没收财产：（1）入户抢劫的；（2）在公共交通工具上抢劫的；（3）抢劫银行或者其他金融机构的；（4）多次抢劫或者抢劫数额巨大的；（5）抢劫致人重伤、死亡的；（6）冒充军警人员抢劫的；（7）持枪抢劫的；（8）抢劫军用物资或者抢险、救灾、救济物资的。

第 267 条第 2 款　携带凶器抢夺的，依照本法第 263 条的规定定罪处罚。

第 269 条　犯盗窃、诈骗、抢夺罪，为窝藏赃物、抗拒抓捕或者毁灭罪证而当场使用暴力或者以暴力相威胁的，依照本法第 263 条的规定定罪处罚。

（四）法理分析

抢劫罪，是指以非法占有为目的，以暴力、胁迫或其他方法，当场强行劫取公私财物的行为。本罪的构成特征是：

1. 本罪侵犯的客体是复杂客体，即公私财产所有权和被害人的人身权利。这是由本罪暴力、胁迫或其他人身强制方法决定的。本罪侵犯的对象是各种公私财物和他人的人身。从司法实践来看，抢劫对象多为动产，是否应包括不动产，理论上存在争议。刑法另有规定的，应依规定处理。

2. 本罪在客观方面表现为以暴力、胁迫或其他方法，当场强行劫取公私财物的行为。具体而言，包括以下两方面内容：

第一，必须实施了暴力、胁迫或其他方法。

暴力方法，致使被害人不敢或不能反抗。所谓“暴力”，是指对被害人进行身体打击或者强制，如殴打、捆绑、禁闭、伤害等。暴力程度，只要能对他人身体起到强制、打击作用，足以剥夺他人的反抗即可，并不要求其必须危及他人的身体健康甚至生命安全。暴力主要可以从四个方面来理解：（1）暴力必须是在取得财物的当场实施；（2）暴力必须是针对被害人的身体而采取的打击或强制；（3）暴力是向被害人为之；（4）暴力是犯罪分子有意识实施的。

因此，假如出于其他目的对被害人实施暴力之后临时起意当场占有被害人财物，即使该暴力行为在客观上为当场占有财物提供了方便条件，对后一行为也不应定抢劫罪。例如，甲为了强奸将妇女乙打昏，在强奸乙之后，见乙戴有高档手表，遂起意将表摘下据为己有。甲打乙的目的是强奸乙，与占有乙的手表没有主观联系，故对甲应分别定强奸罪和盗窃罪，不能定抢劫罪。

胁迫方法，致使被害人不敢反抗。所谓“胁迫方法”，是指以立即对被害人实施暴力相威胁，实施精神强制，使被害人恐惧而不敢反抗，被迫当场交出财物或者任财物被劫走的手段。胁迫的方式，可以是语言，也可以是某种动作。胁迫主要可从三个方面来理解：（1）胁迫必须是当面向被害人发出；（2）胁迫的内容必须是以立即实施暴力相威胁；（3）威胁的暴力是现实的。如果没有任何胁迫的表现，只是被害人自己感到恐惧，眼见行为人盗窃其财物而不敢制止，不能认定为抢劫。如果行为人采用胁迫方法，是要求被害人答应日后交付财物，也不能构成本罪，只能构成敲诈勒索罪。

其他方法，致使被害人不能反抗或不知反抗。所谓“其他方法”，是指暴力、胁迫以外的使被害人不知反抗或丧失反抗能力的方法，例如，用酒灌醉、用药物麻醉等。行为人的其他方法和被害人处于不能反抗的状态，必须有着法律上的因果关系。如果不是行为人以某种行为使被害人处于不能反抗或不知反抗的状态，而是行为人利用被害人自己的原因（自己喝醉、正在熟睡、因病昏迷等）或其他原因（被他人打昏、撞伤等）所致不能反抗的状态乘机掠夺其财物的，只能构成盗窃罪或其他罪，不构成本罪。

第二，必须当场强行劫取公私财物。行为人实施暴力、胁迫或其他方法与劫取财物一般应在同一时间、同一地点，具有“当场性”。这也是本罪与绑架罪、敲诈勒索罪的区别所在。

3. 本罪的主体是一般主体。根据《刑法》第17条第2款的规定，已满14周岁不满16周岁的人犯抢劫罪的，应当负刑事责任。根据2006年1月最高人民法院《关于审理未成年人刑事案件具体应用法律若干问题的解释》第10条第1款的规定，已满14周岁不满16周岁的人盗窃、诈骗、抢夺他人财物，为窝藏赃物、抗拒抓捕或者毁灭罪证，当场使用暴力，故意伤害致人重伤或者死亡，或者故意杀人的，应当分别以故意伤害罪或者故意杀人罪定罪处罚。

4. 本罪的主观方面是直接故意，且以非法占有公私财物为目的。不论出于何种动机，一般不影响定罪，但可以作为量刑情节考虑。

司法实践中，认定本罪时应注意以下几个问题：

一是罪与非罪的界限。本罪是一种危害性严重的犯罪，不仅侵害了公民的财产权利，而且也侵害了公民的人身权利，因此，立法上没有抢劫的数额和情节的限制性规定。但在司法实务中，数额多少或情节程度，依然具有区分罪与非罪的功能，具体如下：（1）情节显著轻微、危害不大的，不应定本罪。如最高人民法院《关于审理未成年人刑事案件具体应用法律若干问题的解释》第7条第1款规定，已满14周岁不满16周岁的人使用轻微暴力或者威胁，强行索要其他未成年人随身携带的生活、学习用品或者钱财数量不大，且未造成被害人轻微伤以上或者不敢正常到校学习、生活等危害后果的，不认为是犯罪。（2）本罪与婚姻、家庭纠纷的界限。因为婚姻、家庭纠纷，一方抢回彩礼、陪嫁物，或者强行分割并拿走家庭共有财产的，即使抢回、拿走的份额多了，也属于民事、婚姻纠纷中处理方法不当的问题，不具有非法强占他人财物的目的，不构成本罪。此外，为子女离婚、出嫁女儿暴死等事情所激怒，而纠集亲友多人去砸毁对方家庭财物，抢吃粮菜鸡猪，属于婚姻家庭纠纷中的泄愤、报复行为，一般应做好调解工作，妥善处理，不作为抢劫论处。（3）本罪与借贷或者其他财产纠纷。抢劫主观上必须以非法占有为目的，由于借贷或者其他财产纠纷而强行扣留对方财物，用以抵债抵物或者索还欠款欠物的，因为不是以非法占有为目的，只是维护自己的合法利益不当，不构成本罪。

二是正确理解《刑法》第269条。《刑法》第269条规定，犯盗窃、诈骗、抢夺罪，为窝藏赃物、抗拒抓捕或者毁灭罪证而当场使用暴力或者以暴力相威胁的，依照本法第263条的规定定罪处罚。《刑法》第269条，在刑法理论上通常称为准抢劫罪或转化型抢劫罪。认定准抢劫罪，应当把握三个构成条件：（1）实施了盗窃、诈骗、抢夺的犯罪行为。这是准抢劫罪的前提条件。根据2005年最高人民法院《关于审理抢劫、抢夺刑事案件适用法律若干问题的意见》第5条的规定，行为人实施盗窃、诈骗、抢夺行为，未达到“数额较大”，为窝藏赃物、抗拒抓捕或者毁灭罪证当场使用暴力或者以暴力相威胁，情节较轻、危害不大的，一般不以犯罪论处；但具有下列情节之一的，可依照《刑法》第269条的规定，以抢劫罪定罪处罚：①盗窃、诈骗、抢夺接近“数额较大”标准的；②入户或在公共交通工具上盗窃、诈骗、抢夺后在户外或交通工具外实施上述行为的；③使用暴力致人轻微伤以上后果的；④使用凶器或以凶器相威胁的；⑤具有其他严重情节的。（2）当场实施暴力或者以暴力相威胁。这是准抢劫罪的客观条件。“当场”是指实施盗窃、诈骗、抢夺罪的现场，或者刚一逃离现场即被人发现和追捕的过程中，可以视为现场的延伸。所谓“暴力或者以暴力相威胁”，是指当场对被害人或其他抓捕人的身体实施打击或强制，或者以当场实施打击或强制相威胁。（3）当场实施暴力或者以暴力相威胁，目的是窝藏赃物、抗拒抓捕或者毁灭罪证。这是准抢劫罪的主观条件。所谓“窝藏赃物”，是指为保护已经到手的赃物不被追回；所谓

“抗拒抓捕”，是指抗拒公安机关的逮捕和公民的扭送；所谓“毁灭罪证”，是指销毁自己遗留在犯罪现场的痕迹、物品和其他证据。暴力、威胁的对象，可以是财物的所有人、公安人员或其他任何参与抓捕的人。但是，非出于上述目的而对他人实施暴力或以暴力相威胁的，不构成准抢劫罪。例如，盗窃财物得手后，为了灭口当场杀死被害人，应分别定盗窃罪和故意杀人罪，实行数罪并罚，不能定本罪。

已满16周岁不满18周岁的人犯盗窃、诈骗、抢夺罪，为窝藏赃物、抗拒抓捕或者毁灭罪证而当场使用暴力或者以暴力相威胁的，应当依照《刑法》第269条的规定定罪处罚；情节轻微的，可不以抢劫罪定罪处罚。

三是关于入户抢劫的认定。所谓“入户抢劫”，是指非法闯入或潜入居民家中实施抢劫。进入宅院范围，即为“入户”。进入机关、团体、企业、事业单位的办公场所以及公共娱乐场所抢劫的，不属于“入户抢劫”。根据2005年最高人民法院《关于抢劫、抢夺刑事案件适用法律若干问题的意见》第1条规定，认定“入户抢劫”时，应当注意以下三个问题：（1）“户”的范围。所谓“户”，是指住所，其特征表现为供他人家庭生活和与外界相对隔离两个方面，前者为功能特征，后者为场所特征。一般情况下，集体宿舍、旅店宾馆、临时搭建工棚等不应认定为“户”，但在特定情况下，如果确实具有上述两个特征的，也可以认定为“户”。实践中存在这样一种情形，即白天利用住所从事商品零售等经营活动，晚上做生活起居之用。如果犯罪分子在白天进入上述场所进行抢劫，由于在营业时间该场所是开放的，而不是私密的生活空间，因此不能认定为“入户抢劫”。如果犯罪分子在夜晚或者其他停止营业的时间进入该住所行抢，则应当认定为“入户抢劫”。（2）“入户”目的的非法性。进入他人住所须以实施抢劫等犯罪为目的。抢劫行为虽然发生在户内，但行为人不以实施抢劫等犯罪为目的进入他人住所，如送水或抄气表等，而是在户内临时起意实施抢劫的，不属于“入户抢劫”。（3）暴力或者暴力胁迫行为必须发生在户内。入户实施盗窃被发现，行为人为窝藏赃物、抗拒抓捕或者毁灭罪证而当场使用暴力或者以暴力相威胁的，如果暴力或者暴力胁迫行为发生在户内，可以认定为“入户抢劫”；如果发生在户外，不能认定为“入户抢劫”。

四是关于抢劫致人重伤、死亡的认定。所谓“抢劫致人重伤、死亡”，是指行为人为劫取公私财物而当场使用暴力或其他强制方法，故意或过失造成被害人重伤、死亡。根据2001年最高人民法院《关于抢劫过程中故意杀人案件如何定罪问题的批复》规定，行为人为劫取财物而预谋故意杀人，或者在劫取财物过程中，为制服被害人反抗而故意杀人的，以抢劫罪定罪处罚。行为人实施抢劫后，为灭口而故意杀人的，以抢劫罪和故意杀人罪定罪，实行数罪并罚。因此，对于抢劫杀人案件的定性要把握两点：（1）杀人是否发生在抢劫财物过程中；（2）杀人是否为抢劫财物的必要手段，是否与非法占有公私财物之间存在目的与手段的内在联系。

本案中，法院经审理认为，张某及其同伙作案时间长、次数多，手段极其凶残、狡诈，气焰极为嚣张，给社会造成了极大危害。重庆市第一中级人民法院作出一审判决：被告人张某犯抢劫罪、故意杀人罪、抢劫枪支弹药罪、非法持有枪支弹药罪，情节特别严重，数罪并罚，判处张某死刑，剥夺政治权利终身，并处没收个人全部财产。

二、盗窃罪

案　　例

（一）案情简介

被告人许某，男，汉族。2006 年 4 月 21 日晚 10 时许，许某到位于广州市黄埔大道西平云路上的一家商业银行的 ATM 机上取款，在取款过程中他发现 ATM 机系统出现错误，本想取款 100 元，结果 ATM 机出钞 1000 元，而银行卡存款账户里却只被扣除 1 元。于是，许某连续用自己的借记卡取款 54000 元。当晚许某的同伴郭某山得知后，两人结伙频繁提款，等郭回住所拿了借记卡后，许某再次用银行卡取款 16000 元，随后两人离开现场。4 月 22 日凌晨零时许，两人第 3 次返回上述地点，本次许某取款 10 余万元，连同前两次总计取款 17.5 万余元。

（二）问题

许某的行为应当如何定罪与处罚？

（三）法律规定

《中华人民共和国刑法》

第 264 条　盗窃公私财物，数额较大的，或者多次盗窃、入户盗窃、携带凶器盗窃、扒窃的，处 3 年以下有期徒刑、拘役或者管制，并处或者单处罚金；数额巨大或者有其他严重情节的，处 3 年以上 10 年以下有期徒刑，并处罚金；数额特别巨大或者有其他特别严重情节的，处 10 年以上有期徒刑或者无期徒刑，并处罚金或者没收财产。

第 265 条　以牟利为目的，盗接他人通信线路、复制他人电信号码或者明知是盗接、复制的电信设备、设施而使用的，依照本法第 264 条的规定定罪处罚。

（四）法理分析

盗窃罪，是指以非法占有为目的，秘密窃取公私财物，数额较大，或者多次盗窃、入户盗窃、携带凶器盗窃、扒窃公私财物的行为。本罪的构成特征是：

1. 本罪侵犯的客体是公私财物的所有权。本罪的对象为公私财物，即国家、集体和公民个人所有的各种财物。既可以是有形物品，也可以是无形物品（如电力、煤气、天然气等）。一般为动产，不动产不能成为本罪的对象。刑法另有规定的，应依规定处理。

2. 本罪在客观方面表现为窃取公私财物数额较大或者多次窃取、入户盗窃、携带凶器盗窃、扒窃公私财物的行为。根据《刑法》第 264 条的规定，包括以下五种情形：

第一，秘密窃取公私财物，数额较大的行为。所谓“秘密窃取”，是指行为人采取自认为不会被财物的所有人、保管人、经手人察觉的方法，将财物非法占为己有的行为。这是本罪与其他侵犯财产的犯罪行为区别的主要标志。秘密窃取具有主观性、相对性和一贯性的特点。所谓“主观性”，是指行为人主观上自认为是在秘密窃取。所谓“相对性”，是指秘密窃取是相对于财物所有人、保管人、经手人而言的。所谓“一贯性”，是指秘密窃取贯穿整个行为的始终。如果行为人在实施秘密窃取的过程中，被财物所有人、保管人、经手人发现，通过其他方法将财物占为已有的，对此不能成立本罪。如果不是被财物所有人、保管人、经手人发现而是其他人发觉或者注视，则不影响本罪的成立。司法实务中，秘密窃取行为主要包括三种表现形式：（1）将可移动的财物，秘密转移到行为人控制之下，并且脱离财物所有人或持有人控制范围；（2）通过传输系统加以使用和消耗，如盗窃电力、天然气等；（3）以牟利为目的，盗接他人通信线路、复制他人电信号码或明知是盗接、复制的电信设备、设施而使用。这是一种特殊形式的盗窃罪。根据 2000 年最高人民法院《关于审理扰乱电信市场管理秩序案件具体应用法律若干问题的解释》第 8 条的规定，盗用他人公共信息网络上网账号、密码上网，造成他人电信资费损失数额较大的，依照《刑法》第 264 条的规定，以盗窃罪定罪处罚。

秘密窃取公私财物的行为，必须数额较大才构成犯罪。根据 2013 年最高人民法院、最高人民检察院《关于办理盗窃刑事案件适用法律若干问题的解释》第 1 条的规定，个人盗窃公私财物价值人民币 1000 元至 3000 元以上的，为“数额较大”。第 2 条规定，盗窃公私财物，具有下列情形之一的，“数额较大”的标准可以按照前条规定标准的 50% 确定：（1）曾因盗窃受过刑事处罚的；（2）1年内曾因盗窃受过行政处罚的；（3）组织、控制未成年人盗窃的；（4）自然灾害、事故灾害、社会安全事件等突发事件期间，在事件发生地盗窃的；（5）盗窃残疾人、孤寡老人、丧失劳动能力人的财物的；（6）在医院盗窃病人或者其亲友财物的；（7）盗窃救灾、抢险、防汛、优抚、扶贫、移民、救济款物的；（8）因盗窃造成严重后果的。

第二，多次盗窃。是指在2年内盗窃3次以上。

第三，入户盗窃。是指非法进入供他人家庭生活，与外界相对隔离的住所盗窃的。《刑法修正案（八）》规定，对入户盗窃，不论次数，不论盗窃价值多少，一律追究刑事责任。入户盗窃不但侵犯了公民的财产权、住宅权，而且极易引发抢劫、杀人、强奸等恶性刑事案件，严重危及公民的人身和生命安全。基于入户盗窃的这一危害性，为了加强对人身、财产权的保护，刑法作此修改。

第四，携带凶器盗窃。是指携带枪支、爆炸物、管制刀具等国家禁止个人携带的器械盗窃，或者为了实施违法犯罪携带其他足以危害他人人身安全的器械盗窃的。携带凶器盗窃的“凶器”有两类：一类是国家规定的管制器具，如枪支弹药、爆炸物、管制刀具等，这些在办案实践中应当由规定的部门进行鉴定。另一类是为盗窃而准备的凶器，不属于国家管制的器具，如棍棒等。若在盗窃中，将携带的凶器向被害人加以显示或为窝藏赃物、抗拒抓捕、毁灭罪证而当场使用凶器、使用暴力或者以暴力相威胁的，则以抢劫罪定罪处罚。

第五，扒窃。是指在公共场所或公共交通工具上秘密窃取他人随身携带的财物的行为。《刑法修正案（八）》明确将扒窃以列举的方式成为盗窃罪的罪状之一，是行为犯，只要实施了扒窃行为，就构成犯罪，不论窃得财物多少。认定扒窃行为，应重要把握两点：（1）地点性特征，即发生的地点是车站、码头、广场、集贸市场等公共场所或公共汽车等公共交通工具。（2）扒窃的对象是受害人随身携带的财物，既包括带在受害人身上的财物，如口袋中的钱包、手机等，也包括随身带在身边，伸手可及的地方的财物，如受害人吃饭时放在餐桌上的手机、挂在椅子背上衣服中的钱包等。

3. 本罪的主体是一般主体，即已满16周岁、具备刑事责任能力的自然人。

4. 本罪的主观方面是故意，并且具有非法占有公私财物的目的。

司法实践中，认定本罪应注意以下几个问题：

一是关于盗窃近亲属的财物的认定。所谓“近亲属”，按照刑事诉讼法的规定，是指夫、妻、父、母、子、女、同胞兄弟姐妹。盗窃自己家里或者近亲属的财物，由于发生的原因是多方面的，情况比较复杂，案发后被害人出于各种考虑，往往不希望司法机关追究行为人的刑事责任。根据2013年最高人民法院、最高人民检察院《关于办理盗窃刑事案件适用法律若干问题的解释》第8条规定，偷拿家庭成员或者近亲属的财物，获得谅解的，一般可以不认为是犯罪；追究刑事责任的，应当酌情从宽。根据2006年最高人民法院《关于审理未成年人刑事案件具体应用法律若干问题的解释》第9条第3款规定，已满16周岁不满18周岁的人盗窃自己家庭或者近亲属财物，或者盗窃其他亲属财物但其他亲属要求不予追究的，可不按犯罪处理。但是在特殊情况下，盗窃自己家里的财物或盗窃近亲属的财物也可构成盗窃罪，具体如下：（1）盗窃属于家庭中代管的或近亲属保管的公私财产的，应以盗窃罪论处。（2）家庭成员不仅盗窃公私财物，且盗窃自己家庭或近亲属财物的案件，应按一般盗窃罪的案件追究刑事责任。但在计算数额时，对家庭内盗这一部分如果被害人不愿追诉的，也可以不计入盗窃数额，但在处理时应将这一情节考虑进去。（3）盗窃数额巨大且家庭成员坚持要求追究刑事责任的，也应按犯罪处理。（4）家庭成员勾结外人盗窃家庭财产的案件，这种盗窃属共同犯罪，其社会危害性大于单纯的家庭成员间的盗窃，对于这种案件应按一般的共同犯罪案件追究刑事责任，但在处理时，如无其他恶劣情节，可以酌情考虑从轻处理。

自己的财物，不能成为自己盗窃的对象。但是，窃取本人已被依法扣押的财物，或者偷回本人已交付他人合法持有或保管的财物，以致他人因负赔偿责任而遭受财产损失的，应以本罪论处。

二是关于本罪罪数的认定。根据刑法规定，盗窃某种特定财物，侵犯其他客体，可能构成其他罪或者牵连触犯盗窃罪。根据2013年最高人民法院、最高人民检察院《关于办理盗窃刑事案件适用法律若干问题的解释》第10条的规定，偷开他人机动车的，按照下列规定处理：（1）偷开机动车，导致车辆丢失的，以盗窃罪定罪处罚；（2）为盗窃其他财物，偷开机动车作为犯罪工具使用后非法占有车辆，或者将车辆遗弃导致丢失的，被盗车辆的价值计入盗窃数额；（3）为实施其他犯罪，偷开机动车作为犯罪工具使用后非法占有车辆，或者将车辆遗弃导致丢失的，以盗窃罪和其他犯罪数罪并罚；将车辆送回未造成丢失的，按照其所实施的其他犯罪从重处罚。第11条规定，盗窃公私财物并造成财物损毁的，按照下列规定处理：（1）采用破坏性手段盗窃公私财物，造成其他财物损毁的，以盗窃罪从重处罚；同时构成盗窃罪和其他犯罪的，择一重罪从重处罚；（2）实施盗窃犯罪后，为掩盖罪行或者报复等，故意毁坏其他财物构成犯罪的，以盗窃罪和构成的其他犯罪数罪并罚；（3）盗窃行为未构成犯罪，但损毁财物构成其他犯罪的，以其他犯罪定罪处罚。

三是关于盗窃虚拟财产的认定。所谓“虚拟财产”，是指在网络虚拟空间中形成的、具有真实价值的并以虚拟形式存在的财产，如 Q 币或虚拟货币。当虚拟财产在现实生活中有实际交易价格时，它对应着现实生活中的财产价值，因此同样应受到法律保护。秘密窃取网络环境中的虚拟财产，应当按照盗窃罪追究刑事责任，并根据虚拟财产在现实生活中的实际交易价格来确定定罪处罚的数额。

本案中，广州市中级人民法院一审判决被告许某以非法侵占为目的，伙同同案人采用秘密手段，盗窃金融机构，数额特别巨大，其行为已构成盗窃罪，遂判处其无期徒刑，剥夺政治权利终身，并处没收个人全部财产。2008 年 3 月 31 日，广州市中级人民法院重新审理认为，被告人许某盗窃罪成立，且数额特别巨大，依法本应适用“无期徒刑或者死刑，并处没收财产”的刑罚，但鉴于许某是在发现银行自动柜员机出现异常后产生犯意，采用持卡非法窃取金融机构经营资金的手段，其行为与有预谋或者采取破坏手段盗窃金融机构的犯罪有所不同；从案发具有一定的偶然性来看，许某犯罪的主观恶性尚不是很大。根据本案具体的犯罪事实、犯罪情节和对于社会的危害程度，最终判决许某犯盗窃罪，判处有期徒刑 5 年，并处罚金人民币 2 万元，追缴许某的犯罪所得 173826 元，发还受害单位。

三、诈骗罪

案　例

（一）案情简介

案例 1：2008 年初，被告人时某 1 经营河沙生意，为骗免高速公路通行费，伪造了军车的相关材料。同年 5 月 4 日至 2009 年 1 月 1 日，时某 1 使用军车假牌证及两辆货车，经由郑尧高速部分路段运送河沙。经会计师事务所审计，两辆货车在郑尧高速公路通行共计 2363 次，骗免高速公路通行费共计人民币 49 万余元。时某 2 在明知拉沙车辆所用军车牌证均系伪造的情况下，从 2008 年 10 月底开始全面参与沙场经营活动，经会计师事务所审计，在此期间共骗免高速公路通行费共计人民币 11 万余元。

案例 2：2017 年 2 月至 3 月，被告人邹某敏先后到石狮市某商场门口台湾脆皮玉米店、章鱼小丸子店、世茂摩天城商场可可柠檬奶茶店、石狮市湖东菜市场、长福菜市场、五星菜市场、洋下菜市场，以及晋江市青阳街道等地的店铺、摊位，乘无人注意之机，将上述店铺、摊位上的微信收款二维码调换（覆盖）为自己的微信二维码，从而获取顾客通过微信扫描支付给上述商家的钱款。经查，被告人邹某敏获取被害人郑某、王某1等人的钱款共计人民币6983.03元。案发后，赃款均未追回。

（二）问题

诈骗罪在客观方面有哪些表现形式？如何区分诈骗罪与盗窃罪？

（三）法律规定

《中华人民共和国刑法》

第266条　诈骗公私财物，数额较大的，处3年以下有期徒刑、拘役或者管制，并处或者单处罚金；数额巨大或者有其他严重情节的，处3年以上10年以下有期徒刑，并处罚金；数额特别巨大或者有其他特别严重情节的，处10年以上有期徒刑或者无期徒刑，并处罚金或者没收财产。本法另有规定的，依照规定。

第263条　盗窃公私财物，数额较大的，或者多次盗窃、入户盗窃、携带凶器盗窃、扒窃的，处3年以下有期徒刑、拘役或者管制，并处或者单处罚金；数额巨大或者有其他严重情节的，处3年以上10年以下有期徒刑，并处罚金；数额特别巨大或者有其他特别严重情节的，处10年以上有期徒刑或者无期徒刑，并处罚金或者没收财产。

（四）法理分析

诈骗罪，是指以非法占有为目的，用虚构事实或者隐瞒真相的方法，骗取公私财物，数额较大的行为。本罪的构成特征是：

1. 本罪侵犯的客体是公私财物的所有权。犯罪对象可以是各种财物，包括动产和不动产。刑法另有规定的，应依规定处理。

2. 本罪在客观方面表现为用虚构事实或者隐瞒真相的方法，骗取公私财物，数额较大的行为。即行为人以非法占有为目的而实施欺诈行为→致使对方产生错误认识→对方基于错误认识而处分财产→行为人取得财产→被害人财产权受到损害。所谓“处分财产”，即意味着被害人将财产转移给行为人或第三者占有。可以从两个方面来理解：一方面，处分人是具有处分财产权限或地位、具有处分能力的人。如果行为人从不具有民事行为能力的未成年人、精神病人手中骗取财物，不能视为诈骗，而是盗窃；另一方面，被害人（即“对方”）是否具有将财产转移给行为人或第三者支配或控制的意思。具体而言，包括以下两方面内容：

第一，必须实施虚构事实或者隐瞒真相的行为。诈骗的方法有多种，虚构事实或者隐瞒真相是最基本的两种。所谓“虚构事实”，是指捏造不存在的事实，骗取被害人的信任。虚构事实可以是全部虚构，也可以是部分虚构。所谓

“隐瞒真相”，是指行为人掩盖客观事实，使被害单位或被害人受蒙骗，在不了解事实真相的情况下交出财物。通过虚构事实或隐瞒真相的方法，使被害人“自愿”地交出财物，是本罪区别于其他侵犯财产罪的重要标志。一般而言，虚构事实的诈骗行为体现为作为的特点，而隐瞒真相的诈骗行为体现为不作为的特点。所以，本罪既可以由作为的方式实施，也可以由不作为的方式实施。司法实践中，行为人常常既有虚构事实又有隐瞒真相的行为方式骗取他人的财产。

第二，必须达到数额较大或者严重情节。根据 2011 年 4 月最高人民法院、最高人民检察院《关于办理诈骗刑事案件具体应用法律若干问题的解释》第 1 条规定，诈骗公私财物价值 3000 元至 1 万元以上、3 万元至 10 万元以上、50 万元以上的，应当分别认定为《刑法》第 266 条规定的“数额较大”“数额巨大”“数额特别巨大”。各省、自治区、直辖市高级人民法院、人民检察院可结合本地区经济社会发展状况，在前款规定的数额幅度内，共同研究确定本地区执行的具体数额标准，报最高人民法院、最高人民检察院备案。第 5 条规定，诈骗未遂，以数额巨大的财物为诈骗目标的，或者具有其他严重情节的，应当定罪处罚。利用发送短信、拨打电话、互联网等电信技术手段对不特定多数人实施诈骗，诈骗数额难以查证，但具有下列情形之一的，应当认定为《刑法》第 266 条规定的“其他严重情节”，以诈骗罪（未遂）定罪处罚：（1）发送诈骗信息 5000 条以上的；（2）拨打诈骗电话 500 人次以上的；（3）诈骗手段恶劣、危害严重的。实施前款规定行为，数量达到前款第（1）、（2）项规定标准 10 倍以上的，或者诈骗手段特别恶劣、危害特别严重的。

3. 本罪的主体是一般主体，即已满 16 周岁、具备刑事责任能力的自然人。

4. 本罪的主观方面是直接故意，且以非法占有为目的。

司法实践中，认定诈骗罪时应注意以下几个问题：

一是本罪与其他特殊诈骗罪的界限。《刑法》分则第三章第五节和第八节规定了包括 8 个罪名的金融诈骗罪及合同诈骗罪。本罪与这些犯罪是一般与特殊的关系。主要区别在于：（1）侵犯的客体不同。本罪只侵犯公私财产所有权，是单一客体；而后者不仅侵犯公私财产所有权，又侵犯金融管理制度或合同管理制度。（2）客观方面表现不同。本罪在客观方面表现为虚构事实或者隐瞒真相，以骗取财物；后者的欺骗只是发生在集资、贷款、保险等特定的活动范围内，或者是信用卡、信用证、有价证券等特定物的使用活动中，或者是经济合同的签订、履行过程中，因而其诈骗手段都有在特定范围内实施的特殊性。（3）犯罪主体不同。本罪限于自然人主体；后者有部分犯罪的主体包括单位，如集资诈骗罪、合同诈骗罪等。

冒充国家机关工作人员进行诈骗，同时构成诈骗罪和招摇撞骗罪的，依照处罚较重的规定定罪处罚。

二是本罪与盗窃罪的界限。盗窃罪是指以非法占有为目的，秘密窃取公私财物，数额较大，或者多次盗窃、入户盗窃、携带凶器盗窃、扒窃公私财物的行为。二者都属于财物占有转移的犯罪，即盗窃行为与诈骗行为是财物占有关系发生转移的原因。主观方面，两罪都是行为人对他人财物的非法占有。但在获得财物的行为结构、行为方式上，二者有明显区别，从而也导致被害人处分财产的差异：盗窃罪行为人获得财物的方式，是一种积极主动的取得行为，无须介入被害人处分财物的因素，即可完成非法占有财物；而诈骗罪的行为人虽然采取虚构事实或者隐瞒真相的行为，但被害人基于错误认识处分财物，对于行为人来说仅是一种或然性，行为人必须借助被害人处分财物才能完成非法占有。盗窃罪中被害人并不知道财产丢失的事实，一般也不知道侵害者为谁；而诈骗罪中被害人是“自愿地”交付财物、处分财产，事后是能够知道侵害者的，即关键在于被害人有无基于错误认识而处分财产的行为。实践中，有些犯罪分子为达到非法占有他人财物的目的，往往盗窃与诈骗并用。例如，使用调虎离山之计将被害人支开，乘机窃取其财物的；窃取他人的银行存折、汇款单，冒领他人的存款、汇款的；还有盗窃他人的信用卡后冒名使用的。这些行为人虽然有诈骗的行为，但该诈骗行为或者是为盗窃创造条件（如调虎离山的情形），或者被视为盗窃行为的自然延伸、后续行为（如盗窃存折后的冒领行为），都应以盗窃罪论处，而非诈骗罪。根源在于这几种情形都不具有财物所有人、保管人或持有人在受蒙骗的情形下自愿处分财产的特征。再如，多次向街道马路边的自动售货机内投入类似硬币的金属片，从而取得自动售货机内的商品，数额较大的，也不属于诈骗罪，而成立盗窃罪。因为自动售货机并无意志自由而不可能被骗，行为人骗取的对象实际上是自动售货机背后的商家。类似的情形还有，行为人从没有处分能力的幼儿、精神病患者那里取得财产的，因谈不上行为人的欺诈与被害人的处分，不成立诈骗，而成立盗窃罪。

案例1中，被告人时某1为骗免高速公路通行费，伪造了军车的相关材料，使用军车假牌证而骗免高速公路通行费共计人民币49万余元。时某2在明知拉沙车辆所用军车牌证均系伪造的情况下，从2008年10月底开始全面参与沙场经营活动，骗免高速公路通行费共计人民币11万余元。二人行为均构成诈骗罪。法院以诈骗罪判处被告人时某1有期徒刑7年，并处罚金人民币5万元；判处时某2有期徒刑2年6个月，并处罚金人民币1万元。

关于案例2的定罪问题。其一，被告人邹某敏采用秘密手段，调换（覆盖）商家的微信收款二维码，从而获取顾客支付给商家的款项，符合盗窃罪的客观构成要件。秘密调换二维码是其获取财物的关键。其二，商家向顾客交付货物后，商家的财产权利已然处于确定、可控状态，顾客必须立即支付对等价款。微信收款二维码可看作商家的收银箱，顾客扫描商家的二维码即向商家的收银箱付款。被告人秘密调换（覆盖）二维码即秘密用自己的收银箱换掉商家的收银箱，使得顾客交付的款项落入自己的收银箱，从而占为己有。其三，被告人并没有对商家或顾客实施虚构事实或隐瞒真相的行为，不能认定商家或顾客主观上受骗。所谓"诈骗"，即有人"使诈"、有人"受骗"。本案中，被告人与商家或顾客没有任何联络，包括当面及隔空（网络电信）接触，除了调换二维码外，被告人对商家及顾客的付款没有任何明示或暗示。商家让顾客扫码支付，正是被告人采用秘密手段的结果，使得商家没有发现二维码已被调包，而非主观上自愿向被告人或被告人的二维码交付财物。顾客基于商家的指令，当面向商家提供的二维码转账付款，其结果由商家承担，不存在顾客受被告人欺骗的情形。顾客不是受骗者，也不是受害者，商家是受害者，但不是受骗者。综上，被告人邹某敏的行为不符合诈骗罪的客观构成要件，其以秘密手段调换商家二维码获取财物的行为，符合盗窃罪的客观构成要件，应当以盗窃罪追究其刑事责任。法院经审理认为，被告人邹某敏以非法占有为目的，多次采用秘密手段窃取公民财物，总金额为人民币6983.03元，属数额较大，其行为已构成盗窃罪。依照《刑法》第264条、第67条第3款和第64条的规定，判决被告人邹某敏犯盗窃罪，判处有期徒刑8个月，并处罚金人民币2000元。

四、抢夺罪

案　　例

（一）案情简介

被告人李某波2008年1月在广州市越秀区某停车场趁停车场保管员不备，将其向广东某典当有限责任公司借款人民币（以下币种同）65000元而提供的担保物——车牌号为粤A4B的某牌小轿车从停车场强行开走。之后，李某波携车逃匿，且未向广东某典当有限公司清偿上述借款。2009年2月6日，被害单位广州市越秀区某停车场向广东某典当有限责任公司赔偿经济损失及支付相关诉讼费用共计90206元。

（二）问题

被告人李某波的行为应当如何定罪与处罚？

（三）法律规定

《中华人民共和国刑法》

第267条　抢夺公私财物，数额较大的，或者多次抢夺的，处3年以下有期徒刑、拘役或者管制，并处或者单处罚金；数额巨大或者有其他严重情节的，处3年以上10年以下有期徒刑，并处罚金；数额特别巨大或者有其他特别严重情节的，处10年以上有期徒刑或者无期徒刑，并处罚金或者没收财产。

携带凶器抢夺的，依照本法第263条的规定定罪处罚。

（四）法理分析

抢夺罪，是指以非法占有为目的，公然夺取公私财物，数额较大的或多次抢夺的行为。本罪的构成特征是：

1. 本罪侵犯的客体是公私财物所有权。犯罪对象只能是动产，并且是有形物。刑法另有规定的，应依规定处理。

2. 本罪在客观方面表现为公然夺取公私财物，数额较大或多次抢夺的行为。具体而言，包括以下两方面内容：

第一，必须实施公然夺取公私财物的行为。所谓“公然夺取”，是指在财物所有人或保管人在场的情况下，当着财物所有人或保管人的面或者采用可以使其立即发觉的方法夺走财物。这是本罪与盗窃罪在客观上的主要区别。行为人公然夺取财物时并不使用暴力或暴力威胁等侵犯被害人人身的手段行为。这是本罪与抢劫罪在客观上的显著区别。行为人是否乘人不备而夺取他人财物，不影响本罪的成立。

第二，必须数额较大或多次抢夺。根据2013年11月最高人民法院、最高人民检察院《关于办理抢夺刑事案件适用法律若干问题的解释》第1条的规定，抢夺公私财物价值人民币1000元至3000元以上的，为“数额较大”；各省、自治区、直辖市高级人民法院、人民检察院可以根据本地区的经济发展状况，并考虑社会治安状况，在上述数额幅度内，分别确定本地区执行的具体数额标准，报最高人民法院、最高人民检察院批准。该解释第2条规定，抢夺公私财物，具有下列情形之一的，“数额较大”的标准按照第1条规定标准的50%确定：（1）曾因抢劫、抢夺或者聚众哄抢受过刑事处罚的；（2）1年内曾因抢夺或者哄抢受过行政处罚的；（3）1年内抢夺3次以上的；（4）驾驶机动车、非机动车抢夺的；（5）组织、控制未成年人抢夺的；（6）抢夺老年人、未成年人、孕妇、携带婴幼儿的人、残疾人、丧失劳动能力人的财物的；

（7）在医院抢夺病人或者其亲友财物的；（8）抢夺救灾、抢险、防汛、优抚、扶贫、移民、救济款物的；（9）自然灾害、事故灾害、社会安全事件等突发事件期间，在事件发生地抢夺的；（10）导致他人轻伤或者精神失常等严重后果的。

3. 本罪的主体是一般主体，即已满16周岁、具备刑事责任能力的自然人。

4. 本罪的主观方面是故意，且具有非法占有的目的。

司法实践中，认定本罪时应注意与抢劫罪的界限。抢劫罪是指以非法占有为目的，以暴力、胁迫或其他方法，当场强行劫取公私财物的行为。二者都是行为人公然实施夺取财物的行为，主观上都是出于非法占有的目的，为直接故意，主体也是一般主体。两罪的主要区别在于：（1）侵犯的客体不同。本罪侵犯的客体是简单客体，即公私财物的所有权；而抢劫罪的客体是复杂客体，即公私财物的所有权和他人的人身权利。（2）客观方面表现不同。本罪不采用暴力、胁迫等强制方法而公然夺取；而抢劫罪则是行为人采取暴力、胁迫或者其他手段迫使被害人交出财物或者直接将财物抢走。即抢夺罪的实行行为是单一行为，抢劫罪的实行行为是复合行为。值得注意的是，当行为人在抢夺财物的过程中因用力过猛造成被害人重伤或者死亡的，该如何认定？应当从以下几个方面加以把握：其一，要看强力行为的作用对象和使用目的。抢夺罪的抢夺财物行为虽然也使用一定强力，但这种强力直接作用于被抢夺的财物，目的是直接夺得财物，而抢劫罪中使用的暴力直接指向被害人人身，具有排除被害人反抗的性质和目的。其二，要看伤害是否犯罪分子故意为之。在构成抢夺的场合，造成伤害的结果往往是行为人在抢夺财物过程中，由于用力过猛等原因过失造成的，行为人并不以此作为夺取财物的手段行为。而在构成抢劫罪的场合，行为人则是故意实施暴力，并以此作为非法占有他人财物的手段行为。其三，如果行为人行为前本来并没有计划使用暴力手段夺取财物，但在夺取财物的过程中，遭到被害人的反抗，转而使用暴力、威胁方法强行夺取财物，此时应当直接按照抢劫罪定罪处罚。针对实践中发生较多的“飞车”夺取财物的情况，根据2013年最高人民法院、最高人民检察院《关于办理抢夺刑事案件适用法律若干问题的解释》第6条的规定，驾驶机动车、非机动车夺取他人财物，具有下列情形之一的，应当以抢劫罪定罪处罚：（1）夺取他人财物时因被害人不放手而强行夺取的；（2）驾驶车辆逼挤、撞击或者强行逼倒他人夺取财物的；（3）明知会致人伤亡仍然强行夺取并放任造成财物持有人轻伤以上后果的。

《刑法》第267条第2款规定：“携带凶器抢夺的，依照本法第263条的规定定罪处罚”，即定抢劫罪。所谓“携带凶器抢夺”，根据2005年最高人民法院《关于审理抢劫、抢夺刑事案件适用法律若干问题的意见》第4条的规定，是指行为人随身携带枪支、爆炸物、管制刀具等国家禁止个人携带的器械进行抢夺或者为了实施犯罪而携带其他器械进行抢夺的行为。行为人随身携带国家禁止个人携带的器械以外的其他器械抢夺，但有证据证明该器械确实不是为了实施犯罪准备的，不以抢劫罪定罪；行为人将随身携带凶器有意加以显示、能为被害人察觉到的，直接适用《刑法》第263条（抢劫罪）的规定定罪处罚；行为人携带凶器抢夺后，在逃跑过程中为窝藏赃物、抗拒抓捕或者毁灭罪证而当场使用暴力或者以暴力相威胁的，适用《刑法》第267条第2款（抢劫罪）的规定定罪处罚。

本案中，李某波虽然公然开走的系自己所有的财物，但该财物已经依法质押给他人，并处于他人合法监管的状态下。换句话说，李某波的小汽车自被质权人交付给停车场保管时起，该车的占有权已经从所有权人李某波经质权人转移到了保管站，李某波乘保管站管理人员不备，强行开走该小汽车的行为，符合抢夺罪的构成特征，且数额较大，应当以抢夺罪定性。法院据此作出一审判决，认定被告人李某波以非法占有为目的，公然夺取他人财物，数额特别巨大，其行为构成抢夺罪，对其判处有期徒刑3年，缓刑5年。

五、侵占罪

案　　例

（一）案情简介

2008年12月9日8时许，一家珠宝公司的员工王某在深圳机场办理行李托运手续时中途离开，将1个装有14555.37克黄金首饰的小纸箱放在行李手推车上方的篮子内，并单独停放在柜台前1米的黄线处。

现场监控视频显示，王某离开33秒后，机场清洁工梁某出现在这个纸箱旁。大约半分钟后，梁某开始行动，将纸箱搬进机场一间厕所。王某约4分钟后返回，发现纸箱不见了，随即向公安机关报警。

当天14时许，梁某下班，将纸箱带回住处放置于床底下，另取出一部分黄金首饰放入其丈夫放在床边的衣服口袋内。同事找到梁某，告知机场有旅客丢失黄金并已报警。后民警到梁某家中询问其是否从机场带回物品，梁某否认，民警遂对其进行劝说。直到床下存放的纸箱被民警发现，梁某才承认该纸箱是从机场带回来的。当民警继续追问是否还有首饰未交出，梁某仍予否认。

民警随后从梁某丈夫的衣服口袋内查获另一部分黄金首饰。最后民警将价值人民币300万元的黄金首饰追回，尚有136.49克黄金首饰去向不明。

（二）问题

梁某的行为究竟是“捡”还是“盗”？其行为应当如何定罪与处罚？

（三）法律规定

《中华人民共和国刑法》

第270条　将代为保管的他人财物非法占为己有，数额较大，拒不退还的，处2年以下有期徒刑、拘役或者罚金；数额巨大或者有其他严重情节的，处2年以上5年以下有期徒刑，并处罚金。

将他人的遗忘物或者埋藏物非法占为己有，数额较大，拒不交出的，依照前款的规定处罚。

本条罪，告诉的才处理。

（四）法理分析

侵占罪，是指以非法占有为目的，将代为保管的他人财物或者他人遗忘物、埋藏物，非法据为己有，数额较大，拒不退还或者拒不交出的行为。本罪的构成特征是：

1. 本罪侵犯的客体是公私财产所有权。本罪的犯罪对象为他人交给自己保管的财物、遗忘物和埋藏物。所谓“他人”，是指公民个人，不包括国家或单位。国家、单位之物基于委托或其他原因而由他人代管的，行为人如果非法占为己有，则应构成贪污罪或者职务侵占罪。他人的财物可以是动产和不动产；可以是有体物，也可以是电力、煤气、天然气等无体物。

2. 本罪在客观方面表现为行为人非法占有他人财物、数额较大，拒不退还或拒不交出的行为。侵占行为既可以是作为，也可以是不作为，具体表现为将自己代为保管的财物出卖、赠予、消费、抵偿债务等。委托管理现金的情形，只能以不作为方式实施侵占行为（明确表示不予归还）。侵占行为的突出特征为“合法持有+非法侵吞”，即行为人将自己业已合法持有的他人财物非法占为己有。具体而言，包括以下三方面内容：

第一，行为人已合法持有他人的财物，这是构成侵占罪的前提条件。所谓“合法持有”，是指以合法的方式，取得对他人财物的暂时的占有权，但无处分权。根据《刑法》第270条的规定，作为侵占行为的“合法持有他人财物”，包括以下两种情况：（1）以合法的方式代为保管他人的财物。所谓“代为保管”，是指接受他人委托或者根据事实上的管理而成立的对他人财物的持有、管理。既包括受他人委托，代为收藏、管理其财物，如寄存、委托暂时照看，又包括未受委托因无因管理而代为保管他人的财物；既包括依照有关规定而由其托管的财物，如无行为能力的未成年人、精神病人的财物依法应由其监护人代为保管，又包括依照某种契约如借贷、租赁、委托、寄托、运送、合伙、抵押等而持有代为保管。应注意的是，因职务或工作上的关系代为保管本单位的财物的，不属于本罪的代为保管，行为人如果将财物非法占有的，不构成本罪，而是构成贪污罪或职务侵占罪。行为人与财物所有人、管理人之间是否具有代为保管财物的关系是构成这种形式侵占罪的前提条件。在以合法的方式代为保管他人财物的情况下，行为人合法取得占有权，而无所有权，其有交还财物给委托人或者委托人指定的其他人的义务。如果拒不交还或交付，非法据为己有，就是侵占他人财物。在无因管理情况下，行为人为避免他人的利益受损失而自动为他人保管财物，也是以合法方式持有他人财物，如果非法据为己有，拒不返还，也是侵占行为。如代为饲养他人的宠物，当其主人要求返还时，产生了占为己有的意图，将宠物卖掉所得归己，则构成侵占罪。（2）合法占有他人的遗忘物或者埋藏物。所谓“他人的遗忘物”，是指出于自己的本意，本应带走却因遗忘没有带走的财物，如买东西将物品忘在柜台上、乘坐出租车把财物遗忘在车里等。值得注意的是，遗忘物不等于遗失物。后者是失主丢失的财物，失去对财物的控制时间相对较长，一般也不知道丢失的时间和地点，拾捡者一般不知道也难以找到丢失之人。而遗忘物，则是刚刚、暂时遗忘之物，遗忘者对之失去的控制时间相对较短，一般会很快回想起来遗忘的时间与地点，回来寻找，而拾捡者一般也知道遗忘者是谁。遗忘物也不同于遗弃物，后者是所有人或保管者不再需要而基于自己的意志加以处分而抛弃的财物。所谓“埋藏物”，是指埋藏于地下，原所有人不明的财物、物品。埋藏物不同于地下的文物，后者年代久远，具有历史、文化、科学、艺术价值，一般应属于国家所有。《民法典》第 319 条规定：“拾得漂流物、发现埋藏物或者隐藏物的，参照适用拾得遗失物的有关规定。法律另有规定的，依照其规定。”司法实践中，侵占埋藏物的行为，以合法持有该埋藏物为前提，一般主要表现为行为人在进行地面挖掘时，偶然发现地下埋藏物，不知物主是谁，而将其占为己有。如果行为人明知某处埋藏有某人的财物，或者明知某古墓埋藏有古代珍贵文物，以非法占有为目的进行挖掘，据为己有的，则应分别以盗窃罪或盗掘古墓葬罪论处。

第二，侵占行为是将合法持有的财物非法据为己有，拒不退还或者拒不交出。所谓“拒不退还或者拒不交出”，是指行为人非法占有他人财物，被人发现后，经所有人、管理人要求其退还或者交出时，仍不予退还或交出，自行侵吞、占有、使用或处分他人财物，侵犯了权利人的利益。如果经权利人要求，行为人退还或交出所占有的财物，则不构成犯罪。

第三，必须数额较大。上述三种侵占财物的形式，都必须是数额较大的。司法实践中，一般以 1 万元以上为“数额较大”。

3. 本罪的主体是一般主体，即已满 16 周岁、具备刑事责任能力的自然人。

4. 本罪的主观方面是故意，并具有非法占有他人财物的目的。

司法实践中，认定本罪时应注意以下几个问题：

一是罪与非罪的界限。关键在于划定本罪与借贷纠纷的界限。应当特别注意区分借用关系中借用特定物拒不退还与借用种类物拒不退还两类情况。如借用名人名画等特定物拒不退还的，可构成侵占罪。借用钱等种类物拒不退还属于民事纠纷，不构成本罪。借用他人的特定物，即以合法的方式取得对该物的占有权，但所有权未向借用人转移，借用人负有归还原物的义务。如其事后拒不退还，数额较大，即构成侵占罪。种类物，是指具有共同特征，可以用同种类、同质量的物替代的物，如钱、粮食、米面、水泥等。借用他人的种类物，借用人取得该物的所有权，同时负有偿还同种类、同质量的物的义务，但不是归还原物。日后拒不归还的，只能作为借贷纠纷处理，不构成侵占罪。

二是本罪与盗窃罪的界限。盗窃罪是指以非法占有为目的，秘密窃取数额较大公私财物或者多次秘密窃取公私财物的行为。两罪都以他人财物为对象，都侵犯了公私财物的所有权，主观上都是出自故意，并都以非法占有他人财物为目的，这是二者的共同之处。两罪的主要区别在于：（1）犯罪对象不同。本罪的对象仅限于行为人代为保管的他人财物或者他人的遗忘物、埋藏物，行为人在实施侵占行为之前，已经持有他人财物；而盗窃罪的对象仅限于他人持有之动产。（2）客观方面不同。本罪必须具有拒不退还或拒不交出的行为；而盗窃罪的手段只能是秘密窃取，即便窃取他人财物之后又主动退还的，也已构成犯罪。侵占行为只能表现为不作为；盗窃行为只能以作为方式实施。（3）故意的内容和时间不同。本罪行为人认识到自己是以非暴力的手段非法占有自己业已持有的他人财物，且犯罪故意只能产生于持有他人财物之后；而盗窃罪行为人认识到自己是以不为财物所有人或持有人知道的秘密方法非法获取他人财物，且犯罪故意只能产生于非法获取他人财物之前。如果行为人明知某处埋藏有某人的财物，并加以挖掘的，则应成立盗窃罪。

本案中，机场女工梁某“捡”走旅客黄金一案引起了法律界人士的热烈讨论。梁某行为究竟是“盗”还是“捡”？经检察机关审理查明，2008 年 12 月 9 日 8 时许，东莞一家珠宝公司的员工王某在深圳机场办理行李托运手续时中途离开，将一个装有 14555.37 克黄金首饰的小纸箱放在行李手推车上方的篮子内，并单独停放在柜台前1米的黄线处。现场监控视频显示，王某离开33秒后，机场清洁工梁某出现在手推车旁。大约半分钟后，梁某将纸箱搬进机场一间厕所。王某约4分钟后返回，发现纸箱不见了，随即向公安机关报警。当天9时40分许，梁某吃早餐时告诉同事，捡到一个比较重的纸箱。随后，两位同事经梁某同意，将纸箱打开并取走其中两小包。梁某从同事那里得知纸箱内是黄金首饰后，将纸箱放到自己的清洁手推车底层后离开，并从纸箱内取出一件首饰交由同事到黄金首饰店鉴定。首饰店告知是黄金首饰。当天14时许，梁某下班，将纸箱带回住处，放置于床底下，另取出一部分黄金首饰放入在床边的其丈夫衣服口袋内。16时许，同事找到梁某，告知机场有旅客丢失黄金并已报警。18时许，民警到梁某家中询问其是否从机场带回物品。梁某否认，民警对梁某进行劝说。但直到床下存放的纸箱被民警发现，梁某才承认该纸箱是从机场带回来的。当民警继续追问是否还有首饰未交出，梁某仍予以否认。民警随后从梁某丈夫的衣服口袋内查获另一部分黄金首饰。民警将这些黄金首饰带走，经评估价值约300万元。尚有136.49克黄金首饰去向不明。

深圳市检察机关审查研究后认为，梁某的行为虽然也有盗窃的特征，但构成盗窃罪的证据不足，更不符合侵占罪的构成特征。根据“刑疑惟轻”的原则，从有利于梁某的角度出发，认定梁某不构成盗窃罪。检察机关将本案退回公安机关，并建议公安机关将相关证据材料转交自诉人。

六、职务侵占罪

案　例

（一）案情简介

被告人李某蓉，女，汉族。2002年6月5日下午1时左右，在印钞公司做查码工作的李某蓉从车间收发处领取百元面额的成品人民币1000张（10万元），将其中的450张（4.5万元）抽出，用牛仔裤包裹着悄悄带进厕所，将其藏匿于自己的连裤袜内，下班时又将人民币带回家中，藏在沙发靠背里。第二天上午，收发处要求李某蓉归还头一天领取的1000张成品人民币。由于害怕事情暴露，李某蓉又到车间另一个部门领取了1000张（10万元）成品人民币，从中抽出450张，与头一天剩下的550张成品人民币一起上交给收发处。在6月5日下午到6月9日的整个作案期间，李某蓉采取拆东墙补西墙的办法，分3次从不同的部门领取相同数量的成品人民币，并从中抽出等量的张数充抵从另一个部门领取的成品人民币。

6月9日下午，印钞公司在检查中发现成品人民币有被盗迹象，于是向警方报案。6月10日凌晨，得知有大量的警察在公司调查成品人民币被盗一事，李某蓉将放于家中的4.5万元人民币烧毁一部分，剩下的丢入公司厂区垃圾桶内，随后自己装成局外人，向警方报案。警方通过印钞公司的监控录像，将犯罪嫌疑人李某蓉抓获归案。

（二）问题

如何区别职务侵占罪与贪污罪的界限？被告人李某蓉的行为应当如何定罪与处罚？

（三）法律规定

《中华人民共和国刑法》

第271条　公司、企业或者其他单位的工作人员，利用职务上的便利，将本单位财物非法占为己有，数额较大的，处3年以下有期徒刑或者拘役，并处罚金；数额巨大的，处3年以上10年以下有期徒刑，并处罚金；数额特别巨大的，处10年以上有期徒刑或者无期徒刑，并处罚金。

国有公司、企业或者其他国有单位中从事公务的人员和国有公司、企业或者其他国有单位委派到非国有公司、企业以及其他单位从事公务的人员有前款行为的，依照本法第382条、第383条的规定定罪处罚。

第183条第1款　保险公司的工作人员利用职务上的便利，故意编造未曾发生的保险事故进行虚假理赔，骗取保险金归自己所有的，依照本法第271条的规定定罪处罚。

（四）法理分析

职务侵占罪，是指公司、企业或者其他单位的人员，利用职务上的便利，将本单位的财物非法占为己有，数额较大的行为。本罪的构成特征是：

1. 本罪侵犯的客体是公司、企业或者其他单位的财产所有权。犯罪对象是单位所有的各种财物，包括有体物与无体物、已在单位控制下的财物与应归单位收入的财物。

2. 本罪在客观方面表现为利用职务上的便利，将本单位的财物非法占为己有，数额较大的行为。具体而言，包括以下三方面内容：

第一，必须利用职务上的便利，是构成本罪的必要条件，也是本罪与侵占罪、盗窃罪区别的关键所在。所谓“利用职务上的便利”，是指利用本人的职权范围内，或者因执行职务而产生的主管、经手、管理单位财物的便利条件。所谓“主管财物”，主要是指领导人员在职务上具有对单位的财物的购置、调配、流向等决定的权力。所谓“经手财物”，主要是指因执行职务而领取、使用、支配单位的财物等权力；所谓“管理财物”，主要是指对单位购入的物资的管理。如果行为人仅利用在其单位工作熟悉作案环境，便于进出单位这一条件，进而实施了某种非法行为而将单位的财物非法占为己有的，则不属于利用职务上的便利。

第二，必须实施了非法侵占的行为。即行为人采用侵吞、窃取、诈骗等方法，将单位财物非法据为己有。

第三，必须数额较大。根据 2022 年修订的最高人民检察院、公安部《关于公安机关管辖的刑事案件立案追诉标准的规定（二）》第 76 条规定，公司、企业或者其他单位的工作人员，利用职务上的便利，将本单位财物非法占为己有，数额在 3 万元以上的，应予立案追诉。

3. 本罪的主体是特殊主体，即限于公司、企业或者其他单位的人员，但不包括国有公司、企业或者其他国有单位中从事公务的人员和国有公司、企业或者其他国有单位委派到非国有公司、企业以及其他单位从事公务的人员。

按照 2001 年最高人民法院《关于在国有资本控股、参股的股份有限公司中从事管理工作的人员利用职务便利非法占有本公司财物如何定罪问题的批复》的规定，在国有资本控股、参股的股份有限公司中从事管理工作的人员，除受国家机关、国有公司、企业、事业单位委派从事公务的以外，不属于国家工作人员。其利用职务上的便利，将本单位财物非法占为己有，数额较大的，以职务侵占罪定罪处罚。因此，在国有资本控股、参股的股份有限公司中从事管理工作的非国家工作人员也是本罪的主体。

4. 本罪的主观方面是故意，目的是非法占有本单位的财物。

司法实践中，认定本罪时应注意以下两个问题：

一是以职务侵占罪论处的其他法定情形。具体包括：（1）根据《刑法》第 183 条第 1 款的规定，保险公司的工作人员（不具有国家工作人员身份者）利用职务上的便利、故意编造未曾发生的保险事故进行虚假理赔、骗取保险金归自己所有的，应定职务侵占罪（不存在所谓的虚假理赔罪的罪名）。（2）根据最高人民法院《关于村民小组组长利用职务便利非法占有公共财物行为如何定性问题的批复》，对于农村村民小组组长利用职务上的便利，将村民小组集体财产非法占为己有、数额较大的行为，应以职务侵占罪定罪处罚。值得注意的是，这一规定同全国人民代表大会常务委员会《关于〈中华人民共和国刑法〉第九十三条第二款的解释》并不冲突，因为后一立法解释规定的对象是村民委员会等村基层组织人员有可能作为国家工作人员论，而前者是“村民小组组长”，即二者规定的主体是不一样的。（3）职务侵占罪的共犯问题。根据2000年最高人民法院《关于审理贪污、职务侵占案件如何认定共同犯罪几个问题的解释》，行为人与公司、企业或者其他单位的人员勾结，利用公司、企业或者其他单位人员的职务便利，共同将该单位财物非法据为己有、数额较大的，以职务侵占罪共犯论处；公司、企业或其他单位中不具有国家工作人员身份的人与国家工作人员勾结，分别利用各自的职务便利，共同将本单位财物非法占为己有的，按照主犯的犯罪性质定罪。

二是本罪与贪污罪的界限。贪污罪是指国家工作人员利用职务上的便利，侵吞、窃取、骗取或者以其他手段非法占有公共财物的行为。两者均以财物为犯罪对象，都侵犯了本单位财物所有权，主观上都以非法占有为目的，客观上都是利用职务便利而实施的非法占有行为。两罪的主要区别在于：（1）犯罪客体不同。本罪侵犯的客体是本单位财产的所有权；贪污罪所侵犯的客体则是国家工作人员职务行为廉洁性和公共财产所有权。（2）犯罪对象不同。本罪的对象是本单位的财物，既有公共财物，也有非公共财物；而贪污罪的对象一般只能是公共财物，只是在受国有公司、企业或其他国有单位委派到非国有公司、企业或其他非国有单位中从事公务人员以及其他依照法律从事公务的人员利用职务上便利，非法占有本单位财物的情况下，犯罪对象才不仅限于公共财物。（3）犯罪主体不同。本罪的主体是本公司、本企业或者其他单位的不具有国家工作人员身份的人；贪污罪的主体则是国家工作人员及受国家机关、国有公司、企业、事业单位、人民团体委托管理、经营国有财产的人员。根据《刑法》第271条第2款的规定，国有公司、企业或者其他国有单位中从事公务的人员和国有公司、企业或者其他国有单位委派到非国有公司、企业以及其他单位从事公务的人员有前款行为的，依照本法第382条、第383条的规定定罪处罚。

本案是自新中国成立以来第一起印钞人员利用职务之便，偷盗成品人民币案。被告人李某蓉，利用在印钞公司做查码工作的职务便利采取“偷梁换柱”的手段，分3次从成捆的正品人民币[①]中抽出等量的张数充当成品人民币，窃取生产线上成品人民币，数额较大，其行为构成职务侵占罪。

① 系尚未获准进入流通领域的人民币。

七、挪用资金罪

案　例

（一）案情简介

2016 年 4 月至 2017 年 3 月，被告人林某清作为鑫某能源公司的总经理，利用职务便利，以个人名义收取驻马店新某商贸有限公司向鑫某能源公司支付的货款 25.4424 万元（除去承兑汇票贴现费用 3500 元，实际收取 25.0924 万元），并多次以出差、办事需要资金为由，向鑫某能源公司借支共计 28 万元。林某清收取的上述资金共计 53.0924 万元，其中 4 万元用于退还新某商贸公司货款，2.4 万元用于支付鑫某能源公司电费，2 万元用于支付公司受伤人员医疗费用，4 万元用于公司向员工发放奖金，2.3022 万元用于公司开支（票据未报销），剩余的 38.3902 万元均被林某清用于个人开支。

（二）问题

如何区分挪用资金罪与挪用公款罪的界限？被告人林某清的行为应当如何定罪与处罚？

（三）法律规定

《中华人民共和国刑法》

第 272 条　公司、企业或者其他单位的工作人员，利用职务上的便利，挪用本单位资金归个人使用或者借贷给他人，数额较大、超过 3 个月未还的，或者虽未超过 3 个月，但数额较大、进行营利活动的，或者进行非法活动的，处 3 年以下有期徒刑或者拘役；挪用本单位资金数额巨大的，处 3 年以上 7 年以下有期徒刑；数额特别巨大的，处 7 年以上有期徒刑。

国有公司、企业或者其他国有单位中从事公务的人员和国有公司、企业或者其他国有单位委派到非国有公司、企业以及其他单位从事公务的人员有前款行为的，依照本法第 384 条的规定定罪处罚。

有第 1 款行为，在提起公诉前将挪用的资金退还的，可以从轻或者减轻处罚。其中，犯罪较轻的，可以减轻或者免除处罚。

（四）法理分析

挪用资金罪，是指公司、企业或者其他单位的人员，利用职务上的便利，挪用本单位资金归个人使用或者借贷给他人，数额较大，超过 3 个月未还的，或者虽未超过 3 个月，但数额较大、进行营利活动的，或者进行非法活动的行为。本罪的构成特征是：

1. 本罪侵犯的客体是公司、企业或其他单位的财产权利。具体侵犯的是单位对财产的占有权、使用权和收益权。犯罪对象限于本单位的资金。

2. 本罪在客观方面表现为行为人利用职务上的便利，挪用本单位资金归个人使用或者借贷给他人，数额较大，超过3个月未还的，或者虽未超过3个月，但数额较大、进行营利活动的，或者进行非法活动的行为。具体而言，包括以下两方面内容：

第一，必须利用职务上的便利。所谓“利用职务上的便利”，是指利用本人在职务上主管、经管或经手单位资金的便利条件。

第二，必须实施挪用本单位资金归个人使用或者借贷给他人的行为。所谓“挪用”，是指不经合法批准，擅自动用所主管、管理、经手的单位资金。所谓“归个人使用”，根据2022年修订的最高人民检察院、公安部《关于公安机关管辖的刑事案件立案追诉标准的规定（二）》第77条第2款的规定，具有下列情形之一的，属于本条规定的“归个人使用”：（1）将本单位资金供本人、亲友或者其他自然人使用的；（2）以个人名义将本单位资金供其他单位使用的；（3）个人决定以单位名义将本单位资金供其他单位使用，谋取个人利益的。所谓“借贷给他人”，是指行为人以个人名义将所挪用的资金借给其他自然人和单位。

挪用资金的具体表现形式有以下三种：（1）挪用资金归个人使用或者借贷给他人，数额较大，超过3个月未还的。此种情况下构成犯罪必须同时具备三个条件：①数额较大，根据2022年最高人民检察院、公安部《关于公安机关管辖的刑事案件立案追诉标准的规定（二）》第77条第1款的规定，数额较大为5万元；②尚未归还；③时间超过3个月。（2）挪用资金进行营利活动的，只要求数额较大，但不受挪用时间的限制。数额在5万元以上的，为数额较大。所谓“营利活动”，是指国家法律法规所允许的牟利活动，如开商店、办工厂。（3）挪用资金进行非法活动。所谓“非法活动”，是指国家法律禁止的一切活动，包括一般违法和犯罪，如赌博、走私、贩毒等。这种情况下构成犯罪，既不要求挪用时间的长短，也不要求挪用资金的数额，只要是进行非法活动即可。但根据2022年最高人民检察院、公安部《关于公安机关管辖的刑事案件立案追诉标准的规定（二）》，挪用本单位资金，进行非法活动的数额在3万元以上。

3. 本罪的主体是特殊主体，即公司、企业或其他单位的人员。根据《刑法》第272条第2款的规定，国有公司、企业或者其他国有单位中从事公务的人员和国有公司、企业或者其他国有单位委派到非国有公司、企业以及其他单位从事公务的人员，利用职务上的便利，挪用本单位资金的，应以挪用公款罪定罪处罚。

4. 本罪的主观方面是直接故意，目的是非法使用本单位资金。

司法实践中，认定本罪时应注意以下几个问题：

一是本罪与职务侵占罪的界限。职务侵占罪是指公司、企业或者其他单位的人员，利用职务上的便利，将本单位的财物非法占为己有，数额较大的行为。二者的犯罪主体相同，客观方面都表现为利用职务之便。两罪的主要区别在于：(1) 侵犯的客体不尽相同。本罪只侵犯单位资金的占有权、使用权和收益权，不侵犯处分权，犯罪对象是资金；而职务侵占罪侵犯了财产所有权的所有权能，犯罪对象除了资金，还有其他财物。(2) 客观方面表现不同。本罪表现为不采用转移所有权的手段，只是将本单位资金挪归个人使用或借贷给他人使用；而职务侵占罪则表现为以侵吞、窃取、骗取等手段，非法占有本单位财物。(3) 犯罪故意内容不同。本罪的目的是暂时使用本单位资金，不转移占有；而职务侵占罪则以非法占有为目的。

二是本罪与挪用公款罪的界限。挪用公款罪是指国家工作人员利用职务上的便利，实施挪用公款归个人使用，进行非法活动，或者挪用公款数额较大、进行营利活动，或者挪用公款数额较大、超过3个月未还的行为。二者在客观方面表现的行为方式和主观方面的故意内容相同。两罪的主要区别在于：(1) 犯罪主体不同。本罪的主体是公司、企业或者其他单位的工作人员；挪用公款罪的主体是国家工作人员。(2) 侵犯的客体不同。本罪是公司、企业或者其他单位资金的使用收益权；挪用公款罪所侵犯的客体是复杂客体，既侵犯了国家工作人员的职务廉洁性，也侵犯了公共财产的占有、使用、收益权。(3) 犯罪的对象不同。本罪对象是公司、企业或者其他单位的资金；挪用公款罪侵犯的对象主要是公款，在某种特定情况下还可能是物。根据《刑法》第272条第2款的规定，如果是国有公司、企业或者其他国有单位中从事公务的人员和国有公司、企业或者其他单位委派到非国有公司、企业以及其他单位从事公务的人员利用职务上的便利挪用本单位资金的，按挪用公款罪定罪处刑。根据2000年最高人民法院《关于对受委托管理、经营国有财产人员挪用国有资金行为如何定罪问题的批复》，对于受国家机关、国有公司、企业、事业单位、人民团体委托，管理、经营国有财产的非国家工作人员，利用职务上的便利，挪用国有资金归个人使用构成犯罪的，应当依照挪用资金罪定罪处罚。

本案中，被告人林某清在担任鑫某能源公司总经理期间，利用职务便利，挪用本单位资金归个人使用，数额较大，超过3个月未还，其行为已构成挪用资金罪，应予依法严惩。最终法院以挪用资金罪判处林某清拘役4个月，缓刑

8 个月；对其违法所得予以追缴。

八、敲诈勒索罪

案　例

（一）案情简介

肖某（原名严某），祖籍四川广安岳池九龙镇。时任重庆某集团董事长，直接管理属下的重庆某投资咨询有限公司、重庆某劳务有限公司、重庆某生态农业开发有限公司等子公司和相关分支企业。2008 年 2 月 14 日晚，肖某安排女工赵某与重庆某区领导雷某在金源酒店第 3 次开房后，指使他人冲入房间并给雷某看了他的不雅视频。此后，肖某拿不雅视频向雷某“借款”300 万元，还让雷某把一处整治和改造工程交给其公司承建。2008 年至 2009 年，肖某等人采取色情勾引、秘拍不雅视频等手段，敲诈数人。

（二）问题

什么是敲诈勒索罪？肖某的行为应当如何定罪与处罚？

（三）法律规定

《中华人民共和国刑法》

第 274 条　敲诈勒索公私财物，数额较大或者多次敲诈勒索的，处 3 年以下有期徒刑、拘役或者管制，并处或者单处罚金；数额巨大或者有其他严重情节的，处 3 年以上 10 年以下有期徒刑，并处罚金；数额特别巨大或者有其他特别严重情节的，处 10 年以上有期徒刑，并处罚金。

（四）法理分析

敲诈勒索罪，是指以非法占有为目的，对财物所有人、占有人使用威胁或要挟的方法，索取数额较大的公私财物，或者多次敲诈勒索的行为。本罪的构成特征是：

1. 本罪侵犯的客体是复杂客体，既侵犯了公私财产所有权，又侵害了他人的人身权利。犯罪对象是公私财产，具体表现多种多样，可以是动产，也可以是不动产；可以是有形财产，也可以是无形财产。

2. 本罪在客观方面表现为行为人对被害人实施威胁或要挟的方法，强行索要数额较大公私财物的行为。即对他人实行威胁→对方产生恐惧心理→对方基于恐惧心理处分财产→行为人或第三者取得财产→被害人遭受财产损失。具体而言，包括以下三方面内容：

第一，必须对财物所有人、保管人采取了威胁或要挟的方法。所谓“威胁或要挟方法”，是指抓住财物所有人、保管人的某些把柄或者制造某种迫使其交付财物的借口给予精神上的强制，造成其心理上一定程度的恐惧，以至于其不敢反抗。行为人所实施的威胁和要挟的内容可能涉及财物所有人、保管人诸方面利益，包括合法利益与非法利益。通常表现为：以对财物所有人、保管人及其亲友的人身实施暴力相威胁；以毁坏财物所有人、保管人人格、名誉相威胁；以毁坏财物相威胁；以揭发财物所有人、保管人的隐私或弱点相威胁、要挟；以其他方法进行威胁，如利用栽赃陷害相威胁、要挟等。行为人所实施的威胁和要挟将要危害的对象，可以是财物所有人或保管人，也可以是与他们有利害关系的其他人。行为人所实施的威胁和要挟的方式可以是多种多样的，既可以是口头的，也可以是书面的；既可以是行为人亲自发出的，也可以是委托他人转达的；既可以是明示方式，也可以是暗示方式。行为人所实施的威胁和要挟将要实施的侵害行为有多种，有的可以当场实现，如杀害等，有的当场不可能实现，必须将来某一时间才能实现，如杀害财物所有人、保管人全家，烧毁财物所有人、保管人的房屋等。

第二，财物所有人或保管人因行为人的威胁或要挟产生恐惧心理而处分财产。至于财物所有人或保管人是否确实产生恐惧心理并被迫交付财物，并不影响本罪的成立。

第三，实际非法占有数额较大的财物，或者虽未达到“数额较大”但属于“多次敲诈勒索”的。所谓“数额较大”，根据 2013 年 4 月最高人民法院、最高人民检察院《关于办理敲诈勒索刑事案件适用法律若干问题的解释》第 1 条规定，敲诈勒索公私财物价值 2000 元至 5000 元以上的，为“数额较大”。各省、自治区、直辖市高级人民法院、人民检察院可根据本地区经济发展状况和社会治安状况，在前款规定的数额幅度内，共同研究确定本地区执行的具体数额标准，报最高人民法院、最高人民检察院批准。第 2 条规定，敲诈勒索公私财物，具有下列情形之一的，“数额较大”的标准可以按照本解释第 1 条规定标准的 50% 确定：（1）曾因敲诈勒索受过刑事处罚的；（2）1 年内曾因敲诈勒索受过行政处罚的；（3）对未成年人、残疾人、老年人或者丧失劳动能力人敲诈勒索的；（4）以将要实施放火、爆炸等危害公共安全犯罪或者故意杀人、绑架等严重侵犯公民人身权利犯罪相威胁敲诈勒索的；（5）以黑恶势力名义敲诈勒索的；（6）利用或者冒充国家机关工作人员、军人、新闻工作者等特殊身份敲诈勒索的；（7）造成其他严重后果的。第 3 条规定，2 年内敲诈勒索 3 次以上的，应当认定为《刑法》第 274 条规定的“多次敲诈勒索”。

3. 本罪的主体是一般主体，即已满 16 周岁、具备刑事责任能力的自然人。

4. 本罪的主观方面是直接故意，且以非法占有为目的。

司法实践中，认定本罪时应注意以下几个问题：

一是罪与非罪的界限。本罪是以非法占有为目的，如果行为人主观上没有非法占有的目的，行为手段存在威胁或要挟的，不能成立本罪。如以胁迫手段取得对方不法占有的自己所有的财物的，或者债权人为了实现到期债权，对债务人实施胁迫的，均不成立敲诈勒索罪。另外，成立本罪，需要数额较大或者多次敲诈勒索的。因此，敲诈勒索未达到数额标准或者又不属于多次敲诈勒索的，不构成本罪。当然，并非数额达到较大一律以犯罪论处。根据 2013 年 4 月最高人民法院、最高人民检察院《关于办理敲诈勒索刑事案件适用法律若干问题的解释》第 5 条的规定，敲诈勒索数额较大，行为人认罪、悔罪，退赃、退赔，并具有下列情形之一的，可以认定为犯罪情节轻微，不起诉或者免予刑事处罚，由有关部门依法予以行政处罚：（1）具有法定从宽处罚情节的；（2）没有参与分赃或者获赃较少且不是主犯的；（3）被害人谅解的；（4）其他情节轻微、危害不大的。根据其第 6 条的规定，敲诈勒索近亲属的财物，获得谅解的，一般不认为是犯罪；认定为犯罪的，应当酌情从宽处理。被害人对敲诈勒索的发生存在过错的，根据被害人过错程度和案件其他情况，可以对行为人酌情从宽处理；情节显著轻微危害不大的，不认为是犯罪。

二是本罪与抢劫罪的界限。抢劫罪是指以暴力、胁迫或者其他方法抢劫公私财物的行为。二者在客观上都可能实施胁迫等手段进行精神强制的方法，主观方面都是以非法占有他人财物为目的，所侵犯的客体都是复杂客体。两罪的主要区别在于：（1）威胁发出的方式不同。本罪是由行为人当面对财物所有人或保管人发出，也可以是通过书信、电邮或第三人转达等方式发出的；抢劫罪则是对财物所有人或保管人当面发出的。（2）威胁的内容不同。本罪的范围较广，没有限制，包括杀害财物所有人或保管人、毁坏财物所有人或保管人财物，损害财物所有人或保管人名誉等；而抢劫罪一般是对财物所有人或保管人的人身、健康作出威胁，是以暴力为后盾的。（3）威胁内容实施的时间不同。本罪的威胁内容一般是将来某一时间实施；而抢劫罪的威胁内容是当场实施。（4）威胁的后果不同。本罪的威胁手段是为了使财物所有人或保管人产生恐惧感和压迫感，但是并没有达到使财物所有人或保管人不能反抗的地步，财物所有人或保管人在决定是否交付财物上尚有考虑、选择的余地；而抢劫罪中的威胁是为了使财物所有人或保管人当场受到精神强制，使其完全丧失反抗的意志，除财产当场交出外，没有考虑、选择的余地。（5）取得财物的时间不同。本罪可以事后约定时间取得财物；而抢劫罪则是当场取得财物。（6）威胁索取的财物对象不同。本罪侵犯的对象比较广泛，包括动产和不动产、生产资料和生活资料；而抢劫罪的对象一般是动产。（7）威胁索取的财物数量不同。本罪取得财物的数量一般以行为人的要求为限；而抢劫罪则是以财物所有人或保管人身上所有的财物数量为限。

本案中，肖某等人采取色情勾引、秘拍不雅视频等手段，敲诈数人，非法获取巨额利益，其行为构成敲诈勒索罪，依法被判处有期徒刑10年。

九、故意毁坏财物罪

案　例

（一）案情简介

被告人黄某与被害人曹某曾系男女朋友关系。2020年国庆节期间，曹某应黄某邀请驾车前往重庆市城口县一农家乐吃饭，车辆停放于附近。同日21时许，黄某饮酒后与曹某发生争执，曹某往其停车的方向步行，黄某跟随其后。在争执过程中，黄某从路边抱起石头砸向曹某车辆的引擎盖、右侧车门、前挡风玻璃。前挡风玻璃被砸坏后，石头滚进车内将中控台和仪表盘屏幕砸坏。经价格认证中心认定，毁坏车辆损失价格为1.1万余元。案发后，被告人黄某支付车辆维修费2.7万余元，另支付赔偿金2.5万元，取得了曹某的谅解。

（二）问题

被告人黄某的行为应当如何定罪与处罚？

（三）法律规定

《中华人民共和国刑法》

第275条　故意毁坏公私财物，数额较大或者有其他严重情节的，处3年以下有期徒刑、拘役或者罚金；数额巨大或者有其他特别严重情节的，处3年以上7年以下有期徒刑。

（四）法理分析

故意毁坏财物罪，是指故意非法地毁灭或者损坏公私财物，数额较大或者情节严重的行为。本罪的构成特征是：

1. 本罪侵犯的客体是公私财物的所有权。犯罪对象可以是任何有形的公私财物，包括动产和不动产。但是，破坏特定公私财物，刑法另有规定的，应依规定处理。

2. 本罪在客观方面表现为毁灭或者损坏公私财物，数额较大或者情节严重的行为。具体而言，包括以下两方面内容：

第一，必须实施毁灭或者损坏公私财物的行为。损毁公私财物的方法有多种，毁灭和损坏是最基本的两种。所谓“毁灭”，是指使某一具体的公私财物的价值和使用价值全部丧失。所谓“损坏”，是指使某一具体的公私财物的价值和使用价值部分丧失。但是，用放火、爆炸等危险方法毁灭或者损坏公私财物，危害公共安全的，应以放火罪、爆炸罪等论处。

第二，损毁财物数额较大或情节严重的。根据2008年最高人民检察院、公安部《关于公安机关管辖的刑事案件立案追诉标准的规定（一）》第33条规定，故意毁坏公私财物，涉嫌下列情形之一的，应予立案追诉：（1）造成公私财物损失5000元以上的；（2）毁坏公私财物3次以上的；（3）纠集3人以上公然毁坏公私财物的；（4）其他情节严重的情形。因此，数额不大，情节不严重的，按一般违法行为处理。

3. 本罪的主体是一般主体，即已满16周岁、具备刑事责任能力的自然人。

4. 本罪的主观方面是故意，包括直接故意和间接故意。

司法实践中，认定本罪时应注意与任意损毁公私财物的寻衅滋事罪的界限。寻衅滋事罪是指肆意挑衅，随意殴打、骚扰他人或任意损毁、占用公私财物，或者在公共场所起哄闹事，严重破坏社会秩序的行为，其行为表现之一“强拿硬要或者任意损毁、占用公私财物，情节严重的”与本罪有相同之处。两罪在主观方面都是故意，在客观方面都是造成了财物的损毁，侵犯了公私财产权。两罪的主要区别在于：（1）侵犯的客体不同。本罪侵犯的客体仅是公私财产的所有权；而寻衅滋事罪规定在刑法分则第六章“妨害社会管理秩序罪”的“扰乱公共秩序罪”一节中，其主要客体旨在保护社会公共秩序这一公共法益，次要客体包括公私财物所有权。（2）客观方面表现不同。本罪的犯罪行为通常是由某种现实原因引起的，行为人可能是出于对财物所有人的打击报复、嫉妒心理或其他类似“有针对性”的心理态度，因此其客观上不具有“随意性”；而寻衅滋事罪中肆意损毁财物是其行为方式之一，表现为具有“随意性”，或是行为人为寻求刺激、发泄情绪、逞强耍横等的无事生非型或是因日常生活中的偶发矛盾纠纷，借故生非型。（3）主观方面不同。本罪是以毁灭或者损坏公私财物为目的；而寻衅滋事罪则是寻求刺激、发泄情绪、逞强耍横或小题大做、借题发挥的心理需要为动因，以破坏社会公共秩序为目的，损毁公私财物只是达到目的的手段之一。正是基于这些区别，司法解释和规范文件对二者入罪门槛的具体规定存在明显差别。任意损毁公私财物的寻衅滋事罪的入罪门槛相对较低，本罪的入罪门槛相对较高。

本案中，法院经审理认为，被告人黄某故意毁坏曹某的车辆，数额较大，其行为已构成故意毁坏财物罪。鉴于被告人具有自首情节，并积极赔偿被害人的经济损失，并取得对方谅解，可以从轻处罚，遂以故意毁坏财物罪判处其有期徒刑6个月。

十、拒不支付劳动报酬罪

案　　例

（一）案情简介

2021年3月，被告人柴某某与辽宁省凌海市某工程建筑公司（以下简称凌海工程建筑公司）签订房地产工程承包合同。在施工建设过程中，凌海工程建筑公司已按照工程进度向柴某某如期足额拨付工资款，柴某某采用制作虚假农民工工资表方式逃避监管，持续将应支付农民工工资的款项用于支付其承包的其他工程款和个人开销。截至2021年11月，柴某某共拖欠587名农民工工资共计1015万余元。同时，柴某某隐瞒凌海工程建筑公司已足额拨付农民工工资款的事实，谎称农民工工资应由凌海工程建筑公司发放，引起300余名农民工先后五次到市、县两级政府群体性上访，造成恶劣社会影响。2022年2月14日，凌海市人力资源和社会保障局向柴某某发出《劳动保障监察限期整改指令书》，责令其足额支付拖欠工资。柴某某采用关闭手机、更换住处、异地躲藏等方式逃避支付，在指令整改期限内仍不支付。2022年3月13日，柴某某被凌海市公安局在辽宁省朝阳市抓获归案。后凌海工程建筑公司垫付了部分柴某某拖欠的工资。

（二）问题

柴某某的行为应当如何定罪与处罚?

（三）法律规定

《中华人民共和国刑法》

第276条之一　以转移财产、逃匿等方法逃避支付劳动者的劳动报酬或者有能力支付而不支付劳动者的劳动报酬，数额较大，经政府有关部门责令支付仍不支付的，处3年以下有期徒刑或者拘役，并处或者单处罚金；造成严重后果的，处3年以上7年以下有期徒刑，并处罚金。

单位犯前款罪的，对单位判处罚金，并对其直接负责的主管人员和其他直接责任人员，依照前款的规定处罚。

有前两款行为，尚未造成严重后果，在提起公诉前支付劳动者的劳动报酬，并依法承担相应赔偿责任的，可以减轻或者免除处罚。

（四）法理分析

拒不支付劳动报酬罪，是指以转移财产、逃匿等方法逃避支付劳动者的劳动报酬或者有能力支付而不支付劳动者的劳动报酬，数额较大，经政府有关部门责令支付仍不支付的行为。本罪的构成特征是：

1. 本罪侵犯的客体是复杂客体，即国家劳动秩序和劳动者获得劳动报酬的权利。所谓“劳动者的劳动报酬”，是指劳动者依照《劳动法》和《劳动合同法》等法律的规定应得的劳动报酬，包括工资、奖金、津贴、补贴、延长工作时间的工资报酬及特殊情况下支付的工资等。

2. 本罪在客观方面表现为以转移财产、逃匿等方法逃避支付劳动者的劳动报酬或者有能力支付而不支付劳动者的劳动报酬，数额较大，经政府有关部门责令支付仍不支付的行为。具体而言，包括以下两方面内容：

第一，必须实施以转移财产、逃匿等方法逃避支付劳动者的劳动报酬或者有能力支付而不支付劳动者的劳动报酬的行为。本罪的行为手段表现为两种形式：一是以转移财产、逃匿等方法逃避支付劳动者的劳动报酬。这是以作为方式拒不支付劳动报酬。根据2013年最高人民法院《关于审理拒不支付劳动报酬刑事案件适用法律若干问题的解释》第2条的规定，以逃避支付劳动者的劳动报酬为目的，具有下列情形之一的，应当认定为《刑法》第276条之一第1款规定的“以转移财产、逃匿等方法逃避支付劳动者的劳动报酬”：（1）隐匿财产、恶意清偿、虚构债务、虚假破产、虚假倒闭或者以其他方法转移、处分财产的；（2）逃跑、藏匿的；（3）隐匿、销毁或者篡改账目、职工名册、工资支付记录、考勤记录等与劳动报酬相关的材料的；（4）以其他方法逃避支付劳动报酬的。换言之，即使行为人转移财产或者逃匿，但只要支付了劳动报酬，就不可能构成本罪。反之，只要不支付劳动报酬，即使行为人既不转移财产又不逃匿，也可能构成本罪。二是有能力支付而不支付劳动者的劳动报酬。所谓“有能力支付”，是指根据行为人现实的企业实力、债权总额、财产状况等综合判断，可以支付劳动者应得的报酬。在行为人有义务支付报酬、有能力履行义务的情况下，拒不支付的，是以不作为的方式构成本罪。拒不支付劳动者的报酬，既可能表现为不支付劳动者的全部报酬，也可能表现为不支付劳动者的部分报酬。

第二，拒不支付劳动报酬，数额较大，经政府有关部门责令支付仍不支付的。这是关于客观处罚条件的规定。所谓“数额较大”，根据2013年最高人民法院《关于审理拒不支付劳动报酬刑事案件适用法律若干问题的解释》第3

条规定，具有下列情形之一的，应当认定为《刑法》第276条之一第1款规定的“数额较大”：（1）拒不支付1名劳动者3个月以上的劳动报酬且数额在5000元至2万元以上的；（2）拒不支付10名以上劳动者的劳动报酬且数额累计在3万元至10万元以上的。关于“经政府有关部门责令支付仍不支付”，2013年最高人民法院《关于审理拒不支付劳动报酬刑事案件适用法律若干问题的解释》第4条第1款规定，经人力资源社会保障部门或者政府其他有关部门依法以限期整改指令书、行政处理决定书等文书责令支付劳动者的劳动报酬后，在指定的期限内仍不支付的，应当认定为《刑法》第276条之一第1款规定的“经政府有关部门责令支付仍不支付”，但有证据证明行为人有正当理由未知悉责令支付或者未及时支付劳动报酬的除外。第2款规定，行为人逃匿，无法将责令支付文书送交其本人、同住成年家属或者所在单位负责收件的人的，如果有关部门已通过在行为人的住所地、生产经营场所等地张贴责令支付文书等方式责令支付，并采用拍照、录像等方式记录的，应当视为“经政府有关部门责令支付”。根据刑法规定，只有经政府有关部门责令支付仍不支付的行为，才构成本罪。换言之，即使行为人转移财产、逃匿或者声称拒不支付劳动报酬，但在经政府有关部门责令支付后即支付劳动报酬的，则不成立本罪。

3. 本罪的主体是特殊主体，即负有向劳动者支付劳动报酬义务的自然人和单位，既包括用人单位的实际控制人，也包括不具备用工主体资格的个人与单位。

4. 本罪的主观方面是故意。行为人对应当支付劳动报酬、自己有能力支付等事实有明知，并且希望或者放任不支付劳动报酬结果的发生。

司法实践中，行为人向劳动者支付了基本工资，因合同内容不明确，在奖金、津贴、补贴的支付方面产生纠纷，行为人不支付奖金、津贴、补贴的，不宜以本罪论处。法院判决或者裁定应当支付，行为人仍不支付的，宜认定为拒不执行判决、裁定罪。行为人不支付劳动报酬，由政府有关部门责令后仍不支付，后经法院判决支付劳动报酬，行为人仍不执行判决、裁定的，是本罪与拒不执行判决、裁定罪的想象竞合，从一重罪处罚。

本案中，检察机关认定柴某某欠薪对象人数众多、欠薪数额特别巨大，不仅逃匿失联、隐瞒涉案资金去向、拒绝支付欠薪，而且故意误导被害农民工群体集体上访，严重扰乱当地社会秩序，应当属于《刑法》第276条之一规定的“造成严重后果”的情形，适用升格的法定刑。2022年4月19日，凌海市公安局将该案移送审查起诉，4月22日，检察机关对柴某某提起公诉。同年11月16日，凌海市法院以被告人柴某某犯拒不支付劳动报酬罪，判处其有期徒刑5年，并处罚金人民币2万元。

第六章　妨害社会管理秩序罪

妨害社会管理秩序罪，是指故意或过失地妨害国家机关或者其他有关机构对社会的管理活动，破坏社会秩序，依法应当受到刑罚处罚的行为。所谓“社会管理秩序”，即国家依法对社会进行管理而形成的正常的社会秩序。本章犯罪所侵犯的社会管理秩序特指刑法分则其他各章规定之罪所侵犯的同类客体以外的社会管理秩序。

一、妨害公务罪

案　例

（一）案情简介

案例1：2021年3月13日3时许，被告人范某某酒后在苏州市吴中区月苑街某农家乐附近滋事，后被苏州市公安局吴中分局长桥派出所民警邢某某等人带至苏州市公安局吴中分局长桥派出所醒酒室醒酒。警务辅助人员周某某等三人在民警邢某某的安排下对被告人范某某进行看管。当日7时许，被告人范某某以拳打脚踢的方式对看管其的周某某等三人实施殴打。

案例2：2021年3月5日下午，重庆渝中区交巡警支队民警在当地大黄路立交桥附近依法设置卡点开展交通违法整治。17时许，王某（男，39岁，重庆九龙坡区人）驾驶无牌摩托车逆向行驶，且未戴安全头盔。执勤民警及时警告，示意其停车接受检查。此时，王某突然加速冲卡，将执勤民警撞倒后弃车逃窜。王某行为致民警创伤性轻型颅脑损伤，右侧额颞部软组织擦挫伤，右手皮肤擦伤。经鉴定，王某驾驶的无牌证摩托车系机动车，执勤民警损伤程度为轻微伤。

（二）问题

被告人范某某、王某的行为应当如何定罪与处罚？如何区分妨害公务罪与袭警罪？

（三）法律规定

《中华人民共和国刑法》

第277条　以暴力、威胁方法阻碍国家机关工作人员依法执行职务的，处3年以下有期徒刑、拘役、管制或者罚金。

以暴力、威胁方法阻碍全国人民代表大会和地方各级人民代表大会代表依法执行代表职务的，依照前款的规定处罚。

在自然灾害和突发事件中，以暴力、威胁方法阻碍红十字会工作人员依法履行职责的，依照第1款的规定处罚。

故意阻碍国家安全机关、公安机关依法执行国家安全工作任务，未使用暴力、威胁方法，造成严重后果的，依照第1款的规定处罚。

暴力袭击正在依法执行职务的人民警察的，处3年以下有期徒刑、拘役或者管制；使用枪支、管制刀具，或者以驾驶机动车撞击等手段，严重危及其人身安全的，处3年以上7年以下有期徒刑。

（四）法理分析

妨害公务罪，是指以暴力、威胁的方法，阻碍国家机关工作人员、人大代表、红十字会工作人员依法执行职务或履行职责的行为，以及故意阻碍国家安全机关、公安机关依法执行国家安全工作任务，虽未使用暴力、威胁方法，但造成严重后果的行为。本罪的构成特征是：

1. 本罪侵犯的客体是国家机关、人民代表大会、红十字会、国家安全机关以及公安机关的公务活动的正常秩序。所谓“公务活动”，是指国家机关工作人员与人大代表依法执行职务的活动；红十字会工作人员依法履行职责的活动；以及国家安全机关和公安机关工作人员依法执行国家安全工作任务的活动。本罪侵犯的对象是正在依法执行职务、履行职责的上述四类人员。应当指出的是，上述四类工作人员超越职权范围的活动，或者滥用职权、以权谋私、侵犯国家和群众利益的活动，受到他人阻止的，不能视为“公务”。因而阻碍前述四类工作人员从事非公务活动，不成立本罪。

2. 本罪在客观方面表现为行为人以暴力、威胁的方法阻碍国家机关工作人员、人大代表依法执行职务，或者在自然灾害或者突发事件中以暴力、威胁方法阻碍红十字会工作人员依法履行职责，或者虽未使用暴力、威胁的方法，但故意阻碍国家安全机关与公安机关工作人员依法履行维护国家安全的职务，且造成了严重后果。所谓“暴力”，是指对正在依法执行职务的国家机关工作人员、人大代表和正在依法履行职责的红十字会工作人员实施殴打、捆绑或者其他人身强制行为，致使其不能正常履行职务或者职责。所谓“威胁”，是指行为人对前述工作人员进行精神强制，如以杀害、伤害相威胁，或者以毁坏财产、破坏名誉等相恐吓，迫使国家机关工作人员、人大代表、红十字会工作人员放弃职守或者使其无法履行职责。需注意以下几点：（1）以暴力、威胁方法阻碍红十字会工作人员依法履行职责的，必须是发生在自然灾害或突发事件中。否则，不构成本罪。（2）故意阻碍国家安全机关、公安机关依法执行国家安全工作任务，不以行为人使用暴力或威胁方法为必要，只要行为人之行为造成了严重的后果，便构成本罪。（3）2000 年 4 月 24 日最高人民检察院《关于以暴力威胁方法阻碍事业编制人员依法执行行政执法职务是否可对侵害人以妨害公务罪论处的批复》指出：对于以暴力、威胁方法阻碍国有事业单位人员依照法律、行政法规的规定执行行政执法职务的，或者以暴力、威胁方法阻碍国家机关中受委托从事行政执法活动的事业编制人员执行行政执法职务的，可以对侵害人以妨害公务罪追究刑事责任。2020 年 2 月 6 日，最高人民法院、最高人民检察院、公安部、司法部《关于依法惩治妨害新型冠状病毒感染肺炎疫情防控违法犯罪的意见》指出，以暴力、威胁方法阻碍国家机关工作人员（含在依照法律、法规规定行使国家有关疫情防控行政管理职权的组织中从事公务的人员，在受国家机关委托代表国家机关行使疫情防控职权的组织中从事公务的人员，虽未列入国家机关人员编制但在国家机关中从事疫情防控公务的人员）依法履行为防控疫情而采取的防疫、检疫、强制隔离、隔离治疗等措施的，依照《刑法》第 277 条第 1 款、第 3 款的规定，以妨害公务罪定罪处罚。

3. 本罪的主体是一般主体，即已满 16 周岁、具备刑事责任能力的自然人。

4. 本罪的主观方面是故意，即行为人明知前述四种人员是正在依法执行职务或履行职责而有意对其实施暴力、威胁，使之不能或不敢正常执行职务或者履行职责，或者明知对方正在依法执行国家安全工作任务，而有意进行阻碍。所谓“明知”，包含两层意思：（1）行为人必须明知自己阻碍的是国家机关工作人员、人大代表、红十字会工作人员以及国家安全机关和公安机关的工作人员；（2）行为人必须明知前述人员是在依法履行职务或职责。否则，不能以本罪论处。

司法实践中，认定本罪时应注意以下几个问题：

一是罪与非罪的界限。（1）要分清妨害公务罪与人民群众同国家机关工作人员等的非法活动进行抗争的行为。对后者，不能认定为本罪。（2）要分清妨害公务罪与人民群众因合理要求没有得到满足而与国家机关工作人员等发生轻微冲突的行为。对后者，应当正确疏导，不宜认定为本罪。（3）要分清妨害公务罪与一般违法行为的界限。对于情节显著轻微，危害不大的，客观上不足以阻碍国家机关工作人员依法执行职务的行为，应当批评教育，不宜认定为犯罪。但对于故意阻碍国家安全机关、公安机关依法执行国家安全工作任务，未使用暴力、威胁方法，造成严重后果的，应认定为妨害公务罪。

二是本罪与袭警罪的界限。袭警罪是指暴力袭击正在依法执行职务的人民警察的行为。《刑法修正案（十一）》将妨害公务罪中的“暴力袭警”这一从重处罚情节独立规定为袭警罪，明确了袭警罪与妨害公务罪之间的特别规定与一般规定关系，以更严格地保护警察的执行权威和人身安全。两罪的主要区别在于：（1）犯罪对象不同。本罪侵犯的对象是正在依法执行职务的国家机关工作人员、人大代表、红十字会工作人员；而袭警罪的侵犯对象仅限于正在依法执行职务的人民警察。（2）客观方面表现不同。本罪在客观方面表现为行为人以暴力、威胁的方法阻碍国家机关工作人员、人大代表依法执行职务，或者在自然灾害或者突发事件中以暴力、威胁方法阻碍红十字会工作人员依法履行职责，或者虽未使用暴力、威胁的方法，但故意阻碍国家安全机关与公安机关工作人员依法履行维护国家安全的职务，且造成了严重后果；而袭警罪的手段行为必须具有暴力性质，如使用枪支、管制刀具或驾驶机动车撞击等。因此，对于以威胁的方法妨害人民警察依法执行职务的，应认定为妨害公务罪。对于故意阻碍公安机关依法执行国家安全工作任务，未使用暴力、威胁方法，造成严重后果的，适用《刑法》第 277 条第 4 款的规定，认定为妨害公务罪。

司法实践中，对于警务辅助人员是否属于袭警罪保护对象，存在一定争议。根据《人民警察法》第 2 条第 2 款的规定，人民警察包括公安机关、国家安全机关、监狱、劳动教养管理机关的人民警察和人民法院、人民检察院的司法警察。可见，人民警察并不包括警务辅助人员。警务辅助人员是面向社会招聘的，为公安机关日常运转和警务活动提供辅助支持的非警察身份人员，不具有独立从事执法执勤工作的资格。因此，对于警务辅助人员单独工作时遭受暴力袭击的，不构成袭警罪。但是，如果警务辅助人员与警察一同执法时遭受暴力袭击，无论是单独遭受侵害还是共同遭受侵害，行为人均构成袭警罪。

案例 1 中，检察机关经审查出警民警及 3 名辅警的证言、被告人供述以及相关视频资料认定，被告人范某某酒后在苏州市吴中区月苑街某农家乐附近滋事，出警民警出于“维护社会治安秩序，制止危害社会秩序的行为”的法定职责要求，将被告人范某某带回派出所醒酒室内约束醒酒，且出警时着装规范，程序合法。而在醒酒室内，3 名警务辅助人员在民警的指挥安排下，协助民警对被告人范某某进行看管约束，协助执法过程中行为合法，属于“正在依法执行职务”。而被告人范某某为摆脱警务辅助人员控制，在警务辅助人员亮明身份并进行劝说后，仍在派出所的醒酒室内采用拳打脚踢的暴力方式阻碍警务辅助人员依法执行公务，鉴于3名警务辅助人员并不具备法律规定的人民警察之身份，其行为属于妨害依法执行公务的犯罪行为，宜认定为妨害公务罪。2021年9月，法院采用速裁程序，公开审理此案，采纳检察机关量刑建议，以妨害公务罪判处范某某拘役5个月。

案例2中，王某驾驶摩托车撞伤正在依法执勤的民警，其行为构成袭警罪。

二、伪造公司、企业、事业单位、人民团体印章罪

案　例

（一）案情简介

2021年3月18日，被告人郭某某在某市某区其暂住处被查获。现场起获光敏印章机、塑封机、刻章机、电脑等制假工具，大量空白章胚、证件、封皮等原材料，以及国家机关印章（某市国土资源局、某市规划和自然资源委员会等）、事业单位印章（某理工大学、某师范大学）、人名章等共计689枚，起获郭某某持有的手机14部、平板电脑1部。经查证，郭某某持有的共14部手机、平板电脑中有多个微信账户登录，相关微信账户均有与他人联系谈论伪造、买卖印章、证件的情况。郭某某使用微信昵称为“处长”的账号在2020年7月至2021年3月，与他人联系，给他人或让他人伪造事业单位印章3枚，毕业证或学位证4张，公司印章2枚，国家机关印章1枚，国家机关证件6个，武装部队印章3枚，并向他人购买空白户口本、驾驶证、特种设备安全管理资格证等证件若干。

（二）问题

被告人郭某某的行为应当如何定罪与处罚？

（三）法律规定

《中华人民共和国刑法》

第280条第2款　伪造公司、企业、事业单位、人民团体的印章的，处3年以下有期徒刑、拘役、管制或者剥夺政治权利，并处罚金。

第375条第1款　伪造、变造、买卖或者盗窃、抢夺武装部队公文、证件、印章的，处3年以下有期徒刑、拘役、管制或者剥夺政治权利；情节严重的，处3年以上10年以下有期徒刑。

(四) 法理分析

伪造公司、企业、事业单位、人民团体印章罪，是指伪造公司、企业、事业单位、人民团体的印章的行为。本罪的构成特征是：

1. 本罪侵犯的客体是公司、企业、事业单位、人民团体的正常活动。本罪的对象是公司、企业、事业单位、人民团体的印章。

2. 本罪在客观方面表现为行为人实施了伪造公司、企业、事业单位、人民团体的印章的行为。所谓"伪造"，是指无制作权的人，冒用名义，非法制作上述单位的印章的行为。所谓"印章"，是指上述单位依法刻制的以文字与图记表明主体同一性的公章或专用章，是上述单位行使管理本单位事务、对外承担法律规定的权利义务和法律后果的符号和标记。一般来说，公文要在加盖印章后始能生效。因此《刑法》第 280 条仅对伪造上述单位印章的行为明确规定为犯罪。

根据 2001 年 7 月最高人民法院、最高人民检察院《关于办理伪造、贩卖伪造的高等院校学历、学位证明刑事案件如何适用法律问题的解释》，对于伪造高等院校印章制作学历、学位证明的行为，应当依照《刑法》第 280 条第 2 款的规定，以伪造事业单位印章罪定罪处罚。明知是伪造高等院校印章制作的学历、学位证明而贩卖的，以伪造事业单位印章罪的共犯论处。

本罪是选择性罪名，只要行为人实施了伪造印章的行为就可构成本罪。具体罪名可根据所伪造单位的印章来定，如伪造公司印章罪、伪造企业印章罪、伪造人民团体印章罪等。

3. 本罪的主体是一般主体，即已满 16 周岁、具备刑事责任能力的自然人。

4. 本罪的主观方面是故意。

司法实践中，认定本罪时应注意罪与非罪的界限，关键看是否实施伪造公司、企业、事业单位、人民团体印章的行为。

本案中，法院经审理认为：被告人郭某某伪造、买卖国家机关证件、印章，伪造公司、事业单位印章，伪造武装部队印章，其行为已构成伪造、买卖国家机关证件、印章罪，伪造公司、事业单位印章罪，伪造武装部队印章罪，依法应予惩处。某市某区人民检察院对被告人郭某某犯伪造、买卖国家机关证件、印章罪，伪造公司、事业单位印章罪，伪造武装部队印章罪的指控事实清楚，证据确实、充分，指控罪名成立。被告人郭某某在判决宣告前一人犯数罪，应数罪并罚。鉴于被告人郭某某到案后能够如实供述自己的罪行，且自愿认罪认罚，依法对其从宽处罚。据此，依照《刑法》第 280 条第 1 款、第 2 款，第 375 条第 1 款，第 69 条，第 67 条第 3 款，第 52 条，第 53 条，第 45 条，第 47 条，第 64 条，第 61 条及《刑事诉讼法》第 15 条之规定，判决被告人郭某某犯伪造、买卖国家机关证件、印章罪，判处有期徒刑11个月，并处罚金人民币3000元；犯伪造公司、事业单位印章罪，判处有期徒刑8个月，并处罚金人民币3000元；犯伪造武装部队印章罪，判处有期徒刑7个月；决定执行有期徒刑1年3个月，并处罚金人民币6000元。

三、非法生产、销售专用间谍器材、窃听、窃照专用器材罪

案　例

（一）案情简介

被告人邹某曾因非法销售窃听、窃照专用器材被上海市闵行区人民法院判处有期徒刑1年2个月，2016年1月19日刑满释放后不久便重操旧业，在深圳某电子市场推销窃听、窃照设备。2017年至2019年7月，被告人黄某通过淘宝店铺引流、微信推广的方式，销售带有微孔摄录功能的窃听、窃照设备，从上家被告人邹某等人处购买后，以物流的方式发货至买家指定地址。被告人邹某、黄某以上述方式向湖州李某等多名买家非法销售窃听、窃照设备共计40余台，非法获利人民币2万余元。

（二）问题

被告人邹某、黄某的行为应如何定罪与处罚？

（三）法律规定

《中华人民共和国刑法》

第283条　非法生产、销售专用间谍器材或者窃听、窃照专用器材的，处3年以下有期徒刑、拘役或者管制，并处或者单处罚金；情节严重的，处3年以上7年以下有期徒刑，并处罚金。

单位犯前款罪的，对单位判处罚金，并对其直接负责的主管人员和其他直接责任人员，依照前款的规定处罚。

（四）法理分析

非法生产、销售专用间谍器材、窃听、窃照专用器材罪，是指非法生产、销售专用间谍器材或者窃听、窃照专用器材的行为。本罪的构成特征是：

1. 本罪侵犯的客体是国家对间谍专用器材和窃听、窃照专用器材的管理制度。根据《国家安全法》和《反间谍法》的规定，窃听、窃照等专用间谍器材的范围由国家安全部确认，任何个人和组织都不得非法持有、使用窃听、

窃照专用间谍器材，窃听、窃照专用器材的生产、配售都应当由有关主管部门安排、批准。本罪的犯罪对象是国家予以特别管理的专用间谍器材，窃听、窃照等专用器材。

2. 本罪在客观方面表现为行为人实施了非法生产、销售窃听、窃照等专用间谍器材和窃听、窃照专用器材的行为。所谓“非法生产”，是指未经国家有关主管部门批准擅自生产或者虽经国家有关部门批准生产但擅自超出批准的品种或者数量范围而生产。所谓“非法销售”，是指未经国家有关主管部门批准擅自销售或者虽经国家有关部门批准销售但擅自超出批准的品种、数量或对象范围而销售。所谓“专用间谍器材”，是指进行间谍活动特殊需要的下列器材：（1）暗藏式窃听、窃照器材；（2）突发式收发报机、一次性密码本、密写工具；（3）用于获取情报的电子监听、截收器材；（4）其他专用间谍器材。专用间谍器材的确认，由国家安全部负责。所谓“窃听、窃照专用器材”，是指用来进行秘密监听、录音、拍摄影像的专用工具。

3. 本罪的主体是一般主体，即已满16周岁、具备刑事责任能力人的自然人和单位。

4. 本罪的主观方面是故意。

司法实践中，对于涉嫌非法生产、销售专用间谍器材的，行为人必须提供其生产、销售行为已经被国家安全部门指定、批准的证据，不能证明其行为为合法的，应当认定其为非法生产、销售。

本案中，法院经审理认为，被告人邹某、黄某非法销售窃听、窃照专用器材，其行为均已构成非法销售窃听、窃照专用器材罪。被告人邹某因故意犯罪被判有期徒刑，刑罚执行完毕后5年内再犯应判处有期徒刑以上刑罚之罪，系累犯，依法应从重处罚。被告人黄某犯罪后主动投案，系自首，依法可从轻或减轻处罚。被告人邹某到案后能如实供述自己罪行，依法可从轻处罚。被告人黄某退缴违法所得，酌情从轻处罚。综合考量，法院依法判决被告人邹某有期徒刑7个月，并处罚金人民币5000元；被告人黄某被判处拘役5个月，缓刑8个月，并处罚金人民币4000元。

四、非法使用窃听、窃照专用器材罪

案　例

（一）案情简介

2021年3月至4月，被告人陈某杰为非法牟利，明知他人将摄像头隐蔽安装在酒店房间内，用于偷拍住店顾客隐私，仍从居住在本区××路的柯某（另案处理）等人处购入“V380Pro”、乐橙等平台多个摄像头监控账号，通过网络途径发布出售信息，将监控账号出售给陆某等多人，获利人民币1万余元。经鉴定，被告人陈某杰百度网盘账号1334801××××中检出“我的资源”文件夹中有25个文件、16个文件夹，大小共计170.11GB。

（二）问题

被告人陈某杰的行为应当如何定罪与处罚？

（三）法律规定

《中华人民共和国刑法》

第284条　非法使用窃听、窃照专用器材，造成严重后果的，处2年以下有期徒刑、拘役或者管制。

（四）法理分析

非法使用窃听、窃照专用器材罪，是指非法使用窃听、窃照专用器材，造成严重后果的行为。本罪的构成特征是：

1. 本罪侵犯的客体是国家对窃听、窃照专用器材的管理制度。根据国家安全法和其他法律法规的规定，任何组织和个人均不得非法持有、使用窃听、窃照等专用间谍器材。在我国，窃听、窃照专用器材是一般禁止持有、使用的物品，除非法律特别授权，持有、使用即为非法。犯罪对象是窃听、窃照专用器材。

2. 本罪在客观方面表现为行为人实施了非法使用窃听、窃照专用器材且造成了严重后果的行为。具体而言，包括以下两方面内容：

第一，行为人必须实施了非法使用窃听、窃照专用器材的行为。所谓“非法使用”，是指无权使用者擅自使用或者有权使用者违反规定使用。所谓“窃听、窃照专用器材”，是指用来进行秘密监听、录音、拍摄影像的专用工具。所谓“非法窃听”，是指非法使用窃听专用器材，秘密监听窃听对象的言谈、动静。监听对象既可以是我国公民，也可以是外国人、无国籍人、企事业单位。监听内容包括私人谈话、电话、日常生活起居、会议等。当然，如果行为人利用窃听专用器材窃听国家秘密的，则构成妨害国家秘密的犯罪。所谓“非法窃照”，是指行为人非法使用窃照专用器材偷拍、偷录他人活动或其他目标的行为，窃照的对象包括日常生活起居、个人交往活动、企事业单位经营活动等。如果行为人用窃照专用器材偷拍、偷摄国家秘密的，构成妨害国家秘密的犯罪。

第二，必须造成严重后果。本罪是结果犯，必须是危害国家安全或者造成被窃听、窃照的单位商业秘密泄露的；严重侵犯他人隐私权、人格权的；等等。

3. 本罪的主体是一般主体，即已满16周岁、具备刑事责任能力人的自然人。

4. 本罪的主观方面是故意。

在司法实践中，行为人实施窃听、窃照的行为，一般是出于某种非法的目的，有的则是出于好奇，不论行为人出于何种目的和动机，都不影响本罪的成立。如果无意中使用窃听、窃照器材而碰巧听到或拍录到他人的商业密谈或私生活画面，则不能以犯罪论处。

本案中，法院经审理认为，被告人陈某杰非法使用窃听、窃照专用器材，造成严重后果，其行为已构成非法使用窃听、窃照专用器材罪，依法应处2年以下有期徒刑。检察机关指控被告人犯罪的事实清楚，证据确实、充分，罪名成立。被告人陈某杰能如实供述罪行，依法可以从轻处罚。被告人陈某杰能积极退赔违法所得，可以酌情从轻处罚。法院为维护社会管理秩序，依照《刑法》第284条、第67条第3款、第64条的规定，判决被告人陈某杰犯非法使用窃听、窃照专用器材罪，判处有期徒刑6个月。扣押在案的作案用手机、违法所得均予以没收。

五、组织考试作弊罪

案　　例

（一）案情简介

被告人章某涯设计以无线电设备传输考试答案的方式，在2017年研究生招生考试管理类专业学位联考中组织作弊，并以承诺保过的方式发展生源。被告人吕某龙通过被告人张某阳、被告人张某群通过被告人李某，与章某涯建立联系，吕某龙、张某阳、张某群为章某涯招募考生，并从中获取收益。章某涯与张某阳、吕某龙约定每名考生向章某涯支付2万元，考前支付1万元，通过考试后再支付1万元，组织18名考生参加考试作弊，吕某龙向张某阳支付培训费18万元；章某涯承诺张某群的考生通过全科考试，并可以达到国家A线，相关考生10人，每人2.6万元，每人预付款1万元，张某群共支付章某涯预付款10万元。

章某涯购买信号发射器、信号接收器等作弊器材，张某群、吕某龙、张某阳将信号接收器分发给考生，并以模拟考试等方式配合章某涯组织考生试验作弊器材；章某涯让李某找人帮忙做答案，在考场附近酒店登记房间，安装并连接笔记本电脑、手机、信号发射器等作弊器材，并指导李某和被告人章某通过电脑发送答案。2016 年 12 月 24 日上午，章某涯、吕某龙、张某阳、张某群、李某、章某组织 33 名考生在 2017 年全国硕士研究生招生考试管理类专业学位联考综合能力考试中作弊，章某涯、李某、章某在不同酒店为在 3 个考点参与作弊的考生发送答案。

（二）问题

什么是"法律规定的国家考试"？被告人章某涯等人的行为应当如何定罪与处罚？

（三）法律规定

《中华人民共和国刑法》

第 284 条之一第 1 款　在法律规定的国家考试中，组织作弊的，处 3 年以下有期徒刑或者拘役，并处或者单处罚金；情节严重的，处 3 年以上 7 年以下有期徒刑，并处罚金。

第 2 款　为他人实施前款犯罪提供作弊器材或者其他帮助的，依照前款的规定处罚。

（四）法理分析

组织考试作弊罪，是指在法律规定的国家考试中组织作弊，以及为组织作弊提供作弊器材或者其他帮助的行为。本罪的构成特征是：

1. 本罪侵犯的客体是国家的考试制度。

2. 本罪在客观方面表现为在法律规定的国家考试中组织作弊，以及为组织作弊提供作弊器材或者其他帮助的行为。具体而言，包括以下两方面内容：

第一，必须是在法律规定的国家考试中。所谓"法律规定的国家考试"，是指依照法律的明文规定所组织的考试。根据 2019 年 9 月最高人民法院、最高人民检察院《关于办理组织考试作弊等刑事案件适用法律若干问题的解释》第 1 条的规定，《刑法》第 284 条之一规定的"法律规定的国家考试"，仅限于全国人民代表大会及其常务委员会制定的法律所规定的考试。根据有关法律规定，下列考试属于"法律规定的国家考试"：（1）普通高等学校招生考试、研究生招生考试、高等教育自学考试、成人高等学校招生考试等国家教育考试；（2）中央和地方公务员录用考试；（3）国家统一法律职业资格考试、国家教师资格考试、注册会计师全国统一考试、会计专业技术资格考试、资产评估师资格考试、医师资格考试、执业药师职业资格考试、注册建筑师考试、建造师执业资格考试等专业技术资格考试；（4）其他依照法律由中央或者地方主管部门以及行业组织的国家考试。前款规定的考试涉及的特殊类型招生、特殊技能测试、面试等考试，属于"法律规定的国家考试"。例如，机动车驾驶执照的考试也属于法律规定的国家考试。

第二，必须实施组织作弊，以及为组织作弊提供作弊器材或者其他帮助的行为。所谓“组织作弊”，是指组织、策划、指挥多人进行考试作弊，或者从事考试作弊的经营行为。所谓“作弊”，根据2012年修订的《国家教育考试违规处理办法》第6条规定，考生违背考试公平、公正原则，在考试过程中有下列行为之一的，应当认定为考试作弊：（1）携带与考试内容相关的材料或者存储有与考试内容相关资料的电子设备参加考试的；（2）抄袭或者协助他人抄袭试题答案或者与考试内容相关的资料的；（3）抢夺、窃取他人试卷、答卷或者胁迫他人为自己抄袭提供方便的；（4）携带具有发送或者接收信息功能的设备的；（5）由他人冒名代替参加考试的；（6）故意销毁试卷、答卷或者考试材料的；（7）在答卷上填写与本人身份不符的姓名、考号等信息的；（8）传、接物品或者交换试卷、答卷、草稿纸的；（9）其他以不正当手段获得或者试图获得试题答案、考试成绩的行为。所谓“作弊器材”，根据2019年9月最高人民法院、最高人民检察院《关于办理组织考试作弊等刑事案件适用法律若干问题的解释》第3条的规定，具有避开或者突破考场防范作弊的安全管理措施，获取、记录、传递、接收、存储考试试题、答案等功能的程序、工具，以及专门设计用于作弊的程序、工具，应当认定为《刑法》第284条之一第2款规定的“作弊器材”。对于是否属于《刑法》第284条之一第2款规定的“作弊器材”难以确定的，依据省级以上公安机关或者考试主管部门出具的报告，结合其他证据作出认定；涉及专用间谍器材、窃听、窃照专用器材、“伪基站”等器材的，依照相关规定作出认定。

本罪是行为犯。行为人实施了组织考试作弊的行为，考生一旦开始实施作弊，行为人就成立既遂。

3. 本罪的主体是一般主体，即已满16周岁、具备刑事责任能力的自然人。

4. 本罪的主观方面是故意。

司法实践中，以窃取、刺探、收买方法非法获取法律规定的国家考试的试题、答案，又组织考试作弊或者非法出售、提供试题、答案，分别符合《刑法》第282条和《刑法》第284条之一规定的，以非法获取国家秘密罪和组织考试作弊罪或者非法出售、提供试题、答案罪数罪并罚。

本案中，北京市海淀区人民法院一审判决、北京市第一中级人民法院二审裁定认为：研究生招生考试社会关注度高、影响大、涉及面广，属于国家级重要考试。被告人章某涯、吕某龙、张某阳等在研究生招生考试中，组织多名考生作弊，构成组织考试作弊罪，且属“情节严重”。被告人章某涯、吕某龙、张某阳、张某群在共同犯罪中起主要作用，系主犯；被告人李某、章某在共同犯罪中起辅助作用，系从犯。综合考虑各被告人组织考试的数量、参与犯罪的程度，以及坦白、认罪悔罪等情节，分别以组织考试作弊罪判处被告人章某涯有期徒刑4年，并处罚金人民币4万元；被告人吕某龙、张某阳有期徒刑3年，并处罚金人民币3万元；被告人张某群有期徒刑2年10个月，并处罚金人民币3万元；被告人李某有期徒刑1年10个月，并处罚金人民币2万元；被告人章某有期徒刑1年8个月，并处罚金人民币1万元。

六、破坏计算机信息系统罪

案　例

（一）案情简介

被告人李某龙，男，1991年8月生，个体工商户。被告人李某龙为牟取非法利益，预谋以修改大型互联网网站域名解析指向的方法，劫持互联网流量访问相关赌博网站，获取境外赌博网站广告推广流量提成。2014年10月20日，李某龙冒充某知名网站工作人员，采取伪造该网站公司营业执照等方式，骗取该网站注册服务提供商信任，获取网站域名解析服务管理权限。10月21日，李某龙通过其在域名解析服务网站平台注册的账号，利用该平台相关功能自动生成了该知名网站二级子域名部分DNS（域名系统）解析列表，修改该网站子域名的IP指向，使其连接至自己租用境外虚拟服务器建立的赌博网站广告发布页面。当日19时许，李某龙对该网站域名解析服务器指向的修改生效，致使该网站不能正常运行。23时许，该知名网站经技术排查恢复了网站正常运行。11月25日，李某龙被公安机关抓获。至案发时，李某龙未及获利。

经司法鉴定，该知名网站共有559万名有效用户，其中邮箱系统有36万名有效用户。按日均电脑客户端访问量计算，10月7日至10月20日邮箱系统日均访问量达12.3万次。李某龙的行为造成该知名网站10月21日19时至23时长达四小时无法正常发挥其服务功能，案发当日仅邮件系统电脑客户端访问量就从12.3万次减少至4.43万次。

（二）问题

被告人李某龙的行为应当如何定罪与处罚？

（三）法律规定

《中华人民共和国刑法》

第286条　违反国家规定，对计算机信息系统功能进行删除、修改、增加、干扰，造成计算机信息系统不能正常运行，后果严重的，处5年以下有期徒刑或者拘役；后果特别严重的，处5年以上有期徒刑。

违反国家规定，对计算机信息系统中存储、处理或者传输的数据和应用程序进行删除、修改、增加的操作，后果严重的，依照前款的规定处罚。

故意制作、传播计算机病毒等破坏性程序，影响计算机系统正常运行，后果严重的，依照第1款的规定处罚。

单位犯前3款罪的，对单位判处罚金，并对其直接负责的主管人员和其他直接责任人员，依照第1款的规定处罚。

（四）法理分析

破坏计算机信息系统罪，是指违反国家规定，对计算机信息系统功能进行删除、修改、增加、干扰，造成计算机信息系统不能正常运行，以及对计算机信息系统中存储、处理或者传输的数据和应用程序进行删除、修改、增加的操作，或者故意制作、传播计算机病毒等破坏性程序，影响计算机系统正常运行，后果严重的行为。本罪的构成特征是：

1. 本罪侵犯的客体是国家对计算机信息系统的安全运行管理制度和计算机信息系统的所有人和合法用户的合法权益。本罪的犯罪对象是计算机信息系统，包括数据、应用程序和系统功能，包括未联网的微型计算机信息系统。

2. 本罪在客观方面表现为行为人违反国家规定，实施了破坏计算机信息系统且造成严重后果的行为。具体而言，包括以下三方面内容：

第一，必须违反国家规定。即违反全国人民代表大会及其常委会制定的法律和决定、国务院制定的行政法规、规定的行政措施、发布的决定和命令中有关计算机信息系统的安全运行管理制度的规定。如《计算机信息系统安全保护条例》。

第二，必须实施了破坏计算机信息系统的行为。根据《刑法》第286条的规定，有以下三种情形；（1）行为人对计算机信息系统功能进行删除、修改、增加、干扰，从而造成计算机信息系统不能正常运行。（2）行为人对计算机信息系统中存储、处理或者传输的数据和应用程序进行删除、修改、增加的操作。（3）故意制作、传播计算机病毒等破坏性程序，影响计算机系统正常运行。

第三，必须后果严重。根据2011年最高人民法院、最高人民检察院《关于办理危害计算机信息系统安全刑事案件应用法律若干问题的解释》第4条的规定，破坏计算机信息系统功能、数据或者应用程序，具有下列情形之一的，应当认定为《刑法》第286条第1款和第2款规定的“后果严重”：（1）造成10台以上计算机信息系统的主要软件或者硬件不能正常运行的；

（2）对 20 台以上计算机信息系统中存储、处理或者传输的数据进行删除、修改、增加操作的；（3）违法所得 5000 元以上或者造成经济损失 1 万元以上的；（4）造成为 100 台以上计算机信息系统提供域名解析、身份认证、计费等基础服务或者为 1 万以上用户提供服务的计算机信息系统不能正常运行累计 1 小时以上的；（5）造成其他严重后果的。根据其第 6 条规定，故意制作、传播计算机病毒等破坏性程序，影响计算机系统正常运行，具有下列情形之一的，应当认定为《刑法》第 286 条第 3 款规定的“后果严重”：（1）制作、提供、传输第 5 条第（1）项规定的程序，导致该程序通过网络、存储介质、文件等媒介传播的；（2）造成 20 台以上计算机系统被植入第 5 条第（2）、（3）项规定的程序的；（3）提供计算机病毒等破坏性程序 10 人次以上的；（4）违法所得 5000 元以上或者造成经济损失 1 万元以上的；（5）造成其他严重后果的。

根据 2023 年最高人民法院、最高人民检察院《关于办理环境污染刑事案件适用法律若干问题的解释》第 11 条的规定，违反国家规定，针对环境质量监测系统实施下列行为，或者强令、指使、授意他人实施下列行为的，后果严重的，应当依照《刑法》第 286 条的规定，以破坏计算机信息系统罪定罪处罚：（1）修改系统参数或者系统中存储、处理、传输的监测数据的；（2）干扰系统采样，致使监测数据因系统不能正常运行而严重失真的；（3）其他破坏环境质量监测系统的行为。重点排污单位、实行排污许可重点管理的单位篡改、伪造自动监测数据或者干扰自动监测设施，排放化学需氧量、氨氮、二氧化硫、氮氧化物等污染物，同时构成污染环境罪和破坏计算机信息系统罪的，依照处罚较重的规定定罪处罚。从事环境监测设施维护、运营的人员实施或者参与实施篡改、伪造自动监测数据、干扰自动监测设施、破坏环境质量监测系统等行为的，应当从重处罚。

3. 本罪的主体是一般主体，即已满 16 周岁、具备刑事责任能力的自然人和单位。

4. 本罪的主观方面是故意。

司法实践中，对于利用计算机病毒等破坏性程序非法占有他人财物的或者实施其他犯罪的，应当依照刑法的有关规定定罪处罚。例如，利用计算机病毒盗窃财物的，应认定为盗窃罪。但是，如果按照其他犯罪论处不能全面评价行为的不法内容的，则应认定为想象竞合，从一重罪处罚。例如，破坏计算机信息系统功能、数据或者应用程序，或者故意制作、传播计算机病毒等破坏性程序，影响计算机系统正常运行，达到后果特别严重的程度，但仅窃取数额较大财物的，应当认定为想象竞合，从一重罪处罚。

本案由上海市徐汇区人民检察院于2015年4月9日以被告人李某龙犯破坏计算机信息系统罪向上海市徐汇区人民法院提起公诉。11月4日，徐汇区人民法院作出判决，认定李某龙的行为构成破坏计算机信息系统罪。根据最高人民法院、最高人民检察院《关于办理危害计算机信息系统安全刑事案件应用法律若干问题的解释》第4条规定，李某龙的行为符合“造成为1万以上用户提供服务的计算机信息系统不能正常运行累计1小时以上”“后果特别严重”的情形。结合量刑情节，判处李某龙有期徒刑5年。一审宣判后，被告人李某龙提出上诉，经上海市第一中级人民法院终审裁定，维持原判。

七、帮助信息网络犯罪活动罪

案　例

（一）案情简介

案例1：2021年6月，被告人沈某某伙同王某、李某（均另案处理）等人为非法牟利，在明知系犯罪所得的情况下，在上海市青浦区多处公寓据点非法从事“跑分”业务，使用沈某某2张银行卡、“卡头”王某某（另案处理）及其招揽而来的“卡农”多人银行卡、支付宝或微信等支付账户，按照上家指示用于收取、转移多人被骗资金计130余万元。2021年8月至9月，被告人沈某某在取保候审期间再次伙同王某、李某及被告人杨某某等，非法从事“跑分”业务，按照上家指示接受、转移被骗资金86万余元。其中杨某某负责对接“卡头”和“卡农”，维持现场秩序。被告人高某、陈某某作为“卡头”，被告人陈某某介绍被告人马某等作为“卡农”，在明知银行卡用于信息网络犯罪的情形下，仍将自己银行卡及关联手机交给上述“跑分”团伙使用，从中非法获利。

案例2：2020年2月，被告人王某胜注册成立广东某网络科技有限公司（自然人独资，以下简称某网络公司），通过网络平台提供广告推广服务，并招录被告人王某捷、谢某平等人作为公司员工。王某捷、谢某平按照王某胜的要求，通过网络发帖等方式寻找需要做广告推广的“客户”并与“客户”协商价格。价格谈妥后，王某胜将“客户”的网站链接发送给“代理”张某龙（另案处理），张某龙利用他人的正规资质为“客户”套上“合法”外衣（即“套户”）。之后王某胜利用徐某武名下的银行账户收取“客户”支付的广告费并扣除佣金，再向张某龙提供的银行账户转入广告推广费用。同年3月至案发，王某胜等人明知“客户”的广告系虚假贷款网站，仍通过上述方式收取广告费共计人民币（以下币种同）2354529元，非法获利共计513933.5元。其间，王某捷按照王某胜的要求，为QQ昵称“激情速度8”“阿凡达”“心若沉浮”“没浪够不回家”“森林”等虚假贷款网站提供广告推广，收取广告费共计1123475元，为王某胜非法获利243408元，其本人非法获利14000元；谢某平为QQ昵称“溜溜溜发发”“凯迪拉克”等虚假贷款类网站提供广告推广，收取广告费共计1231054元，为王某胜非法获利270525.5元，其本人非法获利12800元。3人共同为上官某（已判刑）诈骗团伙提供诈骗软件广告推广并收取广告费444000元，非法获利97691元。

（二）问题

1. 为他人提供银行卡的行为应当如何定罪与处罚？

2. 虚假贷款网站提供广告推广服务的行为应认定为非法利用信息网络罪中的“为实施诈骗等违法犯罪活动发布信息”，还是帮助信息网络犯罪活动罪中的“为他人利用信息网络实施犯罪提供广告推广等帮助”？被告人王某胜等人的行为应当如何定罪与处罚？

（三）法律规定

《中华人民共和国刑法》

第287条之一　利用信息网络实施下列行为之一，情节严重的，处3年以下有期徒刑或者拘役，并处或者单处罚金：（1）设立用于实施诈骗、传授犯罪方法、制作或者销售违禁物品、管制物品等违法犯罪活动的网站、通讯群组的；（2）发布有关制作或者销售毒品、枪支、淫秽物品等违禁物品、管制物品或者其他违法犯罪信息的；（3）为实施诈骗等违法犯罪活动发布信息的。

单位犯前款罪的，对单位判处罚金，并对其直接负责的主管人员和其他直接责任人员，依照第1款的规定处罚。

有前两款行为，同时构成其他犯罪的，依照处罚较重的规定定罪处罚。

第287条之二　明知他人利用信息网络实施犯罪，为其犯罪提供互联网接入、服务器托管、网络存储、通讯传输等技术支持，或者提供广告推广、支付结算等帮助，情节严重的，处3年以下有期徒刑或者拘役，并处或者单处罚金。

单位犯前款罪的，对单位判处罚金，并对其直接负责的主管人员和其他直接责任人员，依照第1款的规定处罚。

有前两款行为，同时构成其他犯罪的，依照处罚较重的规定定罪处罚。

（四）法理分析

帮助信息网络犯罪活动罪，是指自然人或者单位明知他人利用信息网络实施犯罪，为其犯罪提供互联网接入、服务器托管、网络存储、通讯传输等技术支持，或者提供广告推广、支付结算等帮助，情节严重的行为。本罪的构成特征是：

1. 本罪侵犯的客体是信息网络的正常管理秩序。随着信息网络的发展，犯罪的空间已由现实社会拓展至信息网络世界，而且信息网络世界的违法犯罪行为手段更加多样，形式更加复杂。利用信息网络实施犯罪的行为破坏了稳定、健康、有序的信息网络环境。严重侵害了国家对正常信息网络环境的管理秩序，而为这些信息网络犯罪活动提供帮助的行为，同样也破坏了国家对正常信息网络环境的管理秩序。

2. 本罪在客观方面表现为明知他人利用信息网络实施犯罪，为其犯罪提供互联网接入、服务器托管、网络存储、通讯传输等技术支持，或者提供广告推广、支付结算等帮助，情节严重的行为。具体而言，包括以下两方面内容：

第一，必须实施了信息网络帮助行为。即提供互联网接入、服务器托管、网络存储、通讯传输等技术支持类帮助，或者提供广告推广、支付结算等非技术类帮助。所谓“互联网接入”，是指通过特定的信息采集与共享的传输通道，利用相关传输技术完成用户与 IP 广域网的高带宽、高速度的物理连接。所谓“服务器托管”，是指为了提高网站的访问速度，将用户的服务器及相关设备托管到具有完善机房设施、高品质网络环境、丰富带宽资源和运营经验以及可对用户的网络和设备进行实时监控的网络数据中心，以此使系统达到安全、可靠、稳定、高效运行的目的。所谓“网络存储”，是指将存储设备通过标准的网络拓扑结构连接到一台计算机上，目的在于帮助解决迅速增加存储容量的需求，简单地说就是将电脑上的东西存放在网络上。网络存储结构大致分为三种：直连式存储、网络存储设备和存储网络。所谓“通讯传输”，是指由一地向另一地进行信息的传输与交换，简单地说，就是信息的传递，其目的是传输消息。所谓“提供广告推广”，是指利用信息网络媒介为推销广告版面和广告节目时间提供服务的活动。所谓“提供支付结算”，是指在社会经济活动中通过票据（包括支票、本票、汇票）、银行卡和汇兑、托收承付、委托收款等结算方式，为对方提供货币给付及其资金清算服务的行为。根据 2021 年 6 月最高人民法院、最高人民检察院、公安部《关于办理电信网络诈骗等刑事案件适用法律若干问题的意见（二）》第 7 条的规定，为他人利用信息网络实施犯罪而实施下列行为，可以认定为《刑法》第 287 条之二规定的“帮助”行为：（1）收购、出售、出租信用卡、银行账户、非银行支付账户、具有支付结算功能的互联网账号密码、网络支付接口、网上银行数字证书的；（2）收购、出售、出租他人手机卡、流量卡、物联网卡的。

第二，必须是情节严重的行为。根据 2019 年 11 月最高人民法院、最高人民检察院《关于办理非法利用信息网络、帮助信息网络犯罪活动等刑事案件适用法律若干问题的解释》第 12 条的规定，明知他人利用信息网络实施犯罪，为其犯罪提供帮助，具有下列情形之一的，应当认定为《刑法》第 287 条之二第 1 款规定的“情节严重”：（1）为 3 个以上对象提供帮助的；（2）支付结算金额 20 万元以上的；（3）以投放广告等方式提供资金 5 万元以上的；（4）违法所得 1 万元以上的；（5）2 年内曾因非法利用信息网络、帮助信息网络犯罪活动、危害计算机信息系统安全受过行政处罚，又帮助信息网络犯罪活动的；（6）被帮助对象实施的犯罪造成严重后果的；（7）其他情节严重的情形。实施前款规定的行为，确因客观条件限制无法查证被帮助对象是否达到犯罪的程度，但相关数额总计达到前款第（2）项至第（4）项规定标准 5 倍以上，或者造成特别严重后果的，应当以帮助信息网络犯罪活动罪追究行为人的刑事责任。根据 2021 年 6 月最高人民法院、最高人民检察院、公安部《关于办理电信网络诈骗等刑事案件适用法律若干问题的意见（二）》第 9 条的规定，明知他人利用信息网络实施犯罪，为其犯罪提供下列帮助之一的，可以认定为 2019 年最高人民法院、最高人民检察院《关于办理非法利用信息网络、帮助信息网络犯罪活动等刑事案件适用法律若干问题的解释》第 12 条第 1 款第（7）项规定的“其他情节严重的情形”：（1）收购、出售、出租信用卡、银行账户、非银行支付账户、具有支付结算功能的互联网账号密码、网络支付接口、网上银行数字证书 5 张（个）以上的；（2）收购、出售、出租他人手机卡、流量卡、物联网卡 20 张以上的。

3. 本罪的主体是一般主体，即已满 16 周岁、具备刑事责任能力的自然人和单位。

4. 本罪的主观方面是故意，即明知自己为他人实施的信息网络犯罪提供帮助的行为会给国家的信息网络管理秩序造成损害，仍然希望或放任这种危害结果发生的心理态度。此外，本罪还要求行为人必须明知他人在利用信息网络实施犯罪，既包括行为人明确知道，也包括行为人应当知道。根据 2019 年最高人民法院、最高人民检察院《关于办理非法利用信息网络、帮助信息网络犯罪活动等刑事案件适用法律若干问题的解释》第 11 条的规定，为他人实施犯罪提供技术支持或者帮助，具有下列情形之一的，可以认定行为人明知他人利用信息网络实施犯罪，但是有相反证据的除外：（1）经监管部门告知后仍然实施有关行为的；（2）接到举报后不履行法定管理职责的；（3）交易价格或者方式明显异常的；（4）提供专门用于违法犯罪的程序、工具或者其他技术支持、帮助的；（5）频繁采用隐蔽上网、加密通信、销毁数据等措施或者使用虚假身份，逃避监管或者规避调查的；（6）为他人逃避监管或者规避调查提供技术支持、帮助的；（7）其他足以认定行为人明知的情形。

司法实践中，认定本罪时应注意以下几个问题：

一是本罪与掩饰隐瞒犯罪所得、犯罪所得收益罪的界限。掩饰隐瞒犯罪所得、犯罪所得收益罪是指明知是犯罪所得及其产生的收益而予以窝藏、转移、收购、代为销售或者以其他方法掩饰、隐瞒的行为。这两个看似不相关联的罪名，在网络犯罪的领域却很难界定，司法实践中还常常结伴而生。两罪都是行为人帮助上游犯罪的行为，主观方面对上游犯罪都是明知为前提。两罪的主要区别在于：（1）侵犯的客体不同。本罪侵害的客体是信息网络的正常管理秩序；而掩饰、隐瞒犯罪所得罪侵害的客体则是司法机关的正常活动。（2）行为人实施行为的时间节点不同。本罪一般发生在上游犯罪实施过程中；掩饰、隐瞒犯罪所得罪则发生在上游犯罪既遂以后。（3）对上游犯罪主观明知程度不同。本罪的行为人主观上出于概况的明知，至于他人实施的信息网络犯罪的性质与类型在所不问；而掩饰、隐瞒犯罪所得罪要求行为人主观上明知是犯罪所得。（4）行为人的主观目的不同。本罪是对正犯的帮助行为，是帮助行为的正犯化，因此本罪是以帮助上游非法利用信息网络犯罪的实施为行为目的；而掩饰、隐瞒犯罪所得罪是以为上游犯罪掩饰、隐瞒犯罪所得逃避司法机关追究为行为目的。司法实践中，行为人提供银行卡帮助支付结算，这是两罪都有的常见行为方式。既有可能被电信网络诈骗分子用于直接接收诈骗的被害人转账过来的款项，也有可能被用于诈骗得手后的分流赃款、取现。如果没有证据证明银行账户提供者与诈骗者之间存在明确的犯意联络，不能构成诈骗共犯的前提下，行为人可能构成本罪或掩饰、隐瞒犯罪所得、犯罪所得收益罪。由于行为人在主观方面通常表现为概况性明知，并不关心、介意自己所提供的银行卡被用于何种阶段，故可以按照银行卡的客观用途来确定其行为性质。如果被用于诈骗过程中接收款项，则属于事前、事中提供帮助，应按本罪或诈骗罪的共犯论处；如果被用于在诈骗既遂之后分流所骗款项进而取现，则属于事后帮助，一般应以掩饰、隐瞒犯罪所得、犯罪所得收益罪论处。换言之，仅为电信网络诈骗犯罪提供银行账户的帮助行为，并不必然阻断司法机关对赃款的正常追缴，其帮助行为应认定为本罪；但若行为人在提供银行账户之后又有后续的帮助取现、套现、转移钱款等行为，客观上为犯罪所得追缴设置障碍的，则应认定为掩饰、隐瞒犯罪所得罪。如果行为人提供多个银行卡，有的被用于收取款项，有的被用于分流赃款，能够查明涉案卡用途的，可分别认定为本罪和掩饰、隐瞒犯罪所得、犯罪所得收益罪，实行数罪并罚。无法一一查明涉案银行卡用途的，应从主客观方面综合分析犯罪事实，准确认定“跑分”行为的性质。

二是本罪与非法利用信息网络罪的界限。非法利用信息网络罪是指利用信息网络设立用于实施诈骗、传授犯罪方法、制作或者销售违禁物品、管制物品等违法犯罪活动的网站、通讯群组，或者发布有关制作或者销售毒品、枪支、淫秽物品等违禁物品、管制物品或者其他违法犯罪信息，或者为实施诈骗等违法犯罪活动发布信息，情节严重的行为。2015 年 11 月 1 日起施行的《刑法修正案（九)》增设了《刑法》第 287 条之一、第 287 条之二，规定了非法利用信息网络罪和帮助信息网络犯罪活动罪。而上述两罪在司法实践中，由于构成要件要素存在交叉重合，导致出现两罪混淆不清的问题，如两者罪状中，都涉及广告推广的行为，那么对于涉及广告推广的行为，到底构成非法利用信息网络罪还是帮助信息网络犯罪活动罪？两罪的主要区别在于：（1）行为载体不同。本罪是帮助行为正犯化，即是将“帮助”行为单独入罪，广告推广或支付结算等并不需要依托于网络；非法利用信息网络罪是预备行为实行化，即是将“上网”行为单独入罪，所有行为构成要件要素均与网络息息相关，建群组或发信息的载体均需要在网络上进行。（2）行为内容不同。成立本罪，一般要求被帮助对象已着手实施犯罪且构成犯罪；而非法利用信息网络罪，不要求本人或者他人客观上实施了相应的违法犯罪活动。（3）本罪中提供技术支持或其他帮助的行为人通常具有相关的专业技能，并非提供一般劳务性质的帮助；而非法利用信息网络罪通常并不需要相关的专业技能。（4）为他人非法利用信息网络设立网站、通讯群组或者发布信息，虽然也属于帮助信息网络犯罪活动的情形，但其本质上还是一种非法利用信息网络的行为。

案例 1 中，行为人沈某某、杨某某明知他人涉嫌犯罪，其所经手的资金应系他人犯罪所得及其收益，仍用本人或收集来的银行卡为他人“跑分”，依法构成掩饰、隐瞒犯罪所得、犯罪所得收益罪。行为人高某、陈某某、马某明知他人涉嫌利用信息网络实施犯罪，仅向他人出租、出售银行卡用于“跑分”，达到情节严重标准，构成帮助信息网络犯罪活动罪。上海市青浦区人民法院经审理作出一审判决：认定被告人沈某某犯掩饰、隐瞒犯罪所得罪，判处有期徒刑 4 年，并处罚金人民币 3 万元；被告人杨某某犯掩饰、隐瞒犯罪所得罪，判处有期徒刑 1 年 1 个月，并处罚金人民币 1 万元；被告人高某犯帮助信息网络犯罪活动罪，判处有期徒刑 10 个月，并处罚金人民币 1 万元；被告人陈某某犯帮助信息网络犯罪活动罪，判处有期徒刑 9 个月，并处罚金人民币 9000 元；被告人马某犯帮助信息网络犯罪活动罪，判处有期徒刑 7 个月，缓刑 1 年，并处罚金人民币 7000 元。

案例 2 中，主要涉及的问题是：为虚假贷款网站提供广告推广服务的行为应认定为非法利用信息网络罪中的“为实施诈骗等违法犯罪活动发布信息”，还是帮助信息网络犯罪活动罪中的“为他人利用信息网络实施犯罪提供广告推广等帮助”。从行为方式上看，非法利用信息网络罪强调为实施诈骗等违法犯罪活动发送诈骗短信、发布诈骗信息等，属于信息通讯层面的行为；而本罪强调为利用网络实施犯罪的人做广告、拉客户或为他人设立的犯罪网站投放广告以推广网站、扩大犯罪活动范围，属于网络平台层面的行为。本案中，王某胜等人通过网络平台为虚假贷款网站提供广告推广服务，符合帮信罪的客观行为方式。黑龙江省嘉荫县人民法院经审理作出一审判决：被告人王某胜犯帮助信息网络犯罪活动罪，判处有期徒刑1年8个月，并处罚金人民币4万元；被告人王某捷犯帮助信息网络犯罪活动罪，判处有期徒刑1年，缓刑2年，并处罚金人民币1万元；被告人谢某平犯帮助信息网络犯罪活动罪，判处有期徒刑1年，缓刑2年，并处罚金人民币1万元。

八、寻衅滋事罪

案　例

（一）案情简介

被告人朱某等5人均系在校女生（犯罪时均未满18周岁）。2017年2月28日，5名被告人在学校女生宿舍楼内，采用辱骂、殴打、逼迫下跪等方式侮辱女生高某某（17岁），并无故殴打、辱骂女生张某某（15岁）。经鉴定，二被害人的伤情构成轻微伤，5名被告人的行为还造成被害人高某某无法正常生活、学习的严重后果。

（二）问题

校内殴打、辱骂他人造成轻微伤的行为应当如何定性？被告人朱某等五人的行为应当如何定罪与处罚？

（三）法律规定

《中华人民共和国刑法》

第293条　有下列寻衅滋事行为之一，破坏社会秩序的，处5年以下有期徒刑、拘役或者管制：（1）随意殴打他人，情节恶劣的；（2）追逐、拦截、辱骂、恐吓他人，情节恶劣的；（3）强拿硬要或者任意损毁、占用公私财物，情节严重的；（4）在公共场所起哄闹事，造成公共场所秩序严重混乱的。

纠集他人多次实施前款行为，严重破坏社会秩序的，处5年以上10年以下有期徒刑，可以并处罚金。

（四）法理分析

寻衅滋事罪，是指寻衅滋事，破坏社会秩序，情节恶劣的行为。本罪的构成特征是：

1. 本罪侵犯的客体是社会公共秩序。所谓“公共秩序”，是指人们在社会公共生活中应当遵守的共同准则，是社会主流文化所确定的人与人之间日常交往中所必须遵循的行为规范。寻衅滋事犯罪大多发生在公共场所，针对不特定对象，往往给公民的人身或者公私财产造成损害，但不宜据此认为本罪侵犯的是复杂客体。因为诸如在公共场所起哄闹事，造成公共场所秩序严重混乱的行为不一定会直接侵犯公民的人身权利或财产权利，其实质是向整个社会挑战，蔑视社会主义道德和法制。

2. 本罪在客观方面表现为寻衅滋事，破坏社会秩序，情节恶劣的行为。所谓“寻衅滋事”，根据2013年7月最高人民法院、最高人民检察院《关于办理寻衅滋事刑事案件适用法律若干问题的解释》第1条的规定，行为人为寻求刺激、发泄情绪、逞强耍横等，无事生非，实施《刑法》第293条规定的行为的，应当认定为“寻衅滋事”。根据《刑法》第293条的规定，主要有以下四种情形：

第一，随意殴打他人，情节恶劣的。是指出于要威风、取乐等不健康动机，无故、无理、借故殴打相识或者素不相识的人。所谓“殴打”，是指行为人采用拳打脚踢或者使用棍棒等器具，直接对他人的身体行使有形力的行为。需注意的是，本罪的殴打至多致人轻伤，而不能造成重伤、死亡的结果。否则，应以故意伤害罪或故意杀人罪论处。所谓“情节恶劣”，根据2013年“两高”《关于办理寻衅滋事刑事案件适用法律若干问题的解释》第2条的规定，是指具有下列情形之一的：（1）致1人以上轻伤或者2人以上轻微伤的；（2）引起他人精神失常、自杀等严重后果的；（3）多次随意殴打他人的；（4）持凶器随意殴打他人的；（5）随意殴打精神病人、残疾人、流浪乞讨人员、老年人、孕妇、未成年人，造成恶劣社会影响的；（6）在公共场所随意殴打他人，造成公共场所秩序严重混乱的；（7）其他情节恶劣的情形。

第二，追逐、拦截、辱骂、恐吓他人，情节恶劣的。是指出于取乐、寻求精神刺激等不健康动机，无故无理追赶、拦挡、侮辱、谩骂、恐吓他人，大多表现为追逐、拦截、辱骂妇女。所谓“追逐”，一般是指妨碍他人停留在一定场所的行为；所谓“拦截”，一般是指阻止他人转移场所的行为。这两种行为可能以暴力方式实施，也可能以威胁等方式实施。所谓“辱骂”，是指以言语对他人予以轻蔑的价值判断。辱骂不要求有特定的对象，对一般人的谩骂，也可能成立本罪。所谓“恐吓”，是以加害他人权益或公共利益等事项威胁他人，使他人在心理上感到畏惧恐慌，无论有无向对方动粗，无论是否行使暴力行动，即使只是语言上威胁受害者（对方），如以死亡威胁或伤害当事人或其家族、公司、财产权等，包括死亡威胁、炸弹威胁、以自杀做威胁等。所谓“情节恶劣”，根据2013年“两高”《关于办理寻衅滋事刑事案件适用法律若干问题的解释》第3条的规定，是指具有下列情形之一的：（1）多次追逐、拦截、辱骂、恐吓他人，造成恶劣社会影响的；（2）持凶器追逐、拦截、辱骂、恐吓他人的；（3）追逐、拦截、辱骂、恐吓精神病人、残疾人、流浪乞讨人员、老年人、孕妇、未成年人，造成恶劣社会影响的；（4）引起他人精神失常、自杀等严重后果的；（5）严重影响他人的工作、生活、生产、经营的；（6）其他情节恶劣的情形。

第三，强拿硬要或者任意损毁、占用公私财物，情节严重的。强拿硬要或者任意损毁、占有公私财物，是指以蛮不讲理的流氓手段，强行索要市场、商店的商品以及他人的财物，或者随心所欲损坏、毁灭、占用公私财物。所谓“情节严重”，根据2013年“两高”《关于办理寻衅滋事刑事案件适用法律若干问题的解释》第4条的规定，是指具有下列情形之一的：（1）强拿硬要公私财物价值1000元以上，或者任意损毁、占用公私财物价值2000元以上的；（2）多次强拿硬要或者任意损毁、占用公私财物，造成恶劣社会影响的；（3）强拿硬要或者任意损毁、占用精神病人、残疾人、流浪乞讨人员、老年人、孕妇、未成年人的财物，造成恶劣社会影响的；（4）引起他人精神失常、自杀等严重后果的；（5）严重影响他人的工作、生活、生产、经营的；（6）其他情节严重的情形。

第四，在公共场所起哄闹事，造成公共场所秩序严重混乱的。是指出于取乐、寻求精神刺激等不健康动机，在公共场所无事生非，制造事端，扰乱公共场所秩序造成公共场所秩序严重混乱的。所谓“造成公共场所秩序严重混乱”，根据2013年“两高”《关于办理寻衅滋事刑事案件适用法律若干问题的解释》第5条的规定，在车站、码头、机场、医院、商场、公园、影剧院、展览会、运动场或者其他公共场所起哄闹事，应当根据公共场所的性质、公共活动的重要程度、公共场所的人数、起哄闹事的时间、公共场所受影响的范围与程度等因素，综合判断是否“造成公共场所秩序严重混乱”。

行为人只要有上述四种情形中的任意一种，就构成寻衅滋事罪。但在司法实践中，行为人往往既“强拿硬要”，又“随意殴打他人”，或者先“追逐、拦截、辱骂他人”，后“任意损毁、占用公私财物”。行为人为满足其寻求精神刺激、开心取乐的流氓动机一般会实施多个行为，也只是以本罪一罪论处，不进行数罪并罚。

3. 本罪的主体是一般主体，即已满16周岁、具备刑事责任能力的自然人。

4. 本罪的主观方面是故意。本罪的犯罪目的与动机较为复杂，有的是以惹是生非来获得精神刺激，有的是用寻衅滋事开心取乐，有的是为了证明自己的"能力"和"胆量"等。

司法实践中，认定本罪时应注意以下几个问题：

一是罪与非罪的界限。关键是看行为人之行为是否具有"情节恶劣""情节严重"或者是否"造成公共场所秩序严重混乱"。行为人虽然实施了寻衅滋事的行为，但如果尚未达到情节恶劣、情节严重的程度，或者尚未造成公共场所秩序严重混乱，则不能以犯罪论处，而应当按照治安管理处罚法的有关规定，给予行政处罚。

二是在网络空间寻衅滋事的认定。2013年最高人民法院、最高人民检察院《关于办理利用信息网络实施诽谤等刑事案件适用法律若干问题的解释》第5条规定，利用信息网络辱骂、恐吓他人，情节恶劣，破坏社会秩序的，依照《刑法》第293条第1款第（2）项的规定，以寻衅滋事罪定罪处罚。编造虚假信息，或者明知是编造的虚假信息，在信息网络上散布，或者组织、指使人员在信息网络上散布，起哄闹事，造成公共秩序严重混乱的，依照《刑法》第293条第1款第（4）项的规定，以寻衅滋事罪定罪处罚。

三是本罪与催收非法债务罪的界限。根据《刑法》第293条之一的规定，催收非法债务罪是指使用暴力、胁迫，或者限制他人人身自由或者侵入他人住宅，或者恐吓、跟踪、骚扰他人的方法催收高利放贷等产生的非法债务，情节严重的行为。这是《刑法修正案（十一）》新增设的罪名。在《刑法修正案（十一）》实施之前，司法机关通常把行为人实施的不当催收非法债务的行为定性为寻衅滋事，认为行为人因债务方面的矛盾纠纷借故生非，扰乱秩序。而对于催收非法债务的行为人来说，并非借故生非，而是为了借助催收非法债务行为实现牟利目的，因此，即便是基于债务这一偶发矛盾纠纷，并不符合法律及司法解释中规定的"借故生非"特征，若直接纳入寻衅滋事罪规制范畴，明显有悖法理，故此将其独立确立为一个罪名。

催收非法债务罪独立成罪之后，由于"恐吓、跟踪、骚扰他人"是其行为方式之一，这一行为方式与寻衅滋事罪客观方面有相似之处。两罪的主要区别在于：（1）客观方面表现不同。本罪的客观行为相对而言更为宽泛；而催收非法债务罪的客观行为仅限于《刑法》第293条之一列举的3种情形且情节严重的行为。（2）主观方面的目的不同。本罪主观上不要求行为人具有某种目的，多为逞强耍横；而催收非法债务罪则要求行为人主观上具有催收非法债务的目的。

本案中，被告人朱某等人随意殴打和辱骂他人，造成2人轻微伤，严重影响他人生活，侵犯公民人身权利，破坏社会秩序，构成寻衅滋事罪，且系共同犯罪。5名被告人在共同犯罪中均积极参与，分别对二被害人实施了殴打、辱骂等行为，均应对给被害人造成的严重后果承担相应的刑事责任。被告人朱某系纠集者，在量刑时应予以考虑。鉴于5名被告人实施犯罪时均未满18周岁，归案后均能如实供述自己罪行，且其法定代理人积极赔偿被害人的经济损失，并取得二被害人的谅解，故北京市西城区人民法院以寻衅滋事罪依法分别判处5名被告人11个月至1年不等的有期徒刑。

九、组织、领导、参加黑社会性质组织罪

案　　例

（一）案情简介

2013年以来，被告人龚某文、刘某涛在江苏省常熟市从事开设赌场、高利放贷活动，并主动结识社会闲杂人员，逐渐积累经济实力。2014年7月起，被告人龚某文、刘某涛组织被告人马某波、赵某、王某东、王某运、陈某雷等，形成了以被告人龚某文、刘某涛为首的较为稳定的犯罪组织，并于2015年4月实施了首次有组织犯罪。2016年下半年、2017年8月，梁某志、崔某华先后加入该组织。

该组织人数众多，组织者、领导者明确，骨干成员固定。被告人龚某文为该组织的组织者、领导者，被告人刘某涛为该组织的领导者，被告人马某波、赵某、王某东、王某运、陈某雷等为积极参加者，被告人崔某华、梁某志等为一般成员。该组织内部分工明确，龚某文、刘某涛负责决策和指挥整个组织的运转；被告人马某波、赵某、王某东、王某运、陈某雷受被告人龚某文、刘某涛的指派开设赌场牟取利益，并在赌场内抽取"庄风款""放水"、记账，按照被告人龚某文、刘某涛的指派为讨债而实施非法拘禁、寻衅滋事、敲诈勒索、强迫交易等违法犯罪行为，崔某华、梁某志参与寻衅滋事违法犯罪行为。该组织为规避侦查，强化管理，维护自身利益，逐步形成了"红钱按比例分配""放贷本息如实上报，不得做手脚"等不成文的规约，对成员的行动进行约束。在借款时使用同伙名义，资金出借时留下痕迹，讨债时规避法律。建立奖惩制度，对讨债积极者予以奖励，对讨债不积极者予以训斥。该组织通过有组织地实施开设赌场、高利放贷等违法手段聚敛资产，具有较强的经济实力。

其中，该组织通过开设赌场非法获利的金额仅查实的就达人民币300余万元。另外，在上述被告人处搜查到放贷借条金额高达人民币4000余万元，资金流水人民币上亿元。该组织以非法聚敛的财产用于支持违法犯罪活动，或为违法犯罪活动"善后"，如购买GPS等装备、赔付因讨债而砸坏的物品，以及支付被刑事拘留后聘请律师的费用。该组织为维护其非法利益，以暴力、威胁等手段，有组织地实施了开设赌场、寻衅滋事、非法拘禁、强迫交易、敲诈勒索等违法犯罪活动，并长期实施多种"软暴力"行为，为非作恶，欺压、残害群众，严重破坏社会治安，妨害社会管理秩序，在江苏省常熟市及周边地区造成了恶劣的社会影响。该黑社会性质组织在形成、发展过程中，为寻求建立稳定犯罪组织，牟取高额非法利益而实施大量违法犯罪活动。主要犯罪事实如下：

1. 开设赌场罪

2015年4月至2018年2月，被告人龚某文、刘某涛、马某波、王某东、赵某、王某运、陈某雷多次伙同他人在江苏省常熟市海虞镇、辛庄镇等地开设赌场，仅查明的非法获利就达人民币300余万元。

2. 寻衅滋事罪

2014年至2018年，被告人龚某文、刘某涛伙同其他被告人，在江苏省常熟市原虞山镇、梅李镇、辛庄镇等多地，发放年息84%—360%的高利贷，并为索要所谓"利息"，有组织地对被害人及其亲属采取拦截、辱骂、言语威胁、砸玻璃、在被害人住所喷漆、拉横幅等方式进行滋事，共计56起120余次。

3. 非法拘禁罪

2015年至2016年，被告人龚某文、刘某涛、马某波、王某东、赵某、王某运、陈某雷在江苏省常熟市等多地，为索要高利贷等目的非法拘禁他人10起，其中对部分被害人实施辱骂、泼水、打砸物品等行为。

4. 强迫交易罪

（1）2013年3月，被告人龚某文向胡某某发放高利贷，张某某担保。为索要高利贷本金及利息，在非法拘禁被害人后，被告人龚某文强迫被害人张某某到王某某家提供家政服务长达一年有余，被告人龚某文从中非法获利人民币25500元。

（2）2014年11月，被告人刘某涛、王某东向陈某某发放高利贷，陶某某担保。在多次进行滋事后，被告人王某东、刘某涛强迫被害人陶某某于2017年4月至2018年1月到被告人住处提供约定价值人民币6000余元的家政服务共计80余次。

5. 敲诈勒索罪

2017年8月31日至2018年1月21日，被告人刘某涛、王某东、王某运、陈某雷实施敲诈勒索3起，以签订“车辆抵押合同”、安装GPS的方式，与被害人签订高出实际出借资金的借条并制造相应的资金走账流水，通过拖走车辆等方式对被害人进行要挟，并非法获利合计人民币5.83万元。

（二）问题

什么是组织、领导、参加黑社会性质组织罪？被告人龚某文、刘某涛等的行为应当如何定罪与处罚？

（三）法律规定

《中华人民共和国刑法》

第294条第1款　组织、领导黑社会性质的组织的，处7年以上有期徒刑，并处没收财产；积极参加的，处3年以上7年以下有期徒刑，可以并处罚金或者没收财产；其他参加的，处3年以下有期徒刑、拘役、管制或者剥夺政治权利，可以并处罚金。

第4款　犯前3款罪又有其他犯罪行为的，依照数罪并罚的规定处罚。

第5款　黑社会性质的组织应当同时具备以下特征：（1）形成较稳定的犯罪组织，人数较多，有明确的组织者、领导者，骨干成员基本固定；（2）有组织地通过违法犯罪活动或者其他手段获取经济利益，具有一定的经济实力，以支持该组织的活动；（3）以暴力、威胁或者其他手段，有组织地多次进行违法犯罪活动，为非作恶，欺压、残害群众；（4）通过实施违法犯罪活动，或者利用国家工作人员的包庇或者纵容，称霸一方，在一定区域或者行业内，形成非法控制或者重大影响，严重破坏经济、社会生活秩序。

第303条　以营利为目的，聚众赌博或者以赌博为业的，处3年以下有期徒刑、拘役或者管制，并处罚金。

开设赌场的，处5年以下有期徒刑、拘役或者管制，并处罚金；情节严重的，处5年以上10年以下有期徒刑，并处罚金。

组织中华人民共和国公民参与国（境）外赌博，数额巨大或者有其他严重情节的，依照前款的规定处罚。

第293条　有下列寻衅滋事行为之一，破坏社会秩序的，处5年以下有期徒刑、拘役或者管制：（1）随意殴打他人，情节恶劣的；（2）追逐、拦截、辱骂、恐吓他人，情节恶劣的；（3）强拿硬要或者任意损毁、占用公私财物，情节严重的；（4）在公共场所起哄闹事，造成公共场所秩序严重混乱的。纠集他人多次实施前款行为，严重破坏社会秩序的，处5年以上10年以下有期徒刑，可以并处罚金。

第238条　非法拘禁他人或者以其他方法非法剥夺他人人身自由的，处3

年以下有期徒刑、拘役、管制或者剥夺政治权利。具有殴打、侮辱情节的，从重处罚。

犯前款罪，致人重伤的，处 3 年以上 10 年以下有期徒刑；致人死亡的，处 10 年以上有期徒刑。使用暴力致人伤残、死亡的，依照本法第 234 条、第 232 条的规定定罪处罚。

为索取债务非法扣押、拘禁他人的，依照前两款的规定处罚。

国家机关工作人员利用职权犯前 3 款罪的，依照前 3 款的规定从重处罚。

第 226 条　以暴力、威胁手段，实施下列行为之一，情节严重的，处 3 年以下有期徒刑或者拘役，并处或者单处罚金；情节特别严重的，处 3 年以上 7 年以下有期徒刑，并处罚金：（1）强买强卖商品的；（2）强迫他人提供或者接受服务的；（3）强迫他人参与或者退出投标、拍卖的；（4）强迫他人转让或者收购公司、企业的股份、债券或者其他资产的；（5）强迫他人参与或者退出特定的经营活动的。

第 274 条　敲诈勒索公私财物，数额较大或者多次敲诈勒索的，处 3 年以下有期徒刑、拘役或者管制，并处或者单处罚金；数额巨大或者有其他严重情节的，处 3 年以上 10 年以下有期徒刑，并处罚金；数额特别巨大或者有其他特别严重情节的，处 10 年以上有期徒刑，并处罚金。

（四）法理分析

组织、领导、参加黑社会性质组织罪，是指组织、领导或者参加以暴力、威胁或者其他手段，有组织地进行违法犯罪活动，称霸一方，为非作恶，欺压、残害群众，严重破坏经济、社会生活秩序的黑社会性质组织的行为。本罪的构成特征是：

1. 本罪侵犯的客体是复杂客体，既侵犯了经济秩序、社会生活秩序，又侵犯了公民的人身权利。

2. 本罪在客观方面表现为行为人实施了组织、领导、参加黑社会性质组织的行为。所谓“黑社会性质组织”，根据我国《刑法》第 294 条之规定，是指以暴力、威胁或其他手段，有组织地进行违法犯罪活动，称霸一方；为非作恶，欺压残害群众，严重破坏经济和社会生活秩序的犯罪组织。所谓“组织黑社会性质组织”，是指通过策划、招揽、引诱、拉拢、胁迫、调配等行为组建黑社会性质组织。所谓“领导黑社会性质组织”，是指在黑社会性质组织中居于统率、支配地位，对该组织起策划、决策、指挥作用。所谓“参加黑社会性质组织”，是指明知是黑社会性质组织仍予以加入的情况，可以是积极参加，也可以是一般性参与。

本罪是一个选择性罪名，只要行为人实施了“组织、领导、参加”黑社会性质组织的行为之一，便成立本罪，但在确定罪名时，可以根据行为人具体实施的行为来加以确定。例如，如果行为人是组建黑社会性质组织，那么对其可定“组织黑社会性质组织罪”；如果行为人是参加黑社会性质组织，则对其可定“参加黑社会性质组织罪”。

根据《刑法》第294条第5款的规定，黑社会性质组织犯罪应当同时具备以下特征：（1）形成较稳定的犯罪组织，人数较多，有明确的组织者、领导者，骨干成员基本固定。这是黑社会性质组织的组织结构特征。（2）有组织地通过违法犯罪活动或者其他手段获取经济利益，具有一定的经济实力。这是黑社会性质组织的经济实力特征。（3）以暴力、威胁或者其他手段，有组织地多次进行违法犯罪活动，为非作恶，欺压、残害群众。这是黑社会性质组织的行为方式特征。（4）通过实施违法犯罪活动，或者利用国家工作人员的包庇或者纵容，称霸一方，在一定区域或者行业内，形成非法控制或者重大影响，严重破坏经济、社会生活秩序。这是黑社会性质组织的危害性特征。

3. 本罪的犯罪主体是一般主体，即已满16周岁、具备刑事责任能力的自然人。根据《反有组织犯罪法》第50条第2款的规定，国家工作人员组织、领导、参加有组织犯罪的，应当依法从重处罚。

4. 本罪的主观方面是故意，即行为人具有明确的意图组织或领导黑社会性质组织，或者明知是黑社会性质组织而参加。因此，如果行为人在不知是黑社会性质组织的情况下或者在被欺骗的情况下而加入其中的，不构成犯罪。但行为人如果后来发现自己加入了黑社会性质组织而不退出，并参与犯罪活动的，仍可构成犯罪。

司法实践中，认定本罪时要注意本罪的罪数问题。对于组织、领导、参加黑社会性质组织后又实施其他犯罪的，应依照数罪并罚的规定处断。

本案中，法院生效裁判认为：

（1）关于组织特征。一是该犯罪组织的成长轨迹明确。龚某文与刘某涛二人于2007年左右先后至江苏省常熟市打工，后龚某文从少量资金起步，与刘某涛等人合作开设赌场并放高利贷，逐步积累经济实力，后其他组织成员相继加入，参股放贷。在高利放贷过程中，因互相占股分利，组织成员利益相互交织，关系日趋紧密，架构不断成熟，并最终形成了以龚某文为组织者、领导者，刘某涛为领导者，王某东、王某运、陈某雷、马某波、赵某为积极参加者，崔某华、梁某志为一般参加者的较稳定的违法犯罪组织。二是该犯罪组织的行为方式和组织意图明确。该组织通过开设赌场和高利放贷聚敛非法财富，在讨债过程中，以滋扰纠缠、打砸恐吓、出场摆势、言语威胁、围堵拦截等“软暴力”方式为惯常行为手段，实施一系列违法犯罪活动，目的是实现非法债权，意图最大限度攫取经济利益。由于组织成员系互相占股出资及分利，故无论组织中哪些成员实施违法犯罪活动，相关非法利益的实现均惠及全体出资的组织成员，符合组织利益及组织意图，为组织不断扩大非法放贷规模、增强犯罪能力等进一步发展提供基础、创造条件。三是该犯罪组织的层级结构明确，该组织以龚某文、刘某涛为基础，龚某文吸收发展马某波、赵某，刘某涛吸收发展王某东、王某运、陈某雷，形成二元层级关系，各被告人对所谓“替谁帮忙、找谁商量”均有明确认识。在具体违法犯罪活动中，以共同开设赌场并非法放贷为标志，两股势力由合作进而汇流，互相占股出资放贷，共同违法犯罪讨债，后期又吸收崔某华、梁某志加入，形成三元层级结构。在组织架构中，组织、领导者非常明显，积极参加者和骨干成员基本固定，人员规模逐渐增大，且本案后续所涉及的黑社会性质组织的其他犯罪均是由这些组织成员所为。四是该犯罪组织的行为规则明确，组织成员均接受并认同出资后按比例记公账分利、讨债时替组织出头等行为规则。这些规则不仅有组织成员供述，也与组织的实际运作模式和实际违法犯罪活动情况相吻合，相关行事规则为纠合组织成员，形成共同利益，保持组织正常运转起到重要作用。综上，该组织具有一定规模，人员基本稳定，有明确的组织者、领导者，骨干成员固定，内部层次分明，符合黑社会性质组织的组织结构特征。

(2) 关于经济特征。一是该犯罪组织通过违法犯罪活动快速聚敛经济利益。该组织以开设赌场、非法高利放贷为基础和资金来源，通过大量实施寻衅滋事、非法拘禁等违法犯罪活动保障非法债权实现，大量攫取非法经济利益。其中，开设赌场并实施非法高利放贷部分，有据可查的非法获利金额就达人民币 300 余万元，且大部分被继续用于非法放贷。在案查获的部分放贷单据显示该组织放贷规模已达人民币 4000 余万元，查实银行资金流水已过亿元，具有较强的经济实力。二是该犯罪组织以经济实力支持该组织的活动。该组织获得的经济利益部分用于支持为组织利益而实施的违法犯罪活动，该组织经济利益的获取过程也是强化组织架构的过程。综上，该组织聚敛大量钱财，又继续用于维系和强化组织生存发展，符合黑社会性质组织的经济特征。

(3) 关于行为特征。该组织为争取、维护组织及组织成员的经济利益，利用组织势力和形成的便利条件，有组织地多次实施开设赌场、寻衅滋事、非法拘禁、强迫交易等不同种类的违法犯罪活动，违法犯罪手段以“软暴力”为主，并体现出明显的组织化特点，多人出场摆势、分工配合，并以“硬暴力”为依托，实施多种“软暴力”讨债等违法犯罪活动，软、硬暴力行为交织，“软暴力”可随时向“硬暴力”转化。这些行为系相关组织成员为确立强势地位、实现非法债权、牟取不法利益、按照组织惯常的行为模式与手段实施的，相关违法犯罪行为符合组织利益，体现组织意志，黑社会性质组织的行为特征明显。

（4）关于危害性特征。该犯罪组织通过实施一系列违法犯罪活动，为非作恶，欺压、残害群众。在社会秩序层面上，该犯罪组织长期实施开设赌场、非法放贷、“软暴力”讨债等违法犯罪活动，范围波及江苏省常熟市多个街道，给被害人及其家庭正常生活带来严重影响，给部分被害人企业的正常生产经营带来严重破坏，给部分被害人所在机关学校的正常工作和教学秩序带来严重冲击。相关违法犯罪行为败坏社会风气，冲击治安秩序，严重降低群众安全感、幸福感，影响十分恶劣。在管理秩序层面上，该犯罪组织刻意逃避公安机关的管理、整治和打击，破坏了正常社会管理秩序。在社会影响层面上，这些违法犯罪活动在一定区域内致使多名群众合法权益遭受侵害，从在案证据证实的群众切身感受来看，群众普遍感觉心里恐慌、安全感下降，群众普遍要求进行整治，恢复经济、社会生活秩序。

综上所述，本案犯罪组织符合黑社会性质组织认定标准。该组织已经形成了“以黑养黑”的组织运作模式，这一模式使该组织明显区别于一般的共同犯罪和恶势力犯罪集团。龚某文犯罪组织案中虽然未发现“保护伞”，但通过实施违法犯罪行为，使当地群众产生心理恐惧和不安全感，严重破坏了当地的社会治安秩序、市场经济秩序。对黑社会性质组织的认定，不能仅根据一个或数个孤立事实来认定，而是要通过一系列的违法犯罪事实来反映。因为以“软暴力”为手段的行为通常不是实施一次就能符合刑法规定的犯罪构成，其单个的行为通常因为情节轻微或显著轻微、后果不严重而不作为犯罪处理或不能认定为犯罪，此时必须综合考虑“软暴力”行为的长期性、多样性来判断其社会影响及是否构成黑恶犯罪。黑社会性质组织犯罪的危害性特征所要求的“造成重大影响”是通过一系列的违法犯罪活动形成的，具有一定的深度和广度，而非个别的、一时的，特别是在以“软暴力”为主要手段的犯罪组织中，要结合违法犯罪活动的次数、时间跨度、性质、后果、侵害对象的个数、是否有向“硬暴力”转化的现实可能、造成的社会影响及群众安全感是否下降等因素综合判断，不能局限在必须要求具体的违法犯罪活动都要造成严重后果或者在社会上造成恶劣影响，也不能简单地以当地普通群众不知晓、非法控制不明显等，认为其危害性不严重。从本案被告人非法放贷后通过“软暴力”讨债造成的被害人及其家庭、单位所受的具体影响和周边群众的切身感受等来看，社会危害性极其严重，构成组织、领导、参加黑社会性质组织罪。

法院经审理认定，被告人龚某文犯组织、领导黑社会性质组织罪，与其所犯开设赌场罪、寻衅滋事罪、非法拘禁罪等数罪并罚，决定执行有期徒刑20

年，剥夺政治权利2年，并处没收个人全部财产，罚金人民币12万元；认定被告人刘某涛犯领导黑社会性质组织罪，与其所犯开设赌场罪、寻衅滋事罪、非法拘禁罪等数罪并罚，决定执行有期徒刑18年，剥夺政治权利2年，并处没收个人全部财产，罚金人民币11万元；对其他参加黑社会性质组织的成员亦判处了相应刑罚。

十、传授犯罪方法罪

案　例

（一）案情简介

被告人冯某钊在家中自行搜集涉及炸药制造的信息，经整理形成一个电子文档，命名为“恐怖分子手册”，并于2009年11月26日及2010年4月19日先后两次使用“但它”的用户名，在百度文库栏目中发布“恐怖分子手册”电子文档（1）至（10），内容包括各种炸药、燃烧剂、汽油弹、炸弹、燃烧弹等配方及制作方法，其中穿插了一些涉及恐怖组织活动的字眼和语句。例如，“同学们，伟大主席奥马尔说：胜利属于团结的塔利班人民”“同学们，双手沾满了恐怖分子鲜血的沙龙曾说：如果我是巴勒斯坦人，我也会做自杀爆炸者，而且我要用04”等。文档中所涉及的各种炸药知识、制法等均具有一定的科学性、可行性，但其内容不涉密，通过正常渠道如专业图书、网络等均可查询到。两个文档在网络上共被浏览2065次，下载116次。冯某钊于2010年5月20日被抓获归案后供述：“自己这样做当时没想后果，就是觉得好玩，想让别人也看看，用这个文档名称，是想引起浏览者的注意。”

（二）问题

互联网上散布特定犯罪方法的技术知识能否构成传授犯罪？被告人冯某钊的行为应当如何定罪与处罚？

（三）法律规定

《中华人民共和国刑法》

第295条　传授犯罪方法的，处5年以下有期徒刑、拘役或者管制；情节严重的，处5年以上10年以下有期徒刑；情节特别严重的，处10年以上有期徒刑或者无期徒刑。

（四）法理分析

传授犯罪方法罪，是指故意使用各种手段将犯罪方法传授给他人的行为。

本罪的构成特征是：

1. 本罪侵犯的客体是社会管理秩序。

2. 本罪在客观方面表现为行为人实施了传授犯罪方法的行为。所谓“传授犯罪方法”，是指使用各种手段将犯罪方法传授给他人。传授手段没有限制，包括口头传授、书面传授和动作示范传授，包括公开传授和秘密传授、直接传授和间接传授等。在信息网络上、通讯群组中传授犯罪方法的，成立本罪。所谓“犯罪方法”，是指实施犯罪的技术、手段、步骤、办法等，包括反侦查、逃避审判、犯罪后逃匿、销毁罪证等方法。本罪是行为犯。只要行为人实施了传授犯罪方法的行为，无论被传授的人是否实施了行为人所传授的犯罪方法，是否造成了实际的危害结果，都构成犯罪既遂。

3. 本罪的主体是一般主体，即已满16周岁、具备刑事责任能力的自然人。多为具有犯罪经验和技能的人。

4. 本罪的主观方面是故意。

司法实践中，认定本罪时应注意本罪与教唆犯罪的界限。二者在客观上有相似之处，即都是通过语言、文字、身体动作将一定的内容传授给他人，行为人都不亲自运用传授或教唆的内容实施特定的危害行为。二者的主要区别在于：（1）侵犯的客体不同。本罪侵犯的客体是确定的，即社会管理秩序；而教唆犯罪侵犯的客体是不确定的，取决于被教唆犯罪的性质。（2）客观方面表现不同。本罪的实质在于把犯罪的方法、手段、技能、经验传授给他人，是传艺犯，可以在他人产生犯意之后实施；而教唆犯罪的实质在于引起他人产生犯罪意图，是造意犯，必须在他人产生犯意之前实施。（3）犯罪主体要求不同。本罪的主体是达到刑事责任年龄、具备刑事责任能力的人；而对于教唆犯罪而言，已满14周岁不满16周岁的人教唆他人实施《刑法》第17条第2款规定的罪的，可以成为教唆罪的主体。（4）主观方面不同。本罪只能由直接故意构成；而教唆犯罪既可以由直接故意构成，也可以由间接故意构成。（5）犯罪既遂的标准不同。本罪属于行为犯，即行为人只要实施了传授犯罪方法的行为就构成犯罪既遂，被传授者是否接受犯罪方法并实施了犯罪，均不影响犯罪的成立；而教唆犯罪则具有既遂和未遂之分，随被教唆者的犯罪行为而定。只有当被教唆者实施教唆犯教唆的犯罪时，才能构成教唆犯罪的既遂，否则是教唆犯罪未遂。（6）定罪处罚不同。本罪是独立的罪名，应按照法律规定的3个量刑幅度，依照情节轻重予以处罚；而教唆犯罪不是独立的罪名，是共同犯罪，应按教唆犯教唆的罪名定性，并按其在共同犯罪中所起的作用量刑。（7）构成的罪数不同。对本罪来说，无论行为人向他人传授一种犯罪方法还是多种犯罪方法，都只能构成传授犯罪方法罪一个罪，不存在数罪并罚问题；对教唆犯罪而言，对同一个被教唆人，教唆实施一种犯罪构成一个教唆罪，教唆实施数种不同的犯罪，则构成数个不同的教唆犯罪，存在数罪并罚问题。

本案中，法院经审理认为，被告人将涉及炸药制造方法的内容与涉及恐怖活动的文字相结合，以“恐怖分子手册”的名称在互联网上公然发布，向他人传授犯罪方法，其行为妨害了社会管理秩序，构成传授犯罪方法罪，依法应予惩处。鉴于被告人当庭自愿认罪，有悔罪表现，故对其所犯罪行可酌情从轻处罚。据此，根据被告人冯某钊犯罪的事实、犯罪的性质、情节以及对社会的危害程度，依照《刑法》第295条、第61条、第64条之规定，对被告人冯某钊以传授犯罪方法罪判处拘役6个月。

十一、聚众淫乱罪

案　例

（一）案情简介

被告人吴某某于2020年11月至12月，在其住所先后趁3名女性醉酒后不知反抗或不能反抗之机，强行与之发生性关系；2018年7月1日，吴某某在其住所，伙同他人组织另外两名女性酒后进行淫乱活动。

（二）问题

被告人吴某某的行为应当如何定罪与处罚？

（三）法律规定

《中华人民共和国刑法》

第301条第1款　聚众进行淫乱活动的，对首要分子或者多次参加的，处5年以下有期徒刑、拘役或者管制。

（四）法理分析

聚众淫乱罪，是指聚集众人进行集体淫乱活动的行为。本罪的构成特征是：

1. 本罪侵犯的客体是社会的道德风尚和社会管理秩序。

2. 本罪在客观方面表现为实施了聚众淫乱的行为。所谓“聚众”，是指三人以上（包括三人）。所谓“淫乱”，是指不符合道德准则的性行为，除自然性行为，还包括其他刺激、兴奋、满足性欲的行为，如聚众从事手淫、口交、鸡奸等行为。

3. 本罪的主体是一般主体，即已满16周岁、具备刑事责任能力的自然人。根据《刑法》第301条第1款的规定，主要处罚首要分子和多次参加者。

4. 本罪的主观方面是故意。

司法实践中，认定本罪时应注意两点：一是本罪的淫乱活动仅限于身体淫乱活动，聚众观看淫秽物品、聚众讲述淫秽言论，数人在不同地点的网上裸聊的，不成立本罪。二是参与聚众淫乱的人不必具有被迫性。如果以暴力、胁迫或者其他强制方法强迫他人参加聚众淫乱活动，则视行为性质、次数与具体情况认定为强奸罪、强制猥亵罪或者与本罪实行数罪并罚。只有自愿参加聚众淫乱的人才能构成本罪，但不要求参与淫乱的人都出于自愿进行性行为。

本案中，法院经审理认为，被告人吴某某违背妇女意志，利用多名被害人醉酒之机与其发生性关系，其行为构成强奸罪；聚众进行淫乱活动，且系首要分子，其行为又构成聚众淫乱罪，应依法并罚。最终法院作出判决，对被告人吴某某以强奸罪判处有期徒刑11年6个月，附加驱逐出境；以聚众淫乱罪判处有期徒刑1年10个月；数罪并罚，决定执行有期徒刑13年，附加驱逐出境。

十二、赌博罪

案　　例

（一）案情简介

2021年2月22日至12月20日，被告人李某明伙同李某（已判刑）、李某锋、李某柯、李某军（均另案处理）等人多次交叉结伙在永城市侯岭乡“某花园”西门李某的“烟酒便利店”内和侯岭乡“某物流园”北门“某名车精修”店内采取“打麻将”“斗地主”等方式进行聚众赌博，微信流水赌资12.117万元。其中被告人李某明参与赌博11次，微信流水赌资9.522万元，非法获利1.288万元。案发后，被告人李某明将非法所得全部退出。

（二）问题

被告人李某明的行为应当如何定罪与处罚？

（三）法律规定

《中华人民共和国刑法》

第303条第1款　以营利为目的，聚众赌博或者以赌博为业的，处3年以下有期徒刑、拘役或者管制，并处罚金。

（四）法理分析

赌博罪，是指以营利为目的，聚众赌博或者以赌博为业的行为。本罪的构成特征是：

1. 本罪侵犯的客体是社会风尚和社会管理秩序。

2. 本罪在客观方面表现为行为人以营利为目的，聚众赌博或者以赌博为业的行为。具体而言，包括以下两方面内容：

第一，聚众赌博。所谓“聚众赌博”，是指为赌博行为提供赌场、赌具，即组织、吸引他人参加赌博，行为人从中抽头渔利的行为。至于行为人是否亲自参与赌博，在所不问。2005 年 5 月最高人民法院、最高人民检察院《关于办理赌博刑事案件具体应用法律若干问题的解释》第 1 条规定，以营利为目的，有下列情形之一的，属于《刑法》第 303 条规定的“聚众赌博”：（1）组织 3 人以上赌博，抽头渔利数额累计达到 5000 元以上的；（2）组织 3 人以上赌博，赌资数额累计达到 5 万元以上的；（3）组织 3 人以上赌博，参赌人数累计达到 20 人以上的；（4）组织中华人民共和国公民 10 人以上赴境外赌博，从中收取回扣、介绍费的。根据该解释第 4 条和第 8 条的规定，通过计算机网络实施赌博犯罪的，赌资数额可以按照在计算机网络上投注或者赢取的点数乘以每一点实际代表的金额认定；明知他人实施赌博犯罪活动，而为其提供资金、计算机网络、通信、费用结算等直接帮助的，以赌博罪的共犯论处。

第二，以赌博为业。即以赌博所得为主要生活来源或挥霍来源。是指嗜赌成性，一贯赌博，以赌博所得为其生活来源。

只要具备聚众赌博或以赌博为业的其中一种行为，就构成本罪。

3. 本罪的主体是一般主体，即已满 16 周岁、具备刑事责任能力的自然人。

4. 本罪的主观方面是故意，并且具有营利目的。“以营利为目的”是构成赌博罪的主观要件，是指行为人实施聚众赌博、以赌博为业的行为，是为了获取数额较大的金钱或者其他财物，而不是为了消遣、娱乐。不以营利为目的，进行带有少量财物输赢的娱乐活动，以及提供棋牌室等娱乐场所只收取正常的场所和服务费用的经营行为等，不以赌博论处。

司法实践中，认定本罪时应注意以下几个问题：

一是罪与非罪的界限。其一，应把赌头、赌棍、赌场业主与一般参与赌博的群众区别开来。对前者应依法追究其刑事责任，对后者主要是批评教育。其二，对于亲属或者朋友间带有赌博性质的行为，不应当作为犯罪处理。其三，对于以营利为目的，设置骗局，非法发行彩票，从中渔利的，应当视为聚众赌博，按照赌博罪的规定追究刑事责任。

二是本罪与其他犯罪的界限。根据 1995 年 11 月最高人民法院《关于对设置圈套诱骗他人参赌又向索还钱财的受骗者施以暴力或暴力威胁的行为应如何定罪问题的批复》及 2005 年 6 月最高人民法院《关于审理抢劫、抢夺刑事案件适用法律若干问题的意见》规定，行为人设置圈套诱骗他人参赌获取钱财，属赌博行为，构成犯罪的，应当以赌博罪定罪处罚。参赌者识破骗局要求退还所输钱财，设赌者又使用暴力或者以暴力相威胁，拒绝退还的，应以赌博罪从重处罚；致参赌者伤害或者死亡的，应以赌博罪和故意伤害罪或者故意杀人罪，依法实行数罪并罚。抢劫赌资、犯罪所得的赃款赃物的，以抢劫罪定罪，但行为人仅以其所输赌资或所赢赌债为抢劫对象，一般不以抢劫罪定罪处罚。构成其他犯罪的，依照刑法的相关规定处罚。

对实施贪污、挪用公款、职务侵占、挪用单位资金、挪用特定款物、受贿等犯罪，并将犯罪所得的款物用于赌博的，分别依照刑法有关规定从重处罚；同时构成赌博罪的，应依照刑法规定实行数罪并罚。

通过赌博或者为国家工作人员赌博提供资金的形式实施行贿、受贿行为，构成犯罪的，依照刑法关于贿赂犯罪的规定定罪处罚。

本案中，法院经审理认为，被告人李某明以营利为目的，参与聚众赌博，其行为构成赌博罪。永城市人民检察院指控的罪名成立，予以支持。被告人李某明主动投案，如实供述犯罪事实，系自首，依法可从轻或减轻处罚；被告人李某明自愿认罪认罚，依法可从宽处理。检察机关量刑建议适当，予以采纳。根据被告人犯罪的事实、犯罪的性质、情节及社会危害程度，依据《刑法》第 303 条第 1 款、第 25 条第 1 款、第 67 条第 1 款、第 52 条、第 53 条、《刑事诉讼法》第 15 条之规定，判决被告人李某明犯赌博罪，判处有期徒刑 6 个月，并处罚金人民币 5000 元。

十三、开设赌场罪

案　　例

（一）案情简介

2023 年 2 月至 4 月，被告人王某某通过在某 App 内充值“钻石”开设“房间”，以每局收取人民币 20 元“房费”的形式组织网络赌博，其间共抽头渔利 3 万余元，扣除费用后实际获利 2.9 万余元。

（二）问题

如何认定“开设赌场”？被告人王某某的行为应如何定罪与处罚？

（三）法律规定

《中华人民共和国刑法》

第 303 条第 2 款　开设赌场的，处 5 年以下有期徒刑、拘役或者管制，并处罚金；情节严重的，处 5 年以上 10 年以下有期徒刑，并处罚金。

（四）法理分析

开设赌场罪，是《刑法修正案（六）》从赌博罪中分离出来的罪名。是指以营利为目的，为赌博提供场所及赌具，主宰和控制赌场营运活动的行为。本罪的构成特征是：

1. 本罪侵犯的客体是国家对社会风尚管理秩序。

2. 本罪在客观方面表现为开设赌场的行为。所谓“开设赌场”，传统的“开设赌场”，是指以营业性为目的为赌博提供场所，设定赌博方式，提供赌具、筹码，接受赌客投注的行为。近年来，网络赌博发展迅速。中文赌博网站主要设在境外，在境内设立分级代理。从网站内容及运营方式来看，赌博网站与传统赌场很相似，赌博网站的每一级代理，均全权代表赌博网站与赌客发生业务关系。与传统赌场不同的是，网络赌博的赌场设在计算机网络上，投注、资金交割只需轻点鼠标瞬间即可完成，使赌博更加快捷、方便。根据 2010 年 8 月最高人民法院、最高人民检察院、公安部《关于办理网络赌博犯罪案件适用法律若干问题的意见》第 1 条第 1 款的规定，利用互联网、移动通讯终端等传输赌博视频、数据，组织赌博活动，具有下列情形之一的，属于《刑法》第 303 条第 2 款规定的“开设赌场”行为：（1）建立赌博网站并接受投注的；（2）建立赌博网站并提供给他人组织赌博的；（3）为赌博网站担任代理并接受投注的；（4）参与赌博网站利润分成的。

2014 年 3 月 26 日，最高人民法院、最高人民检察院、公安部联合印发了《关于办理利用赌博机开设赌场案件适用法律若干问题的意见》第 1 条规定，设置具有退币、退分、退钢珠等赌博功能的电子游戏设施设备，并以现金、有价证券等贵重款物作为奖品，或者以回购奖品方式给予他人现金、有价证券等贵重财物（以下简称设置赌博机）组织赌博活动的，应当认定为《刑法》第 303 条第 2 款规定的“开设赌场”行为。第 2 条第 1 款规定，设置赌博机组织赌博活动，具有下列情形之一的，应当按照《刑法》第 303 条第 2 款规定的开设赌场罪定罪处罚：（1）设置赌博机 10 台以上的；（2）设置赌博机 2 台以上，容留未成年人赌博的；（3）在中小学校附近设置赌博机 2 台以上的；（4）违法所得累计达到 5000 元以上的；（5）赌资数额累计达到 5 万元以上的；（6）参赌人数累计达到 20 人以上的；（7）因设置赌博机被行政处罚后，

2 年内再设置赌博机 5 台以上的；（8）因赌博、开设赌场犯罪被刑事处罚后，5 年内再设置赌博机 5 台以上的；（9）其他应当追究刑事责任的情形。

根据 2020 年最高人民法院、最高人民检察院、公安部《办理跨境赌博犯罪案件若干问题的意见》关于跨境赌博犯罪的认定，以营利为目的，有下列情形之一的，属于《刑法》第 303 条第 2 款规定的“开设赌场”：（1）境外赌场经营人、实际控制人、投资人，组织、招揽中华人民共和国公民赴境外赌博的；（2）境外赌场管理人员，组织、招揽中华人民共和国公民赴境外赌博的；（3）受境外赌场指派、雇佣，组织、招揽中华人民共和国公民赴境外赌博，或者组织、招揽中华人民共和国公民赴境外赌博，从赌场获取费用、其他利益的；（4）在境外赌场包租赌厅、赌台，组织、招揽中华人民共和国公民赴境外赌博的；（5）其他在境外以提供赌博场所、提供赌资、设定赌博方式等，组织、招揽中华人民共和国公民赴境外赌博的。在境外赌场通过开设账户、洗码等方式，为中华人民共和国公民赴境外赌博提供资金担保服务的，以开设赌场论处。以营利为目的，利用信息网络、通讯终端等传输赌博视频、数据，组织中华人民共和国公民跨境赌博活动，有下列情形之一的，属于《刑法》第 303 条第 2 款规定的“开设赌场”：（1）建立赌博网站、应用程序并接受投注的；（2）建立赌博网站、应用程序并提供给他人组织赌博的；（3）购买或者租用赌博网站、应用程序，组织他人赌博的；（4）参与赌博网站、应用程序利润分成的；（5）担任赌博网站、应用程序代理并接受投注的；（6）其他利用信息网络、通讯终端等传输赌博视频、数据，组织跨境赌博活动的。

根据《刑法修正案（十一）》的规定，组织中华人民共和国公民参与国（境）外赌博，数额巨大或者有其他严重情节的，构成组织参与国（境）外赌博罪，依照开设赌场罪的规定处罚。

3. 本罪的主体是一般主体，即已满 16 周岁、具备刑事责任能力的自然人。

4. 本罪的主观方面是故意，并且以营利为目的。

司法实践中，认定本罪时应注意罪与非罪、此罪与彼罪的界限。本罪的主观方面是故意，是以营利为目的而开设赌场；提供棋牌室等娱乐场所只收取正常的场所和服务费用的经营行为，不属于开设赌场行为。只有“开设赌场”的人，即赌场老板或合伙开办经营赌场者才应构成本罪，普通雇员不属于开设赌场的人。明知他人实施赌博犯罪活动，而为其提供资金、计算机网络、通讯、费用结算等直接帮助的，以赌博罪、开设赌场罪的共犯论处。仅仅从事接送、餐饮服务、望风等辅助活动，从中领取工资报酬且情节轻微的，可不以赌博罪、开设赌场罪共犯论处。明知他人开设赌场而提供出租房屋且情节严重的，可以构成帮助犯。未经国家批准擅自发行、销售彩票，构成犯罪的，以非法经营罪定罪处罚。

本案中，法院经审理认为，被告人王某某以营利为目的，通过 App 开设“房间”，在一段时间内持续组织人员进行网络赌博活动的行为，属于《刑法》第 303 条第 2 款规定的“开设赌场”，已构成开设赌场罪。其抽头渔利数额 3 万余元，属情节严重。王某某具有自首、自愿认罪认罚、有同类犯罪前科等量刑情节。最终，法院以犯开设赌场罪，依法判处王某某有期徒刑 3 年，并处罚金人民币 1 万元，同时依法追缴王某某的违法所得，上缴国库。

十四、伪证罪

案　例

（一）案情简介

2011 年 11 月，王某某在修建自己房屋时，同村居民胡某某予以阻止，为此双方发生争吵、相互撕扯，致王某某左耳外伤性鼓膜穿孔。经鉴定，王某某左耳的损伤程度属轻伤。次月 2 日，某县公安局对胡某某涉嫌故意伤害王某某立案侦查。在侦查过程中，金某某以证人的身份先后两次接受侦查机关的询问，均称其看见王某某的脸被胡某某打了两拳，而在施工现场的郑某某、李某某、陈某某、赵某等人在接受侦查人员询问时，证明胡某某没有殴打王某某或者没有看见胡某某殴打王某某。同日，侦查机关依据金某某的证言，将胡某某刑事拘留。之后，对胡某某采取了逮捕措施并移送检察机关审查起诉。

同月 23 日，侦查机关对胡某某变更逮捕措施为监视居住，胡某某于当日被释放。胡某某涉嫌故意伤害案件移送审查起诉后，金某某在接受检察机关询问时，对其之前称看见胡某某殴打王某某的事实予以否认，并承认在侦查机关对其询问时做了虚假言词。次日，侦查机关以证据不足撤销了胡某某涉嫌故意伤害案。案发后，金某某如实供述自己的有罪事实，有较好的认罪态度。

（二）问题

如何理解伪证罪的“虚假”？金某某的行为应当如何定罪与处罚？

（三）法律规定

《中华人民共和国刑法》

第 305 条　在刑事诉讼中，证人、鉴定人、记录人、翻译人对与案件有重要关系的情节，故意作虚假证明、鉴定、记录、翻译，意图陷害他人或者隐匿罪证的，处 3 年以下有期徒刑或者拘役；情节严重的，处 3 年以上 7 年以下有期徒刑。

（四）法理分析

伪证罪，是指在刑事诉讼中，证人、鉴定人、记录人、翻译人对与案件有重要关系的情节，故意作虚假证明、鉴定、记录、翻译，意图陷害他人或者隐匿罪证的行为。本罪的构成特征是：

1. 本罪侵犯的客体是复杂客体，既妨害了司法机关正常的刑事司法秩序，又侵犯了公民的人身权利。无论是作伪证使无辜之人蒙受冤屈入狱，还是使有罪之人逃避法律追究，都在干扰司法机关正常的司法活动的同时，侵犯了公民的人身权利。

2. 本罪在客观方面表现为在刑事诉讼中，证人、鉴定人、记录人、翻译人对案件有重要关系的情节，故意作虚假证明、鉴定、记录、翻译行为。具体而言，包括以下三方面的内容：

第一，行为人必须作了虚假的证明、鉴定、记录、翻译。所谓“虚假”，是指不符合客观事实的陈述、鉴定、记录、翻译。一般包括两种情况：一是捏造或者夸大事实以陷人入罪；二是掩盖或者缩小事实以开脱罪责。如在口头陈述中作虚假陈述，在文字鉴定中作虚假鉴定，不记录或者擅自增添重要事实，删除录音录像中记录的重要事实，在笔译或者口译中作虚假翻译等。伪证行为可能是明示行为，也可能是默示行为，但只能是积极的行为。拒不作证的不作为行为，不构成本罪。例如，司法机关故意提出不利于被告人的问题时，行为人不做任何表示的，不构成本罪；而聋哑人以点头或摇头进行作证的，也可能构成伪证。

第二，必须是发生在刑事诉讼中。即必须发生在公安司法机关对刑事案件受理、侦查、立案到终审判决送达之前（包括死刑复核判决送达之前）。在公安司法机关受理案件前或判决确定后，意图使他人受到或免于刑事追究而故意作虚假陈述的，构成诬告陷害罪或包庇罪。不包括在民事、行政诉讼中。

第三，必须是对与案件有重要关系的情节做虚假证明、鉴定、记录、翻译。所谓“与案件具有重要关系的情节”，是指对认定行为是否构成犯罪，构成什么罪，或者对罪行轻重有重要影响的情节，包括定罪情节和量刑情节。

3. 本罪的主体是特殊主体，即参加刑事诉讼的证人、鉴定人、记录人、翻译人。所谓“证人”，是指按照司法机关的要求，陈述自己所知悉的案件事实情况的人；所谓“鉴定人”，是指由司法机关所指派或聘请、具有专门知识或特殊技能，对案件中的某些情节或事实真相作出专门性结论的人；所谓“记录人”，是指为案件的调查取证，询问证人、被害人或审讯犯罪嫌疑人、被告人等活动担任文字记录的人；所谓“翻译人”，是指由司法机关所指派或聘请的，为案件中的外籍人士、少数民族或聋哑人等诉讼参与人充当翻译的人，包括口译人员，也包括书面翻译人员。

被害人在刑事诉讼中接受司法机关调查时作伪证的，可以伪证罪追究其刑事责任。

4. 本罪的主观方面为故意，且行为人具有陷害他人或者隐匿罪证的目的。

司法实践中，认定本罪时应注意以下两个问题：

一是罪与非罪的界限。（1）伪证罪的成立只限于行为人在刑事案件中作伪证，如果行为人在民事、行政诉讼案件中作伪证的，不成立本罪；（2）如果行为人只是就与案件的定罪量刑这一实体处理结果关系不大的情节作伪证的，不成立本罪；（3）注意区分伪证与误证。如果行为人确因记忆错误而证词失实，或者鉴定人、记录人、翻译人因业务水平低或粗心大意导致鉴定、记录、翻译出错，只要有证据能够证明行为人不具有陷害他人或者隐匿罪证的意图的，不成立本罪。

二是本罪与诬告陷害罪的界限。诬告陷害罪是指捏造事实，作虚假告发，意图陷害他人，使他人受刑事追究的行为。二者虽然都涉及提供虚假事实，但具体的行为方式、犯罪主体、行为内容以及实施时间等方面存在明显区别。两罪的主要区别在于：（1）侵犯的客体不同。本罪侵犯的客体是国家司法机关的正常活动；而诬告陷害罪侵犯的主要客体则是公民的人身权利。（2）发生的时间不同。本罪发生在刑事诉讼过程中；而诬告陷害罪则发生在立案侦查之前，而且往往可能是引起立案侦查的原因。（3）客观方面表现不同。本罪是对与刑事案件有重要关系的情节作虚假的证明、鉴定、记录、翻译；而诬告陷害罪则是捏造整个犯罪事实。（4）犯罪主体不同。本罪的主体是特殊主体，即参加刑事诉讼的证人、鉴定人、记录人、翻译人；而诬告陷害罪的主体是一般主体。（5）主观方面不同。本罪主观上既可以是意图陷害他人，也可能是意图为他人开脱罪责；而诬告陷害罪的目的则是意图使他人受到刑事处分。

本案中，行为人金某某系刑事诉讼中的证人，在接受侦查机关的询问时，对案件有重大影响的情节故意作虚假陈述，意图陷害他人或使他人受刑事追究，其对虚假作证的行为及该行为产生的危害后果具有直接故意，构成伪证罪。一审法院判决被告人金某某犯伪证罪，判处有期徒刑 6 个月。

十五、妨害作证罪

案　例

（一）案情简介

2022 年 8 月 14 日，被告人陈某、罗某琦在知道其朋友赵某某因涉嫌组织卖淫罪被公安机关抓获后，主动找到赵某某妻子蔡某，在得知蔡某曾参与组织卖淫后，为帮助赵某某、蔡某脱罪，让蔡某把手机中和卖淫女、嫖客的聊天记录全部删除，将全部事情推到赵某某身上，随后将赵某某招揽的卖淫女从瓦房店某医院附近路边转移至瓦房店附近出租屋，在其他三人试图转移居住在某小区的卖淫女时被公安机关当场抓获。

（二）问题

被告人陈某、罗某琦的行为应当如何定罪与处罚？

（三）法律规定

《中华人民共和国刑法》

第 307 条第 1 款　以暴力、威胁、贿赂等方法阻止证人作证或者指使他人作伪证的，处 3 年以下有期徒刑或者拘役；情节严重的，处 3 年以上 7 年以下有期徒刑。

第 3 款　司法工作人员犯前两款罪的，从重处罚。

（四）法理分析

妨害作证罪，是指以暴力、威胁、贿赂等方法阻止证人作证或者指使他人作伪证的行为。本罪的构成特征是：

1. 本罪侵犯的客体是国家司法机关的正常诉讼活动。

2. 本罪在客观方面表现为行为人实施了以暴力、威胁、贿赂等方法阻止证人作证或者指使他人作伪证的行为。具体而言，包括以下两方面内容：

第一，必须实施暴力、威胁、贿赂的行为。所谓“暴力”，是指使用殴打、绑架等人身强制的方法，使证人不敢作证或者指使他人作伪证。所谓“威胁”，是指以杀害、伤害证人及其亲属、毁坏其财产，揭露其隐私等方法威胁，迫使证人不敢、不愿作证或者促使他人作伪证。所谓“贿买”，是指以金钱、财物或其他利益进行收买、利诱指使证人不愿作证或者促使他人作伪证。

第二，必须阻止证人作证或者指使他人作伪证。所谓“阻止证人作证”，是指阻止证人就其所了解的案件情况向司法机关作出口头或者书面陈述。如阻止证人出庭作证，阻止被害人向司法机关提交书面陈述等。所谓“指使他人作伪证”，是指唆使、指示他人作违背事实的证言，提交违背事实的鉴定意见，指使翻译人、记录人作虚假翻译、记录等。

关于本罪的成立时间，刑法没有作限制规定，但一般发生在诉讼过程中，既可以在刑事诉讼中，也可以在民事、行政、经济等诉讼活动中。

3. 本罪的主体是一般主体，即已满 16 周岁、具备刑事责任能力的自然人。

4. 本罪的主观方面是故意。

司法实践中，认定本罪时应注意与伪证罪的界限。伪证罪是指在刑事诉讼中，证人、鉴定人、记录人、翻译人对与案件有重要关系的情节，故意作虚假证明、鉴定、记录、翻译，意图陷害他人或者隐匿罪证的行为。二者在客观上都侵犯了国家司法机关正常的司法诉讼活动，都有可能发生在诉讼活动领域。两罪的主要区别在于：（1）犯罪主体不同。本罪的主体是一般主体；而伪证罪的主体是特殊主体，仅限于证人、鉴定人、记录人、翻译人四种。（2）主观方面不同。本罪与伪证罪虽同是直接故意犯罪，但具体罪过内容和犯罪目的不同。本罪一般是出于为自己或他人谋利的目的；而伪证罪则是陷害他人或者隐匿罪证目的。（3）客观方面不同。本罪客观方面表现为实施妨害证人依法作证或指使他人作伪证的行为；而伪证罪的客观方面则表现为在刑事诉讼中对与案件有重要关系的情节作虚假的证明、鉴定、记录和翻译。（4）发生的时间、空间不同。本罪可以发生在诉讼提起之前，也可以发生在诉讼活动过程中，既可以发生在刑事诉讼活动中，也可以发生在民事、行政诉讼活动中，发案范围较广；而伪证罪则只能发生在刑事诉讼活动中，发案范围较窄。

本案中，法院经审理认为，被告人陈某、罗某琦在明知他人可能涉嫌刑事犯罪的情况下，为帮助他人脱罪，阻止证人作证，指使他人作伪证，其行为已妨害司法公正，构成妨害作证罪。公诉机关指控被告人陈某、罗某琦的犯罪事实清楚，证据确实、充分，指控罪名成立，法院予以支持。综上，依照《刑法》第 307 条、第 42 条、第 67 条第 3 款之规定，被告人陈某犯妨害作证罪，判处拘役 5 个月；被告人罗某琦犯妨害作证罪，判处拘役 4 个月。

十六、虚假诉讼罪

案 例

(一) 案情简介

被告人周某琼和邓某泉系夫妻关系，二人因欠下高额债务，经济状况恶化，于2015年3月12日与邓某泉的亲属周某成(被告人)签订虚假借款协议，捏造周某琼和邓某泉向周某成借款220万元的事实。同年3月16日和17日，周某琼将筹集到的资金220万元通过亲属银行账户转入周某成的银行账户，再由周某成的银行账户转回到周某琼的银行账户，制造周某成向周某琼交付220万元的资金流水记录。周某琼和邓某泉后又于3月16日将二人名下的两套房产抵押给周某成。

2018年，债权人余某勤提起民事诉讼，要求周某琼、邓某泉偿还借款300万元及相应利息，法院作出民事判决，由周某琼、邓某泉限期偿还余某勤借款及利息共计约580万元，周某琼、邓某泉遂唆使周某成以此前捏造的借款协议等材料为依据，于2019年1月8日向某区人民法院提起民事诉讼，并出资为周某成聘请律师担任诉讼代理人参加诉讼。某区人民法院基于三人捏造的债权债务关系，先后出具民事调解书和多份执行法律文书。其后，周某琼、邓某泉将之前抵押给周某成的二人名下两套房产抵偿给周某成，并伙同周某成以358万元的价格将房产出售给他人，导致余某勤等债权人的债权无法实现。

(二) 问题

什么是虚假诉讼罪？被告人周某琼和邓某泉的行为应当如何定罪与处罚？

(三) 法律规定

《中华人民共和国刑法》

第307条之一　以捏造的事实提起民事诉讼，妨害司法秩序或者严重侵害他人合法权益的，处3年以下有期徒刑、拘役或者管制，并处或者单处罚金；情节严重的，处3年以上7年以下有期徒刑，并处罚金。

单位犯前款罪的，对单位判处罚金，并对其直接负责的主管人员和其他直接责任人员，依照前款的规定处罚。

有第1款行为，非法占有他人财产或者逃避合法债务，又构成其他犯罪的，依照处罚较重的规定定罪从重处罚。

司法工作人员利用职权，与他人共同实施前3款行为的，从重处罚；同时构成其他犯罪的，依照处罚较重的规定定罪从重处罚。

（四）法理分析

虚假诉讼罪，是指自然人或者单位以捏造的事实提起民事诉讼，妨害司法秩序或者严重侵害他人合法权益的行为。本罪的构成特征是：

1. 本罪侵犯的客体是复杂客体。既妨害了司法机关的正常活动，又侵犯了他人的财产权等合法权益。本罪的行为特点在于对民事诉讼活动的利用，不仅浪费了有限的司法资源，严重扰乱了司法机关的正常活动，对司法权威和司法公信力造成损害，而且行为人借由法院判决获取财产利益，也对他人财产权等合法权益造成了侵害。

2. 本罪在客观方面表现为以捏造的事实提起民事诉讼，妨害司法秩序或者严重侵害他人合法权益的行为。具体而言，包括以下两方面内容：

第一，必须以捏造的事实提起民事诉讼。所谓“以捏造的事实提起民事诉讼”，是指以虚假事实为根据，依照民事诉讼法向法院提起诉讼。根据2018年最高人民法院、最高人民检察院《关于办理虚假诉讼刑事案件适用法律若干问题的解释》第1条的规定，采取伪造证据、虚假陈述等手段，实施下列行为之一，捏造民事法律关系，虚构民事纠纷，向人民法院提起民事诉讼的，应当认定为《刑法》第307条之一第1款规定的“以捏造的事实提起民事诉讼”：（1）与夫妻一方恶意串通，捏造夫妻共同债务的；（2）与他人恶意串通，捏造债权债务关系和以物抵债协议的；（3）与公司、企业的法定代表人、董事、监事、经理或者其他管理人员恶意串通，捏造公司、企业债务或者担保义务的；（4）捏造知识产权侵权关系或者不正当竞争关系的；（5）在破产案件审理过程中申报捏造的债权的；（6）与被执行人恶意串通，捏造债权或者对查封、扣押、冻结财产的优先权、担保物权的；（7）单方或者与他人恶意串通，捏造身份、合同、侵权、继承等民事法律关系的其他行为。隐瞒债务已经全部清偿的事实，向人民法院提起民事诉讼，要求他人履行债务的，以“以捏造的事实提起民事诉讼”论。向人民法院申请执行基于捏造的事实作出的仲裁裁决、公证债权文书，或者在民事执行过程中以捏造的事实对执行标的提出异议、申请参与执行财产分配的，属于“以捏造的事实提起民事诉讼”。常见的情形是，通过伪造书证、物证，或者双方恶意串通提起民事诉讼。在刑事自诉、行政诉讼中以捏造的事实向法院提起虚假刑事自诉或者行政诉讼的，不成立本罪。

第二，必须妨害司法秩序或者严重侵害他人合法权益的行为，这是本罪的结果要件。根据2018年“两高”《关于办理虚假诉讼刑事案件适用法律若干问题的解释》第2条的规定，以捏造的事实提起民事诉讼，有下列情形之一的，应当认定为《刑法》第307条之一第1款规定的“妨害司法秩序或者严重侵害他人合法权益”：（1）致使人民法院基于捏造的事实采取财产保全或者行为保全措施的；（2）致使人民法院开庭审理，干扰正常司法活动的；（3）致使人民法院基于捏造的事实作出裁判文书、制作财产分配方案，或者立案执行基于捏造的事实作出的仲裁裁决、公证债权文书的；（4）多次以捏造的事实提起民事诉讼的；（5）曾因以捏造的事实提起民事诉讼被采取民事诉讼强制措施或者受过刑事追究的；（6）其他妨害司法秩序或者严重侵害他人合法权益的情形。

3. 本罪的主体是一般主体，即已满16周岁、具备刑事责任能力的自然人和单位。

4. 本罪的主观方面是故意，过失不构成本罪。

司法实践中，认定本罪时应注意本罪的罪数问题。（1）实施本罪，非法占有他人财产或者逃避合法债务，又构成诈骗罪、职务侵占罪、拒不执行判决、裁定罪、贪污罪等犯罪的，择一重罪论处。（2）司法工作人员利用职权，与他人共同实施本罪的，依照本罪从重处罚；同时构成滥用职权罪、民事枉法裁判罪、执行判决、裁定滥用职权罪等犯罪的，择一重罪论处。（3）诉讼代理人、证人、鉴定人等诉讼参与人与他人通谋，代理提起虚假民事诉讼、故意作虚假证言或者出具虚假鉴定意见，共同实施本罪的，构成本罪的共同犯罪；同时构成妨害作证罪、帮助毁灭、伪造证据罪等犯罪的，择一重罪论处。（4）采取伪造证据等手段篡改案件事实，骗取人民法院裁判文书，构成犯罪的，可依照《刑法》第280条（伪造国家机关公文、证件、印章罪）、第307条第2款（帮助伪造证据罪）等罪论处。

本案中，法院经审理认为，被告人周某琼、邓某泉与被告人周某成恶意串通，捏造债权债务关系，向人民法院提起民事诉讼，妨害司法秩序，严重侵害他人合法权益，情节严重，其行为均已构成虚假诉讼罪，且系共同犯罪。周某琼、邓某泉起主要作用，系主犯；周某成在周某琼、邓某泉安排下配合二人提起虚假诉讼，起辅助作用，系从犯，依法应当从轻、减轻处罚。法院以虚假诉讼罪判处被告人周某琼有期徒刑3年6个月，并处罚金人民币4万元；判处被告人邓某泉有期徒刑3年，并处罚金人民币4万元；判处被告人周某成有期徒刑2年，缓刑4年，并处罚金人民币3万元。

十七、窝藏、包庇罪

案　例

（一）案情简介

案例1：2016年至2019年10月30日，王某某以其公职人员身份为掩护，虚构了某安置楼房源项目，并以交付购房预付款名义，骗取了100多名被害人800万余元。2019年10月29日，李某为帮助王某某逃避法律制裁，通过协助其伪造现场帮其逃往甘肃省平凉市。庭审中，李某供述其在与王某某前往平凉时不知王某某已涉嫌刑事犯罪，后通过公安机关通缉悬赏公告才知王某某已涉嫌犯罪。从立案时间节点来看，王某某被以诈骗罪立案是2019年10月31日，而二人前往平凉是在2019年10月29日，早于立案时间。但其知晓王某某已涉嫌犯罪后，仍于2020年2月前后为其提供生活费5万余元，致使公安机关长时间无法抓获犯罪嫌疑人。

案例2：2021年6月22日晚，被告人陈某和其表哥徐某到福清市某KTV喝酒，其间徐某喝了啤酒。二人离开KTV后，被告人陈某在一公寓楼下的巷子中和朋友发生争吵，徐某得知此事后，酒后驾车到现场劝架。因被告人陈某在吵架期间报了警，民警出警到场询问情况时发现徐某有酒后驾驶机动车的嫌疑，立即对其进行酒精呼气测试，并将其传唤到派出所。在公安机关侦查过程中，被告人陈某在明知表哥徐某有酒后驾车的行为仍然为其作伪证，意图包庇徐某。2022年4月19日，被告人陈某经电话通知主动向福清市公安局投案，如实供述上述犯罪事实。

（二）问题

如何理解窝藏、包庇罪？被告人李某、陈某的行为应当如何定罪与处罚？

（三）法律规定

《中华人民共和国刑法》

第310条　明知是犯罪的人而为其提供隐藏处所、财物，帮助其逃匿或者作假证明包庇的，处3年以下有期徒刑、拘役或者管制；情节严重的，处3年以上10年以下有期徒刑。

犯前款罪，事前通谋的，以共同犯罪论处。

（四）法理分析

窝藏、包庇罪，是指明知是犯罪的人，而为其提供隐藏处所、财物，帮助其逃匿或者作假证明包庇的行为。本罪的构成特征是：

1. 本罪侵犯的客体是司法机关对罪犯进行刑事追诉和刑罚执行的正常活动。本罪的对象是“犯罪的人”，即已经实施了犯罪行为的人。根据 2021 年最高人民法院、最高人民检察院《关于办理窝藏、包庇刑事案件适用法律若干问题的解释》第 6 条的规定，认定窝藏、包庇罪，以被窝藏、包庇的人的行为构成犯罪为前提。被窝藏、包庇的人实施的犯罪事实清楚，证据确实、充分，但尚未到案、尚未依法裁判或者因不具有刑事责任能力依法未予追究刑事责任的，不影响窝藏、包庇罪的认定。但是，被窝藏、包庇的人归案后被宣告无罪的，应当依照法定程序宣告窝藏、包庇行为人无罪。因此，窝藏、包庇一般的违法分子和已被判决宣告无罪的人，不能构成窝藏、包庇罪。

2. 本罪在客观方面表现为行为人实施了窝藏或包庇犯罪分子的行为。所谓“窝藏”，是指帮助犯罪的人逃避司法机关的追捕。根据 2021 年“两高”《关于办理窝藏、包庇刑事案件适用法律若干问题的解释》第 1 条的规定，明知是犯罪的人，为帮助其逃匿，实施下列行为之一的，应当依照《刑法》第 310 条第 1 款的规定，以窝藏罪定罪处罚：（1）为犯罪的人提供房屋或者其他可以用于隐藏的处所的；（2）为犯罪的人提供车辆、船只、航空器等交通工具，或者提供手机等通讯工具的；（3）为犯罪的人提供金钱的；（4）其他为犯罪的人提供隐藏处所、财物，帮助其逃匿的情形。保证人在犯罪的人取保候审期间，协助其逃匿，或者明知犯罪的人的藏匿地点、联系方式，但拒绝向司法机关提供的，应当依照《刑法》第 310 条第 1 款的规定，对保证人以窝藏罪定罪处罚。所谓“包庇”，是指向公安、司法机关提供虚假证明掩盖犯罪事实的行为。根据上述司法解释第 2 条的规定，明知是犯罪的人，为帮助其逃避刑事追究，或者帮助其获得从宽处罚，实施下列行为之一的，应当依照《刑法》第 310 条第 1 款的规定，以包庇罪定罪处罚：（1）故意顶替犯罪的人欺骗司法机关的；（2）故意向司法机关作虚假陈述或者提供虚假证明，以证明犯罪的人没有实施犯罪行为，或者犯罪的人所实施行为不构成犯罪的；（3）故意向司法机关提供虚假证明，以证明犯罪的人具有法定从轻、减轻、免除处罚情节的；（4）其他作假证明包庇的行为。

根据《刑法》第 362 条规定，旅馆业、饮食服务业、文化娱乐业、出租汽车等单位的人员，在公安机关查处卖淫、嫖娼活动时，为违法犯罪分子通风报信，情节严重的，以本罪定罪处罚。

3. 本罪的主体是一般主体，即已满 16 周岁、具备刑事责任能力的自然人。

4. 本罪的主观方面是故意，即明知对方是犯罪的人。2021 年“两高”《关于办理窝藏、包庇刑事案件适用法律若干问题的解释》第 5 条规定，认定《刑法》第 310 条第 1 款规定的“明知”，应当根据案件的客观事实，结合行为人的认知能力，接触被窝藏、包庇的犯罪人的情况，以及行为人和犯罪的人的供述等主、客观因素进行认定。行为人将犯罪的人所犯之罪误认为其他犯罪的，不影响《刑法》第 310 条第 1 款规定的“明知”的认定。行为人虽然实施了提供隐藏处所、财物等行为，但现有证据不能证明行为人知道犯罪的人实施了犯罪行为的，不能认定为《刑法》第 310 条第 1 款规定的“明知”。因此，行为人不知道对方是犯罪分子而为其提供藏身之所或物资帮助，或者不了解事实而讲了客观上有利于犯罪人的证词的，不能以犯罪论处。

司法实践中，认定本罪时应注意以下几个问题：

一是罪与非罪的界限。主要应注意区分本罪与知情不报行为的界限。所谓“知情不报”，是指知晓犯罪事实或犯罪人的情况而不主动或自觉向司法机关举报的行为。虽然“知情不报”的行为在客观上有利于犯罪分子逃匿，但与窝藏、包庇罪显然有着较大区别。二者的主要区别在于：窝藏、包庇罪的行为人是以积极的窝藏、包庇行为帮助犯罪分子逃避刑事制裁，而知情不报的行为人只是消极地不提供有关犯罪事实和犯罪分子的信息。由于我国刑法没有关于知晓一般犯罪事实或犯罪情况的人必须举报的强制性规定，因此，对于知情不报的行为一般不能以犯罪论处，但可对行为人给予批评教育或某种纪律处分。值得注意的是，根据 2021 年“两高”《关于办理窝藏、包庇刑事案件适用法律若干问题的解释》第 3 条的规定，明知他人有间谍犯罪或者恐怖主义、极端主义犯罪行为，在司法机关向其调查有关情况、收集有关证据时，拒绝提供，情节严重的，依照《刑法》第 311 条的规定，以拒绝提供间谍犯罪、恐怖主义犯罪、极端主义犯罪证据罪定罪处罚；作假证明包庇的，依照《刑法》第 310 条的规定，以包庇罪从重处罚。根据该解释第 1 条第 2 款和第 3 款的规定，保证人在犯罪的人取保候审期间，协助其逃匿，或者明知犯罪的人的藏匿地点、联系方式，但拒绝向司法机关提供的，应当依照《刑法》第 310 条第 1 款的规定，对保证人以窝藏罪定罪处罚。虽然为犯罪的人提供隐藏处所、财物，但不是出于帮助犯罪的人逃匿的目的，不以窝藏罪定罪处罚；对未履行法定报告义务的行为人，依法移送有关主管机关给予行政处罚。

二是本罪共同犯罪的认定。认定本罪的共同犯罪，关键在于正确区分本罪与事先有通谋的共同犯罪之间的关系。本罪是在被窝藏、包庇的犯罪分子实施犯罪行为后产生的，其犯罪故意也产生于相关人实施犯罪之后。故此，事先未与被窝藏、包庇的人通谋，而在事后予以窝藏、包庇的，仅构成本罪。如果行为人实施窝藏、包庇行为之前与犯罪分子有通谋的，则不应以本罪论处，而应按照共同犯罪论处。

三是本罪的罪数问题。根据2021年“两高”《关于办理窝藏、包庇刑事案件适用法律若干问题的解释》第7条的规定，为帮助同一个犯罪的人逃避刑事处罚，实施窝藏、包庇行为，又实施洗钱行为，或者掩饰、隐瞒犯罪所得及其收益行为，或者帮助毁灭证据行为，或者伪证行为的，依照处罚较重的犯罪定罪，并从重处罚，不实行数罪并罚。

案例1中，李某在协助王某某前往平凉之时确实不知道对方是犯罪之人，后其通过公安机关的通缉悬赏公告才知道王某某已涉嫌犯罪，但仍为其提供生活费等资金帮助。法院经审理认为，虽然李某在帮助王某某逃至平凉之前不知其为犯罪的人，但相关证据证明李某通过通缉悬赏公告已知王某某是犯罪之人后，仍然继续为其提供资金上的帮助，故李某的行为仍构成窝藏、包庇罪。经法院审理，判决李某的行为构成窝藏、包庇罪，判处其有期徒刑1年6个月。

案例2中，被告人陈某出于“手足之情”，在明知徐某有酒后驾车的行为之时仍然为其作伪证，意图包庇徐某，其行为构成包庇罪。经法院审理，判决陈某因犯包庇罪，判处其拘役3个月，缓刑3个月。

十八、妨害传染病防治罪

案　　例

（一）案情简介

2020年2月29日至3月7日，被告人郭某某从河南省郑州市乘坐火车到达北京市，从北京市乘飞机经阿联酋阿布扎比中转，先后到意大利米兰、法国巴黎旅行，后乘飞机按原路线返回。3月7日，郭某某乘飞机从阿布扎比到达北京市后，乘坐机场大巴到北京西站，于当日下午乘坐火车返回郑州市。回到郑州市后，郭某某明知境外入郑人员需要申报健康登记和采取隔离措施，故意隐瞒出入境情况，且未执行隔离规定，返程次日到单位上班。其间，郭某某出现咽痛、发热等症状，仍多次乘坐公共交通工具，出入公共场所。3月11日，郭某某被确诊为新冠肺炎患者，与其密切接触的43人被集中隔离医学观察，其工作单位所在大厦全楼封闭7天。

（二）问题

如何认定本罪的主观罪过形式？被告人郭某某的行为应当如何定罪与

处罚？

（三）法律规定

《中华人民共和国刑法》

第330条　违反传染病防治法的规定，有下列情形之一，引起甲类传染病以及依法确定采取甲类传染病预防、控制措施的传染病传播或者有传播严重危险的，处3年以下有期徒刑或者拘役；后果特别严重的，处3年以上7年以下有期徒刑：（1）供水单位供应的饮用水不符合国家规定的卫生标准的；（2）拒绝按照疾病预防控制机构提出的卫生要求，对传染病病原体污染的污水、污物、场所和物品进行消毒处理的；（3）准许或者纵容传染病病人、病原携带者和疑似传染病病人从事国务院卫生行政部门规定禁止从事的易使该传染病扩散的工作的；（4）出售、运输疫区中被传染病病原体污染或者可能被传染病病原体污染的物品，未进行消毒处理的；（5）拒绝执行县级以上人民政府、疾病预防控制机构依照传染病防治法提出的预防、控制措施的。

单位犯前款罪的，对单位判处罚金，并对其直接负责的主管人员和其他直接责任人员，依照前款的规定处罚。

甲类传染病的范围，依照《中华人民共和国传染病防治法》和国务院有关规定确定。

（四）法理分析

妨害传染病防治罪，是指违反传染病防治法的规定，引起甲类传染病以及依法确定采取甲类传染病预防、控制措施的传染病传播或者有传播严重危险的行为。本罪的构成特征是：

1. 本罪侵犯的客体是国家关于传染病防治的管理制度。我国为了预防、控制和消除传染病的发生与流行，保障人体健康和公共卫生，制定了一系列的国家法律法规。违反这些法律法规，往往会引起传染病的广泛传播，危害广大人民群众的生命健康。

2. 本罪在客观方面表现为行为人违反国家传染病防治法的规定，引起甲类传染病以及依法确定采取甲类传染病预防、控制措施的传染病传播或者有传播严重危险的行为。具体而言，包括以下两方面内容：

第一，必须违反国家传染病防治法的规定。主要是指违反《传染病防治法》。

第二，必须实施引起甲类传染病以及依法确定采取甲类传染病预防、控制措施的传染病传播或者有传播严重危险的行为。根据《刑法》第330条的规定，主要有以下五种情形：（1）供水单位供应的饮用水不符合国家规定的卫生标准的；(2) 拒绝按照疾病预防控制机构提出的卫生要求，对传染病病原体污染的污水、污物、场所和物品进行消毒处理的；(3) 准许或者纵容传染病病人、病原携带者和疑似传染病病人从事国务院卫生行政部门规定禁止从事的易使该传染病扩散的工作的；(4) 出售、运输疫区中被传染病病原体污染或者可能被传染病病原体污染的物品，未进行消毒处理的；(5) 拒绝执行县级以上人民政府、疾病预防控制机构依照传染病防治法提出的预防、控制措施的。

本罪属于危险犯，有下列情形之一的，应予立案追诉：(1) 导致甲类和按甲类管理的传染病传播的；(2) 导致乙类、丙类传染病流行、暴发的；(3) 造成人员重伤或者死亡的；(4) 严重影响正常的生产、生活秩序的；(5) 其他造成严重后果的情形。所谓“甲类传染病”，是指鼠疫、霍乱；所谓“按甲类管理的传染病”，是指乙类传染病中传染性非典型肺炎、炭疽中的肺炭疽、人感染高致病性禽流感以及国务院卫生行政部门根据需要报经国务院批准公布实施的其他需要按甲类管理的乙类传染病和突发原因不明的传染病。

3. 本罪的主体是一般主体，即已满16周岁、具备刑事责任能力的自然人和单位。

4. 本罪的主观方面是过失，即行为人应当预见自己违反规定的行为可能引起甲类传染病以及依法确定采取甲类传染病预防、控制措施的传染病传播或者有传播严重危险，因为疏忽大意没有预见或者已经预见而轻信可以避免。但是行为人违反传染病防治法是故意的。

司法实践中，认定本罪时注意与妨害公务罪的区别。妨害公务罪是指以暴力、威胁方法阻碍国家机关工作人员、人大代表、红十字会工作人员依法执行职务或履行职责的行为。两个罪名都是在“妨害社会管理秩序罪”这一章。但是，妨害公务罪与妨害传染病防治罪［就第(5)项情形而言，即“拒绝执行疾病预防控制机构依照传染病防治法提出的预防、控制措施的”］的区别主要表现在：(1) 侵犯的客体不同。本罪侵犯的客体是国家有关传染病防治的管理规定和公共卫生安全；妨害公务罪侵犯的客体则是国家机关依法执行职务的活动。(2) 客观方面表现不同。本罪在客观方面表现不要求采取暴力、威胁方法；而妨害公务罪则必须是暴力、威胁方法。(3) 犯罪主体不同。本罪既可以是自然人，也可以是单位；而妨害公务罪只能是自然人。(4) 主观方面不同。本罪主观上是过失；而妨害公务罪主观上是直接故意。如果行为人使用暴力阻碍国家卫生行政管理机关工作人员执行传染病防治工作的，同时构成本罪和妨害公务罪，成立想象竞合犯，择一重罪论处。

本案中，法院经审理认为，被告人郭某某违反传染病防治法的规定，拒绝执行卫生防疫机构依照传染病防治法提出的预防、控制措施，引起新型冠状病毒传播的严重危险，其行为构成妨害传染病防治罪。郭某某在全球疫情蔓延的形势下，出国旅游返回后故意隐瞒出入境情况，不执行隔离规定，多次出入公共场所，造成43名密切接触者被集中隔离，单位所在办公大楼被封闭7天，社会危害严重，影响恶劣，应依法从严惩处。综合其犯罪事实、性质、情节和对社会的危害程度以及认罪悔罪表现，法院以妨害传染病防治罪判处被告人郭某某有期徒刑1年6个月。

十九、污染环境罪

案　　例

(一) 案情简介

2005年至2008年，云南澄江某工贸有限责任公司在生产经营过程中，长期将含砷的生产废水通过明沟、暗管直接排放到厂区最低凹处没有经过防渗处理的天然水池内，并抽取该池内的含砷废水进行洗矿作业；将含砷固体废物磷石膏倾倒于厂区外未采取防渗漏、防流失措施的堆场露天堆放；雨季降水量大时直接将天然水池内的含砷废水抽排至厂外东北侧邻近阳宗海的磷石膏渣场放任自流。致使含砷废水通过地表径流和渗透随地下水进入阳宗海，造成阳宗海水体受砷污染，水质从Ⅱ类下降到劣Ⅴ类，饮用、水产品养殖等功能丧失，县级以上城镇水源地取水中断，公私财产遭受百万元以上损失的特别严重后果。

(二) 问题

本案应当如何定罪与处罚？

(三) 法律规定

《中华人民共和国刑法》

第338条　违反国家规定，排放、倾倒或者处置有放射性的废物、含传染病病原体的废物、有毒物质或者其他有害物质，严重污染环境的，处3年以下有期徒刑或者拘役，并处或者单处罚金；情节严重的，处3年以上7年以下有期徒刑，并处罚金；有下列情形之一的，处7年以上有期徒刑，并处罚金：(1) 在饮用水水源保护区、自然保护地核心保护区等依法确定的重点保护区域排放、倾倒、处置有放射性的废物、含传染病病原体的废物、有毒物质，情节特别严重的；(2) 向国家确定的重要江河、湖泊水域排放、倾倒、处置有放射性的废物、含传染病病原体的废物、有毒物质，情节特别严重的；(3) 致使大量永久基本农田基本功能丧失或者遭受永久性破坏的；（4）致使多人重伤、严重疾病，或者致人严重残疾、死亡的。

有前款行为，同时构成其他犯罪的，依照处罚较重的规定定罪处罚。

（四）法理分析

污染环境罪，是指违反国家规定，排放、倾倒或者处置有放射性的废物、含传染病病原体的废物、有毒物质或者其他有害物质，严重污染环境的行为。本罪的构成特征是：

1. 本罪侵犯的客体是国家环境保护制度。所谓“环境保护制度”，是指由我国《环境保护法》《水污染防治法》《大气污染防治法》等一系列法律法规所形成的环境保护制度。

2. 本罪在客观方面表现为违反国家规定，排放、倾倒或者处置有放射性的废物、含传染病病原体的废物、有毒物质或者其他有害物质，严重污染环境的行为。具体而言，包括以下四方面内容：

第一，必须违反了国家有关环境保护的各项法律法规。

第二，必须实施了排放、倾倒或者处置有放射性的废物、含传染病病原体的废物、有毒物质的行为。所谓“放射性的废物”，是指放射性核素含量超过国家规定限值的固体、液体和气体废弃物。所谓“含传染病病原体的废物”，是指含有传染病病菌的污水、粪便等废弃物。所谓“有毒物质”，根据2023年8月最高人民法院、最高人民检察院《关于办理环境污染刑事案件适用法律若干问题的解释》第17条的规定，下列物质应当认定为《刑法》第338条规定的“有毒物质”：（1）危险废物，是指列入国家危险废物名录，或者根据国家规定的危险废物鉴别标准和鉴别方法认定的，具有危险特性的固体废物；（2）《关于持久性有机污染物的斯德哥尔摩公约》附件所列物质；（3）重金属含量超过国家或者地方污染物排放标准的污染物；（4）其他具有毒性，可能污染环境的物质。

第三，必须造成严重污染环境的后果。根据2023年“两高”《关于办理环境污染刑事案件适用法律若干问题的解释》第1条的规定，实施《刑法》第338条规定的行为，具有下列情形之一的，应当认定为“严重污染环境”：（1）在饮用水水源保护区、自然保护地核心保护区等依法确定的重点保护区域排放、倾倒、处置有放射性的废物、含传染病病原体的废物、有毒物质的；（2）非法排放、倾倒、处置危险废物3吨以上的；（3）排放、倾倒、处置含铅、汞、镉、铬、砷、铊、锑的污染物，超过国家或者地方污染物排放标准3倍的；（4）排放、倾倒、处置含镍、铜、锌、银、钒、锰、钴的污染物，超过国家或者地方污染物排放标准10倍以上的；（5）通过暗管、渗井、渗坑、裂隙、溶洞、灌注、非紧急情况下开启大气应急排放通道等逃避监管的方式排放、倾倒、处置有放射性的废物、含传染病病原体的废物、有毒物质的；（6）2年内曾因在重污染天气预警期间，违反国家规定，超标排放二氧化硫、氮氧化物等实行排放总量控制的大气污染物受过2次以上行政处罚，又实施此类行为的；（7）重点排污单位、实行排污许可重点管理的单位篡改、伪造自动监测数据或者干扰自动监测设施，排放化学需氧量、氨氮、二氧化硫、氮氧化物等污染物的；（8）2年内曾因违反国家规定，排放、倾倒、处置有放射性的废物、含传染病病原体的废物、有毒物质受过2次以上行政处罚，又实施此类行为的；（9）违法所得或者致使公私财产损失30万元以上的；（10）致使乡镇集中式饮用水水源取水中断12小时以上的；（11）其他严重污染环境的情形。第2条规定，实施《刑法》第338条规定的行为，具有下列情形之一的，应当认定为“情节严重”：（1）在饮用水水源保护区、自然保护地核心保护区等依法确定的重点保护区域排放、倾倒、处置有放射性的废物、含传染病病原体的废物、有毒物质，造成相关区域的生态功能退化或者野生生物资源严重破坏的；（2）向国家确定的重要江河、湖泊水域排放、倾倒、处置有放射性的废物、含传染病病原体的废物、有毒物质，造成相关水域的生态功能退化或者水生生物资源严重破坏的；（3）非法排放、倾倒、处置危险废物100吨以上的；（4）违法所得或者致使公私财产损失100万元以上的；（5）致使县级城区集中式饮用水水源取水中断12小时以上的；（6）致使永久基本农田、公益林地10亩以上，其他农用地20亩以上，其他土地50亩以上基本功能丧失或者遭受永久性破坏的；（7）致使森林或者其他林木死亡50立方米以上，或者幼树死亡2500株以上的；（8）致使疏散、转移群众5000人以上的；（9）致使30人以上中毒的；（10）致使1人以上重伤、严重疾病或者3人以上轻伤的；（11）其他情节严重的情形。

第四，重大环境污染与行为人的排放、倾倒或者处置有害物质的行为之间必须存在刑法上的因果关系。

3. 本罪的主体是一般主体，即已满16周岁、具备刑事责任能力的自然人和单位。司法实践中，主要是从事生产经营活动的单位或个体经营者。

4. 本罪的主观方面是故意。

司法实践中，认定本罪时应注意本罪的罪数和共犯问题。根据2023年“两高”《关于办理环境污染刑事案件适用法律若干问题的解释》第7条规定，无危险废物经营许可证从事收集、贮存、利用、处置危险废物经营活动，严重污染环境的，按照污染环境罪定罪处罚；同时构成非法经营罪的，依照处罚较重的规定定罪处罚。实施前款规定的行为，不具有超标排放污染物、非法倾倒污染物或者其他违法造成环境污染的情形的，可以认定为非法经营情节显著轻微危害不大，不认为是犯罪；构成生产、销售伪劣产品等其他犯罪的，以其他犯罪论处。第 8 条规定，明知他人无危险废物经营许可证，向其提供或者委托其收集、贮存、利用、处置危险废物，严重污染环境的，以共同犯罪论处。

本案中，云南省澄江县人民法院一审判决、玉溪市中级人民法院二审裁定认为：被告单位未建设完善配套环保设施，经多次行政处罚仍未整改，致使生产区内外环境中大量富含砷的生产废水通过地下渗透随地下水以及地表径流进入阳宗海，导致该重要湖泊被砷污染，构成重大环境污染事故罪，且应当认定为“后果特别严重”。被告人李某宏作为该公司的董事长，被告人李某鸿作为该公司的总经理（负责公司的全面工作），二人未按规范要求采取防渗措施，最终导致阳宗海被砷污染的危害后果，应当作为单位犯罪的主管人员承担相应刑事责任。被告人金某东作为公司生产部部长，具体负责安全生产、环境保护和生产调度等工作，安排他人抽排含砷废水到厂区外，应作为单位犯罪的直接责任人承担相应刑事责任。案发后，该公司及被告人积极配合相关部门截污治污，可对其酌情从轻处罚。据此，以重大环境污染事故罪判处被告单位云南澄江某工贸有限责任公司罚金人民币 1600 万元；被告人李某宏有期徒刑 4 年，并处罚金人民币 30 万元；被告人李某鸿有期徒刑 3 年，并处罚金人民币 15 万元；被告人金某东有期徒刑 3 年，并处罚金人民币 15 万元。

二十、非法占用农用地罪

案　例

（一）案情简介

2020 年 10 月至 2021 年 3 月，潘某在未办理用地手续情况下，组织董某等六人擅自占用通州区宋庄镇 18.22 亩土地（耕地 17.28 亩）挖砂取土，回填建筑垃圾、生活垃圾后覆土。

（二）问题

潘某的行为应当如何定罪与处罚？

（三）法律规定

《中华人民共和国刑法》

第 342 条　违反土地管理法规，非法占用耕地、林地等农用地，改变被占用土地用途，数量较大，造成耕地、林地等农用地大量毁坏的，处 5 年以下有期徒刑或者拘役，并处或者单处罚金。

（四）法理分析

非法占用农用地罪，是指违反土地管理法规，非法占用耕地、林地等农用地，改变被占用土地用途，数量较大，造成耕地、林地等农用地大量毁坏的行为。本罪的构成特征是：

1. 本罪侵犯的客体是国家土地管理制度。本罪的犯罪对象是农用地。

2. 本罪在客观方面表现为行为人违反土地管理法规，非法占用耕地、林地等农用地，改变被占用土地用途，数量较大，造成耕地、林地等农用地大量毁坏的行为。具体而言，包括以下三方面内容：

第一，必须违反土地管理法规。是指违反土地管理法规、森林法、草原法等法律以及有关行政法规中关于土地管理的规定。

第二，必须实施了非法占用耕地、林地等农用地，改变被占用土地用途的行为。所谓“非法占用耕地、林地等农用地”，是指行为人未经国家土地管理部门审核批准擅自占用耕地、林地等农用地，或少批多占农用地的，即部分农用地的占用是经过合法批准的，但超过批准的数量且多占农用地的数量较大的；骗取批准而占用农用地的，主要是以提供虚假文件、谎报用途或借用、盗用他人的名义申请等欺骗手段取得批准手续而占用农用地，且数量较大的。所谓“改变被占用土地用途”，是指行为人将土地管理部门批准专用的土地擅自改变土地用途。根据2012年11月最高人民法院《关于审理破坏草原资源刑事案件应用法律若干问题的解释》第1条的规定，违反草原法等土地管理法规，非法占用草原，改变被占用草原用途，数量较大，造成草原大量毁坏的，以非法占用农用地罪定罪处罚。

第三，必须数量较大，造成耕地、林地等农用地大量毁坏的行为。根据2000年最高人民法院《关于审理破坏土地资源刑事案件具体应用法律若干问题的解释》第3条的规定，违反土地管理法规，非法占用耕地改作他用，数量较大，造成耕地大量毁坏的，依照《刑法》第342条的规定，以非法占用耕地罪定罪处罚：（1）非法占用耕地“数量较大”，是指非法占用基本农田5亩以上或者非法占用基本农田以外的耕地10亩以上。（2）非法占用耕地“造成耕地大量毁坏”，是指行为人非法占用耕地建窑、建坟、建房、挖沙、采石、采矿、取土、堆放固体废弃物或者进行其他非农业建设，造成基本农田5亩以上或者基本农田以外的耕地10亩以上种植条件严重毁坏或者严重污染。根据2023年8月最高人民法院《关于审理破坏森林资源刑事案件适用法律若干问题的解释》第1条规定，违反土地管理法规，非法占用林地，改变被占用林地用途，具有下列情形之一的，应当认定为《刑法》第342条规定的造成林地“毁坏”：（1）在林地上实施建窑、建坟、建房、修路、硬化等工程建设的；（2）在林地上实施采石、采砂、采土、采矿等活动的；（3）在林地上排放污染物、堆放废弃物或者进行非林业生产、建设，造成林地被严重污染或者原有植被、林业生产条件被严重破坏的。实施前款规定的行为，具有下列情形之一的，应当认定为《刑法》第342条规定的“数量较大，造成耕地、林地等农用地大量毁坏”：（1）非法占用并毁坏公益林地五亩以上的；（2）非法占用并毁坏商品林地十亩以上的；（3）非法占用并毁坏的公益林地、商品林地数量虽未分别达到第（1）项、第（2）项规定标准，但按相应比例折算合计达到有关标准的；（4）二年内曾因非法占用农用地受过二次以上行政处罚，又非法占用林地，数量达到第（1）项至第（3）项规定标准一半以上的。根据2012年11月最高人民法院《关于审理破坏草原资源刑事案件应用法律若干问题的解释》第2条的规定，非法占用草原，改变被占用草原用途，数量在20亩以上的，或者曾因非法占用草原受过行政处罚，在3年内又非法占用草原，改变被占用草原用途，数量在10亩以上的，应当认定为“数量较大”。非法占用草原，改变被占用草原用途，数量较大，具有下列情形之一的，应当认定为《刑法》第342条规定的“造成耕地、林地等农用地大量毁坏”：（1）开垦草原种植粮食作物、经济作物、林木的；（2）在草原上建窑、建房、修路、挖砂、采石、采矿、取土、剥取草皮的；（3）在草原上堆放或者排放废弃物，造成草原的原有植被严重毁坏或者严重污染的；（4）违反草原保护、建设、利用规划种植牧草和饲料作物，造成草原沙化或者水土严重流失的；（5）其他造成草原严重毁坏的情形。

3. 本罪的主体是一般主体，即已满16周岁、具备刑事责任能力的自然人和单位。

4. 本罪的主观方面是故意。

司法实践中，认定本罪时应注意与非法转让、倒卖土地使用权罪的界限。非法转让、倒卖土地使用权罪是指以牟利为目的，违反土地管理法规，非法转让、倒卖土地使用权，情节严重的行为。本罪与非法转让、倒卖土地使用权罪都是与土地管理有关的犯罪。两罪的主要区别在于：（1）侵犯的客体不同。本罪侵犯的是国家对土地特别是耕地进行保护的管理制度；而非法转让、倒卖土地使用权罪侵犯的则是国家对土地使用权合法转让的管理制度。（2）客观方面表现不同。本罪是结果犯，表现为违反土地管理法规，非法侵占耕地，数量较大，造成大量耕地毁坏的行为；非法转让、倒卖土地使用权罪则是情节犯，表现为违反土地管理法规，实施了非法转让、倒卖土地使用权，情节严重的行为。

本案中，2021 年 12 月通州区人民法院以潘某犯非法占用农用地罪，判处有期徒刑 1 年，并处罚金人民币 10 万元。董某等 6 人分别被判处有期徒刑 8 个月，并处罚金人民币 5 万元。

二十一、非法采矿罪

案　例

（一）案情简介

2021 年 2 月下旬，被告人符某良、孟某胜等明知采砂方未取得海砂开采海域使用权证及采矿许可证，仍纠集“豫信贷 132 × ×”“江海洋 16 × ×”等货船的船主被告人符某友等，通过被告人徐某林与非法采砂人员（未到案）联系，约定需要的海砂数量和购砂价格，指定运至孟某胜经营的码头卸货后，销售牟利。2 月 26 日，符某良等人驾船至福建省闽江口附近海域，使用事先约定的民用甚高频频段进行联络，在指定地点与采砂船过驳非法开采的海砂后返航。3 月 5 日，“豫信贷 132 × ×”“江海洋 16 × ×”等货船行至长江口附近水域被上海海警查获。经检测评估，查获的海砂重量为 84633 吨，价值合计 502 万余元。另查明，2020 年 10 月至案发，上述人员曾运输、销售盗采的海砂 11 航次共 14 万吨。

（二）问题

被告人符某良、孟某胜的行为应当如何定罪与处罚？

（三）法律规定

《中华人民共和国刑法》

第 343 条第 1 款　违反矿产资源法的规定，未取得采矿许可证擅自采矿，擅自进入国家规划矿区、对国民经济具有重要价值的矿区和他人矿区范围采矿，或者擅自开采国家规定实行保护性开采的特定矿种，情节严重的，处 3 年以下有期徒刑、拘役或者管制，并处或者单处罚金；情节特别严重的，处 3 年以上 7 年以下有期徒刑，并处罚金。

（四）法理分析

非法采矿罪，是指违反矿产资源法的规定，未取得采矿许可证擅自采矿，擅自进入国家规划矿区、对国民经济具有重要价值的矿区和他人矿区范围采矿，或者擅自开采国家规定实行保护性开采的特定矿种，情节严重的行为。本罪的构成特征是：

1. 本罪侵犯的客体是国家的矿产资源保护制度。

2. 本罪在客观方面实施了违反矿产资源法的规定，未取得采矿许可证擅自采矿，擅自进入国家规划矿区、对国民经济具有重要价值的矿区和他人矿区范围采矿，或者擅自开采国家规定实行保护性开采的特定矿种，情节严重的行为。具体而言，包括以下三方面内容：

第一，必须违反矿产资源法。2016 年 12 月最高人民法院、最高人民检察院《关于办理非法采矿、破坏性采矿刑事案件适用法律若干问题的解释》第 1 条的规定，违反《矿产资源法》《水法》等法律、行政法规有关矿产资源开发、利用、保护和管理的规定的，应当认定为《刑法》第 343 条规定的“违反矿产资源法的规定”。

第二，未取得采矿许可证擅自采矿，擅自进入国家规划矿区、对国民经济具有重要价值的矿区和他人矿区范围采矿，或者擅自开采国家规定实行保护性开采的特定矿种。所谓“未取得采矿许可证”，根据 2016 年“两高”《关于办理非法采矿、破坏性采矿刑事案件适用法律若干问题的解释》第 2 条的规定，具有下列情形之一的，应当认定为《刑法》第 343 条第 1 款规定的“未取得采矿许可证”：（1）无许可证的；（2）许可证被注销、吊销、撤销的；（3）超越许可证规定的矿区范围或者开采范围的；（4）超出许可证规定的矿种的（共生、伴生矿种除外）；（5）其他未取得许可证的情形。第 5 条第 1 款规定，未取得海砂开采海域使用权证，且未取得采矿许可证，采挖海砂，符合《刑法》第 343 条第 1 款和本解释第 2 条、第 3 条规定的，以非法采矿罪定罪处罚。

第三，必须是情节严重的行为。根据 2016 年“两高”《关于办理非法采矿、破坏性采矿刑事案件适用法律若干问题的解释》第 3 条的规定，实施非法采矿行为，具有下列情形之一的，应当认定为《刑法》第 343 条第 1 款规定的“情节严重”：（1）开采的矿产品价值或者造成矿产资源破坏的价值在 10 万元至 30 万元以上的；（2）在国家规划矿区、对国民经济具有重要价值的矿区采矿，开采国家规定实行保护性开采的特定矿种，或者在禁采区、禁采期内采矿，开采的矿产品价值或者造成矿产资源破坏的价值在 5 万元至 15 万元以上的；（3）2 年内曾因非法采矿受过 2 次以上行政处罚，又实施非法采矿行为的；（4）造成生态环境严重损害的；（5）其他情节严重的情形。

3. 本罪的主体是一般主体，即已满 16 周岁、具备刑事责任能力的自然人和单位。

4. 本罪的主观方面是故意。

司法实践中，非法采矿行为造成重大伤亡事故或者其他严重后果，同时构成本罪和《刑法》第134条或第135条规定之罪的，依照数罪并罚的规定处罚。非法采矿情节严重，同时非法排放、倾倒、处置有害物质严重污染环境的，以非法采矿罪与污染环境罪实行数罪并罚。未取得采矿许可证擅自采矿的，擅自进入国家规划矿区、对国民经济具有重要价值的矿区和他人矿区范围采矿的行为，符合盗窃罪的犯罪构成的，属于想象竞合，应从一重罪处罚。非法采矿行为同时触犯非法占用农用地罪的，按想象竞合处理。

本案中，2021年9月至12月，上海铁路运输检察院先后对符某良等12人提起公诉。上海铁路运输法院以非法采矿罪，分别判处12名被告人有期徒刑3年1个月至有期徒刑1年缓刑2年不等，合计并处罚金人民币63万元，追缴全部违法所得，涉案海砂拍卖款予以没收。

二十二、走私、贩卖、运输、制造毒品罪

案　例

（一）案情简介

被告人严某柱，男，汉族，1960年1月7日生，无业。2002年4月2日因犯合同诈骗罪被判处有期徒刑12年，2009年7月1日刑满释放。

被告人董某震，男，汉族，1981年11月20日出生，无业。

2016年春节后，被告人严某柱、董某震密谋由严某柱制造甲卡西酮，董某震负责收购。严某柱将制毒工艺流程交予潘某明（同案被告人，已判刑），指使潘某明制造甲卡西酮。潘某明与谭某兆、王某梅（均系同案被告人，已判刑）等人试验后成功制出甲卡西酮。同年10月初，潘某明与李某文（同案被告人，已判刑）商定在河南省新野县歪子镇李某文处制造甲卡西酮。同年12月底，李某文等人将制毒地点转移至该镇另一处所，直至2017年3月9日案发。制毒期间，严某柱提供主要原料，李某文购买辅料并负责日常管理，谭某兆、王某梅指导工人制毒。严某柱等人共制造甲卡西酮5126.4千克，其中451.4千克被公安机关在制毒现场查获。

2016年10月13日至2017年3月9日，被告人严某柱联系潘某明，将制造的甲卡西酮贩卖给被告人董某震九次，共计4675千克。毒品交易期间，董某震指使何某强（同案被告人，已判刑）向严某柱支付毒资，指使何某强、侯某利（同案被告人，已判刑）等人驾驶车辆接运毒品，后由董某震之弟董某磊（同案被告人，已判刑）安排董某波、葛某师（均系同案被告人，已判刑）将毒品转卖给他人。2017年3月9日，最后1次交易的1000千克甲卡西

酮被当场查获。

（二）问题

如何区分运输毒品罪与非法持有毒品罪？被告人严某柱、董某震的行为应当如何定罪与处罚？

（三）法律规定

《中华人民共和国刑法》

第 347 条　走私、贩卖、运输、制造毒品，无论数量多少，都应当追究刑事责任，予以刑事处罚。

走私、贩卖、运输、制造毒品，有下列情形之一的，处 15 年有期徒刑、无期徒刑或者死刑，并处没收财产：（1）走私、贩卖、运输、制造鸦片 1000 克以上、海洛因或者甲基苯丙胺 50 克以上或者其他毒品数量大的；（2）走私、贩卖、运输、制造毒品集团的首要分子；（3）武装掩护走私、贩卖、运输、制造毒品的；（4）以暴力抗拒检查、拘留、逮捕，情节严重的；（5）参与有组织的国际贩毒活动的。

走私、贩卖、运输、制造鸦片 200 克以上不满 1000 克、海洛因或者甲基苯丙胺 10 克以上不满 50 克或者其他毒品数量较大的，处 7 年以上有期徒刑，并处罚金。

走私、贩卖、运输、制造鸦片不满 200 克、海洛因或者甲基苯丙胺不满 10 克或者其他少量毒品的，处 3 年以下有期徒刑、拘役或者管制，并处罚金；情节严重的，处 3 年以上 7 年以下有期徒刑，并处罚金。

单位犯第 2 款、第 3 款、第 4 款罪的，对单位判处罚金，并对其直接负责的主管人员和其他直接责任人员，依照各该款的规定处罚。

利用、教唆未成年人走私、贩卖、运输、制造毒品，或者向未成年人出售毒品的，从重处罚。

对多次走私、贩卖、运输、制造毒品，未经处理的，毒品数量累计计算。

第 355 条第 1 款　依法从事生产、运输、管理、使用国家管制的麻醉药品、精神药品的人员，违反国家规定，向吸食、注射毒品的人提供国家规定管制的能够使人形成瘾癖的麻醉药品、精神药品的，处 3 年以下有期徒刑或者拘役，并处罚金；情节严重的，处 3 年以上 7 年以下有期徒刑，并处罚金。向走私、贩卖毒品的犯罪分子或者以牟利为目的，向吸食、注射毒品的人提供国家规定管制的能够使人形成瘾癖的麻醉药品、精神药品的，依照本法第 347 条的规定定罪处罚。

第 356 条　因走私、贩卖、运输、制造、非法持有毒品罪被判过刑，又犯本节规定之罪的，从重处罚。

第357条　本法所称的毒品，是指鸦片、海洛因、甲基苯丙胺（冰毒）、吗啡、大麻、可卡因以及国家规定管制的其他能够使人形成瘾癖的麻醉药品和精神药品。

毒品的数量以查证属实的走私、贩卖、运输、制造、非法持有毒品的数量计算，不以纯度折算。

（四）法理分析

走私、贩卖、运输、制造毒品罪，是指违反国家毒品管理法规，走私、贩卖、运输、制造毒品的行为。本罪的构成特征是：

1. 本罪侵犯的客体是国家对毒品的管理制度，而本罪中走私毒品的行为还侵犯了国家进出口管理制度。本罪的犯罪对象是毒品。所谓“毒品”，是指鸦片、海洛因、甲基苯丙胺、吗啡、大麻、可卡因等国家进行严格管制的能够使人形成瘾癖的麻醉药品和精神药物。

2. 本罪在客观方面表现为违反国家毒品管理法规，实施了走私、贩卖、运输、制造毒品的行为。具体而言，包括以下两方面内容：

第一，必须违反国家毒品管理法规。即违反全国人民代表大会及其常委会制定的法律和决定、国务院制定的行政法规、规定的行政措施、发布的决定和命令中有关毒品管制的规定，如《禁毒法》《易制毒化学品管理条例》。

第二，必须实施了走私、贩卖、运输、制造毒品四种行为之一。“走私毒品”，是指明知是毒品而非法将其运输、携带、寄递进出国（边）境的行为，包括直接向走私人非法收购走私进口的毒品，或者在内海、领海、界河、界湖运输、收购、贩卖毒品。“贩卖毒品”，是指有偿转让毒品或者以贩卖为目的而非法收购毒品。有偿转让毒品，即行为人将毒品交付给对方，并从对方获取物质利益。贩卖方式既可以是公开的，也可能是秘密的；既可以是行为人请求对方购买，也可能是对方请求行为人转让；既可能是直接交付给对方，也可能是间接交付给对方。在间接交付的场合，如果中间人认识到是毒品而帮助转交给买方的，则该中间人的行为也是贩卖毒品；如果中间人没有认识到是毒品，则不构成贩卖毒品罪。“运输毒品”，是指明知是毒品而采用携带、寄递、托运、利用他人或者使用交通工具等方法非法运送毒品的行为。“制造毒品”是指非法利用毒品原植物直接提炼或者用化学方法加工、配制毒品，或者以改变毒品成分和效用为目的，用混合等物理方法加工、配制毒品的行为。为了便于隐蔽运输、销售、使用、欺骗购买者，或者为了增重，对毒品掺杂使假，添加或者去除其他非毒品物质，不属于制造毒品的行为。为了制造毒品而采用生产、加工、提炼等方法非法制造易制毒化学品的，以制造毒品罪（预备）立案论处。购进制造毒品的设备和原材料，着手制造毒品，尚未制造出毒品或者半成品的，以制造毒品罪（未遂）立案论处。明知他人制造毒品而为其生产、加工、提炼、提供醋酸酐、乙醚、三氯甲烷等制毒物品的，以制造毒品罪的共犯论处。

本罪是选择性罪名，凡实施了走私、贩卖、运输、制造毒品行为之一的，即以该行为确定罪名。凡实施了其中两种以上行为的，如运输、贩卖毒品，则定为运输、贩卖毒品罪，不实行数罪并罚。运输、贩卖同一种毒品的，毒品数量不重复计算；不是同一种毒品的，毒品数量累计计算。居间介绍买卖毒品的，无论是否获利，均以贩卖毒品罪的共犯论处。走私毒品，又走私其他物品构成犯罪的，按走私毒品和构成的其他走私罪分别定罪，实行数罪并罚。

3. 本罪的主体是一般主体，即已满 16 周岁、具备刑事责任能力的自然人和单位。根据《刑法》第 17 条第 1 款的规定，已满 14 周岁不满 16 周岁具有刑事责任能力的人实施贩卖毒品行为的，应以本罪论处。此外，本罪主体既可以是我国内地公民，也可以是台、港、澳地区公民或者外国人和无国籍人。

4. 本罪的主观方面是故意，即明知是毒品而走私、贩卖、运输、制造，过失不构成本罪。如果行为人主观上不明知是毒品，而是被人利用而实施了走私、贩卖、运输、制造的行为，就不构成本罪。本罪一般是以营利为目的，但也不能排除其他目的，法律没有要求构成本罪必须以营利为目的。

司法实践中，认定本罪时应注意运输毒品罪与非法持有毒品罪的界限。非法持有毒品罪是指明知是毒品而非法持有且数量较大的行为。许多毒品犯罪都是以非法持有毒品作为外在的表现形式，走私、贩卖、运输、制造毒品的犯罪行为都是以持有或掌握一定数量的毒品为基本前提或结果，因此它们之间存在一定形式上的涵盖、交叉关系。特别是动态非法持有毒品和运输毒品，二者在客观方面常常有许多重合和相似之处，容易混淆。二者的区分不仅关系到法律的正确适用，还直接影响到犯罪嫌疑人的刑事责任及其所受的法律后果。运输毒品罪作为一种重罪，其刑罚的严厉性远超过非法持有毒品罪，因此，明确两者的区别是刑事司法实务中的一个关键点。两罪的主要区别在于：（1）主观目的和意图不尽相同。本罪在主观上具有运输毒品的故意，即希望通过运输毒品获取一定的经济利益；而持有毒品罪则是明知是毒品而非法占有、携有、藏有等。（2）客观方面表现不同。本罪的“运输”在刑法意义上有着特定的含义，它应当包含了运输的目的和意图，而不是单纯的空间上的位移，与走私、贩卖、制造毒品的行为有一定的关联性；而非法持有毒品罪则是一种事实上的支配状态，可以分为静态持有和动态持有，如在家中藏毒，随身或通过交通工具携带，对毒品的控制或支配是独立存在的。因此，二者的区别应当在于为自已运输还是为他人运输（在无走私、贩卖、制造等行为的前提下），前者为非法持有毒品罪，后者为运输毒品罪。[①] 如果在犯罪嫌疑人的交通工具上查获大量毒品，无充分证据证明行为人持有毒品是为了走私、贩卖、运输、制造的，应认定为非法持有毒品罪，反之，则可认定为运输毒品罪。

本案中，法院经审理认为，被告人严某柱明知甲卡西酮是毒品而制造并出售，其行为已构成贩卖、制造毒品罪。被告人董某震明知甲卡西酮是毒品而贩卖、运输，其行为已构成贩卖、运输毒品罪。严某柱提起犯意，组织他人制造毒品并提供主要原料，负责贩卖制出的毒品，董某震指挥他人支付毒资、接运并销售毒品，二人在各自参与的共同犯罪中均起主要作用，均系罪责最为突出的主犯，应按照二人各自所参与和组织、指挥的全部犯罪处罚。严某柱制造、贩卖毒品，董某震贩卖、运输毒品数量均巨大，犯罪情节严重，社会危害大，罪行极其严重，应依法惩处。据此，依法对被告人严某柱、董某震均判处并核准死刑，剥夺政治权利终身，并处没收个人全部财产。

二十三、容留他人吸毒罪

案　　例

（一）案情简介

2020 年 2 月 19 日凌晨 3 时许，被告人梁某富纠集杨某敏、陈某宇、林某华、黄某婷、赵某龙、沈某明等人到遂城镇某一公寓，并要求林某华出示身份证开房。梁某富支付房费后，7 人一起来到公寓，由梁某富联系提供毒品的“阿贵”，通过微信转账的方式将毒资转给陈某宇去购买毒品，陈某宇拿到毒品后返回公寓与其余 6 人一起吸食毒品，直至 2020 年 2 月 19 日 16 时许被民警查获，并当场扣押吸毒工具、毒品各一批。

（二）问题

为他人吸毒提供身份证开房是否构成犯罪？

（三）法律规定

《中华人民共和国刑法》

第 354 条　容留他人吸食、注射毒品的，处 3 年以下有期徒刑、拘役或者管制，并处罚金。

① 参见贾宇主编：《刑法学》（下册），高等教育出版社 2023 年版，第 285 页。

（四）法理分析

容留他人吸毒罪，是指为他人吸食、注射毒品提供场所的行为。本罪的构成特征是：

1. 本罪侵犯的客体是国家毒品管制制度和他人的身心健康。

2. 本罪在客观方面表现为行为人实施了为他人吸食、注射毒品提供场所的行为。所谓“场所”，这里应作广义解释，它泛指一切可供吸毒的空间，如住宅、旅店、办公室、娱乐场所等。提供场所可以主动实施，也可以被动实施，既可以是有偿的，也可以是无偿的。根据2016年4月最高人民法院《关于审理毒品犯罪案件适用法律若干问题的解释》第12条第1款的规定，容留他人吸食、注射毒品，具有下列情形之一的，应当依照《刑法》第354条的规定，以容留他人吸毒罪定罪处罚：（1）1次容留多人吸食、注射毒品的；（2）2年内多次容留他人吸食、注射毒品的；（3）2年内曾因容留他人吸食、注射毒品受过行政处罚的；（4）容留未成年人吸食、注射毒品的；（5）以牟利为目的容留他人吸食、注射毒品的；（6）容留他人吸食、注射毒品造成严重后果的；（7）其他应当追究刑事责任的情形。

3. 本罪的主体是一般主体，即已满16周岁、具备刑事责任能力的自然人。

4. 本罪的主观方面是故意。

司法实践中，向他人贩卖毒品后又容留其吸食、注射毒品，或者容留他人吸食、注射毒品并向其贩卖毒品，符合上述容留他人吸毒罪的定罪条件的，以贩卖毒品罪和容留他人吸毒罪数罪并罚。容留近亲属吸食、注射毒品，情节显著轻微危害不大的，不作为犯罪处理，需要追究刑事责任的，可以酌情从宽处罚。

本案中，法院经审理认为，梁某富、林某华的行为已触犯《刑法》第354条的规定，构成容留他人吸毒罪。据此，判处被告人梁某富有期徒刑10个月，并处罚金人民币4000元；判处被告人林某华有期徒刑8个月，并处罚金人民币3000元。

二十四、组织卖淫罪

案　例

（一）案情简介

张某租用位于某市的某酒店成立“某商务娱乐会所”。张某聘用王某担任该娱乐会所总经理，负责会所经营管理活动。王某又聘用李某在会所担任店长，负责会所员工日常管理等工作。王某与张某等人共谋在会所组织卖淫人员从事卖淫活动，李某安排史某某监督会所经营情况，负责保管卖淫活动营业款等工作。该会所聘用陈某负责招聘、管理卖淫人员，赵某、陶某、杨某某为足浴店接待员、保安，负责接待嫖娼人员，同时在互联网网站上发布招聘按摩师等信息，组织多名卖淫人员，在“某商务娱乐会所”从事卖淫活动。

（二）问题

被告人张某等人的行为如何定罪与处罚？

（三）法律规定

《中华人民共和国刑法》

第358条　组织、强迫他人卖淫的，处5年以上10年以下有期徒刑，并处罚金；情节严重的，处10年以上有期徒刑或者无期徒刑，并处罚金或者没收财产。

组织、强迫未成年人卖淫的，依照前款的规定从重处罚。

犯前两款罪，并有杀害、伤害、强奸、绑架等犯罪行为的，依照数罪并罚的规定处罚。

为组织卖淫的人招募、运送人员或者有其他协助组织他人卖淫行为的，处5年以下有期徒刑，并处罚金；情节严重的，处5年以上10年以下有期徒刑，并处罚金。

第361条　旅馆业、饮食服务业、文化娱乐业、出租汽车业等单位的人员，利用本单位的条件，组织、强迫、引诱、容留、介绍他人卖淫的，依照本法第358条、第359条的规定定罪处罚。

前款所列单位的主要负责人，犯前款罪的，从重处罚。

（四）法理分析

组织卖淫罪，是指以招募、雇佣、纠集等手段，管理或者控制他人从事卖淫活动的行为。本罪的构成特征是：

1. 本罪侵犯的客体是社会主义的道德风尚及社会管理秩序。所谓“社会风尚”，是指人类社会通过长期的发展而逐步形成的社会主流文化所认同的道德习惯和社会风气。

2. 本罪在客观方面表现为行为人实施了组织他人卖淫的行为。所谓“组织”，是指行为人以招募、雇佣、纠集等方式，控制或者管理，使他人从事出卖色相的活动。所谓“招募”，是指招收或者募集他人参与卖淫活动。所谓“雇佣”，是指组织者与卖淫者双方建立以一定薪酬换取卖淫者从事卖淫活动的交易。所谓“纠集”，是指召集或者聚集他人参与卖淫活动。司法实践中，“组织他人卖淫”通常有以下两种表现情形：一是设置卖淫场所或者变相卖淫场所，控制他人从事卖淫活动。如以开洗浴中心、KTV 娱乐场所为名组织他人实施卖淫；二是没有固定场所，通过控制他人，有组织地进行卖淫活动，如以网络招嫖、卡片招嫖等方式，安排、操纵他人到不固定地点提供卖淫服务。根据 2017 年最高人民法院、最高人民检察院《关于办理组织、强迫、引诱、容留、介绍卖淫刑事案件适用法律若干问题的解释》第 1 条的规定，以招募、雇佣、纠集等手段，管理或者控制他人卖淫，卖淫人员在 3 人以上的，应当认定为《刑法》第 358 条规定的“组织他人卖淫”。组织卖淫者是否设置固定的卖淫场所、组织卖淫者人数多少、规模大小，不影响组织卖淫行为的认定。根据其第 2 条规定，组织他人卖淫，具有下列情形之一的，应当认定为《刑法》第 358 条第 1 款规定的“情节严重”：（1）卖淫人员累计达 10 人以上的；（2）卖淫人员中未成年人、孕妇、智障人员、患有严重性病的人累计达 5 人以上的；（3）组织境外人员在境内卖淫或者组织境内人员出境卖淫的；（4）非法获利人民币 100 万元以上的；（5）造成被组织卖淫的人自残、自杀或者其他严重后果的；（6）其他情节严重的情形。“他人”，既包括女性，也包括男性。“卖淫”，是指以营利为目的，与不特定的人发生性行为或者其他以满足其性欲的淫乱行为的。卖淫既包括向异性卖淫，也包括向同性卖淫。值得注意的是，本罪中的卖淫者都是自愿出卖自己的色相的。如果组织者以强迫、控制的手段迫使他人卖淫的，不以本罪论处。

3. 本罪的主体是一般主体，既可以是男性，也可以是女性。单位不能成为本罪主体。如果旅馆业、饮食服务业、文化娱乐业、出租汽车业等单位利用本单位的条件，组织他人卖淫的，亦应按自然人犯罪处理，即对直接负有责任的主管人员或其他直接责任人员按本罪论处。

4. 本罪的主观方面是故意。

司法实践中，认定本罪时应注意以下几个问题：

一是区分本罪与卖淫者自动结伙卖淫的行为。自动结伙卖淫，是指卖淫者为了更多赚取钱财，相互传递信息、互相提供方便，互为掩护，共同从事卖淫的行为。由于此种情况下结伙人都是卖淫者，他们没有主从关系，也没有较为固定的组织策划者，对此一般不以犯罪论处，而应以《治安管理处罚法》的相关规定论处。但如果行为人自己参与卖淫，同时又组织他人卖淫的，应当以组织卖淫罪论处。

二是本罪与强迫他人卖淫罪的界限。强迫他人卖淫罪是指以暴力、胁迫或者其他手段，迫使他人卖淫的行为。两罪的主要区别在于：（1）侵犯的客体不同。本罪侵犯的是社会道德风尚及社会治安管理秩序；而强迫他人卖淫罪除侵犯社会道德风尚及社会治安管理秩序外，还包括他人的人身权利。(2) 客观方面表现不同。本罪的行为，是指以招募、雇佣、纠集等手段，控制多人从事卖淫活动，不违背卖淫者意志；而强迫他人卖淫罪是采用强迫手段，违背卖淫者的意志。(3) 主观方面不同。本罪的行为人主观上具有组织多人卖淫的故意；而强迫卖淫罪的行为人在主观上则具有强迫的故意。

三是根据《刑法》第 358 条第 3 款的规定，在组织卖淫过程中，组织者对卖淫者有杀害、伤害、强奸、绑架等犯罪行为的，依照数罪并罚的规定处罚。在组织卖淫犯罪活动中，对被组织卖淫的人有引诱、容留、介绍卖淫行为的，依照处罚较重的规定定罪处罚。但是，对被组织卖淫的人以外的其他人有引诱、容留、介绍卖淫行为的，应当分别定罪，实行数罪并罚。

本案中，法院经审理认为，在组织卖淫的共同犯罪过程中，张某起主要作用，是主犯，应当按照其组织的全部犯罪处罚；王某、李某起次要作用，是从犯，应当减轻处罚。张某虽主动投案，但在司法机关掌握其主要犯罪事实之前没有如实供述，不属于自首，但当庭认罪，可以酌情从轻处罚。最终判决被告人张某犯组织卖淫罪，判处有期徒刑 5 年 6 个月，并处罚金人民币 20 万元；被告人王某犯组织卖淫罪，判处有期徒刑 3 年 6 个月，并处罚金人民币 8 万元；被告人李某犯组织卖淫罪，判处有期徒刑 3 年 6 个月，并处罚金人民币 8 万元；被告人史某犯协助组织卖淫罪，判处有期徒刑 2 年，缓刑 2 年，并处罚金人民币 2 万元；被告人赵某犯协助组织卖淫罪，判处有期徒刑 2 年，缓刑 2 年，并处罚金人民币 2 万元；被告人陶某犯协助组织卖淫罪，判处有期徒刑 2 年，缓刑 1 年，并处罚金人民币 2 万元；被告人杨某犯协助组织卖淫罪，判处有期徒刑 1 年，缓刑 1 年，并处罚金人民币 1 万元。

二十五、引诱、容留、介绍卖淫罪

案　　例

(一) 案情简介

被告人王某与秦某艳合伙经营“某某港足道馆”足浴店。2021 年 6 月至 8 月，被告人王某、秦某艳容留、介绍李某某、周某某在“某某港足道馆”从事卖淫活动，王某、秦某艳非法获利各 300 元。

(二) 问题

如何认定容留、介绍卖淫罪的“情节严重”？被告人王某与秦某艳的行为应当如何定罪与处罚？

（三）法律规定

《中华人民共和国刑法》

第 359 条　引诱、容留、介绍他人卖淫的，处 5 年以下有期徒刑、拘役或者管制，并处罚金；情节严重的，处 5 年以上有期徒刑，并处罚金。

引诱不满 14 周岁的幼女卖淫的，处 5 年以上有期徒刑，并处罚金。

（四）法理分析

引诱、容留、介绍卖淫罪，是指以金钱、物质或其他利益诱使他人卖淫，或为他人卖淫提供场所，或者为卖淫的人与嫖客牵线搭桥的行为。本罪的构成特征是：

1. 本罪侵犯的客体是社会主义的道德风尚和社会管理秩序。

2. 本罪在客观方面表现为行为人实施了引诱、容留、介绍他人卖淫的行为。所谓“引诱”，是指行为人利用金钱、物质利益或非物质利益作诱饵，或者采取其他手段，拉拢、勾引、劝导、怂恿、诱惑、唆使他人从事卖淫活动。所谓“容留”，是指行为人为他人卖淫提供场所或者其他便利条件的行为。所谓“介绍”，是指在卖淫者与嫖客之间牵线搭桥，促使卖淫嫖娼行为得以顺利进行，俗称“拉皮条”。根据 2017 年最高人民法院、最高人民检察院《关于办理组织、强迫、引诱、容留、介绍卖淫刑事案件适用法律若干问题的解释》第 8 条第 1 款的规定，引诱、容留、介绍他人卖淫，具有下列情形之一的，应当依照《刑法》第 359 条第 1 款的规定定罪处罚：（1）引诱他人卖淫的；（2）容留、介绍 2 人以上卖淫的；（3）容留、介绍未成年人、孕妇、智障人员、患有严重性病的人卖淫的；（4）1 年内曾因引诱、容留、介绍卖淫行为被行政处罚，又实施容留、介绍卖淫行为的；（5）非法获利人民币 1 万元以上的。根据其第 9 条规定，引诱、容留、介绍他人卖淫，具有下列情形之一的，应当认定为《刑法》第 359 条第 1 款规定的“情节严重”：（1）引诱 5 人以上或者引诱、容留、介绍 10 人以上卖淫的；（2）引诱 3 人以上的未成年人、孕妇、智障人员、患有严重性病的人卖淫，或者引诱、容留、介绍 5 人以上该类人员卖淫的；（3）非法获利人民币 5 万元以上的；（4）其他情节严重的情形。

本罪是选择性罪名，引诱、容留、介绍他人卖淫这三种行为，不论是同时实施还是只实施其中一种行为，均构成本罪。

3. 本罪的主体是一般主体，即已满 16 周岁、具备刑事责任能力的自然人。

4. 本罪的主观方面是故意。是否以营利为目的，不影响本罪的成立。

司法实践中，认定本罪时应注意与非法利用信息网络罪的界限。非法利用信息网络罪是指利用信息网络设立用于实施诈骗、传授犯罪方法、制作或者销售违禁物品、管制物品等违法犯罪活动的网站、通讯群组，或发布有关制作或者销售毒品、枪支、淫秽物品等违禁物品、管制物品或者其他违法犯罪信息，或为实施诈骗等违法犯罪活动发布信息，情节严重的行为。利用信息网络发布招嫖违法信息，情节严重的，依照《刑法》第287条之一的规定，以非法利用信息网络罪定罪处罚。同时构成介绍卖淫罪的，依照处罚较重的规定定罪处罚。

本案中，法院经审理认为，被告人王某、秦某艳容留、介绍他人卖淫，其行为已构成容留、介绍卖淫罪。综合考虑其坦白、自愿认罪认罚等情节后，依照《刑法》第359条、第67条第3款、第64条，《刑事诉讼法》第15条、第201条第1款之规定，判决被告人王某犯容留、介绍卖淫罪，判处有期徒刑6个月；被告人秦某艳犯容留、介绍卖淫罪，判处有期徒刑6个月。对二被告人各处罚金人民币2000元。

二十六、传播淫秽物品罪

案　例

（一）案情简介

2008年11月，冷某超经过注册成立某某阁淫秽论坛网站的会员后，因其在该网站点击频率高，于次年2月被升级为该网站的版主，负责管理网站的两个淫秽版块。自案发时，冷某超在其管理的版块中共发布和编辑淫秽色情图片1233张，两个版块的页面访问量达24601次。2009年8月，冷某超被公安机关抓获。

（二）问题

淫秽电子信息通过网络论坛传播应如何认定论坛版主的刑事责任？

（三）法律规定

《中华人民共和国刑法》

第364条第1款　传播淫秽的书刊、影片、音像、图片或者其他淫秽物品，情节严重的，处2年以下有期徒刑、拘役或者管制。

第367条　本法所称淫秽物品，是指具体描绘性行为或者露骨宣扬色情的诲淫性的书刊、影片、录像带、录音带、图片及其他淫秽物品。

有关人体生理、医学知识的科学著作不是淫秽物品。

包含有色情内容的有艺术价值的文学、艺术作品不视为淫秽物品。

（四）法理分析

传播淫秽物品罪，是指传播淫秽书刊、影片、音像、图片或者其他淫秽物品，情节严重的行为。本罪的构成特征是：

1. 本罪侵犯的客体是社会主义道德风尚和社会管理秩序。本罪的犯罪对象是淫秽物品。所谓“淫秽物品”，是指具体描绘性行为或者露骨宣扬色情的诲淫性的书刊、影片、录像带、录音带、图片及其他淫秽物品。有关人体生理、医学知识的科学著作不是淫秽物品。包含有色情内容的有艺术价值的文学、艺术作品不是淫秽物品。所谓“其他淫秽物品”，根据2004年最高人民法院、最高人民检察院《关于办理利用互联网、移动通讯终端、声讯台制作、复制、出版、贩卖、传播淫秽电子信息刑事案件具体应用法律若干问题的解释（一）》第9条的规定，《刑法》第367条第1款规定的“其他淫秽物品”，包括具体描绘性行为或者露骨宣扬色情的诲淫性的视频文件、音频文件、电子刊物、图片、文章、短信息等互联网、移动通讯终端电子信息和声讯台语音信息。

2. 本罪在客观方面表现为行为人实施了传播淫秽书刊、影片、音像、图片或其他淫秽物品，情节严重的行为。具体而言，包括以下两方面内容：

第一，必须实施了传播淫秽书刊、影片、音像、图片或者其他淫秽物品的行为。所谓“传播”，即将淫秽书刊、影片、音像、图片或者其他淫秽物品在社会上广为散播。其具体方式多种多样，如将淫秽书刊、图片等散发给群众，向不特定多数人播放淫秽影片、音像等。如果行为人只是私下借阅、传看淫秽物品，不作为犯罪处理。

第二，必须是情节严重的行为。根据2008年最高人民检察院、公安部《关于公安机关管辖的刑事案件立案追诉标准的规定（一）》第84条规定，传播淫秽的书刊、影片、音像、图片或者其他淫秽物品，涉嫌下列情形之一的，应予立案追诉：（1）向他人传播300至600人次以上的；（2）造成恶劣社会影响的。不以牟利为目的，利用互联网、移动通讯终端传播淫秽电子信息，涉嫌下列情形之一的，应予立案追诉：（1）数量达到本规定第82条第2款第（1）项至第（5）项规定标准2倍以上的；（2）数量分别达到本规定第82条第2款第（1）项至第（5）项两项以上标准的；（3）造成严重后果的。利用聊天室、论坛、即时通信软件、电子邮件等方式，实施本条第2款规定行为的，应予立案追诉。根据2010年2月最高人民法院、最高人民检察院《关于办理利用互联网、移动通讯终端、声讯台制作、复制、出版、贩卖、传播淫秽电子信息刑事案件具体应用法律若干问题的解释（二）》第5条规定，网站建立者、直接负责的管理者明知他人制作、复制、出版、贩卖、传播的是淫秽电子信息，允许或者放任他人在自己所有、管理的网站或者网页上发布，具有下列情形之一的，依照《刑法》第364条第1款的规定，以传播淫秽物品罪定罪处罚：（1）数量达到第1条第2款第（1）项至第（5）项规定标准10倍以上的；（2）数量分别达到第1条第2款第（1）项至第（5）项两项以上标准5倍以上的；（3）造成严重后果的。

3. 本罪的主体是一般主体，即已满16周岁、具备刑事责任能力的自然人和单位。

4. 本罪的主观方面是故意，即明知是淫秽物品而故意传播，但行为人主观上不具有牟利的目的。根据2010年2月最高人民法院、最高人民检察院《关于办理利用互联网、移动通讯终端、声讯台制作、复制、出版、贩卖、传播淫秽电子信息刑事案件具体应用法律若干问题的解释（二）》第8条规定，实施第4条至第7条规定的行为，具有下列情形之一的，应当认定行为人“明知”，但是有证据证明确实不知道的除外：（1）行政主管机关书面告知后仍然实施上述行为的；（2）接到举报后不履行法定管理职责的；（3）为淫秽网站提供互联网接入、服务器托管、网络存储空间、通讯传输通道、代收费、费用结算等服务，收取服务费明显高于市场价格的；（4）向淫秽网站投放广告，广告点击率明显异常的；（5）其他能够认定行为人明知的情形。

司法实践中，认定本罪时应注意与传播淫秽物品牟利罪的界限。传播淫秽物品牟利罪是以牟利为目的而传播淫秽物品的行为。二者相同之处是都侵犯了良好社会风尚和社会管理秩序。两罪的主要区别在于：（1）主观方面不同。虽然两罪均为故意犯罪，本罪主观上不要求以牟利为目的；而传播淫秽物品牟利罪必须以牟利为目的。（2）客观方面表现不同。本罪是情节犯，情节严重的才能构成犯罪；而传播淫秽物品牟利罪是行为犯，只要实施了上述行为即可构成犯罪，情节严重的，在量刑时会加重处罚。

对于淫秽网站、论坛、版块，行为人担任版主的时候即明知其所管理的网站、论坛、版块是以传播淫秽信息为主要目的和内容的，即使其不实际履行管理职责，也应视为其对所传播的淫秽信息采取了默许的态度，应追究其刑事责任；对于一般的网站、版块、论坛，因版主未及时进行管理而导致淫秽信息大量传播的，如果确有证据证明版主在此期间未登录、对淫秽信息传播的情况并不了解，则不应要求其对传播淫秽信息承担刑事责任。

本案中，法院经审理认为，冷某超在网络上传播淫秽影片、图片，情节严重，检察机关指控的犯罪事实及罪名成立。依法判处冷某超有期徒刑1年，缓刑2年。

二十七、组织淫秽表演罪

案　例

（一）案情简介

2009年2月至11月，蔡某明伙同沈某、李某军、董某尧（三人另案处理）多次组织多名平面模特、摄影模特拍摄所谓“大尺度”人体摄影，还在本市部分旅馆、酒店等场所组织淫秽表演近40次，拍摄淫秽照片1300余张。

（二）问题

被告人蔡某明的行为应当如何定罪与处罚？

（三）法律规定

《中华人民共和国刑法》

第365条　组织进行淫秽表演的，处3年以下有期徒刑、拘役或者管制，并处罚金；情节严重的，处3年以上10年以下有期徒刑，并处罚金。

（四）法理分析

组织淫秽表演罪，是指组织他人进行淫秽表演的行为。本罪的构成特征是：

1. 本罪侵犯的客体是社会主义道德风尚和社会管理秩序。

2. 本罪在客观方面表现为行为人实施了组织他人进行淫秽表演的行为。所谓“组织”，是指策划、指挥、安排进行淫秽表演，如招揽安排表演人员、编排动作节目等。所谓“表演”，是指以体态动作表达色情意识，如跳裸体舞、模拟性动作等。根据2008年最高人民检察院、公安部《关于公安机关管辖的刑事案件立案追诉标准的规定（一）》第86条的规定，以策划、招募、强迫、雇用、引诱、提供场地、提供资金等手段，组织进行淫秽表演，涉嫌下列情形之一的，应予立案追诉：（1）组织表演者进行裸体表演的；（2）组织表演者利用性器官进行诲淫性表演的；（3）组织表演者半裸体或者变相裸体表演并通过语言、动作具体描绘性行为的；（4）其他组织进行淫秽表演应予追究刑事责任的情形。

3. 本罪的主体是一般主体，即已满16周岁、具备刑事责任能力的自然人和单位。

4. 本罪的主观方面是故意，但行为人不必出于牟利目的。

在司法实践中，行为人在组织淫秽表演的同时，往往为了增强演出效果，配之以音乐、灯光或画面，而这些画面、音乐往往属于淫秽音像制品，因此，行为人在构成组织淫秽表演罪的同时，又构成了组织播放淫秽音像制品罪，由于二行为之间具有目的行为和手段行为的牵连关系，依牵连犯处断原则，应从一重罪处断，但两罪的法定刑幅度完全相同。这种情况下，宜以目的行为构成的犯罪定罪论处，并可考虑适用组织淫秽表演罪“情节严重”情形的法定刑幅度。

本案中，法院经审理认为，蔡某明组织他人进行淫秽表演，情节严重，且在本市宾馆、酒店多次聚众淫乱，其行为已触犯刑法，构成组织淫秽表演罪和聚众淫乱罪，检察机关指控的罪名成立。被告人蔡某明面试模特时在现场，在拍摄淫秽照片时表现积极，主动做模特思想工作，且与模特有身体接触，应该认定系淫秽表演的组织者。法院一审判决，蔡某明犯组织淫秽表演罪，判处有期徒刑 5 年，并处罚金人民币 2 万元，并驱逐出境；犯聚众淫乱罪，判处有期徒刑 1 年 6 个月，并驱逐出境；决定合并执行有期徒刑 5 年，并处罚金人民币 2 万元，并驱逐出境。蔡某明的犯罪工具笔记本电脑 1 台予以没收。

第七章　贪污贿赂罪

贪污贿赂罪，是指国家工作人员实施的贪污、受贿，或者国有单位实施的受贿、私分国有资产等侵犯国家廉政建设制度，以及与贪污、受贿犯罪密切相关的侵犯职务廉洁性的行为。“国家廉政建设制度”是以恪尽职守、廉洁奉公、吏治清明、反对腐败为其主要内容的。贪污、贿赂罪不仅严重侵犯了公共财产的所有权，而且严重侵蚀了党和国家的健康机体，损害了党和政府在人民心目中的形象，妨害了国家的廉政建设制度。惩治贪污、受贿犯罪，是我国现阶段反腐败斗争的重点，在刑法分则中将贪污贿赂罪专列一章，作为独立的类罪，对于加强国家的廉政建设、突出反腐败的打击重点、有效遏制职务犯罪均具有积极的意义。

一、贪污罪

案　例

（一）案情简介

被告人沈某某，男，甲国有公司期货部原主任。被告人郑某某，男，甲国有公司期货部原副总监。2012 年 7 月至 2020 年 5 月，沈某某先后任甲国有公司期货部操盘手、期货部临时负责人、副主任及主任，其间负责期货部日常经营管理工作，参与制定甲国有公司期货交易策略，依据市场行情确定具体的操盘价格，下达期货交易指令并实际操盘。2014 年 2 月至 2020 年 5 月，郑某某先后担任甲国有公司期货部经理、高级经理及副总监，参与制定甲国有公司期货交易策略，根据决策指令对相关期货账户进行实际操盘。

2015 年 7 月至 2020 年 5 月，沈某某、郑某某二人经合谋，向他人借用了多个期货账户，利用前述职务便利，在事先获知公司期货交易策略后，以借用的个人账户提前在有利价位买入或卖出与甲国有公司策略相同的期货产品进行埋单，采用与公司报单价格相同或接近、报单时间衔接紧凑以及公司大单覆盖等方式，与公司期货账户进行低买高卖或者高卖低买的相互交易，使二人实际控制的账户获利共计人民币3000余万元，赃款由二人平分并占为已有。

其间，沈某某在郑某某不知情的情况下，利用职务便利，采用前述相同方式，以其个人借用并实际控制的多个期货账户及其本人期货账户，与甲国有公司期货账户进行相互交易，个人获利共计人民币1000余万元。

（二）问题

如何理解贪污罪中的“利用职务上的便利”？

（三）法律规定

《中华人民共和国刑法》

第93条 本法所称国家工作人员，是指国家机关中从事公务的人员。

国有公司、企业、事业单位、人民团体中从事公务的人员和国家机关、国有公司、企业、事业单位委派到非国有公司、企业、事业单位、社会团体从事公务的人员，以及其他依照法律从事公务的人员，以国家工作人员论。

第382条 国家工作人员利用职务上的便利，侵吞、窃取、骗取或者以其他手段非法占有公共财物的，是贪污罪。

受国家机关、国有公司、企业、事业单位、人民团体委托管理、经营国有财产的人员，利用职务上的便利，侵吞、窃取、骗取或者以其他手段非法占有国有财物的，以贪污论。

与前两款所列人员勾结，伙同贪污的，以共犯论处。

第383条 对犯贪污罪的，根据情节轻重，分别依照下列规定处罚：（1）贪污数额较大或者有其他较重情节的，处3年以下有期徒刑或者拘役，并处罚金。（2）贪污数额巨大或者有其他严重情节的，处3年以上10年以下有期徒刑，并处罚金或者没收财产。（3）贪污数额特别巨大或者有其他特别严重情节的，处10年以上有期徒刑或者无期徒刑，并处罚金或者没收财产；数额特别巨大，并使国家和人民利益遭受特别重大损失的，处无期徒刑或者死刑，并处没收财产。

对多次贪污未经处理的，按照累计贪污数额处罚。

犯第1款罪，在提起公诉前如实供述自己罪行、真诚悔罪、积极退赃，避免、减少损害结果的发生，有第（1）项规定情形的，可以从轻、减轻或者免除处罚；有第（2）项、第（3）项规定情形的，可以从轻处罚。

犯第1款罪，有第（3）项规定情形被判处死刑缓期执行的，人民法院根据犯罪情节等情况可以同时决定在其死刑缓期执行2年期满依法减为无期徒刑后，终身监禁，不得减刑、假释。

第394条 国家工作人员在国内公务活动或者对外交往中接受礼物，依照国家规定应当交公而不交公，数额较大的，依照本法第 382 条、第 383 条的规定定罪处罚。

（四）法理分析

贪污罪，是指国家工作人员利用职务上的便利，侵吞、窃取、骗取或者以其他手段非法占有公共财物的行为。根据《刑法》第 382 条第 2 款的规定，受国家机关、国有公司、企业、事业单位、人民团体委托管理、经营国有财产的人员，利用职务上的便利，侵吞、窃取、骗取或者以其他手段非法占有国有财物的，以贪污罪论。本罪的构成特征是：

1. 本罪侵犯的客体是复杂客体，既侵犯了国家工作人员职务行为的廉洁性，又侵犯了公共财产所有权。其中，国家工作人员的职务行为廉洁性是本罪的主要客体。犯罪对象是公共财产。根据《刑法》第 91 条的规定，下列财产属于公共财产范围：国有财产；劳动群众集体所有的财产；用于扶贫和其他公益事业的社会捐助或者专项基金的财产。在国家机关、国有公司、企业、集体企业和人民团体管理、使用或者运输中的私人财产，以公共财产论。另外，《刑法》第 271 条第 2 款规定，国有公司、企业或者其他国有单位中从事公务的人员和国有公司、企业或者其他国有单位委派到非国有公司、企业以及其他单位从事公务的人员利用职务上的便利，将本单位财物非法据为己有的，以贪污罪论处。所以，在某种特定情况下，非公共财物也可以成为贪污罪的对象。

2. 本罪在客观方面表现为利用职务上的便利，侵吞、窃取、骗取或者以其他手段非法占有公共财物的行为。具体而言，包括以下三方面内容：

第一，必须利用职务上的便利。所谓“利用职务上的便利”，是指国家工作人员利用职务范围内的权力和地位所形成的主管、管理、经手公共财物的职务便利。所谓“主管”，是指负责调配、处置与支配公共财物的职务活动。所谓“管理”，是指负责保管、处理及使用公共财物的职务活动。所谓“经手”，是指领取、支出因而占有公共财物的职务活动。如果利用与职务无关仅因工作关系熟悉作案环境或易于接近作案目标、凭工作人员身份容易进入某些单位等方便条件非法占有公共财物的，不成立本罪。

第二，必须实施侵吞、窃取、骗取或者以其他手段非法占有公共财物的行为。所谓“侵吞”，是指国家工作人员利用职务上的便利，将暂时由自己合法管理、支配、使用或者经手的公共财物非法据为己有。如财会人员收款不入账而据为己有；执法人员将罚没款据为己有；管理人员将自己管理的公共财物变卖后占有所变卖的款项等。根据《刑法》第 394 条的规定，国家工作人员在国内公务活动或者对外交往中接受礼物，依照国家规定应当交公而不交公，数额较大的，以贪污罪论处。这种行为应属于侵吞公共财物。所谓“窃取”，是指国家工作人员利用职务上的便利，秘密窃取由本人暂时合法管理、支配、使用或者经手的公共财物，即通常所说的监守自盗。如出纳员窃取自己管理的保险柜内的金钱。所谓“骗取”，是指国家工作人员利用职务上的便利，采用虚构事实、隐瞒真相的方法，非法占有公共财物。例如，国有保险公司工作人员和国有保险公司委派到非国有保险公司从事公务的人员，利用职务上的便利，故意编造未曾发生的保险事故进行虚假理赔，骗取保险金归自己所有的，属于骗取形式的贪污（参见《刑法》第 183 条）。利用职务上的便利骗取财物时，行为人并不具有处分财物的权限与地位，所以，必须欺骗具有处分权限与地位的人使之处分财物，并且在实施欺骗行为时利用了职务上的便利。所谓“其他手段”，是指国家工作人员利用职务上的便利，使用侵吞、窃取、骗取以外的其他手段、方法占有公共财物。例如内外勾结，迂回贪污；公款私存、私贷坐吃利息；利用回扣非法占有公款；利用合同非法占有公款等。

第三，必须数额较大或者有其他较重情节。根据 2016 年 4 月最高人民法院、最高人民检察院《关于办理贪污贿赂刑事案件适用法律若干问题的解释》第 1 条规定，贪污数额在 3 万元以上不满 20 万元的，应当认定为《刑法》第 383 条第 1 款规定的“数额较大”。贪污数额在 1 万元以上不满 3 万元，具有下列情形之一的，应当认定为《刑法》第 383 条第 1 款规定的“其他较重情节”：（1）贪污救灾、抢险、防汛、优抚、扶贫、移民、救济、防疫、社会捐助等特定款物的；（2）曾因贪污、受贿、挪用公款受过党纪、行政处分的；（3）曾因故意犯罪受过刑事追究的；（4）赃款赃物用于非法活动的；（5）拒不交代赃款赃物去向或者拒不配合追缴工作，致使无法追缴的；（6）造成恶劣影响或者其他严重后果的。

3. 本罪的主体是特殊主体，即国家工作人员。根据《刑法》第 93 条的规定，国家工作人员是指在国家机关中从事公务的人员；国有公司、企业、事业单位、人民团体中从事公务的人员和国家机关、国有公司、企业、事业单位委派到非国有公司、企业、事业单位、社会团体从事公务的人员，以及其他依照法律从事公务的人员。根据 2009 年全国人大常委会《关于〈中华人民共和国刑法〉第九十三条第二款的解释》，村民委员会等基层组织人员协助人民政府从事行政管理工作，利用职务上的便利，非法占有公共财物的，应以贪污罪论处。需注意的是，不具有国家工作人员身份的人单独不构成本罪，但可以成为共犯。

4. 本罪的主观方面是故意，并具有非法占有目的。

司法实践中，认定本罪时应注意以下几个问题：

一是罪与非罪的界限。（1）本罪与错款、错账行为的界限。因业务不精或工作不认真而导致的错款、错账行为，行为人主观上不具有非法占有的目的，不能以本罪论处。（2）本罪与一般贪污行为的界限。区分二者的界限，其一是根据贪污的数额，其二是根据其他情节。根据《刑法》第383条的规定，贪污数额较大或者有其他较重情节的，构成贪污罪。根据2016年“两高”《关于办理贪污贿赂刑事案件适用法律若干问题的解释》第1条第1款的规定，“数额较大”为3万元以上。因此，如果没有较重情节，在数额未达到较大的情况下，属于一般的贪污违法行为。“较重情节”主要指贪污救灾、抢险、防汛、优抚、扶贫、移民、救济、防疫、社会捐助等特定款物的；曾因贪污、受贿、挪用公款受过党纪、行政处分的；曾因故意犯罪受过刑事追究的；赃款赃物用于非法活动的；拒不交代赃款赃物去向或者拒不配合追缴工作，致使无法追缴的；造成恶劣影响或者其他严重后果的。

二是本罪共犯的认定问题。共同犯罪是指两人以上共同故意犯罪。贪污罪的共同犯罪，是指两个以上具备贪污罪主体资格的人，利用职务便利，或者不具备贪污罪主体资格的人利用其中具备贪污罪主体资格的人的职务便利，共同故意实施贪污犯罪行为。

三是正确理解终身监禁。《刑法》第383条第4款的规定，“犯第1款罪，有第（3）项规定情形被判处死刑缓期执行的，人民法院根据犯罪情节等情况可以同时决定在其死刑缓期执行2年期满依法减为无期徒刑后，终身监禁，不得减刑、假释”。2016年“两高”《关于办理贪污贿赂刑事案件适用法律若干问题的解释》第4条规定，贪污、受贿数额特别巨大，犯罪情节特别严重、社会影响特别恶劣、给国家和人民利益造成特别重大损失的，可以判处死刑。符合这一情形，根据犯罪情节等情况可以判处死刑缓期2年执行，同时裁判决定在其死刑缓期执行2年期满依法减为无期徒刑后，终身监禁，不得减刑、假释。这种附带终身监禁的死缓适用条件明显区别于一般的死缓，主要针对那些判处死刑立即执行过重，判处一般死缓又偏轻的重特大贪污、受贿罪犯，旨在限制死刑立即执行的同时，尽可能从严惩处重特大贪污、受贿案件。

本案中，被告人沈某某和郑某某均属于国有公司工作人员，利用职务便利提前获知国有公司期货交易指令后，先用个人控制账户买入或卖出期货产品，再与国有公司账户进行相互交易的行为，属于在正常期货交易过程中增设相互交易环节，该行为直接造成国有公司交易成本提高，使本应归属国有公司的利益被个人占有，增设交易环节的行为与个人非法获利之间具有刑法上的因果关系，具有侵吞公共财产的性质，可依法认定为贪污罪。2021年6月23日，上海市人民检察院第二分院以被告人沈某某、郑某某犯贪污罪依法提起公诉。2022年6月29日，上海市第二中级人民法院作出一审判决，以贪污罪判处沈某某有期徒刑13年，剥夺政治权利3年，并处罚金人民币400万元；郑某某具有自首、立功情节，自愿认罪认罚，依法可以减轻处罚，法院以贪污罪判处其有期徒刑5年，并处罚金人民币100万元。一审宣判后，沈某某提出上诉，上海市高级人民法院二审裁定驳回上诉，维持原判。

二、挪用公款罪

案　　例

（一）案情简介

案例1：泰州某管理局某某分局（以下简称某某分局）系泰州市某区某经济协会（以下简称某经济协会）的业务主管单位，某经济协会系具有社团法人资格的非营利性社会团体，经费由会长或秘书长按有关规定掌握使用，定期向理事会和会员代表大会报告，并接受某某分局的财务审计和监督。被告人朱某于2012年至2013年，利用担任某某分局某某所会计，经手、保管某某所收取的某经济协会会费的职务便利，多次挪用该会费合计人民币54.926万元，存入其个人银行卡内用于购买理财产品并获取收益。案发前，朱某将上述款项按期及时解缴至某经济协会账户。

案例2：被告人王某系某村党支部书记、村委会主任、村经济合作社社长。2019年4月，王某得知其朋友做生意资金不足，于是未经集体决策，个人决定将村自有资金200万元以个人名义借给其朋友用于经营，未约定利息和谋取其他经济利益。2020年4月，王某将挪用的200万元全部归还。2020年5月，该村集体土地因被国家征用而获得土地征用补偿费。2020年7月，土地征用补偿费均已依法向该村村民发放和补偿到位，还剩余部分土地征用补偿费留存村集体账户，王某将其中10万元用于归还个人赌博欠款，2020年9月，王某归还10万元。

（二）问题

如何认定“公款”？某经济协会会费、村自有资金和土地征用补偿费是否属于公款性质？

（三）法律规定

《中华人民共和国刑法》

第93条　本法所称国家工作人员，是指国家机关中从事公务的人员。

国有公司、企业、事业单位、人民团体中从事公务的人员和国家机关、国有公司、企业、事业单位委派到非国有公司、企业、事业单位、社会团体从事公务的人员，以及其他依照法律从事公务的人员，以国家工作人员论。

第384条　国家工作人员利用职务上的便利，挪用公款归个人使用，进行非法活动的，或者挪用公款数额较大、进行营利活动的，或者挪用公款数额较大、超过3个月未还的，是挪用公款罪，处5年以下有期徒刑或者拘役；情节严重的，处5年以上有期徒刑。挪用公款数额巨大不退还的，处10年以上有期徒刑或者无期徒刑。

挪用用于救灾、抢险、防汛、优抚、扶贫、移民、救济款物归个人使用的，从重处罚。

（四）法理分析

挪用公款罪，是指国家工作人员利用职务上的便利，挪用公款归个人使用，进行非法活动，或者挪用公款数额较大、进行营利活动，或者挪用公款数额较大、超过3个月未还的行为。本罪的构成特征是：

1. 本罪侵犯的客体是复杂客体，既侵犯了国家工作人员职务行为的廉洁性，又侵犯了公款的占有权、使用权、收益权。犯罪对象是公款，公款不等于现金。所谓“公款”，是指公共财产中呈现货币或者有价证券形态的部分。不仅包括国家所有的货币资金、有价证券以及金融凭证等，也包括由国家管理、控制、使用等过程中的货币资金。根据2003年1月28日最高人民检察院《关于挪用失业保险基金和下岗职工基本生活保障资金的行为适用法律问题的批复》，国家工作人员利用职务上的便利，挪用失业保险基金和下岗职工基本生活保障资金归个人使用，构成犯罪的，以挪用公款论；根据《刑法》第272条第2款的规定，国有公司、企业或者其他国有单位中从事公务的人员和国有公司、企业或者其他国有单位委派到非国有公司、企业以及其他单位从事公务的人员，利用职务上的便利，挪用本单位资金构成犯罪的，以挪用公款罪处罚。因此，在某种特定情况下，非公共资金可以成为本罪的犯罪对象。根据《刑法》第384条第2款的规定，挪用用于救灾、抢险、防汛、优抚、扶贫、移民、救济款物归个人使用的，以挪用公款论，从重处罚。依此规定，挪用公款罪的对象不限于公款，还包括特定物。

2. 本罪在客观方面表现为国家工作人员利用职务上的便利挪用公款归个人使用，进行非法活动的，或者挪用公款数额较大、进行营利活动的，或者挪用公款数额较大、超过3个月未还的行为。具体而言，包括以下两方面内容：

第一，必须利用职务上的便利。即行为人利用本人职务权力与地位所形成的主管、管理、经营、经手公款或特定款物的便利条件。既可以是利用本人直接管理、经手公款的便利条件，还可以是利用因本人的职务而具有的调拨、支配、使用公款的便利条件。

第二，必须实施挪用公款归个人使用的行为。根据2002年全国人民代表大会常务委员会《关于〈中华人民共和国刑法〉第三百八十四条第一款的解释》，有下列情形之一的，属于挪用公款“归个人使用”：（1）将公款供本人、亲友或者其他自然人使用的；（2）以个人名义将公款供其他单位使用的；（3）个人决定以单位名义将公款供其他单位使用，谋取个人利益的。

根据《刑法》第384条的规定，挪用公款归个人使用分为三种类型：（1）挪用公款进行非法活动。所谓“非法活动”，是指违反国家法律法规的活动，包括犯罪活动和一般违法活动，如赌博、走私等。这种行为构成挪用公款罪的，从刑法的规定来看，不受“数额较大”和挪用时间的限制。但根据2016年最高人民法院、最高人民检察院《关于办理贪污贿赂刑事案件适用法律若干问题的解释》第5条的规定，挪用公款归个人使用，进行非法活动的，数额在3万元以上的，应当追究刑事责任。（2）挪用公款数额较大、进行营利活动。所谓“营利活动”，是指国家法律允许的牟利活动，如开公司、办商店或存入银行、用于集资、购买股票、国债等，这种行为构成挪用公款罪的，要求数额较大，但不受挪用时间和是否归还的限制。根据上述司法解释第6条的规定，数额在5万元以上的，应当追究刑事责任。（3）挪用公款归个人使用，数额较大、超过3个月未还。这种挪用公款行为是用于营利活动、非法活动以外的活动。所谓“超过3个月未还”，是指行为人挪用公款后在3个月之内没有归还，或者说，行为人挪用公款的时间超过了3个月。根据上述司法解释第6条的规定，数额在5万元以上的，应当追究刑事责任。

3. 本罪的主体是特殊主体，即国家工作人员。根据2000年最高人民法院《关于对受委托管理、经营国有财产人员挪用国有资金行为如何定罪问题的批复》，对于受国家机关、国有公司、企业、事业单位、人民团体委托，管理、经营国有财产的非国家工作人员，利用职务上的便利，挪用国有资金归个人使用构成犯罪的，以挪用资金罪定罪处罚。根据2004年全国人民代表大会常务委员会《关于〈中华人民共和国刑法〉第九十三条第二款的解释》，村民委员会等村基层组织人员协助人民政府从事下列行政管理工作，属于《刑法》第93条第2款规定的“其他依照法律从事公务的人员”：（1）救灾、抢险、防汛、优抚、扶贫、移民、救济款物的管理；（2）社会捐助公益事业款物的管理；（3）国有土地的经营和管理；（4）土地征收、征用补偿费用的管理；（5）代征、代缴税款；（6）有关计划生育、户籍、征兵工作；（7）协助人民政府从事的其他行政管理工作。

4. 本罪的主观方面是故意，即明知是公款而故意违反规定予以挪用，其目的是暂时使用公款。

司法实践中，认定本罪时应注意与贪污罪的界限。贪污罪是指国家工作人员利用职务上的便利，侵吞、窃取、骗取或者以其他手段非法占有公共财物的行为。两罪侵犯的客体都是复杂客体，客观方面都利用了职务上的便利条件，主体都是国家工作人员，主观方面都是故意。两罪的主要区别在于：（1）主体的范围不完全相同。本罪的主体只能是国家工作人员；贪污罪的主体除了国家工作人员以外，还可以是受国家机关、国有公司、企业、事业单位、人民团体委托管理、经营国有财产的人员。（2）犯罪目的不同。本罪是以暂时使用公款为目的，因此行为人通常不存在做假账、虚报账目等行为；贪污罪则以非法占有公共财物为目的，因此行为人存在做假账、虚报账目等行为。（3）客观方面表现不同。本罪表现为利用职务上的便利，挪用公款归个人使用，进行非法活动的，或者挪用公款数额较大、进行营利活动的，或者挪用公款数额较大、超过3个月未还的；贪污罪则是利用职务上的便利，侵吞、窃取、骗取或者以其他手段非法占有公共财物。（4）侵犯的客体不完全相同。本罪次要客体限于对公款的占有权、使用权、收益权；贪污罪则是公共财产的所有权。（5）犯罪对象不完全相同。本罪的对象原则上仅限于公款；贪污罪的对象是公共财物，既可以是公款，也可以公物。

本罪在一定条件下也可以向贪污罪转化。挪用公款罪是否转化为贪污罪，应当按照主客观相一致的原则，具体判断和认定行为人主观上是否具有非法占有的目的。根据相关的司法解释和司法实务，具有以下情形之一的，可以认定行为人主观上具有非法占有的目的，应以贪污罪论处：（1）携带挪用的公款潜逃的；（2）挪用公款后采取虚假发票平账、销毁有关账目等手段，使所挪用的公款已难以在单位财务账目上反映出来的；（3）行为人截取单位收入不入账，非法占有，使所占有的公款已难以在单位财务账目上反映出来的有证据证明行为人有能力归还所挪用的公款而拒不归还并隐瞒挪用的公款去向的。

案例1中，法院经审理认为：某经济协会挂靠于某某分局，财政均由某某分局财务科统一管理，在工作人员方面亦有混同；某经济协会的会费系统一交至某某分局各管理所，再由各管理所统一解缴至某某分局的相关账户中，且报销使用（即用于某经济协会日常运行或用于会员）时亦须按照某某分局财务科的相关程序进行报销。综上，某某所对所收取的某经济协会会费具有管理权、支配使用权，该款属于公款性质，应当认定为公款。被告人朱某利用担任某某分局某某所会计，经手、保管所收取的某经济协会会费的职务便利，多次挪用该协会会费存入其个人银行卡内用于购买理财产品并获取收益的行为，构成挪用公款罪。最终法院判处朱某犯挪用公款罪，免予刑事处罚；没收其违法所得，上缴国库。

关于挪用剩余土地征用补偿费的定性问题，陕西省高级人民法院曾就村基层组织人员侵吞、私分土地补偿费用如何定性请示最高人民法院，最高人民法院就此作出批复：1. 被告人私分的款项虽然来源于政府拨付的土地补偿费用，但相应费用均已依法发放和补偿到位，在归属上应界定为村的集体财产，其利用担任村干部的职务便利私分有关款项的行为侵犯的是村集体财产权，而非国有财产权。2. 在适用全国人民代表大会常务委员会《关于〈中华人民共和国刑法〉第九十三条第二款的解释》所规定的“协助人民政府从事土地征收、征用补偿费用的管理”时，应注意把握“协助”的时间节点，避免扩大“从事公务”的认定范围。在案例 2 中，法院经审理认为，王某挪用的土地征用补偿费是已经发放后剩余的土地征用补偿费，属于集体经济组织收益，其管理资金仅是村、组集体经济组织的事务，属村民自治范围内的集体事务，与以国家或者政府名义实施的各种国家事务和公共事务的活动有本质区别，不属于协助政府从事行政管理即“公务”的范畴，故被告人王某的行为应认定为挪用资金罪。

三、受贿罪

案　　例

（一）案情简介

案例 1：被告人王某杰，H 省人大常委会原副主任。1994 年至 2005 年初，王某杰在任 H 省 L 市市委书记、H 省省委常委、Z 市市委书记、H 省人大常委会副主任期间，利用职务之便，为他人在职务提拔、工作调动、承揽工程、收购国有资产、征用土地、工程开发等方面谋取利益，收受人民币 596 万元、港币 10 万元、美元 6 万元。

案例 2：2006 年至 2018 年，唐某清利用担任 B 省公安厅治安总队总队长、巡视员等职务上的便利，为某厨房设备有限责任公司在承接厨房设备项目、食堂改造项目等事项上提供帮助，并向该公司负责人唐某某出借资金获取高息。2013 年 11 月至 2020 年 6 月，唐某清安排其亲属多次向该厨房设备公司出借资金共计 1183 万元，唐某某为感谢并寻求唐某清的帮助，按唐某清提出的借款利率和支付时间随时支付利息。案发后，经鉴定，唐某清以放贷收息方式收受贿赂 570 余万元。

（二）问题

1. 如何认定受贿罪的主观故意？赃款赃物的去向是否影响受贿故意的认定？

2. 如何认定受贿罪中的“为他人谋取利益”？

（三）法律规定

《中华人民共和国刑法》

第385条　国家工作人员利用职务上的便利，索取他人财物的，或者非法收受他人财物，为他人谋取利益的，是受贿罪。

国家工作人员在经济往来中，违反国家规定，收受各种名义的回扣、手续费，归个人所有的，以受贿论处。

第388条　国家工作人员利用本人职权或者地位形成的便利条件，通过其他国家工作人员职务上的行为，为请托人谋取不正当利益，索取请托人财物或者收受请托人财物的，以受贿论处。

（四）法理分析

受贿罪，是指国家工作人员利用职务上的便利，索取他人财物的，或者非法收受他人财物，为他人谋取利益的行为。本罪的构成特征是：

1. 本罪侵犯的客体是国家工作人员职务行为的廉洁性和他人的财产权利。本罪的犯罪对象是“财物”，根据2016年4月最高人民法院、最高人民检察院《关于办理贪污贿赂刑事案件适用法律若干问题的解释》第12条的规定，贿赂犯罪中的“财物”，包括货币、物品和财产性利益。财产性利益包括可以折算为货币的物质利益如房屋装修、债务免除等，以及需要支付货币的其他利益如会员服务、旅游等。后者的犯罪数额，以实际支付或者应当支付的数额计算。司法实践中，提供或者接受后者利益主要有两种情况：一是行贿人支付货币购买后转送给受贿人消费；二是行贿人在社会上作为商品销售的自有利益，免费提供给行为人消费。

2. 本罪在客观方面表现为行为人利用职务上的便利，索取他人财物，或者非法收受他人财物，为他人谋取利益的行为。具体而言，包括以下三方面内容：

第一，必须利用职务上的便利。所谓“利用职务上的便利”，既包括利用本人现有职务范围内的权力，即利用本人职务上主管、负责或者承办某项公共事务的权力所形成的便利条件，也包括利用职务上有隶属、制约关系的其他国家工作人员的职权。

第二，必须实施索取他人财物或收受他人财物，为他人谋取利益的行为。所谓“索取他人财物”，即索贿，是指行为人在公务活动中主动向他人索要财物，包括向他人勒索财物。不论行为人在索取他人财物后是否为他人谋取利益，均应以本罪论处。索贿的基本特征是行为人索要行为的主动性和他人交付财物的被动性。所谓“非法收受他人财物”，是指对他人给付的财物予以接受，体现给付财物的主动性和收受财物的被动性。非法收受他人财物，必须同时具备“为他人谋取利益”的条件。受贿罪的本质是权钱交易，只要在给予财物和收受财物过程中双方实际上存在权钱交易即可，所以在判断是否具备“为他人谋取利益”的要件时，不受利益是否正当、是否实现以及时间是在非法收受他人财物的同时还是在之前或之后的影响。为他人谋取利益包括承诺、实施和实现三个阶段的行为。只要具有其中一个阶段的行为，就具备了为他人谋取利益的要件。2016 年“两高”《关于办理贪污贿赂刑事案件适用法律若干问题的解释》第 13 条规定，具有下列情形之一的，应当认定为“为他人谋取利益”，构成犯罪的，应当依照刑法关于受贿犯罪的规定定罪处罚：（1）实际或者承诺为他人谋取利益的；（2）明知他人有具体请托事项的；（3）履职时未被请托，但事后基于该履职事由收受他人财物的。国家工作人员索取、收受具有上下级关系的下属或者具有行政管理关系的被管理人员的财物价值 3 万元以上，可能影响职权行使的，视为承诺为他人谋取利益。

除了上述两种基本受贿类型之外，我国刑法还规定了在经济往来中受贿和斡旋受贿两种特殊类型的受贿。

其一，在经济往来中受贿。《刑法》第 385 条第 2 款规定，国家工作人员在经济往来中，违反国家规定，收受各种名义的回扣、手续费，归个人所有的，以受贿论处。所谓“经济往来”，是指国家工作人员参与的国家经济管理活动和因职务关系而参与的普通交易活动。所谓“回扣”，是指在商品交易中，卖方在收取的价款中扣出一部分返还给买方或者买方经办人的现金。所谓“手续费”，是指多种费用的统称，如好处费、辛苦费、介绍费、酬劳费、活动费、信息费等。所谓账外暗中收受各种名义的回扣、手续费，是指未在依法设立的财务账目上按照财务会计制度如实记载。

其二，斡旋贿赂。所谓“斡旋贿赂”，是指国家工作人员利用本人职权或者地位形成的便利条件，通过其他国家工作人员职务上的行为，为请托人谋取不正当利益，索取请托人财物或者收受请托人财物的行为。须具备以下两个特征：（1）间接利用职权。行为人不是直接利用本人职权或者地位形成的便利条件，而是间接利用本人职权或者地位形成的便利条件，通过其他国家工作人员职务上的行为为请托人实现利益。所谓“利用本人职权或者地位形成的便利条件”，是指行为人利用因其职权或地位对其他国家工作人员形成的政治上或经济上的制约条件。所谓“本人职权”，是指在行为人职务范围内，并能对其他国家工作人员形成制约或者施加影响的权力，其中不包括直接利用本人掌握的职权。所谓“地位”，是指行为人所在的能对其他国家工作人员形成制约或者施加影响的领导岗位，或者在领导身边工作或负有特定职责并从事公务活动的工作岗位。(2) 必须是为请托人谋取不正当利益。所谓“谋取不正当利益”，是指谋取违反法律法规、国家政策和国务院各部门规章规定的利益，以及要求国家工作人员或者有关单位提供违反法律法规、国家政策和国务院各部门规章规定的帮助或方便条件。

第三，必须数额较大或者情节较重。根据2016年“两高”《关于办理贪污贿赂刑事案件适用法律若干问题的解释》第1条第1款和第3款的规定，受贿数额在3万元以上不满20万元的，应当认定为《刑法》第383条第1款规定的“数额较大”；受贿数额在1万元以上不满3万元，具有前款第(2)项至第(6)项规定的情形之一，或者具有下列情形之一的，应当认定为《刑法》第383条第1款规定的“其他较重情节”：(1) 多次索贿的；(2) 为他人谋取不正当利益，致使公共财产、国家和人民利益遭受损失的；(3) 为他人谋取职务提拔、调整的。

3. 本罪的主体是特殊主体，即国家工作人员。

4. 本罪的主观方面是故意，即明知自己利用职务上的便利索取他人财物或收受他人财物的行为会造成侵害职务廉洁性的后果，仍希望或者放任危害结果发生的心理态度。

2016年“两高”《关于办理贪污贿赂刑事案件适用法律若干问题的解释》对实践中较为普遍的两种贪污、受贿情形的犯罪故意的认定问题作出了规定。其一，赃款赃物去向与贪污、受贿故意的认定关系问题。其中第16条第1款规定，国家工作人员出于贪污、受贿的故意，非法占有公共财物、收受他人财物之后，将赃款赃物用于单位公务支出或者社会捐赠的，不影响贪污罪、受贿罪的认定，但量刑时可以酌情考虑。其二，国家工作人员利用职务便利为他人谋利，“身边人”收钱行为的刑事定罪问题。其中第16条第2款规定，特定关系人索取、收受他人财物，国家工作人员知道后未退还或者上交的，应当认定国家工作人员具有受贿故意。

司法实践中，认定本罪时应注意与贪污罪的界限。贪污罪是指国家工作人员利用职务上的便利，侵吞、窃取、骗取或者以其他手段非法占有公共财物的行为。二者在客观上都利用了职务上便利，主观上都是故意。两罪的主要区别在于：(1) 犯罪对象不同。本罪中犯罪对象是他人的财物，包括货币、物品和财产性利益；而贪污罪中的犯罪对象只能是公共财物。(2) 客观方面表现不同。本罪是利用职务上的便利，索取他人财物的，或者非法收受他人财物，为他人谋取利益的行为；而贪污罪则是利用职务上的便利，侵吞、窃取、骗取或者以其他手段非法占有公共财物的行为。虽然二者客观上都有“利用职务之便”，本罪中的职务之便侧重于职权活动中公权力的应用行为，如决策、决定、审批及人事权、物权、财权等；而贪污罪中的职务之便，侧重于职权活动中的操作行为，仅仅限于现时经手、管理公共财物的职务。（3）主体范围不同。本罪的主体只能是国家工作人员；而贪污罪的主体除了国家工作人员，还可以由受国家机关、国有公司、企业、事业单位、人民团体委托管理、经营国有财产的人员构成。司法实践中，经常出现行为人利用主管、管理、经手公共财物的职务上的便利，为他人节约成本或者多给付对价，然后又以回扣、手续费等名义收回据为己有的现象。在这种场合，行为人利用的是经管公共财产的职务之便，侵害的是公共财产权，应以贪污罪论处。

案例 1 中，湖北省荆州市中级人民法院依法以受贿罪判处王某杰死刑，缓期 2 年执行，剥夺政治权利终身，并处没收个人全部财产；以巨额财产来源不明罪，判处其有期徒刑 5 年；数罪并罚，决定执行死刑，缓期 2 年执行，剥夺政治权利终身，并处没收个人全部财产。

案例 2 中，被告人唐某清利用职务上的便利，为某厨房设备有限责任公司在承接厨房设备项目、食堂改造项目等事项上提供帮助，并向该公司某负责人唐某某出借资金获取高息，唐某某为感谢并寻求唐某清的帮助，按唐某清提出的借款利率和支付时间随时支付利息，主观上具有行受贿合意。这是一种新型的受贿方式，即以“放贷收息”方式掩盖受贿事实，其行为构成受贿罪，依法被判处有期徒刑 12 年。

四、利用影响力受贿罪

案　例

（一）案情简介

案例 1：王某甲系 G 市人大常委会副主任、N 县原委书记王某华的胞弟，2013 年至 2018 年，王某甲利用王某华的职权和地位形成的便利条件，在请托人职务晋升及在某中学新校区建设、某新城管网建设等工程项目中标、承建过程中，收受请托人所送的钱款，数额特别巨大。

案例 2：张某年，曾任 N 自治区经济委员会办公室主任，Z 市副市长，N 自治区经济和信息化委员会党组成员、副主任，N 自治区工业和信息化厅党组成员、副厅长、一级巡视员等职。2020 年 9 月退休。2021 年 5 月至 2023 年 11

月，张某年退休后接受多个单位和个人请托，利用原职权和地位形成的便利条件，通过向其他国家工作人员“打招呼”的方式，为上述单位和个人在申报项目补助资金、职务晋升等方面谋取不正当利益，先后收受多个单位、个人所送钱款共计93万元。

其中，2022年7月，张某年在退休后接受乙公司总经理张某某请托，承诺为乙公司在承揽盐池县某生态修复工程事项上提供帮助，后张某年利用曾担任N自治区工业和信息化厅党组成员、副厅长职权或者地位形成的便利条件，向盐池县某公职人员王某某“打招呼”，请其对乙公司中标相关工程项目给予关照。张某年收受张某某所送现金36万元。因王某某未提供帮助，一周后，张某某认为中标无望要求退还钱款，张某年将36万元予以退还。

（二）问题

如何理解利用影响力受贿罪中的“影响力”？如何认定利用影响力受贿罪与受贿罪的界限？

（三）法律规定

《中华人民共和国刑法》

第388条之一　国家工作人员的近亲属或者其他与该国家工作人员关系密切的人，通过该国家工作人员职务上的行为，或者利用该国家工作人员职权或者地位形成的便利条件，通过其他国家工作人员职务上的行为，为请托人谋取不正当利益，索取请托人财物或者收受请托人财物，数额较大或者有其他较重情节的，处3年以下有期徒刑或者拘役，并处罚金；数额巨大或者有其他严重情节的，处3年以上7年以下有期徒刑，并处罚金；数额特别巨大或者有其他特别严重情节的，处7年以上有期徒刑，并处罚金或者没收财产。

离职的国家工作人员或者其近亲属以及其他与其关系密切的人，利用该离职的国家工作人员原职权或者地位形成的便利条件实施前款行为的，依照前款的规定定罪处罚。

（四）法理分析

利用影响力受贿罪，是指国家工作人员的近亲属或者其他与该国家工作人员关系密切的人，通过该国家工作人员职务上的行为，或者利用该国家工作人员职权或者地位形成的便利条件，通过其他国家工作人员职务上的行为，为请托人谋取不正当利益，索取请托人财物或者收受请托人财物，数额较大或者有其他较重情节的行为。离职的国家工作人员或者其近亲属以及其他与其关系密切的人，利用该离职的国家工作人员原职权或者地位形成的便利条件实施上述行为的。本罪的构成特征是：

1. 本罪侵犯的客体是国家工作人员的职务廉洁性。

2. 本罪在客观方面表现为行为人利用其对国家工作人员的影响力，通过国家工作人员职务上的行为，为请托人谋取不正当利益，索取或者收受请托人财物，数额较大或者有其他严重情节的行为。以行为主体和所利用影响力不同，有以下三种类型：

（1）国家工作人员的近亲属或者其他与该国家工作人员关系密切的人，通过该国家工作人员职务上的行为，为请托人谋取不正当利益，索取或者收受请托人财物。根据2003年11月13日最高人民法院印发的《全国法院审理经济犯罪案件工作座谈会纪要》的精神，所谓“国家工作人员职务上的行为”，既包括利用该国家工作人员本人职务上主管、负责、承办某项公共事务的职权所实施的相关行为，也包括利用与该国家工作人员职务上有隶属、制约关系的其他国家工作人员的职权所实施的相关行为。

（2）国家工作人员的近亲属或者其他与该国家工作人员关系密切的人，利用该国家工作人员职权或者地位形成的便利条件，通过其他国家工作人员职务上的行为，为请托人谋取不正当利益，索取或者收受请托人财物。所谓“利用该国家工作人员职权或者地位形成的便利条件”，应当与斡旋受贿中的“利用职权或者地位形成的便利条件”作相同的理解，即该国家工作人员与被其利用的、具体为请托人谋取不正当利益的国家工作人员之间在职务上虽然没有隶属、制约关系，但是前者利用了其本人职权或者地位产生的影响和一定的工作联系对后者施加了影响。

（3）离职的国家工作人员或者其近亲属以及其他与其关系密切的人，利用该离职的国家工作人员原职权或者地位形成的便利条件，通过国家工作人员职务上的行为，为请托人谋取不正当利益，索取或者收受请托人财物。所谓“利用该离职的国家工作人员原职权或者地位形成的便利条件”，不仅包括该离职的国家工作人员与被其利用的国家工作人员之间原来在职务上并无隶属、制约关系，但是有一定工作联系，或者前者的原有职权、地位能够对后者施加一定影响的情形，更包括该离职的国家工作人员与被其利用的国家工作人员在职务上原有隶属、制约关系的情形。

构成本罪，以行为人受贿“数额较大”或者“有其他较重情节”为要件。根据2016年4月最高人民法院、最高人民检察院《关于办理贪污贿赂刑事案件适用法律若干问题的解释》第1条、第10条第1款的规定，利用影响力受贿罪的定罪量刑适用标准，参照受贿罪执行，即受贿数额在3万元以上不满20万元的，认定为“数额较大”；受贿数额在1万元以上不满3万元，具有下列情形之一的，认定为《刑法》第383条第1款规定的“其他较重情节”：（1）曾因贪污、受贿、挪用公款受过党纪、行政处分的；（2）曾因故意犯罪受过刑事追究的；（3）赃款赃物用于非法活动的；（4）拒不交代赃款赃物去向或者拒不配合追缴工作，致使无法追缴的；（5）造成恶劣影响或者其他严重后果的；（6）多次索贿的；（7）为他人谋取不正当利益，致使公共财产、国家和人民利益遭受损失的；（8）为他人谋取职务提拔、调整的。

3. 本罪的犯罪主体是国家工作人员的近亲属或者其他与该国家工作人员关系密切的人，及离职的国家工作人员或者其近亲属以及其他与其关系密切的人。所谓“近亲属”，根据《刑事诉讼法》第108条的规定包括夫、妻、父、母、子、女、同胞兄弟姐妹。只要与该国家工作人员（离职的国家工作人员）存在上述关系的，可以界定为其近亲属。所谓“有密切关系的人”，是指与国家工作人员或者离职的国家工作人员具有共同利益关系的人，其中的共同利益不仅包括物质利益，而且包括其他方面的利益。例如，情人、恋人、前妻前夫、朋友、同学、师生、战友、同事、同乡等关系，密切的上下级关系（如国家工作人员的秘书、司机等）、密切的姻亲或血亲关系等。

4. 本罪的主观方面是故意。

司法实践中，认定利用影响力受贿罪应注意以下几个问题：

一是本罪与斡旋受贿罪的区别。《刑法》第388条规定，国家工作人员利用本人职权或者地位形成的便利条件，通过其他国家工作人员职务上的行为，为请托人谋取不正当利益，索取请托人财物或者收受请托人财物的，以受贿罪论处。利用影响力受贿罪与斡旋受贿罪在利用国家工作人员职务便利为请托人谋取利益，收受或索取请托人财物方面相似。两罪的主要区别在于：（1）犯罪主体不同。本罪的主体是国家工作人员的关系密切人、离职的国家工作人员及其关系密切人；而斡旋受贿罪的主体只能是国家工作人员。（2）客观方面不同。本罪的受贿人之所以能够借助其他国家工作人员职务上的行为或者职权或者地位形成的便利条件，凭借的不是受贿人自己手中拥有多少权力，而是受贿人与被利用的其他国家工作人员之间的“密切关系”，只要能够使请托人相信凭借受贿人与被利用的国家工作人员的密切关系可以谋取不正当利益，此时在行为手段上就符合了利用影响力受贿的手段要件；斡旋受贿则要求行为人系通过本人职权或地位形成的便利条件来影响其他国家工作人员职权的行使，其利用的是职权及工作关系产生的影响力。（3）在刑罚配置上，斡旋受贿与利用影响力受贿法定最高刑配置不同，斡旋受贿法定最高刑为死刑并处没收财产，利用影响力受贿法定最高刑为15年有期徒刑并处罚金或者没收财产。

二是划清利用影响力受贿罪与受贿共犯的界限。根据共同犯罪的法律规定和刑法理论，行为人虽不具有国家工作人员身份，但与国家工作人员具有共同受贿的故意和行为的，则应以受贿共犯论处。这是区分利用影响力受贿罪与受贿共犯的一般界限。值得注意的是，共同受贿的故意的成立，并不以事先通谋为必要，事中也可以形成共同故意；共同受贿行为的成立，也不以共同占有贿赂款物为必要，国家工作人员替人办事、由非国家工作人员收人钱财的，也属于共同受贿。因此，国家工作人员的近亲属或者其他与该国家工作人员关系密切的人，通过该国家工作人员职务上的行为，为请托人谋取不正当利益，索取或者收受请托人财物，如果该国家工作人员事先通谋或者事中知情的，则无论该国家工作人员是否有与关系密切人共同占有请托人给予的财物，均已符合共同受贿的成立条件。如果国家工作人员是事后知情的，则应区分情形依法处理：特定关系人，即与国家工作人员有近亲属、情妇（夫人）以及其他共同利益关系的人索取、收受他人财物，国家工作人员知道后未退还或者上交的，由于国家工作人员与特定关系人有共同利益关系，“事后受贿”也成立受贿，按照 2016 年“两高”《关于办理贪污贿赂刑事案件适用法律若干问题的解释》第 16 条第 2 款的规定，对国家工作人员及特定关系人应按共同受贿论处。特定关系人以外的与国家工作人员关系密切的人，索取、收受他人财物，国家工作人员事后知情的，由于国家工作人员客观上并未占有贿赂款物、主观上并无受贿故意，对其不应以受贿论处，而应根据其为请托人谋取不正当利益的情况，视情况以有关渎职犯罪论处；相应地，对与国家工作人员关系密切的人，也不能以共同受贿认定，而应认定为利用影响力受贿。

案例 1 中，被告人王某甲利用王某华的职权和地位形成的便利条件，在请托人职务晋升及在某中学新校区建设、某新城管网建设等工程项目中标、承建过程中，收受请托人所送的钱款，数额特别巨大。其行为构成利用影响力受贿罪。

案例 2 中，经查，2022 年 7 月，张某年在退休后接受乙公司总经理张某某的请托，承诺为该公司承揽盐池县相关工程项目提供帮助。后张某年利用原职权或者地位形成的便利条件，向盐池县某公职人员王某某“打招呼”，请其对乙公司中标相关工程项目给予关照。张某年收受张某某所送现金 36 万元。因王某某未提供帮助，张某某见公司中标无望，要求张某年退还钱款，张某年将 36 万元予以退还。根据最高人民法院《全国法院审理经济犯罪案件工作座谈会纪要》规定，受贿犯罪中的“为他人谋取利益”包括承诺、实施和实现三个阶段，只要具有其中一个阶段的行为，如国家工作人员收受他人财物时，根据他人提出的具体请托事项，承诺为他人谋取利益的，就具备了为他人谋取利益的要件。本案中，张某年不但承诺为张某某公司承揽盐池县相关工程项目提供帮助，还实施了利用原职权或者地位形成的便利条件向其他国家工作人员

“打招呼”的行为，属于为请托人谋取不正当利益。虽然因王某某未提供帮助，最终未使张某某谋取到不正当利益，但不影响张某年利用影响力受贿罪的认定。2023 年 12 月，法院以受贿罪、利用影响力受贿罪数量并罚，判处张某年有期徒刑 10 年 6 个月，并处罚金人民币 70 万元，对其违法所得予以追缴。

五、行贿罪

案　例

（一）案情简介

案例 1：被告人杨某昌组织、领导黑社会性质组织，多次实施违法犯罪活动，为非作恶，欺压、残害群众。2004 年至 2018 年，杨某昌为寻求非法保护，多次向某县副县长、公安局局长岳某，某市公安局某区分局副局长邓某某，某市公安局刑侦支队政委王某某（均另案处理）行贿，共计 100.6 万余元。

案例 2：2014 年至 2018 年，被告人谭某云、吴某莲夫妇在其实际控制的某文化公司股权出售过程中，为谋取不正当利益，先后就投资参股、提高收购价格等事项，请托某国有公司董事长廖某及下属公司某溪公司董事长程某某（均另案处理）帮忙。廖某、程某某接受请托，利用各自职权最终促成某公司以 2.3 亿元的高价收购某文化公司股东全部权益。为感谢廖某和程某某的帮助，谭某云、吴某莲共同给予廖某 2000 万元、程某某 2 万元，其中给予廖某的 2000 万元由吴某莲代为保管。谭某云另外单独给予程某某 2 万元。2018 年上半年，谭某云、吴某莲与他人共同成立一家投资公司，廖某以吴某莲代为保管的 2000 万元认缴出资，并由廖某指定的亲戚代持股份。经鉴定，谭某云、吴某莲在某文化公司股权出售过程中非法获利 1.07 亿余元。

（二）问题

什么是谋取非法利益？

（三）法律规定

《中华人民共和国刑法》

第 389 条　为谋取不正当利益，给予国家工作人员以财物的，是行贿罪。

在经济往来中，违反国家规定，给予国家工作人员以财物，数额较大的，或者违反国家规定，给予国家工作人员以各种名义的回扣、手续费的，以行贿论处。

因被勒索给予国家工作人员以财物，没有获得不正当利益的，不是行贿。

第 390 条　对犯行贿罪的，处 3 年以下有期徒刑或者拘役，并处罚金；因行贿谋取不正当利益，情节严重的，或者使国家利益遭受重大损失的，处3年以上10年以下有期徒刑，并处罚金；情节特别严重的，或者使国家利益遭受特别重大损失的，处10年以上有期徒刑或者无期徒刑，并处罚金或者没收财产。

有下列情形之一的，从重处罚：（1）多次行贿或者向多人行贿的；（2）国家工作人员行贿的；（3）在国家重点工程、重大项目中行贿的；（4）为谋取职务、职级晋升、调整行贿的；（5）对监察、行政执法、司法工作人员行贿的；（6）在生态环境、财政金融、安全生产、食品药品、防灾救灾、社会保障、教育、医疗等领域行贿，实施违法犯罪活动的；（7）将违法所得用于行贿的。

行贿人在被追诉前主动交待行贿行为的，可以从轻或者减轻处罚。其中，犯罪较轻的，对调查突破、侦查重大案件起关键作用的，或者有重大立功表现的，可以减轻或者免除处罚。

（四）法理分析

行贿罪，是指为谋取不正当利益，给予国家工作人员财物，数额较大的行为。本罪的构成特征是：

1. 本罪侵犯的客体是国家工作人员的职务廉洁性，犯罪对象是国家工作人员。

2. 本罪在客观方面表现为谋取不正当利益，给予国家工作人员以财物，数额较大的行为。具体而言，包括以下两方面内容：

第一，必须实施为谋取不正当利益，给予国家工作人员以财物的行为。所谓“谋取不正当利益”，根据2013年最高人民法院、最高人民检察院《关于办理行贿刑事案件具体应用法律若干问题的解释》第12条的规定，行贿犯罪中的“谋取不正当利益”，是指行贿人谋取的利益违反法律、法规、规章、政策规定，或者要求国家工作人员违反法律、法规、规章、政策、行业规范的规定，为自己提供帮助或者方便条件。违背公平、公正原则，在经济、组织人事管理等活动中，谋取竞争优势的，应当认定为“谋取不正当利益”。所谓“财物”，根据2016年4月最高人民法院、最高人民检察院《关于办理贪污贿赂刑事案件适用法律若干问题的解释》第12条的规定，贿赂犯罪中的“财物”，包括货币、物品和财产性利益。财产性利益包括可以折算为货币的物质利益如房屋装修、债务免除等，以及需要支付货币的其他利益如会员服务、旅游等。后者的犯罪数额，以实际支付或者应当支付的数额计算。

第二，必须数额较大或者情节较重。根据2016年“两高”《关于办理贪污贿赂刑事案件适用法律若干问题的解释》第7条规定，为谋取不正当利益，向国家工作人员行贿，数额在3万元以上的，应当依照《刑法》第390条的规定以行贿罪追究刑事责任。行贿数额在1万元以上不满3万元，具有下列情形之一的，应当依照《刑法》第390条的规定以行贿罪追究刑事责任：（1）向3人以上行贿的；（2）将违法所得用于行贿的；（3）通过行贿谋取职务提拔、调整的；（4）向负有食品、药品、安全生产、环境保护等监督管理职责的国家工作人员行贿，实施非法活动的；（5）向司法工作人员行贿，影响司法公正的；（6）造成经济损失数额在50万元以上不满100万元的。第8条规定，犯行贿罪，具有下列情形之一的，应当认定为《刑法》第390条第1款规定的“情节严重”：（1）行贿数额在100万元以上不满500万元的；（2）行贿数额在50万元以上不满100万元，并具有本解释第7条第2款第（1）项至第（5）项规定的情形之一的；（3）其他严重的情节。为谋取不正当利益，向国家工作人员行贿，造成经济损失数额在100万元以上不满500万元的，应当认定为《刑法》第390条第1款规定的“使国家利益遭受重大损失”。

此外，《刑法》第389条第2款还规定了特殊类型的行贿罪，即在经济往来中，违反国家规定，给予国家工作人员以财物，数额较大的，或者违反国家规定，给予国家工作人员以各种名义的回扣、手续费的，以行贿论。此外，因被勒索给予国家工作人员以财物，没有获得不正当利益的，不是行贿。

3. 本罪的主体是一般主体，即已满16周岁、具备刑事责任能力的自然人。

4. 本罪的主观方面是故意，即故意向国家工作人员给予财物，以谋取不正当利益。

司法实践中，认定本罪应注意罪与非罪的界限。（1）行贿与馈赠的界限。二者的区别表现在：一是目的、动机不同。行贿行为人往往出于谋取不正当利益，馈赠则是为了加深亲朋好友间情谊的需要，不是以财物收买权力。二是内容和方式不同。行贿往往是秘密进行，给付财物是附条件的，而馈赠是公开的、无条件的。（2）行贿罪与一般行贿违法行为的界限。一般从数额和情节两方面对二者进行综合判断。一般情况下，公民为谋取不正当利益给予国家工作人员以财物，数量较小，又不具有其他严重情节的，属于一般行贿违法行为，数额较大或者具有其他严重情节的，构成行贿罪。公民在经济往来中，违反国家规定，给予国家工作人员以财物，数额没有达到较大的标准，属于一般行贿违法行为；数额较大的，构成行贿罪。

案例1中，法院经审理认为，杨某昌涉黑案是当地重大黑社会性质组织犯罪案件，其为寻求非法保护，逃避刑事追究，向多名公安人员行贿，导致该黑社会性质组织未被及时打击而长期欺压百姓、危害一方，严重破坏当地社会秩序和政治生态。法院以行贿罪判处杨某昌有期徒刑5年6个月，并处罚金人民币20万元。

案例2中，法院经审理认为，被告人谭某云、吴某莲为谋取不正当利益，向某国有公司董事长廖某行贿2000余万元，并以代为保管、认缴股权等方式掩盖罪行，最终促成某溪公司高价收购某文化公司股权。人民法院对二被告人以行贿罪均判处有期徒刑11年，并处罚金人民币300万元，依法追缴行贿犯罪所得1.07亿余元。

六、对有影响力的人行贿罪

案　　例

（一）案情简介

被告人陈某某，男，1968年9月出生，汉族，东某实业有限公司实际控制人。2008年至2019年，陈某某多次给予时任某市党委主要领导的司机麦某（已判决）财物折合共计458.57万余元。陈某某在麦某的帮助下，利用某市党委主要领导的职权和地位形成的便利条件，并通过某县发展改革委主任许某等人职务上的行为，在承揽工程项目等方面谋取不正当利益。

（二）问题

如何理解“关系密切的人”？被告人陈某某的行为应当如何定罪与处罚？

（三）法律规定

《中华人民共和国刑法》

第390条之一　为谋取不正当利益，向国家工作人员的近亲属或者其他与该国家工作人员关系密切的人，或者向离职的国家工作人员或者其近亲属以及其他与其关系密切的人行贿的，处3年以下有期徒刑或者拘役，并处罚金；情节严重的，或者使国家利益遭受重大损失的，处3年以上7年以下有期徒刑，并处罚金；情节特别严重的，或者使国家利益遭受特别重大损失的，处7年以上10年以下有期徒刑，并处罚金。

单位犯前款罪的，对单位判处罚金，并对其直接负责的主管人员和其他直接责任人员，处3年以下有期徒刑或者拘役，并处罚金。

（四）法理分析

对有影响力的人行贿罪，是指为谋取不正当利益，向国家工作人员的近亲属或者其他与该国家工作人员关系密切的人，或者向离职的国家工作人员或者其近亲属以及其他与其关系密切的人行贿的行为。本罪的构成特征是：

1. 本罪侵犯的客体是有影响力人员职务行为的不可收买性。行贿人的行贿行为是一种“权钱交易”（权利交易、权色交易），侵犯职务人员的廉洁性与职务行为本身的公正性。即与具有影响力的非国家工作人员之间，只要存在权钱交易，就应视为一种行贿犯罪。犯罪对象有以下几类：（1）国家工作人员的近亲属。所谓“国家工作人员”，根据《刑法》第 93 条规定，本法所称国家工作人员，是指国家机关中从事公务的人员。国有公司、企业、事业单位、人民团体中从事公务的人员和国家机关、国有公司、企业、事业单位委派到非国有公司、企业、事业单位、社会团体从事公务的人员，以及其他依照法律从事公务的人员，以国家工作人员论。所谓“近亲属”，是指与国家工作人员（或离职的国家工作人员）有夫、妻、父、母、子、女、同胞兄弟姐妹关系的人。（2）其他与该国家工作人员关系密切的人。所谓“关系密切的人”，一般认为，是指特定关系人。根据 2007 年最高人民法院、最高人民检察院《关于办理受贿刑事案件适用法律若干问题的意见》第 11 条的规定，“特定关系人”是指与国家工作人员有近亲属、情妇（夫）以及其他共同利益关系的人。一般是指与国家工作人员（离职的国家工作人员）基于血缘产生的除了近亲属之外的其他亲属关系；基于学习、工作产生的同学、师生、校友、同事关系；基于地缘产生的同乡关系；基于感情产生的朋友、恋人、情人关系；基于利益产生的客户、共同投资人、合同、债权债务关系；基于其他关系产生的互相信任相互借助的其他关系人。（3）离职的国家工作人员。（4）离职的国家工作人员的近亲属。（5）其他与离职的国家工作人员关系密切的人。

2. 本罪在客观方面表现为为谋取不正当利益，向国家工作人员的近亲属或者其他与该国家工作人员关系密切的人，或者向离职的国家工作人员或者其近亲属以及其他与其关系密切的人行贿的行为。具体而言，包括以下三方面内容：

第一，必须为谋取不正当利益。

第二，必须向国家工作人员的近亲属或者其他与该国家工作人员关系密切的人，或者向离职的国家工作人员或者其近亲属以及其他与其关系密切的人行贿的行为。

第三，必须数额较大或者情节严重的行为。根据 2016 年最高人民法院、最高人民检察院《关于办理贪污贿赂刑事案件适用法律若干问题的解释》第 10 条第 2 款规定，对有影响力的人行贿罪的定罪量刑适用标准，参照本解释关于行贿罪的规定执行。行贿数额在 3 万元以上的，应当追究刑事责任。行贿数额在 1 万元以上不满 3 万元，具有下列情形之一的，应当追究刑事责任：（1）向 3 人以上行贿的；（2）将违法所得用于行贿的；（3）通过行贿谋取职务提拔、调整的；（4）向负有食品、药品、安全生产、环境保护等监督管理职责的国家工作人员行贿，实施非法活动的；（5）向司法工作人员行贿，影响司法公正的；（6）造成经济损失数额在50万元以上不满100万元的。根据该解释，具有下列情形之一的，应当认定为《刑法》第390条第1款规定的"情节严重"：（1）行贿数额在100万元以上不满500万元的；（2）行贿数额在50万元以上不满100万元，并具有本解释第7条第2款第（1）项至第（5）项规定的情形之一的；（3）其他严重的情节。

3. 本罪的主体是一般主体，即已满16周岁、具备刑事责任能力的自然人和单位。

4. 本罪的主观方面是故意，具有谋取不正当利益的目的。

司法实践中，认定本罪时应注意与行贿罪的界限。行贿罪是指为谋取不正当利益，给予国家工作人员财物，数额较大的行为。二者在主观方面和客观方面都有许多相似之处。两罪的主要区别在于：（1）犯罪对象不同。这是二者最主要的区别。本罪的犯罪对象是国家工作人员之外的特殊主体，即国家工作人员和离职国家工作人员的近亲属或者其他关系密切的人；而行贿罪的对象则是国家工作人员。（2）实现犯罪目的的途径不同。本罪的行为目的，是通过对与国家工作人员关系密切的人行贿来谋取不正当利益，而有影响力的人为行为人实现犯罪目的，又要依赖于国家工作人员的职务或地位优势，利用职务关系的作用与行为人的目的之间表现为间接关系；而行贿罪的行为人实现犯罪目的的途径，是通过直接对国家工作人员行贿来谋取不正当利益，行为对象的作用与行为人的目的之间是直接联系。

本案中，监察机关经补证查明麦某是时任某市主要领导的专职司机，系与国家机关签订劳务合同的聘用人员，不具有国家工作人员身份，工作职责也不属于从事公务；其主要利用与领导的密切关系以及领导司机的特殊身份，直接或通过该领导向其他国家工作人员"打招呼"，帮助陈某某在承揽工程项目等方面获取不正当利益。检察机关经与监察机关沟通，认定为对有影响力的人行贿罪，起诉后得到审判机关判决确认。法院以对有影响力的人行贿罪判处被告人陈某某有期徒刑6年，并处罚金人民币80万元。

七、介绍贿赂罪

案　例

（一）案情简介

被告人吴某甲，中共党员，系H市看守所民警。2017年12月，孟某乙因涉嫌寻衅滋事罪被H市公安局羁押于H市看守所，2018年1月3日，吴某甲负责对孟某乙进行管教。2018 年 5 月，孟某乙涉嫌寻衅滋事罪移送 H 市人民法院审理，吴某甲同孟某乙商量，决定由吴某甲出面找人帮忙。吴某甲在孟某乙的授意下，联系孟某乙朋友郐某，郐某拿出 1 万元给吴某甲找关系请人吃饭，但吴某甲将 1 万元私用。后吴某甲又通过郐某联系孟某乙的朋友方某，并从方某处借款 9 万元找人帮忙。吴某甲从方某处拿到 9 万元现金后，自己从中截留 4 万元，将另外的 5 万元交给 H 市检察院的叶某，让叶某出面找法院说情。叶某拿钱后到法院找主审法官，请求对孟某乙从轻判处，被主审法官拒绝，后孟某乙被法院以寻衅滋事罪判处有期徒刑 1 年 6 个月。

（二）问题

吴某甲的行为应当如何定罪与处罚？

（三）法律规定

《中华人民共和国刑法》

第 392 条　向国家工作人员介绍贿赂，情节严重的，处 3 年以下有期徒刑或者拘役，并处罚金。

介绍贿赂人在被追诉前主动交代介绍贿赂行为的，可以减轻处罚或者免除处罚。

（四）法理分析

介绍贿赂罪，是指向国家工作人员介绍贿赂，情节严重的行为。本罪的构成特征是：

1. 本罪侵犯的客体是国家机关、国有公司、企业、事业单位、人民团体的正常管理活动。

2. 本罪在客观方面表现为向国家工作人员介绍贿赂，情节严重的行为。具体而言，包括以下两方面内容：

第一，必须实施向国家工作人员介绍贿赂的行为。所谓“介绍贿赂”，是指行为人在行贿人和受贿人之间实施沟通、撮合，促使行贿与受贿得以实现的行为。即为行贿、受贿双方“穿针引线”，促使双方相识相通，代为联络，甚至传递贿赂物品，帮助双方完成行贿、受贿的行为。

第二，必须是情节严重的行为。1999 年最高人民检察院发布施行的《关于人民检察院直接受理立案侦查案件立案标准的规定（试行）》有明确的规定。其中规定，“涉嫌下列情形之一的，应予立案：1. 介绍个人向国家工作人员行贿，数额在 2 万元以上的；介绍单位向国家工作人员行贿，数额在 20 万元以上的；2. 介绍贿赂数额不满上述标准，但具有下列情形之一的：（1）为使行贿人获取非法利益而介绍贿赂的；（2）3 次以上或者为 3 人以上介绍贿赂的；（3）向党政领导、司法工作人员、行政执法人员介绍贿赂的；（4）致使国家或者社会利益遭受重大损失的。”

3. 本罪的主体是一般主体，即已满16周岁、具备刑事责任能力的自然人。

4. 本罪的主观方面是故意。即行为人明知自己撮合的是行贿、受贿行为而有意为之。一般都具有从中谋取私利的目的。对于出自亲友关系，或者其他非物质利益的考虑，自愿介绍贿赂的，一般不影响本罪的成立。介绍贿赂人在被追诉前主动交代介绍贿赂行为的，可以减轻处罚或者免除处罚。

司法实践中，认定本罪时应注意罪与非罪的界限，应注意以下几点：（1）贿赂对象。本罪介绍的贿赂对象必须是国家工作人员，如果受贿人不是国家工作人员，那么不构成介绍贿赂罪。（2）情节是否严重。（3）主观故意。行为人在主观方面必须具有直接故意，即明知是为行贿人或受贿人牵线效劳而促成贿赂交易。（4）客观行为。行为人在行贿人和受贿人之间进行联系、沟通关系、引荐、撮合等行为，促使行贿与受贿得以实现。此外，如果行为人只是口头表明意见，并没有具体实施撮合行为，或者已经使行贿、受贿双方见面，由于某种原因，贿赂行为未进行，也不能以介绍贿赂罪认定。

本案中，经查吴某甲身为国家机关工作人员，利用职务形成的便利条件，居中联络，向司法工作人员介绍贿赂，其行为涉嫌介绍贿赂罪。2018年10月12日，某县监察委员会对其采取留置措施；2019年1月9日，将其涉嫌犯罪问题移送检察机关依法审查起诉。2019年4月29日，法院以吴某甲犯介绍贿赂罪，判处有期徒刑1年；同时犯帮助犯罪分子逃避处罚罪，判处有期徒刑1年6个月；数罪并罚，决定执行有期徒刑2年3个月。

八、巨额财产来源不明罪

案　例

（一）案情简介

2014年9月20日，犯罪嫌疑人任某厚，生前是某省人民政府原副省长，曾任A矿业（集团）有限责任公司董事长、总经理，B环保能源开发股份有限公司董事长，2000年9月至2014年8月，犯罪嫌疑人任某厚及其亲属名下的财产和支出共计人民币3100万余元，港币43万余元，美元104万余元，欧元21万余元，加元1万元，英镑100镑；珠宝、玉石、黄金制品、字画、手表等物品155件。任某厚的合法收入以及其亲属能够说明来源的财产为人民币1835万余元，港币800元，美元1489元，欧元875元，英镑132镑；物品20

件。其亲属对扣押、冻结在案的人民币1265万余元，港币42万余元，美元104万余元，欧元21万余元，加元1万元及物品135件不能说明来源。

（二）问题

如何计算“非法所得”？

（三）法律规定

《中华人民共和国刑法》

第395条第1款　国家工作人员的财产、支出明显超过合法收入，差额巨大的，可以责令该国家工作人员说明来源，不能说明来源的，差额部分以非法所得论，处5年以下有期徒刑或者拘役；差额特别巨大的，处5年以上10年以下有期徒刑。财产的差额部分予以追缴。

（四）法理分析

巨额财产来源不明罪，是指国家工作人员的财产、支出明显超过合法收入，差额巨大，经责令说明来源，本人不能说明其来源的行为。本罪的构成特征是：

1. 本罪侵犯的客体是复杂客体，即国家工作人员的职务廉洁性和公私财物所有权。

2. 本罪在客观方面表现为国家工作人员的财产、支出明显超过合法收入，本人不能说明其来源的行为。具体而言，包括以下两方面内容：

第一，财产或者支出明显超过合法收入，且差额巨大。这是构成本罪的前提条件。所谓“财产”，是指行为人实际拥有的财产，包括动产和不动产。所谓“支出”，包括生活消费的支出和用于生产经营的投资、赡养、保险、赠予、借贷等支出。所谓“合法收入”，包括工资、奖金、补贴，从事讲学、写作等所得，承包经营、租赁经营所得以及通过继承、受赠、存款利息、股份分红、合法经营活动等途径得到的全部收入。“差额巨大”，是指其财产支出与合法收入相差的数额巨大。“巨大”的界定标准，依据1999年9月最高人民检察院《关于人民检察院直接受理立案侦查案件立案标准的规定（试行）》，涉嫌巨额财产来源不明，数额在30万元以上的，应予立案。

第二，本人不能说明财产或支出明显超过合法收入的部分来源合法。这是构成本罪的本质行为要素。关于行为人“不能说明”巨额财产来源合法的认定，根据2003年11月最高人民法院《全国法院审理经济犯罪案件工作座谈会纪要》的规定，包括以下情况：（1）行为人拒不说明财产来源；（2）行为人无法说明财产的具体来源；（3）行为人所说的财产来源经查证并不属实；（4）行为人所说的财产来源因线索不具体等原因，无法查实，但能排除存在来源合法的可能性和合理性的。

3. 本罪的主体是特殊主体，即国家工作人员。根据《刑法》第 93 条的规定，国家工作人员，是指国家机关中从事公务的人员。国有公司、企业、事业单位、人民团体中从事公务的人员和国家机关、国有公司、企业、事业单位委派到非国有公司、企业、事业单位、社会团体从事公务的人员，以及其他依照法律从事公务的人员，以国家工作人员论。

4. 本罪的主观方面是故意。行为人不能说明其明显超过合法收入的财产或支出的来源是合法的，是主观上不愿意，明知其来源是非法的，故意不如实说明来源，拒不说明真实来源。

司法实践中，应注意本罪中非法所得数额的计算。《刑法》第 395 条规定的“非法所得”，一般是指行为人的全部财产与能够认定的所有支出的总和减去能够证实的有真实来源的所得。在具体计算时，应注意以下问题：（1）应把国家工作人员个人财产和与其共同生活的家庭成员的财产、支出等一并计算，而且一并减去他们所有的合法收入以及确属与其共同生活的家庭成员个人的非法收入。（2）行为人所有的财产包括房产、家具、生活用品、学习用品及股票、债券、存款等动产和不动产；行为人的支出包括合法支出和不合法的支出，包括日常生活、工作、学习费用、罚款及向他人行贿的财物等；行为人的合法收入包括工资、奖金、稿酬、继承等法律和政策允许的各种收入。（3）为了便于计算犯罪数额，对于行为人的财产和合法收入，一般可以从行为人有比较确定的收入和财产时开始计算。

本案中，鉴于任某厚已经死亡，检察机关依法向任某厚的亲属调查询问财产和支出来源，并根据其说明情况向相关单位、人员核实，调取相关证据。对于相关证据证实及任某厚亲属能够说明合法来源的 1806 万余元，以及手表、玉石、黄金制品等物品，依法在涉案财产总额中予以扣减，将犯罪嫌疑人及其亲属名下财产和家庭重大支出数额，减去家庭合法收入及其近亲属等利害关系人能说明合法来源的收入，作为任某厚涉嫌巨额财产来源不明罪的违法所得，提出没收违法所得申请。

九、隐瞒境外存款罪

案　　例

（一）案情简介

被告人暨某党，男，先后任 G 市人民检察院反贪局副局长、G 市 F 区人民检察院检察长（副县处级干部）。G市委办公厅、市人民政府办公厅根据中央有关规定联合发布通知，要求G市县处级（含副县处级）领导干部每年定期向组织人事部门申报个人收入及境内外财产等情况，还规定了不如实申报的处罚细则。2010年5月，中共中央办公厅、国务院办公厅下发《关于领导干部报告个人有关事项的规定》（中办发〔2010〕16号）的通知，进一步细化了领导干部应定期申报个人的婚姻状况、个人及亲属在境内外居住和国籍以及境内外财产的状况。

2003年8月，暨某党妻子李某在香港汇丰银行有限公司澳门分行开设港币账户。李某先后存入港币20万元、95万元，用于购买两处澳门房产。2007年8月，暨某党首次向组织申报个人婚姻、财产、家庭居住情况，至2015年12月30日最后一次申报为止，其只向组织报告了个人的年收入、女儿暨某琦在国外留学、与妻子李某2010年协议离婚以及本人出国（境）旅游的情况，未按相关规定报告境外存款及房产情况。2016年1月起，当地纪委对暨某党的有关问题进行核查，多次找其谈话，但其没有交代问题。同年9月，当地纪委对暨某党采取“双规”措施，将暨某党涉嫌犯罪问题线索移交人民检察院侦办。暨某党违反国家规定，对其在境外的数额较大存款隐瞒不报，其行为构成隐瞒境外存款罪。

（二）问题

被告人暨某党的行为应当如何定罪与处罚？

（三）法律规定

《中华人民共和国刑法》

第395条第2款　国家工作人员在境外的存款，应当依照国家规定申报。数额较大、隐瞒不报的，处2年以下有期徒刑或者拘役；情节较轻的，由其所在单位或者上级主管机关酌情给予行政处分。

（四）法理分析

隐瞒境外存款罪，是指国家工作人员违反国家规定，故意隐瞒不报在境外的存款，数额较大的行为。本罪的构成特征是：

1. 本罪侵犯的客体是复杂客体，既侵犯了国家的廉政制度又侵犯了国家对外汇的管理。我国宪法明确规定，一切国家机关和国家工作人员必须接受人民的监督，努力为人民服务。国家工作人员应当遵纪守法，廉洁奉公，忠实履职，主动接受人民群众的监督。根据规定，国家工作人员有境外存款的，应当据实申报。本罪的犯罪对象是“境外存款”。所谓“境外存款”，是指在我国国（边）境以外的国家和地区（包括香港、澳门、台湾地区）存入金融机构的外币、外币有价证券、支付凭证、贵重金属及其制品等。因此，这里的“存款”，是指外汇，而不是指人民币，因为人民币不能在外国自由兑换。

2. 本罪在客观方面表现为国家工作人员违反国家规定，故意隐瞒不报在境外的存款，数额较大的行为。具体而言，包括以下三方面内容：

第一，必须有违反国家规定行为。所谓“国家规定”，是指《外汇管理条例》等有关规定。

第二，行为人有申报境外存款的义务而不履行申报义务，对境外存款隐瞒不报。所谓“隐瞒不报”，是指国家工作人员在境外存入境外所得的合法收入或非法收入，不按国家有关规定申报而隐瞒存入境外地区的银行或其他国家银行。

第三，隐瞒不报的境外存款数额较大。根据 1999 年 9 月 16 日最高人民检察院《关于人民检察院直接受理立案侦查案件立案标准的规定（试行）》的规定，涉嫌隐瞒境外存款，折合人民币数额在 30 万元以上的，应予立案。

3. 本罪的主体是特殊主体，即国家工作人员。

4. 本罪的主观方面是故意。即明知依法应当申报而有意隐瞒不予申报，目的是逃避国家对其境外收入情况的监督。

司法实践中，认定本罪时应注意罪与非罪的界限。本罪不以存款来源的违法性为构成要件，在境外取得的合法收入，也属于规定的境外存款，如依法继承的财产等。因为隐瞒境外存款罪的立法原则是针对境外存款的监督，而不在于追究其财产来源是否有过错。构成本罪必须达到“数额较大”的标准，否则不构成犯罪。本罪主观上是故意，即明知依法应当申报而有意隐瞒不予申报，目的是逃避国家对其境外收入情况的监督。由于某种原因对国家的申报规定不明知，或者由于某种原因未能及时申报，不是故意隐瞒的，不构成犯罪。本罪的主体是特殊主体，必须是国家工作人员。因此，非国家工作人员，没有特定的申报财产义务，也没有申报境外存款的义务，即使在境外存有巨款，也不构成本罪。

本案中，暨某党与李某在夫妻关系未解除时，李某已在境外开设银行账户并存款用于购置境外物业，暨某党作为应当按规定申报财产的领导干部，对其妻子的境外存款长期隐瞒不报，其行为符合隐瞒境外存款罪的构成要件。根据 1999 年《人民检察院直接受理立案侦查案件立案标准的规定（试行）》相关规定，涉嫌隐瞒境外存款，折合人民币数额在 30 万元以上的，应予立案。暨某党涉案数额远超 30 万元人民币，故暨某党的违法行为适用《刑法》第 395 条第 2 款规定的隐瞒境外存款罪。2018 年，经法院判决，暨某党犯隐瞒境外存款罪，被判处有期徒刑 1 年，同时还犯受贿罪，数罪并罚，决定执行有期徒刑 11 年 6 个月，并处没收财产人民币 200 万元。

第八章　渎职罪

渎职罪，是指国家机关工作人员在公务活动中玩忽职守、滥用职权、徇私舞弊，妨害国家机关正常管理活动，致使国家和人民利益遭受重大损失的行为。所谓“国家机关的正常管理活动”，是指各级国家机关依法行使国家管理职权的正常活动。

一、玩忽职守罪

案　例

（一）案情简介

案例1：被告人郑某萸，男，国家药品监督管理局、国家食品药品监督管理总局原局长。2001年至2003年，郑某萸先后担任国家药品监督管理局、国家食品药品监督管理总局局长期间，在全国范围统一换发药品生产文号专项工作中，违背重大事项请示报告制度和民主决策程序，草率启动专项工作；严重不负责任，对这一事关国计民生的药品生产监管工作未做认真部署，并且擅自批准降低换发文号的审批标准。郑某萸玩忽职守造成严重的后果，经后来抽查发现，包括部分药品生产企业使用虚假申报资料获得了药品生产文号的换发，其中6种药品是假药。（其他犯罪略）

案例2：被告人童某，男，1958年6月23日出生，原系H省政协副主席，曾任中共H省h市市委书记。被告人童某于2012年12月至2013年2月，在担任中共H省h市市委书记、h市换届工作领导小组组长、h市第十四届人民代表大会第一次会议临时党组书记和大会主席团常务主席期间，作为严肃换届纪律第一责任人，在h市选举H省第十二届人民代表大会代表前，先后接到C市市委副书记李某、某县某镇某村党支部书记欧某娥等四名省人大代表候选人、某区委书记傅某舟等五名h市所辖县市区书记、h市人大常委会主任王某飞、h市市委组织部部长曾某忠等人关于省人大代表候选人存在送钱拉票问题的反映，未予重视，未采取有力措施深入核查，未依纪依法严肃查处，未及时有效制止拉票贿选行为的蔓延，致使省人大代表选举发生严重的贿选。在选举省人大代表后，童某收到欧某娥在落选后用手机短信对送钱拉票问题的再次反映，以及h市纪委副书记陈某琼对贿选问题的汇报，仅采取安抚落选代表等不当措施，致使严重的贿选未被及时查处。

被告人童某严重不负责任，不正确履行职责，严重侵害了国家和人民的利益，造成了特别恶劣的社会影响。选举产生的56名省人大代表存在送钱拉票行为，有518名h市人大代表收受贿选钱款，76名大会工作人员收受钱款，案发后收缴的贿选款共计人民币1.1亿余元。

（二）问题

如何理解玩忽职守？被告人郑某荚的行为应当如何定罪与处罚？被告人童某的行为应当如何定罪与处罚？

（三）法律规定

《中华人民共和国刑法》

第397条第1款　国家机关工作人员滥用职权或者玩忽职守，致使公共财产、国家和人民利益遭受重大损失的，处3年以下有期徒刑或者拘役；情节特别严重的，处3年以上7年以下有期徒刑。本法另有规定的，依照规定。

（四）法理分析

玩忽职守罪，是国家机关工作人员严重不负责任，不履行或不正确履行职责，致使公共财产、国家和人民的利益遭受重大损失的行为。本罪的构成特征是：

1. 本罪侵犯的客体是国家机关的正常管理活动。

2. 本罪在客观方面表现为因行为人不履行或不正确履行应负的职责，致使公共财产、国家和人民利益造成重大损失。具体而言，包括以下三方面内容：

第一，必须有玩忽职守的行为。所谓“玩忽职守”，即严重不负责任，不履行或不正确履行职责。所谓“不履行”，是不作为形式的玩忽职守行为，是指行为人应当履行且有条件、有能力履行职责，但违背职责没有履行，包括擅离职守和在岗不履行职责两种。所谓“不正确履行”，是作为形式的玩忽职守行为，是指在履行职责的过程中，违反职责规定，马虎草率、粗心大意等。

第二，必须致使公共财产、国家和人民利益遭受重大损失。根据2012年最高人民法院、最高人民检察院《关于办理渎职刑事案件适用法律若干问题的解释（一）》第1条第1款的规定，具有下列情形之一的，应当认定为《刑法》第397条规定的“致使公共财产、国家和人民利益遭受重大损失”：

(1) 造成死亡1人以上，或者重伤3人以上，或者轻伤9人以上，或者重伤2人、轻伤3人以上，或者重伤1人、轻伤6人以上的；(2) 造成经济损失30万元以上的；(3) 造成恶劣社会影响的；(4) 其他致使公共财产、国家和人民利益遭受重大损失的情形。

第三，玩忽职守的行为与公共财产、国家和人民利益遭受重大损失的结果必须有法律上的因果关系。

3. 本罪的主体是特殊主体，即国家机关工作人员。

4. 本罪的主观方面是过失。

司法实践中，认定本罪时应注意罪与非罪的界限。一是区分玩忽职守与工作失误的界限。工作失误，是行为人由于政策不明确、业务水平和能力有限等原因，以致决策不当，从而造成公私财产、国家和人民利益遭受损失的行为。在这种情况下，行为人主观上没有犯罪的过失，而是想把工作干好，但事与愿违，这与玩忽职守有本质的区别。二是区分罪与非罪的关键是看玩忽职守行为是否造成了公私财产、国家和人民利益的重大损失。

案例1中，法院经审理认为，郑某萸身为国家药品监管部门的主要负责人，在全国范围统一换发药品生产文号专项工作中，违背重大事项请示报告制度和民主决策程序，草率启动专项工作；严重不负责任，对这一事关国计民生的药品生产监管工作未做认真部署，并且擅自批准降低换发文号的审批标准。郑某萸玩忽职守造成严重的后果，经后来抽查发现，包括部分药品生产企业使用虚假申报资料获得了药品生产文号的换发，其中6种药品是假药。法院以玩忽职守罪判处其有期徒刑7年。

案例2中，法院经审理认为：被告人童某在担任中共H省h市市委书记、h市换届工作领导小组组长、h市十四届人大一次会议临时党组书记、大会主席团常务主席期间，未正确履行h市严肃换届纪律第一责任人的职责，在h市十四届人大一次会议选举省人大代表之前、之中，对于省人大代表选举中存在贿选的情况反映，未严格依照选举法和中共H省委、中共H省h市委有关严肃换届纪律工作的规定进行调查、处理；在h市十四届人大一次会议选举省人大代表之后，对于省人大代表选举中存在贿选问题的举报，未按照中共H省委、中共H省h市市委有关严肃换届纪律工作的规定进行立案、调查、处理。童某严重不负责任，不正确履行职责，致使省人大代表选举贿选情况大面积蔓延，给国家和人民利益造成特别重大损失，在社会上造成极其恶劣的影响，其行为已构成玩忽职守罪，且情节特别严重，依法应予惩处。被告人童某犯玩忽职守罪，依法被判处有期徒刑5年。

二、滥用职权罪

案　例

（一）案情简介

郭某洪，男，1968 年 7 月生。2018 年 7 月，任 J 省交通运输厅法规处处长兼行政审批办公室主任，在负责某投资控股集团有限公司（国有企业）申请跨越省道一级公路长吉北线修建桥梁的行政许可中，除准予该公司行政许可，还在“准予许可决定书”内容中加注该公司应依法向土地使用权人 J 省某投资管理有限公司（私营企业）缴纳公路用地占用费，该行为超出其行政审批权限。而根据 J 省财政厅、J 省物价局相关文件规定：公路路产属于国家资产，任何损坏、占用、利用公路路产的行为，都要按照规定缴纳赔（补）偿、占用费；公路管理部门所属的各级路政管理机构为普通公路路产赔（补）偿、占用费的执收单位，其他任何单位和个人均无权收取普通公路赔（补）偿、占用费。郭某洪超越职权将某投资控股集团有限公司缴纳的公路用地占用费指定某私营企业收取，导致某投资控股集团有限公司向该私营企业支付了 1690 余万元，造成了国有资产的巨大损失。

（二）问题

郭某洪的行为应当如何定罪与处罚？

（三）法律规定

《中华人民共和国刑法》

第 397 条第 1 款　国家机关工作人员滥用职权或者玩忽职守，致使公共财产、国家和人民利益遭受重大损失的，处 3 年以下有期徒刑或者拘役；情节特别严重的，处 3 年以上 7 年以下有期徒刑。本法另有规定的，依照规定。

（四）法理分析

滥用职权罪，是指国家机关工作人员超越职权，违法决定、处理其无权决定、处理的事项，或者违反规定处理公务，致使公共财产、国家和人民利益遭受重大损失的行为。本罪的构成特征是：

1. 本罪侵犯的客体是国家机关的正常活动，即各级各类国家机关对社会生活各个领域的管理活动。如各级政府机关、各级政府机关的职能部门对社会的管理活动等。其具体内容表现为国家利益、政府之威信与政府之管理机能，国家之内部秩序、公务员执行职务之廉洁公正、人民之合法权益等。

2. 本罪在客观方面表现为国家机关工作人员逾越职权，违法决定、处理其无权决定、处理的事项，致使公共财产、国家和人民利益遭受重大损失的行为。具体而言，包括以下三方面的内容：

第一，必须有滥用职权的行为。所谓“滥用职权”，是指不法行使职务上的权限，实施违反其职务宗旨的行为。从司法实践来看，滥用职权主要表现为以下两种情形：一是行为人超越职权，擅自决定或者处理其没有决定权或者超越处理权限的事项。二是行为人违法地行使其职权范围内的权力，或者表现为以不正当的目的，进行违反职务权限的事项。

第二，必须造成公共财产、国家和人民利益遭受重大损失。根据 2012 年最高人民法院、最高人民检察院《关于办理渎职刑事案件适用法律若干问题的解释（一）》第 1 条第 1 款的规定，国家机关工作人员滥用职权，具有下列情形之一的，应当认定为《刑法》第 397 条规定的“致使公共财产、国家和人民利益遭受重大损失”：（1）造成死亡 1 人以上，或者重伤 3 人以上，或者轻伤 9 人以上，或者重伤 2 人、轻伤 3 人以上，或者重伤 1 人、轻伤 6 人以上的；（2）造成经济损失 30 万元以上的；（3）造成恶劣社会影响的；（4）其他致使公共财产、国家和人民利益遭受重大损失的情形。

第三，滥用职权的行为与公共财产、国家和人民利益遭受重大损失的结果必须有法律上的因果关系。

3. 本罪的主体是特殊主体，即国家机关工作人员。

4. 本罪的主观方面是故意，即行为人明知自己滥用职权的行为会给公共财产、国家和人民利益造成重大损失，而希望或放任这一结果的发生。

司法实践中，认定本罪时应注意与玩忽职守罪的界限。玩忽职守罪是指国家机关工作人员严重不负责任，不履行或不正确履行职责，致使公共财产、国家和人民的利益遭受重大损失的行为。二者在客观上都造成了公共财产、国家和人民利益遭受重大损失。两罪的主要区别在于：（1）主观方面不同。本罪主观方面是故意；而玩忽职守罪则为过失。（2）客观方面表现不同。本罪在客观方面表现为行为人超越职权范围或者违反职权实施相关行为；而玩忽职守罪是违反职责义务，不履行或不正确履行职责。

本案中，郭某洪最主要的手段是违反行政许可审批程序进行审批。体现在，某投资控股集团有限公司在 2018 年 6 月 13 日提出网上申请，经省公路管理局审查同意后推送至审批办工作人员金某松处，后该件因超时被删除。2018 年 7 月 12 日，某投资控股集团有限公司提出第二次申请，工作人员金某松通知窗口人员，由于占用费收取主体发生变化，对该件进行删除。第二个申请件被删除 3 分钟后，某投资控股集团有限公司提出第三次申请，郭某洪要求工作人员金某松不征求省公路管理局意见，直接套用省公路管理局对其他审批件“同意上述意见”的意见。此前省公路管理局明确反对改变占用费收取主体，郭某洪此举有意规避省公路管理局的反对意见，属于明显违反审批程序、“移花接木”的弄虚作假行为。郭某洪下发许可证，必须在省公路管理局认可收费主体、收费事项和可行性的基础上做出许可。郭某洪明知变更收费主体难以通过，于是将过期的批件，“移花接木”嫁接到新的审批单上，下发许可证，这是明显的不正确使用职权，同时在许可证上标注将公路占用费支付给私营企业，这是明显违反行政许可法的行为，属于超越职权。由于他的错误，私营企业向建设单位某投资控股集团有限公司索要了巨额占用费，导致了公共财产的损失。

2020 年 4 月 29 日，绿园区人民检察院以郭某洪涉嫌职务犯罪向绿园区人民法院提起公诉。2021 年 3 月 22 日，长春市绿园区人民法院一审判决郭某洪犯滥用职权罪，判处有期徒刑 4 年。

三、故意泄露国家秘密罪

案　例

（一）案情简介

2022 年 9 月，负责某国有军工企业保密检查工作的职工武某为炫耀其特殊身份，在微信聊天时向好友程某称其掌握该企业重要涉密信息。在程某的再三打听下，武某将部分秘密级国家秘密材料拍照，通过微信发送给程某，并嘱咐程某切勿外传。程某拿到照片之后上传至某微信公众号，导致涉密信息在互联网上大范围公开传播，不久，武某接受国家安全机关调查。

（二）问题

被告人武某的行为应当如何定罪与处罚？

（三）法律规定

《中华人民共和国刑法》

第 398 条　国家机关工作人员违反保守国家秘密法的规定，故意或者过失泄露国家秘密，情节严重的，处 3 年以下有期徒刑或者拘役；情节特别严重的，处 3 年以上 7 年以下有期徒刑。

非国家机关工作人员犯前款罪的，依照前款的规定酌情处罚。

（四）法理分析

故意泄露国家秘密罪，是指国家机关工作人员或非国家机关工作人员违反保守国家秘密法的规定，故意泄露国家秘密，情节严重的行为。本罪的构成特征是：

1. 本罪侵犯的客体是国家保密制度。犯罪对象是国家秘密。根据我国《保守国家秘密法》的规定，国家秘密具体包括：（1）国家事务的重大决策中的秘密事项；（2）国防建设和武装力量活动中的秘密事项；（3）外交和外交活动中的秘密事项以及对外承担保密义务的事项；（4）国民经济和社会发展中的秘密事项；（5）科学技术中的秘密事项；（6）维护国家安全活动和追查刑事犯罪中的秘密事项；（7）其他经国家保密工作部门确定应当保守的国家秘密事项。包括绝密、机密和秘密三级。

2. 本罪在客观方面表现为违反保守国家秘密法的规定，故意泄露国家秘密，情节严重的行为。具体而言，包括以下三方面内容：

第一，必须违反保守国家秘密法的规定。是指行为人违反我国《保守国家秘密法》《保守国家秘密法实施条例》等法律法规关于保守国家秘密的规定。

第二，必须实施故意泄露国家秘密的行为。所谓“泄露”，是指故意违反保守国家秘密法的规定，使国家秘密被不应知悉者知悉，或者使国家秘密超出限定的接触范围，而可能被不应知悉者知悉。故意泄露的方式一般是作为，如书面或口头向他人透露国家秘密的内容，向他人提供阅览、复制、摘抄国家秘密载体原件的机会，向他人直接提供秘密的原件或复制件，在书刊、音像制品中向公众披露国家秘密的内容等。但个别情况下，故意泄露的方式也可以是不作为，如在收发、保管、传递或外出携带国家秘密时，不按保密法的规定采取保密措施，故意让不应知悉者知悉。

第三，必须是情节严重的行为。所谓“情节严重”，是指泄露属于绝密、机密的国家秘密，或者泄露国家秘密造成严重后果。2006 年最高人民检察院《关于渎职侵权犯罪案件立案标准的规定》规定，滥用职权的，涉嫌下列情形之一的，应予立案：（1）泄露绝密级国家秘密 1 项（件）以上的；（2）泄露机密级国家秘密 2 项（件）以上的；（3）泄露秘密级国家秘密 3 项（件）以上的；（4）向非境外机构、组织、人员泄露国家秘密，造成或者可能造成危害社会稳定、经济发展、国防安全或者其他严重危害后果的；（5）通过口头、书面或者网络等方式向公众散布、传播国家秘密的；（6）利用职权指使或者强迫他人违反国家保守秘密法的规定泄露国家秘密的；（7）以谋取私利为目的泄露国家秘密的；（8）其他情节严重的情形。

3. 本罪的主体主要是国家机关工作人员，非国家机关工作人员故意泄露国家秘密的，也可以以本罪论处。

4. 本罪的主观方面是故意，即明知自己的行为可能造成国家秘密被不应知悉者知悉，或者使国家秘密超出限定的接触范围而可能被不应知悉者知悉，而希望或者有意识地放任这种结果发生。故意泄露国家秘密的动机是多种多样的，有的是为了出卖获利；有的是碍于亲属、朋友向自己打探的情面；也有的是被胁迫、利诱等。

司法实践中，认定本罪时应注意本罪与为境外窃取、刺探、收买、非法提供国家秘密、情报罪的界限。为境外窃取、刺探、收买、非法提供国家秘密、情报罪，是指为境外窃取、刺探、收买、非法提供国家秘密、情报的行为。两罪的主要区别在于：（1）犯罪主体不同。本罪的主体是特殊主体，主要是国家机关工作人员；为境外的机构、组织、人员窃取、刺探、收买、非法提供国家秘密或者情报罪的主体则是一般主体。（2）泄露对象要求不同。本罪对泄露对象没有特定要求，只要是不应该了解该秘密的任何人均可；为境外窃取、刺探、收买、非法提供国家秘密、情报罪则有特定要求，必须是境外的机构、组织、人员。（3）情节要求不同。本罪是情节犯，必须是“情节严重”才构成犯罪；为境外窃取、刺探、收买、非法提供国家秘密、情报罪则并无有关情节的具体要求，只要故意为境外的机构、组织、人员窃取、刺探、收买、非法提供国家秘密或者情报，都构成犯罪。（4）侵害的对象不同。本罪侵害的对象仅限于国家秘密；为境外窃取、刺探、收买、非法提供国家秘密、情报罪的对象既可以是国家秘密，也可以是不属于秘密的情报。因此，故意将国家情报泄露给境外的机构、组织、人员的，无论情节是否严重，一律以为境外窃取、刺探、收买、非法提供国家秘密、情报罪论处。

根据 2001 年最高人民法院《关于审理为境外窃取、刺探、收买、非法提供国家秘密、情报案件具体应用法律若干问题的解释》第 6 条规定，通过互联网将国家秘密或者情报非法发送给境外的机构、组织、个人的，依照《刑法》第 111 条的规定定罪处罚；将国家秘密通过互联网予以发布，情节严重的，依照《刑法》第 398 条的规定定罪处罚。

本案中，法院经审理认为，武某身为保密检查工作人员，故意将国家秘密发至微信，属于明知自己的行为会造成国家秘密泄露，给国家的安全和利益造成损害的结果，却希望或放任这种结果发生的行为，构成故意泄露国家秘密罪。法院以故意泄露国家秘密罪依法判处武某有期徒刑 1 年 6 个月。

四、徇私枉法罪

案　例

（一）案情简介

案例1：被告人郭某国，男，C市公安局原副局长；被告人李某，男，C市公安局刑警总队原总队长；被告人王某飞，男，C市公安局技术侦查总队原总队长、Y区公安分局原局长；被告人王某，男，C市公安局沙坪坝区公安分局原常务副局长。被告人郭某国、李某、王某飞、王某在办理尼尔·伍德死亡案件过程中，明知谷某某有重大作案嫌疑，为使谷某某不受追诉，伪造、隐匿、毁灭证据，引导死者亲属作出不解剖尸体的决定。郭某国等四人徇私枉法，使谷某某的杀人行为得以掩盖，未被追究刑事责任，并造成了极其恶劣的社会影响，属情节特别严重。在共同犯罪中，郭某国系主犯，李某、王某飞、王某系从犯，王某飞、王某作用小于李某。四人在归案后均如实供述了主要犯罪事实。

案例2：2002年8月18日晚11时许，陕西省延安市某派出所民警称接群众举报新婚夫妻张某夫妇在自家诊所中播放黄碟。派出所遂派出4名民警前去调查。当民警闯进该居民家中时发现，房间内只有新婚夫妻两人，此时电视机已关闭。几名民警表明身份，并要求夫妻俩拿出“黄碟”，但该夫妻拒绝警方的要求。由此，双方发生冲突。撕扯中，一民警的袖子被撕破，一民警的手被抓伤。民警将张某摁倒在床上，然后以妨碍警方执行公务为名将其带回派出所。警方将从现场搜到的3张淫秽光碟，连同电视机、影碟机作为证据一起带回派出所。8月19日，在缴纳了1000元暂扣款之后，张某被放回家中。10月21日，张某突然又被某公安分局治安大队带走，随即以“涉嫌妨害公务”被刑事拘留。10月28日，该公安分局向宝塔区人民检察院提交材料，报请检察院批准逮捕张某。11月4日，宝塔区人民检察院以“事实不清，证据不足”为由作出不予批捕张某的决定，发回公安分局补充侦查。11月5日，被刑拘16天之后的张某被该公安分局以取保候审的形式释放回家。12月5日，该公安分局以“案件撤销”为由，解除了对张某的取保候审，1000元暂扣款同时返还当事人。

（二）问题

1. 什么是徇私枉法罪？

2. 夫妻二人在家看黄碟是否违法?

（三）法律规定

《中华人民共和国刑法》

第25条第1款　共同犯罪是指二人以上共同故意犯罪。

第26条第1款　组织、领导犯罪集团进行犯罪活动的或者在共同犯罪中起主要作用的，是主犯。

第27条　在共同犯罪中起次要或者辅助作用的，是从犯。

对于从犯，应当从轻、减轻处罚或者免除处罚。

第277条第1款　以暴力、威胁方法阻碍国家机关工作人员依法执行职务的，处3年以下有期徒刑、拘役、管制或者罚金。

第399条第1款　司法工作人员徇私枉法、徇情枉法，对明知是无罪的人而使他受追诉、对明知是有罪的人而故意包庇不使他受追诉，或者在刑事审判活动中故意违背事实和法律作枉法裁判的，处5年以下有期徒刑或者拘役；情节严重的，处5年以上10年以下有期徒刑；情节特别严重的，处10年以上有期徒刑。

（四）法理分析

徇私枉法罪，是指司法工作人员徇私枉法、徇情枉法，对明知是无罪的人而使他受追诉，对明知是有罪的人而故意包庇不使他受追诉，或者在刑事审判活动中故意违背事实和法律作枉法裁判的行为。本罪的构成特征是:

1. 本罪侵犯的客体是国家司法机关的正常活动。

2. 本罪在客观方面表现为在刑事审判中，徇私枉法、徇情枉法，对明知是无罪的人而使他受追诉，对明知是有罪的人而故意包庇不使他受追诉，或者在刑事审判活动中故意违背事实和法律作枉法裁判的行为。根据《刑法》第399条的规定，有以下三种情形:

（1）对明知是无罪的人而使他受追诉。是指对没有实施危害行为，或者实施了危害行为但根据《刑法》第13条的规定，情节显著轻微危害不大，不认为是犯罪，以及其他依照规定不负刑事责任的人，采取伪造、隐匿、毁灭证据或者其他隐瞒事实、违反法律手段、以追究刑事责任为目的进行立案、侦查、起诉、审判活动。因此，本罪既可以发生在刑事侦查阶段、审查起诉阶段，也可以发生在审判阶段。

（2）对明知是有罪的人而故意包庇不使他受追诉。是指对确凿的事实证明其为实施犯罪的人，采取伪造、隐匿、毁灭证据或者其他隐瞒事实，违反法律的手段，故意包庇使其不受立案侦查、起诉或审判。

(3) 在刑事审判活动中故意违背事实和法律作枉法裁判。这是专门针对刑事审判人员而言的。是指采取伪造、隐匿、毁灭证据或者其他隐瞒事实，违反法律的手段，故意使罪重的人受较轻的追诉或者使罪轻的人受较重的追诉；或者在刑事审判中故意违背事实和法律，作出枉法判决、裁定，即有罪判无罪、无罪判有罪，或者轻罪重判、重罪轻判等。根据2006年7月26日最高人民检察院《关于渎职侵权犯罪案件立案标准的规定》规定，涉嫌下列情形之一的，应予立案：①对明知是没有犯罪事实或者其他依法不应当追究刑事责任的人，采取伪造、隐匿、毁灭证据或者其他隐瞒事实、违反法律的手段，以追究刑事责任为目的立案、侦查、起诉、审判的；②对明知是有犯罪事实需要追究刑事责任的人，采取伪造、隐匿、毁灭证据或者其他隐瞒事实、违反法律的手段，故意包庇使其不受立案、侦查、起诉、审判的；③采取伪造、隐匿、毁灭证据或者其他隐瞒事实、违反法律的手段，故意使罪重的人受较轻的追诉，或者使罪轻的人受较重的追诉的；④在立案后，采取伪造、隐匿、毁灭证据或者其他隐瞒事实、违反法律的手段，应当采取强制措施而不采取强制措施，或者虽然采取强制措施，但中断侦查或者超过法定期限不采取任何措施，实际放任不管，以及违法撤销、变更强制措施，致使犯罪嫌疑人、被告人实际脱离司法机关侦控的；⑤在刑事审判活动中故意违背事实和法律，作出枉法判决、裁定，即有罪判无罪、无罪判有罪，或者重罪轻判、轻罪重判的；⑥其他徇私枉法应予追究刑事责任的情形。

3. 本罪的主体是特殊主体，即司法工作人员。《刑法》第94条规定，本法所称司法工作人员，是指有侦查、检察、审判、监管职责的工作人员。非司法工作人员不能单独成为本罪的主体，但可以成为本罪的共犯。

4. 本罪的主观方面是故意，并且具有徇私、徇情的动机。

司法实践中，认定本罪时应注意以下几个问题：

一是罪与非罪的界限，关键在于行为人主观上有无徇私枉法的目的。如果行为人主观上没有徇私枉法的目的，只是由于责任心不强，应当查清的事实没有查清，或者由于业务水平不高，对法律规定理解得不透，致使无罪的人受到追诉或者使有罪的人没有受到法律追诉，或者作出了不符合事实和法律的误判、错判的，不构成本罪。

二是本罪与诬告陷害罪的界限。诬告陷害罪是指捏造事实，作虚假告发，意图陷害他人，使他人受刑事追究的行为。两罪的主要区别在于：(1) 犯罪主体不同。本罪主体是特殊主体，即司法工作人员；而诬告陷害罪的主体为一般主体。(2) 客观方面表现不同。本罪中所谓使无罪的人受刑事追诉，是司法工作人员违背其作为司法工作人员的具体职责或利用职务上的便利；诬告陷害罪必须利用司法机关追诉无罪人。(3) 侵犯的客体不同。本罪主要侵犯司法机关的正常活动与公众对司法活动客观公正性的信赖；而诬告陷害罪主要侵犯的是公民的人身权利。

三是本罪与包庇罪的界限。包庇罪是指明知是犯罪的人而故意作假证明的行为。两罪的主要区别在于：(1) 犯罪主体不同。本罪主体是特殊主体，即司法工作人员；而包庇罪的主体则是一般主体。(2) 客观方面表现不同。本罪是利用司法职务之便包庇有罪的人使其不受追诉；而包庇罪是作假证明包庇犯罪人。(3) 犯罪对象不同。本罪所包庇的应是未决犯；而包庇罪可以包庇未决犯，也可以包庇已决犯。(4) 发生的时间不同。本罪发生在侦查、起诉、审判过程中；而包庇罪并无时间的限制。

四是本罪与民事、行政枉法裁判罪的界限。民事、行政枉法裁判罪是指，审判机关工作人员在民事、行政审判活动中，故意违背事实和法律作枉法裁判，情节严重的行为。两罪均有故意违背事实和法律作枉法裁判的行为，但本罪发生于刑事审判领域；而民事、行政枉法裁判罪发生于民事、行政审判活动中。另外，本罪之构成不以情节严重为要件，情节严重是本罪加重处罚的事由，而民事、行政枉法裁判罪必须情节严重才构成犯罪。

案例1中，检察机关提交给法庭的证据材料反映，2011年11月15日上午，尼尔·伍德被发现死亡后，时任C市公安局副局长的郭某国，受时任C市副市长兼公安局局长王某军（另案处理）指派，负责该案的办理。郭某国安排关系密切的李某（时任C市公安局刑警总队总队长）、王某飞（时任C市公安局技术侦查总队总队长兼Y区公安分局局长）、王某（时任C市公安局沙坪坝区公安分局常务副局长），到现场参与处置。在走访和现场勘查过程中，郭某国等人发现谷某某有重大作案嫌疑，遂通过制作虚假走访笔录、隐匿物证等手段掩盖其到过现场的真相，并商定将尼尔·伍德的死因确定为酒后猝死，不作刑事案件立案，且通过做工作，使尼尔·伍德家属认可了酒后猝死的结论，并不做尸体解剖，就地火化。法院在判决中认定，被告人郭某国、李某、王某飞、王某在办理尼尔·伍德死亡案件过程中，明知谷某某有重大作案嫌疑，为使谷某某不受追诉，伪造、隐匿、毁灭证据，引导死者亲属作出不解剖尸体的决定，均已构成徇私枉法罪。郭某国等4人徇私枉法，使谷某某的杀人行为得以掩盖，未被追究刑事责任，并造成了极其恶劣的社会影响，属情节特别严重。在共同犯罪中，郭某国系主犯，李某、王某飞、王某系从犯，王某飞、王某作用小于李某。4人在归案后均如实供述了主要犯罪事实，郭某国、李某当庭认罪、悔罪，同时李某未按郭某国的要求销毁关键物证，客观上为尼尔·伍德死亡案得以侦破起到重要作用，王某飞、王某未按郭某国的要求销毁相关证据，客观上也为尼尔·伍德死亡案得以侦破起到一定作用。根据4人犯罪的事实、性质、情节及对社会的危害程度，依法以徇私枉法罪分别判处郭某国有期徒刑11年，李某有期徒刑7年，王某飞、王某各有期徒刑5年。

案例2中，一方面，当民警闯进张某家时，房间内只有新婚夫妻两人，此时电视机已关闭，无法直接证明其观看了色情碟片。我国刑法里关于淫秽物品的处罚主要是非法贩卖、制作、传播等行为，对在家中“独自欣赏”并无相关法律规定。法无明文规定不为罪，法无明文规定不处罚。因此，即便夫妻二人在家观看色情碟片，也不能认为其行为构成犯罪。另一方面，张某在当时虽然与警察发生了冲突，撕扯中造成一民警的袖子被撕破，一民警的手被抓伤。《刑法》第277条规定的妨害公务罪，所侵害的对象必须是正在“依法执行公务”的国家机关工作人员。所谓“依法执行公务”，是指国家机关工作人员执行公务的行为不仅实体上合法，而且程序上合法。我国《宪法》第5条规定：“一切国家机关和武装力量、各政党和各社会团体、各企业事业组织都必须遵守宪法和法律。一切违反宪法和法律的行为，必须予以追究。任何组织或者个人都不得有超越宪法和法律的特权。”滥用职权、徇私舞弊、以权谋私的行为，不能视为“依法执行公务”，人民群众有权进行阻止，不能将这种阻止行为视为妨害公务。本案中，派出所及其执法人员对夫妻二人所表现出的行为，强闯和推搡，执法人员都存在主要责任，也就是说警察的行为存在违法性。因此，警察以“涉嫌妨害公务”对张某进行罚款和刑事拘留，是没有法律依据的。2003年1月14日，涉案直接责任人被处理。

五、枉法仲裁罪

案　例

（一）案情简介

被告人曾某某，男，1966年出生。案发前系福建省W县人力资源和社会保障局劳动关系股股长兼W县劳动人事争议仲裁院院长、W县劳动人事争议仲裁委员会仲裁员。2017年9月30日被取保候审。

W县人民法院经审理查明：王某兴得知其民间借贷债务人王某贵担任原法定代表人的福建省W县L山茶业有限公司的土地及厂房被司法拍卖后，担心难以要回借款，不能参与法院执行案件的财产分配并优先足额受偿其债权（借款本息合计414700元），便于2017年7月29日找到其堂妹夫被告人曾某某，并将王某贵个人欠其借款本息40余万元及L山茶业有限公司资产被W县人民法院司法拍卖等相关情况告知曾某某，希望能假借L山茶业有限公司拖欠工人工资形式申请劳动仲裁，进而能够凭借仲裁文书参与法院执行分配，以期能尽快足额拿回借款本息。曾某某在王某兴央求下，碍于亲戚情面，答应为其作劳动仲裁调解处理，并要求其与对方沟通及准备好相关仲裁申请材料。

2017年7月31日上午，王某兴持上述仲裁调解书等材料到W县人民法院申请执行，因履行期限未到以及送达程序等问题未果。随即，王某兴再次找到被告人曾某某帮忙，曾某某应王某兴要求重新修改了调解笔录及仲裁调解书上的履行期限，交代工作人员将案件相关信息补录入电脑系统，制作了立案受理表、结案审批表、文书审批单等文书并层交不知情的相关领导审批签发后，在其他仲裁员不知情的情况下重新制作了包括“L山茶业公司同意支付王某兴等13人工资款合计414700元，并同意在土地拍卖款中由W县人民法院直接支付到县人社局农民工工资账户”等内容、履行期限及落款时间均为2017年7月31日、仲裁庭成员包括首席仲裁员曾某某、仲裁员钟某才、仲裁员艾某香的“武劳仲案〔2017〕19号”W县劳动人事争议仲裁委员会仲裁调解书和送达证明交给王某兴。同时，曾某某将空白送达回执及修改后的调解笔录交给王某兴，让其一并给王某福和其他申请人代表签字盖章后交回。同日，王某兴持该仲裁调解书和送达证明等相关材料再次向W县人民法院申请执行。2017年8月4日，县人民法院予以受理并向L山茶业有限公司发出（2017）闽0824执888号《执行通知书》，责令被申请人L山茶业有限公司向申请人王某兴等人支付工资414700元及利息。几天后，曾某某觉得虚假的仲裁调解不妥，要求王某兴向法院撤回执行申请，但遭对方拒绝。

2017年8月22日，W县人民检察院发现武劳仲案〔2017〕19号仲裁调解案属虚假案件，经其建议，W县劳动人事争议仲裁委员会于2017年8月24日决定撤销武劳仲案〔2017〕19号劳动争议案件，W县人民法院于2018年8月29日裁定终结执行（2017）闽0824执888号案件。

（二）问题

劳动争议仲裁员是否属于枉法仲裁罪的主体？如何认定枉法仲裁罪的“情节严重”？被告人曾某某的行为应当如何定罪与处罚？

（三）法律规定

《中华人民共和国刑法》

第399条之一　依法承担仲裁职责的人员，在仲裁活动中故意违背事实和法律作枉法裁决，情节严重的，处3年以下有期徒刑或者拘役；情节特别严重的，处3年以上7年以下有期徒刑。

（四）法理分析

枉法仲裁罪，是指依法承担仲裁职责的人员，在仲裁活动中故意违背事实和法律作枉法裁决，情节严重的行为。本罪的构成特征是：

1. 本罪侵犯的客体是司法仲裁制度和当事人的合法权益。仲裁作为决定当事人权利义务的一种争议解决机制，要求仲裁人员必须公正不倚地依法裁判。仲裁人员的枉法裁判行为不仅破坏了一个国家的正常仲裁秩序，还会给当事人合法权益造成侵害，损害仲裁机构及其工作人员在公众心目中的形象和威信。

2. 本罪在客观方面表现为在仲裁活动中违背事实和法律作枉法裁决，情节严重的行为。具体而言，包括以下三方面内容：

第一，必须发生在仲裁活动中。这也是本罪与徇私枉法罪、民事、行政枉法裁判罪的重要区别。

第二，必须实施违背事实和法律作枉法裁决的行为。这是指仲裁员背离案件的客观事实，故意歪曲法律法规和相关司法解释的原意，作出仲裁裁决。

第三，必须是情节严重的行为。包括收受贿赂枉法裁决、给仲裁当事人造成重大财产损失或者造成其他严重后果等情形的。枉法仲裁罪是2006年《刑法修正案（六）》所增设的新罪名，并被纳入“渎职罪”这一章节。“情节严重”是区分枉法仲裁行为罪与非罪的一个重要标准。对于“情节严重”的标准，目前虽然没有相关司法解释予以明确，但考虑枉法仲裁罪的犯罪构成要件除了犯罪主体以外，其余犯罪构成要件均与民事、行政枉法裁判罪相似，司法实践中可以参照民事、行政枉法裁判罪的立案标准。2006年最高人民检察院《关于渎职侵权犯罪案件立案标准的规定》对民事、行政枉法裁判罪中的“情节严重”给予了解释，具体包括：（1）枉法裁判，致使当事人或者其近亲属自杀、自残造成重伤、死亡，或者精神失常的；（2）枉法裁判，造成个人财产直接经济损失10万元以上，或者直接经济损失不满10万元，但间接经济损失50万元以上的；（3）枉法裁判，造成法人或者其他组织财产直接经济损失20万元以上，或者直接经济损失不满20万元，但间接经济损失100万元以上的；（4）伪造、变造有关材料、证据，制造假案枉法裁判的；（5）串通当事人制造伪证，毁灭证据或者篡改庭审笔录而枉法裁判的；（6）徇私情、私利，明知是伪造、变造的证据予以采信，或者故意对应当采信的证据不予采信，或者故意违反法定程序，或者故意错误适用法律而枉法裁判的；（7）其他情节严重的情形。实践中，判断枉法仲裁行为是否属“情节严重”，应以枉法仲裁罪构成要件为基础，参照上述规定，综合考虑枉法仲裁行为的主观恶性（包括动机和目的）、手段、后果等要素进行认定。

3. 本罪的主体是特殊主体，即依法承担仲裁职责的人员。所谓“依法承担仲裁职责的人员”，是指依据法律、行政法规和部门规章的规定承担仲裁职责的人员。有权力就案件的程序或实体问题作出决定的人员都能构成本罪主体。

4. 本罪的主观方面是故意，过失不能构成本罪。

司法实践中，认定本罪应注意罪与非罪的界限。一般而言，行为人出于徇私情、私利而违背事实和法律作出错误裁决行为，主观故意明显，造成严重后果的，应当认定构成本罪。而对于行为人没有明确的动机和目的，违背事实和法律作出错误裁决行为的，则应当从行为人是否有明显违反法定程序，是否明知当事人及其代理人伪造、隐匿、毁灭证据，是否妨害证人作证，并结合行为人的业务水平等，综合分析与判断行为人是否有枉法仲裁的故意，如存在伪造、毁灭、隐匿证据或妨害证人作证行为的，即可认定存在枉法的故意，并进而判断是否为“情节严重”。如由于行为人的过失，或者因仲裁水平、能力的低下而造成错判的情形，则不能构成本罪。

本案中，W县人民法院经审理认为，被告人曾某某作为依法承担仲裁职责的劳动人事争议仲裁委员会仲裁员，故意违背事实和法律规定，明知是虚假诉讼事实和伪造的证据，仍徇私情协助他人补强伪证并予采信，使不在受案范围的民间借贷纠纷变通形式后得以仲裁立案受理，对实际不存在劳动关系的虚假劳动争议擅自启动仲裁程序，刻意规避证据审查与事实认定程序，未经合议即以仲裁庭名义违法制作劳动仲裁调解书且送达，导致该仲裁调解书通过法院立案审查进入民事诉讼执行程序，其利用职权积极帮助他人实施虚假诉讼的行为，妨害司法和仲裁秩序，损害了司法权威和仲裁公正性，并严重威胁民事诉讼执行案件当事人的财产安全，涉案标的达414700元，情节严重，其行为构成枉法仲裁罪。被告人有自首情节，依法可以从轻处罚。结合其犯罪情节和悔罪表现，依法可适用缓刑。依照《刑法》第399条之一，第67条第1款，第61条，第45条，第72条第1款，第73条第2、3款之规定，判决被告人曾某某犯枉法仲裁罪，判处有期徒刑6个月，缓刑1年。

一审宣判后，被告人曾某某提出上诉。理由是原判认定事实和适用法律错误，其辩称枉法仲裁罪适用的主体是《仲裁法》意义上的仲裁员，而不包括《劳动争议调解仲裁法》意义上的仲裁员，枉法仲裁罪针对的是仲裁员枉法作出仲裁裁决的行为，其从未作出仲裁裁决，仅仅是作出调解书，其行为未造成也不可能造成债权人的任何实际损失，情节显著轻微，尚未达到枉法仲裁罪的“情节严重”这一法定构成要件，应改判其无罪。

福建省龙岩市中级人民法院经审理查明的事实及证据与一审相同。龙岩市中级人民法院经审理认为，枉法仲裁罪的主体是“依法承担仲裁职责的人员”，除了《仲裁法》规定的仲裁员，还包括根据《劳动法》《公务员法》等法律、行政法规的规定，在由政府行政主管部门代表参加组成的仲裁机构中对法律、行政法规规定的特殊争议承担仲裁职责的人员，同理，司法仲裁中的仲裁活动亦包括劳动争议仲裁；《劳动争议调解仲裁法》中的“调解”系调解组织进行的调解活动，与进入仲裁后仲裁员在作出裁决前应当先行组织的仲裁调解不同，劳动争议仲裁调解系在仲裁庭主持下进行的前置必经仲裁程序，亦是劳动争议仲裁活动的一部分，虽需双方当事人自愿，但与仲裁裁决一样，应当遵循合法的原则和查明事实、分清是非的原则，发生法律效力后，仲裁调解书亦具有与裁决书同等的法律约束力和执行力，同样，枉法作出的仲裁调解亦具有与枉法作出的仲裁裁决同等的危害性，故枉法仲裁应当涵盖枉法调解。“情节严重”是区分枉法仲裁行为罪与非罪的标准，判断枉法仲裁行为是否属于“情节严重”，应当以枉法仲裁罪构成要件为基础，参照民事、行政枉法裁判罪的立案标准，综合考虑枉法仲裁行为的后果、枉法仲裁行为实施的方式和手段、行为人的动机和目的等要素。

本案中，虽然上诉人曾某某制作的虚假仲裁调解书最终未造成债权人等其他方的损失，但其主观故意明显，手段恶劣。综上，上诉人曾某某作为依法承担仲裁职责的劳动人事争议仲裁委员会仲裁员，为徇私情，故意违背事实和法律规定，明知是虚假的事实和伪造的证据仍予以采信，使不在受案范围的民间借贷纠纷变通形式后得以仲裁立案受理，对不存在实际劳动关系的虚假劳动争议擅自启动仲裁程序，并违反程序制作仲裁调解书，积极帮助他人实施虚假诉讼，情节严重，其行为已构成枉法仲裁罪。原判定性准确，量刑适当，应予维持。故依法裁定驳回上诉，维持原判。

参考文献

1. 习近平：《坚持总体国家安全观　走中国特色国家安全道路》，载《人民日报》2014 年 4 月 16 日，第 1 版。

2. 陈兴良：《口袋罪的法教义学分析：以以危险方法危害公共安全罪为例》，载《政治与法律》2013 年第 3 期。

3. 赵秉志主编：《新刑法教程》，中国人民大学出版社 1997 年版。

4. 高铭暄、马克昌主编：《刑法学》（第十版），北京大学出版社、高等教育出版社 2022 年版。

5. 张明楷：《刑法学》（下册），法律出版社 1997 年版。

6. 郭立新、杨迎泽主编：《刑法分则适用疑难问题解》，中国检察出版社 2000 年版。

7. 贾宇主编：《刑法学》（下册：各论）（第 2 版），高等教育出版社 2023 年版。

8. 刘四新主编：《刑法实务与案例评析》（下册），中国工商出版社 2002 年版。

9. 姜涛：《刑法案例教程》，北京大学出版社 2020 年版。

10. 胡云腾主编：《刑法条文案例精解》，法律出版社 2007 年版。

11. 陈兴良主编：《刑法案例教程》，中国法制出版社 2007 年版。

12. 陈兴良主编：《刑法疑案研究》，法律出版社 2002 年版。

13. 林维：《妨害对公司企业管理秩序罪的认定与处理》，中国检察出版社 1998 年版。

14. 赵秉志：《刑法分则问题专论》，法律出版社 2004 年版。

15. 韩锦霞、史玉琴主编：《刑法学》，中国检察出版社 2017 年版。

16. 最高人民法院刑事审判第一至五庭：《中国刑事审判指导案例 2（危害国家安全罪危害公共安全罪侵犯公民人身权利、民主权利罪）》（增订第 3 版），法律出版社 2017 年版。

17. 最高人民法院刑事审判第一至五庭：《中国刑事审判指导案例 3（破坏社会主义市场经济秩序罪）》（增订第 3 版），法律出版社 2017 年版。

18. 最高人民法院刑事审判第一至五庭:《中国刑事审判指导案例 4(侵犯财产罪)》(增订第 3 版),法律出版社 2017 年版。

19. 最高人民法院刑事审判第一至五庭:《中国刑事审判指导案例 5(妨害社会管理秩序罪)》(增订第 3 版),法律出版社 2017 年版。

20.《最高人民法院、最高人民检察院联合发布依法惩治行贿犯罪典型案例》,载中国长安网 2024 年 3 月 28 日。